INTERNATIONAL TRADE PRACTICE

国际贸易实务

姚俊彪 刘 康 ◎ 主编

中国海关出版社有限公司
中国·北京

图书在版编目（CIP）数据

国际贸易实务/姚俊彪，刘康主编．—北京：中国海关出版社有限公司，2022.11

ISBN 978-7-5175-0604-1

Ⅰ.①国… Ⅱ.①姚… ②刘… Ⅲ.①国际贸易—贸易实务—教材 Ⅳ.①F740.4

中国版本图书馆CIP数据核字（2022）第221485号

国际贸易实务
GUOJI MAOYI SHIWU

| 作　　者：姚俊彪　刘　康
| 策划编辑：吴　婷
| 责任编辑：吴　婷
| 出版发行：中国海关出版社有限公司
| 社　　址：北京市朝阳区东四环南路甲1号　　邮政编码：100023
| 编 辑 部：01065194242-7532（电话）
| 发 行 部：01065194221/4238/4246/4254/5127（电话）
| 社办书店：01065195616（电话）
| https://weidian.com/?userid=319526934（网址）
| 印　　刷：北京鑫益晖印刷有限公司　　　　　经　　销：新华书店
| 开　　本：710mm×1000mm　1/16
| 印　　张：22.5　　　　　　　　　　　　　　字　　数：416千字
| 版　　次：2022年11月第1版
| 印　　次：2022年11月第1次印刷
| 书　　号：ISBN 978-7-5175-0604-1
| 定　　价：58.00元

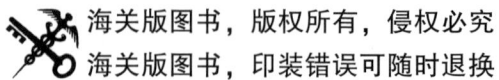
海关版图书，版权所有，侵权必究
海关版图书，印装错误可随时退换

前　言

当前，国际贸易形势越来越复杂。同时，国内对外贸易政策频繁更新，国际贸易操作变化也越来越大。编写一本与时俱进，能够对外贸实践操作具有参考和指导作用的《国际贸易实务》就尤为重要。因此，笔者结合近20年的外贸实践经验编写了此书。

本书具有以下特色。

一、实用性强

本书按照外贸岗位实际需要及工作流程设计与编写，吸收总结了大中专院校岗前实训及外贸企业在职人员实训经验，经过近百期线下与线上外贸实训的反馈及改进，力求内容设置及编排上更为科学、合理。本书能够做到所学的即所需要的知识，将技能传授与外贸实践有机结合。

二、时效性强

本书依据当前国际贸易形势、国内对外贸易政策、国际贸易规则与惯例［《跟单信用证统一惯例》(《UCP 600》)、《关于审核跟单信用证项下单据的国际标准银行实务》(《ISBP 745》)、《国际贸易术语解释通则2020》(《INCOTERMS 2020》)］编写，时效性强。能够有效指导当下的外贸实践操作，将当下所学与后期所用相结合。

三、案例真实

本书中案例均为外贸实践工作中真实发生的案例，同时根据出版需要做了适当处理。在每一章后均随附了代表性案例，并进行了分析和点评，提醒读者总结经验，作为业务操作的有效借鉴，避免相关风险及问题的发生。

四、内容丰富

本书从外贸人员入职开始，一直讲到交单结汇，内容包含国际贸易的所有必要环节。读者完成对本书的学习将掌握专业的外贸操作技能，可以成为外贸综合人才。

五、落地性强

本书理论与实际相结合，将大量篇幅用于外贸操作技能讲解。针对国际贸易流程，做什么、何时做、如何做都给出了明确的说明和讲解。同时，对外贸实践操作中可能遇到的高发风险及问题给出了应对及防范办法。

本书可以作为大中专院校国际贸易专业、商务英语专业、货运与报关专业的学习教材，同时也可以作为外贸企业日常学习与培训的工具书。读者遇到相关问题便可以翻阅到对应章节寻找答案或者解决办法。尤其是信用证审核以及信用证下单据制作，是外贸从业人员必学的落地性技能。笔者将自己近20年一线外贸操作经验，用简单、易懂的文字，以深入浅出的方式呈现给读者，保证了本书内容的实用性。

六、理论与实践结合

本书由沈阳厚祺贸易有限公司创造人、国际贸易部负责人姚俊彪及重庆公共运输职业学院副教授刘康联合编写，将国际贸易实践操作与国际贸易必备理论知识有机结合。其中，姚俊彪负责编写第一章、第二章、第三章、第七章、第九章、第十一章，刘康负责编写第四章、第五章、第六章、第八章、第十章、第十二章。

限于学识，本书中的内容可能有疏漏和不足，敬请广大读者批评指正，以便再版时更正。

目录 Contents

第一章 外贸人员准备工作 … 1
第一节 外贸新人必知职场礼仪 … 1
一、仪表仪容 … 1
二、接打电话 … 1
第二节 快速适应外贸职场 … 2
一、职场的基本原则 … 2
二、学会做事 … 3
三、学会尊重 … 4
第三节 成为出色的外贸业务员 … 5
一、正确定位 … 5
二、选择相信 … 6
三、端正心态 … 6
四、专业至上 … 7
五、始终坚持 … 7
六、经营客户 … 8
七、工作要有计划和总结 … 8
八、新人如何开始外贸工作 … 8
案例分析 新入职外贸业务员未做工作日记离职案例 … 9
实践操作 … 9

第二章 外贸企业准备工作 … 10
第一节 了解国际贸易基本常识 … 10
一、国际贸易经营方式 … 10
二、出口贸易流程 … 10
三、外贸业务员日常工作 … 12

第二节　开展国际贸易前置工作 ········· 13
　　一、国际贸易经营资质办理 ········· 13
　　二、整理企业及主营产品资料 ········· 14
　　三、建立企业自己的英文官网 ········· 14
　　四、组建规模适当的外贸团队 ········· 14
　　五、制定外贸部工作流程 ········· 14

第三节　目标市场及竞争对手调查与分析 ········· 15
　　一、目标市场调查与分析 ········· 15
　　二、竞争对手调查与分析 ········· 16

案例分析　某出口企业老客户反馈报价偏高案例 ········· 17
实践操作 ········· 17

第三章　国际贸易术语 ········· 18

第一节　贸易术语与《国际贸易术语解释通则2020》 ········· 18
　　一、贸易术语的基本常识 ········· 18
　　二、国际贸易惯例 ········· 18
　　三、《国际贸易术语解释通则2020》 ········· 19
　　四、《国际贸易术语解释通则2020》积极变化 ········· 20
　　五、贸易术语分类 ········· 21

第二节　买卖合同中的价格条款 ········· 21
　　一、贸易术语应用场景 ········· 21
　　二、买卖合同中价格条款组成 ········· 21

第三节　装运港船上交货贸易术语 FOB、CFR、CIF ········· 22
　　一、FOB 贸易术语 ········· 22
　　二、CFR 贸易术语 ········· 28
　　三、CIF 贸易术语 ········· 30
　　四、FOB、CFR、CIF 异同分析 ········· 31

第四节　货交承运人贸易术语 FCA、CPT、CIP ········· 32
　　一、FCA 贸易术语 ········· 32
　　二、CPT 贸易术语 ········· 35
　　三、CIP 贸易术语 ········· 36
　　四、FCA、CPT、CIP 异同分析 ········· 38
　　五、货交承运人贸易术语与装运港船上交货贸易术语异同分析 ········· 38

第五节　偶有应用贸易术语 EXW、DAP、DDP ……… 39
　　一、EXW 贸易术语 ……………………………………… 39
　　二、DAP 贸易术语 ……………………………………… 42
　　三、DDP 贸易术语 ……………………………………… 44

第六节　鲜有应用贸易术语 FAS、DPU ………………… 46
　　一、FAS 贸易术语 ……………………………………… 46
　　二、DPU 贸易术语 ……………………………………… 47

第七节　不同贸易术语下买卖双方费用分析 …………… 48
　　一、费用分析说明 ……………………………………… 48
　　二、不同贸易术语参考费用 …………………………… 49

第八节　交货方式与贸易术语辨析 ……………………… 50
　　一、实际交货及对应贸易术语 ………………………… 50
　　二、象征性交货及对应贸易术语 ……………………… 51
　　三、有条件的象征性交货及对应贸易术语 …………… 52
　　四、象征性交货与单据买卖 …………………………… 52

第九节　如何正确选用贸易术语 ………………………… 54
　　一、报价时效 …………………………………………… 54
　　二、物权控制 …………………………………………… 54
　　三、结算条件 …………………………………………… 55
　　四、运输方式 …………………………………………… 55
　　五、清关便利 …………………………………………… 56
　　六、运输难易 …………………………………………… 56
　　七、货值大小 …………………………………………… 57
　　八、信任程度 …………………………………………… 57
　　九、贸易经验 …………………………………………… 57
　　十、辩证选用 …………………………………………… 58

案例分析一　FOB 贸易术语下船货衔接不当支付滞期费案例 …… 58

案例分析二　FCA 贸易术语下货物未被特定化导致风险未能
　　　　　　　提前转移案例 ……………………………… 58

案例分析三　CFR 贸易术语下未发送装船通知被买方索赔案例 … 59

案例分析四　CIF 贸易术语下未提交保险单被买方拒付案例 …… 60

实践操作 ……………………………………………………… 60

第四章　标的物描述 ... 61

第一节　商品品名 ... 61
一、商品品名基本常识 ... 61
二、商品品名条款 ... 61
三、商品品名条款约定注意事项 ... 62

第二节　商品品质 ... 62
一、商品品质基本常识 ... 62
二、商品品质要求 ... 63
三、商品品质表示方法的说明 ... 64
四、商品品质表示方法之实物 ... 67

第三节　商品数/重量 ... 70
一、商品数量条款 ... 70
二、商品数量机动幅度 ... 70
三、重量计算方法 ... 71
四、约定商品数量条款注意事项 ... 72

第四节　商品包装 ... 73
一、商品包装分类 ... 73
二、定牌生产和中性包装 ... 75
三、运输包装与销售包装订购注意事项 ... 76
四、常见包装条款 ... 76

第五节　商品检验 ... 77
一、商品检验基本常识 ... 77
二、商品检验条款主要内容 ... 79
三、商品检验机构 ... 81
四、商品检验程序与检验证书 ... 82
五、买卖合同中常见检验条款 ... 83

案例分析一　未正确封样致使确认布样被更换案例 ... 84
案例分析二　未按要求包装货物被买方索赔案例 ... 85
案例分析三　装运前检验中检验人员欺诈案例 ... 86
实践操作 ... 87

第五章　国际货物运输与保险 ... 88
第一节　海洋运输 ... 88

一、海洋运输基本常识 ………………………………………… 88
　　二、集装箱运输与多式联运 …………………………………… 89
　　三、海洋运输单据之提单 ……………………………………… 91
　　四、海洋运输单据之海运单、电放提单与货运代理收据 …… 100
　第二节　航空运输 …………………………………………………… 103
　　一、航空运输基本常识 ………………………………………… 103
　　二、航空货运代理与集中托运 ………………………………… 104
　　三、空运单 ……………………………………………………… 104
　　四、空运费计算 ………………………………………………… 107
　　五、航空运输注意事项 ………………………………………… 108
　第三节　陆路运输 …………………………………………………… 110
　　一、铁路运输 …………………………………………………… 110
　　二、公路运输 …………………………………………………… 113
　第四节　国际运输货物保险 ………………………………………… 115
　　一、保险合同相关主要概念 …………………………………… 115
　　二、国际运输货物保险 ………………………………………… 116
　　三、海上运输货物保险 ………………………………………… 117
　　四、其他货物运输保险 ………………………………………… 120
　　五、国际运输货物保险实务 …………………………………… 120
　第五节　国际货物运输与保险条款 ………………………………… 122
　　一、装运时间和交货时间 ……………………………………… 122
　　二、装运时间和交货时间的规定方法 ………………………… 123
　　三、装运港（地）和目的港（地） …………………………… 124
　　四、部分装运、分期装运和转运 ……………………………… 125
　　五、滞期和速遣 ………………………………………………… 128
　　六、买卖合同的保险条款 ……………………………………… 128
　第六节　国际货物运输与保险常见问题 …………………………… 128
　　一、货运代理选择 ……………………………………………… 128
　　二、费用确认方法 ……………………………………………… 130
　　三、关于运输单据上的发货人 ………………………………… 131
　　四、无单放货风险预防 ………………………………………… 132
　案例分析一　因保险险别错误被开证行拒付案例 ………………… 133

案例分析二　货运代理（集中发货人）空运业务中
　　　　　　　"吃泡"案例 …………………………………… 134
　　案例分析三　买方指定货运代理拼箱货物高收费案例 …… 134
　　实践操作 ……………………………………………………… 135

第六章　国际贸易结算之电汇、托收及放账 …………………… 136
第一节　电　汇 ………………………………………………… 136
　　一、电汇基本常识 …………………………………………… 136
　　二、电汇具体做法及相应风险分析 ………………………… 137
　　三、电汇付款方式及条件在国际贸易实践中的具体应用 … 138
　　四、电汇业务操作要点 ……………………………………… 140
第二节　托收及放账 …………………………………………… 141
　　一、托收 ……………………………………………………… 141
　　二、放账 ……………………………………………………… 145
　　案例分析一　预付款比例较小导致的买方拒付拒收案例 … 145
　　案例分析二　盲目接受托收结算方式致损案例 …………… 146
　　实践操作 ……………………………………………………… 147

第七章　国际贸易结算之跟单信用证 …………………………… 148
第一节　信用证基本常识 ……………………………………… 148
　　一、信用证定义 ……………………………………………… 148
　　二、信用证性质 ……………………………………………… 148
　　三、信用证作用 ……………………………………………… 149
　　四、信用证风险 ……………………………………………… 150
　　五、信用证当事人 …………………………………………… 151
　　六、跟单信用证种类 ………………………………………… 153
　　七、信用证操作常见概念释义 ……………………………… 156
第二节　信用证业务操作流程 ………………………………… 157
　　一、基本原则确认阶段 ……………………………………… 157
　　二、交易磋商阶段 …………………………………………… 158
　　三、合同履行阶段 …………………………………………… 159
　　四、总结比较阶段 …………………………………………… 168

第三节　信用证结构说明及审核与管理 …………………………… 168
　　一、SWIFT 信用证及样本 ………………………………………… 168
　　二、信用证审核 …………………………………………………… 171
　　三、通知行审核信用证 …………………………………………… 172
　　四、受益人审核信用证 …………………………………………… 173
　　五、信用证审核后操作 …………………………………………… 181
　　六、信用证管理 …………………………………………………… 181
第四节　特殊的跟单信用证 ……………………………………… 181
　　一、可转让信用证 ………………………………………………… 181
　　二、背对背信用证 ………………………………………………… 186
　　三、循环信用证 …………………………………………………… 188
第五节　银行保函与备用信用证 ………………………………… 190
　　一、银行保函 ……………………………………………………… 190
　　二、备用信用证 …………………………………………………… 193
第六节　信用证欺诈及风险防范 ………………………………… 195
　　一、信用证欺诈发生原因 ………………………………………… 195
　　二、信用证欺诈类型及风险防范 ………………………………… 196
第七节　代表性信用证条款解读 ………………………………… 202
　　一、买卖合同中代表性开证约定条款 …………………………… 202
　　二、信用证中代表性单据条款 …………………………………… 203
第八节　如何正确选用适当的结算方式 ………………………… 206
　　一、结算方式选用基本原则 ……………………………………… 206
　　二、不同结算方式的结合运用 …………………………………… 206
　案例分析一　按照客户承诺装运致单证不符案例 ………………… 207
　案例分析二　按照原证装运被开证行拒付案例 …………………… 207
　案例分析三　未在买卖合同中约定开证条款致损案例 …………… 207
　案例分析四　分批装运下第一批货物不符止付失败案例 ………… 208
　案例分析五　盲目渴望大订单损失开证保证金案例 ……………… 208
　实践操作 ……………………………………………………………… 209

第八章　国际贸易争议及处理办法 ………………………………… 210
第一节　国际贸易争议 …………………………………………… 210
　　一、争议概念及发生原因 ………………………………………… 210

二、卖方常见违约行为 210
　　三、买方常见违约行为 211
　　四、违约责任认定及违约救济 211
第二节　索赔和理赔 212
　　一、索赔和理赔概念 212
　　二、索赔和理赔注意事项 212
第三节　不可抗力 214
　　一、不可抗力的定义 214
　　二、不可抗力后果 214
　　三、不可抗力条款的主要内容 214
　　四、买卖合同中不可抗力条款 215
　　五、卖方援引不可抗力条款的注意事项 215
第四节　贸易仲裁 217
　　一、争议处理方式 217
　　二、仲裁及仲裁条款 217
案例分析一　未及时理赔被客户有意欺诈案例 218
案例分析二　对不可抗力事件应对失措案例 219
实践操作 219

第九章　出口商品价格核算及作价与报价技巧 220

第一节　出口商品价格核算 220
　　一、贸易型企业出口商品价格核算 220
　　二、生产型企业出口商品价格核算 227
第二节　出口商品正确作价办法 229
　　一、终端价格反推作价法 229
　　二、成本加成作价法 230
　　三、市场竞争对手博弈作价法 230
　　四、出口商品作价注意事项 231
第三节　出口商品正确报价技巧 234
　　一、报价前准备工作 234
　　二、如何正确对外报价 235
　　三、通用报价单制作 236
案例分析　深入了解产品及行业案例 238

实践操作 ………………………………………………… 238

第十章　交易磋商及买卖合同商订 ………………………… 239
第一节　交易磋商 ………………………………………… 239
　　一、交易磋商常识 ………………………………………… 239
　　二、交易磋商环节 ………………………………………… 239
第二节　国际货物买卖合同 ……………………………… 243
　　一、合同成立概念及判定标准 …………………………… 243
　　二、国际货物买卖合同概念及形式 ……………………… 243
　　三、买卖双方的基本义务 ………………………………… 243
　　四、国际货物买卖合同组成 ……………………………… 245
　　五、国际货物买卖合同制作 ……………………………… 245
　　六、形式发票制作 ………………………………………… 249
　　七、签订国际货物买卖合同的注意事项 ………………… 252
　　案例分析　是否为有效接受争议案例 …………………… 252
　　实践操作 …………………………………………………… 253

第十一章　国际贸易单证实务 ……………………………… 254
第一节　国际贸易单证基本常识 ………………………… 254
　　一、国际贸易单证概念及分类 …………………………… 254
　　二、国际贸易单证制作要求 ……………………………… 254
　　三、国际贸易单证制作依据及提交流程 ………………… 256
　　四、国际贸易单证使用语言 ……………………………… 257
　　五、国际贸易单证灵活性处理办法 ……………………… 257
第二节　出口托运单据缮制 ……………………………… 258
　　一、出口货物订舱委托书 ………………………………… 258
　　二、国际货物运输代理合同 ……………………………… 262
　　三、AMS/ACI/ENS 清单 ………………………………… 265
　　四、进仓通知单 …………………………………………… 267
　　五、集装箱装箱单 ………………………………………… 268
第三节　出口清关单据缮制 ……………………………… 269
　　一、报关用商业发票 ……………………………………… 269
　　二、报关用装箱单 ………………………………………… 273

三、报关用买卖合同 …………………………………… 274
　　四、报关单草单 ………………………………………… 276
　　五、代理报关委托书 …………………………………… 279
　　六、缮制出口清关单据注意事项 ……………………… 283
第四节　结汇用单据缮制及审核 …………………………… 284
　　一、结汇用商业发票 …………………………………… 284
　　二、结汇用装箱单 ……………………………………… 291
　　三、结汇用装船通知 …………………………………… 295
　　四、运输单据审核 ……………………………………… 298
　　五、保险单据审核 ……………………………………… 303
　　六、原产地证明书 ……………………………………… 306
　　七、受益人证明缮制 …………………………………… 310
　　八、ISF"10+2"表格缮制 ……………………………… 311
　　九、检验证书审核 ……………………………………… 314
第五节　信用证下单据交单前审核 ………………………… 315
　　一、单据审核的必要性 ………………………………… 315
　　二、单据审核方法 ……………………………………… 316
　　三、单据审核要点 ……………………………………… 316
　　四、单据常见差错 ……………………………………… 319
第六节　开证行严格审单要求及拒付应对 ………………… 321
　　一、开证行审单原则 …………………………………… 321
　　二、开证行审单严格相符的应对 ……………………… 321
　　三、单证不符的原因 …………………………………… 322
　　四、单证不符的处理 …………………………………… 322
　　五、开证行拒付正确应对办法 ………………………… 324
第七节　出口贸易盈亏核算表编制 ………………………… 325
　　一、盈亏核算及盈亏核算表 …………………………… 325
　　二、样本及编制说明 …………………………………… 326
案例分析一　指定货运代理不按发货人指示运输及清关案例 …… 328
案例分析二　部分单据不符被开证行拒付案例 …………… 328
案例分析三　申请人提货后开证行拒付案例 ……………… 329
案例分析四　漏打非关键词被开证行拒付案例 …………… 330
案例分析五　运费到付与运费在目的港支付争议案例 …… 330

案例分析六　商业发票未注明贸易术语适用惯例版本争议
　　　　　案例 ··· 331
　　实践操作 ··· 331

第十二章　进口贸易操作 ·· 332
第一节　进口贸易准备工作 ·· 332
　　一、进口商品市场调研 ·· 332
　　二、选择合适的贸易代理及货运代理 ···························· 333
　　三、确认进口商品的相关信息 ·································· 333
第二节　进口商品到岸成本及经济效益核算 ························ 334
　　一、进口商品到岸成本核算 ···································· 334
　　二、进口商品经济效益核算 ···································· 336
第三节　进口贸易操作流程 ·· 336
　　一、交易磋商阶段 ·· 336
　　二、进口合同商订阶段 ·· 338
　　三、进口合同付款阶段一 ······································ 338
　　四、国外供应商履行合同阶段 ·································· 339
　　五、进口货物出口国出运阶段 ·································· 340
　　六、进口合同付款阶段二 ······································ 341
　　七、进口货物进口国提货阶段 ·································· 342
　　八、进口货物争议解决及索赔阶段 ······························ 343
　　九、进口合同善后及产品售后阶段 ······························ 343
　　案例分析　正本提单在手无法提货案例 ··························· 343
　　实践操作 ··· 344

第一章 外贸人员准备工作

从国际贸易实践来看,很多入职中小微企业的外贸新人处于"没有岗前培训、没有工作流程、没有老员工帮带""不知职场礼仪、不知如何做事、不知如何开展工作"的状态。这种状况,不仅会使外贸企业国际业务进展缓慢,还会使外贸新人的离职率大幅提高,严重影响了外贸企业的业务开展与外贸新人的职业发展。

第一节 外贸新人必知职场礼仪

一、仪表仪容

(一)适当的着装

着装要与自己的工作环境及工作岗位相符,给人一种职业人的印象和感觉。因为着装不仅关系到企业与个人形象,还会影响工作状态。适当的着装是保证办公区环境与工作效率的前提。因此,公司有要求的按照要求穿工装或正装,公司没有要求的应穿商务便装。

(二)适当的配饰

配饰一般不超过三件,尽量不佩戴过度夸张的耳环、项链、手串等配饰。

(三)适当的妆容

对女士而言,一般应化精致淡妆。

二、接打电话

(一)电话接通后首先用普通话自报家门

电话接通后要用普通话自报家门,即"××公司×××"。如果是国外电话,则用英语自报家门,即"This is ×× Company,××× Speaking"。然后根据实际情况自行回答对方问题或者转接给相关负责人。

(二)接打电话声音以对方能听清楚为准

接打电话时声音要以对方能够听清楚为准。必要时可以到会议室、样品室等没有人的地方接打电话。切忌在办公区高声接打电话,影响其他同事的正常工作。

(三)工作时间尽量避免接打私人电话

工作期间,把时间和精力放在工作上,尽量避免接打私人电话,尤其是不能用办公电话接打私人电话。确实需要接打私人电话,应该寻找办公区以外的适当地点,并尽量在3分钟内完成。

（四）对于找管理者的电话,弄清楚后再决定是否转接

找管理者的电话不一定都是做业务的,更可能是推销或者催账的,所以要先弄清楚到底是什么事情再决定是否转接,或者让他们直接打管理者手机或者座机。不知道管理者电话号码的外部来电,必须问清楚其身份后再决定是否告知对方管理者电话号码。

（五）禁止发生长时间占用公司电话线路的行为

接打电话一般应该在3分钟内完成主要内容的商谈,详细沟通内容可以通过电子邮件、即时通信工具等辅助完成。禁止发生长时间占用公司电话线路的行为,尤其是在多人同用一部办公电话的情况下。接打电话时间过长,不仅会影响其他紧急电话的接入,而且大多时候也没有必要。通过电话能沟通清楚的问题,通常3分钟就够了;不能沟通清楚的问题,可改为其他方式慢慢沟通和解决。

第二节　快速适应外贸职场

一、职场的基本原则

（一）有所畏惧

职场人只有心存畏惧,才能真正合法合规地做事。这一点对于面对各种诱惑的外贸职场人而言更为重要。心无畏惧,就可能偏离正确的发展方向。

（二）忠诚

忠诚是对每一个职场人的基本要求。每一个职场人都应该忠诚于自己的内心,忠诚于自己的工作,忠诚于所在的企业。既然选择了外贸行业,选择了这家企业,就应该忠诚于自己的选择,做好这份工作。对企业不满,可以选择离职,而不是一边拿着企业的薪水,一边做着损害企业利益的事情。

（三）感恩

每个职场人都应该有一份感恩之心。感恩社会让我们成长,感恩学校教会我们知识,感恩企业为我们提供了工作,感恩企业主或者管理者给予的每一次实践机会,感恩每一个在我们成长中给予帮助和指引的人。只有懂得感恩,才能学会珍惜。珍惜现有生活与工作,珍惜每一个遇到的并且给予我们机会与帮助的人。

（四）谦虚

谦虚不仅是一种美德,还是外贸职场新人必须遵守的一个基本准则。每

家外贸企业都有一些固定的运作模式与工作方式。或许刚入职的你有更好的方式方法，但是却不能在没有完全了解现有方式方法的情况下，就轻易地按照自己的方式方法去做某项工作。外贸新人应该做到谦虚好学。如果你足够优秀，你的能力与学识会在实践工作中逐渐被企业认可。

（五）服从

服从指的是执行力。外贸新人对于上级的命令或者工作安排必须服从和执行。理解要去做，不理解也要去做。所谓没有规矩不成方圆，你再有性格、再有脾气，也应执行上级的命令或者安排。即使上级的命令或者安排有明显的问题，也只能先执行，然后找适当的机会去沟通。执行力是企业考核新人的一个重点。

（六）敬业

干一行就要爱一行。既然你选择了这份工作，就必须努力且用心地做好。敬业首先体现在能够做好自己所负责的本职工作；然后是不间断地学习与自己工作相关的知识与技能，并能用之改进工作。具体到外贸工作，就是要以完成工作为准则。同时，敬业还体现在不消极怠工。如果对企业或者工作不满意，可以选择离开，而不是消极怠工，影响企业的同时影响自己。

（七）勤奋

对于一个初入职场的外贸新人，勤奋可以体现在多个方面。比如经常深入车间去了解产品工艺流程所用设备，不间断地学习产品相关贸易知识等。你只有足够勤奋，并主动帮助别人做一些事情，当你遇到问题或者困难的时候，其他人才愿意帮助你。有时候老员工的一句话或者一个小小的建议，都会给你的职场及工作带来非常大的帮助。

（八）付出

对于外贸新人来说，工作熟练度相对较差。要想做好工作，就要比老员工付出更多的时间和精力。这样才能更快地了解行业、了解产品、了解贸易，才能尽快独立工作，并最终在新人的考评中胜出。此外，付出还体现在担当上。企业在内部、外部工作中难免会出现问题。有些问题即使不是你的错误导致的，在当时的情形下也可能需要你站出来承担责任。比如，客户验货时发现质量问题后询问原因，你只能说"是我的疏忽或安排不当"，而不能说"企业主让我这样安排的"。因为把企业主或者管理者推到前方，对于企业来说就真正没有退路了，客户将不敢再与你所在的企业继续合作。

二、学会做事

（一）望

望就是看（观察）。看其他同事是怎么做事的，看老员工是怎么和管理者

第一章 外贸人员准备工作

打交道的、怎么接待客户的、怎么处理订单问题的，等等。更重要的是，看管理者是怎么处事与待人接物的，也许管理者有他自己的问题，但是他能做到管理者的位置就一定有其优势和长处，外贸新人要有意识地去观察和学习。

（二）闻

闻就是听。听同事或管理者是怎么沟通的，打电话从哪句话开始，又到哪句话结束。此外，多听也能有机会了解公司内部的实际情况。听并理解能使外贸新人更好地与公司同事相处，更好地选择工作完成方式。

（三）问

问就是请教。新入公司，对于不了解的事情或者不确定的事情一定要多问。多问，一方面能够避免出错，另一方面能够有效拉近彼此关系，适当地多问、多请教会给对方一定的成就感。不过，在问的时候也要掌握技巧。要先判断什么该问、什么不该问、什么时候该问、什么时候不该问。比如在公司内部培训上，一个问题大家都清楚了，只有你不清楚，这个时候也不该问，培训结束后自己想办法弄清楚。

（四）切

切就是做。正所谓"纸上得来终觉浅，绝知此事要躬行"，看得再多、听得再多、问得再多，最终还是要落实到"做"上，要通过实际工作验证看到的、听到的、问到的方法是否实用。实用的要积极运用并拓展，不实用的要及时摒弃。多看、多听、多问不是为了模仿，而是为了避免多走弯路，最终还是要努力形成自己的做事与工作方法。

三、学会尊重

（一）尊重自己

尊重自己体现在做该做的事、说该说的话。一言一行要与自己的职业和岗位相符，掌握工作所需的基本做人原则与做事方法。

（二）尊重他人

尊重他人首先体现在尊重自己的同事与管理者；其次体现在充分尊重车间工人与外部服务商等非本办公室工作人员。同时，不在背后讲他人坏话或者诋毁他人。

（三）尊重企业

尊重企业体现在尊重企业的文化与价值观。如果你认为企业的文化或价值观不适合你，你可以选择离开，但是切忌一边领着企业的工资，一边骂企业和企业主。

第三节 成为出色的外贸业务员

一、正确定位

(一) 外贸业务员的自我定位

外贸业务员的正确定位是精通外语和国际市场营销手段的专业人员，而不是传话筒或者翻译工具。每一个外贸业务员都应该有分析与判断能力，而不是单纯地将企业给的价格以及产品参数翻译后直接传递给客户，或者把客户的要求翻译后直接传递给企业。作为企业与客户的连接纽带，应该充分了解企业以及客户的真正需求，协调二者之间的需求矛盾，并使双方最终达成合意，让磋商谈判或者合作继续下去。这才是外贸业务员存在的意义。

(二) 正确自我定位实例分析

笔者通过一个例子来说明外贸业务员的正确定位以及意义。

客户咨询某个产品的 FOB 价格，企业给出的含税出厂价是 100 元。外贸业务员要做的不是仅仅把 100 元含税出厂价换算成 FOB 美元价，而是要根据自己与客户的实际沟通情况，给客户一份准确、完整的报价单代替一个报价。在报价单当中，报价可能高于 100 元对应的 FOB 美元价，也可能低于 100 元对应的 FOB 美元价。报价高还是低，取决于外贸业务员与客户沟通后的有依据的判断。如果客户注重质量与服务，价格可能就要高一些；如果客户对价格比较敏感，那么价格就可能会低一些。如果报价后，客户反馈说价格偏高，这时外贸业务员要做的不是直接将客户的意思反馈给企业，让企业重新核算价格。正确的做法是：首先，要尝试从客户那里获得目标价，了解己方报价与客户目标价之间相差多少；其次，要自行或者通过企业内部商务情报部门了解竞争对手相同或者类似产品的价格，确认该产品的合理市场价格；最后，将己方报价、客户目标价格、合理市场价格进行比较。如果己方报价高于合理市场价格，也高于目标价格，则应与企业确认，己方价格是否能够降到合理市场价格，或者获得己方价格高于合理市场价格的合理解释，然后与客户沟通。如果己方报价低于合理市场价格，但是高于客户目标价格，则应与客户沟通，告知客户他的目标价格过低。同时，与客户确认是否在产品的质量要求理解上有所偏差。得到客户的进一步反馈后，再与企业沟通如何满足客户的目标价。如果客户的目标价格远远低于市场合理价格和己方报价，则要考虑客户是否有真正需求、是否在恶意还价。

通过上述案例可以知道，真正合格的外贸业务员都是经过自己的分析与判断，获得一定信息后，才会与相应方进行有目的的沟通。作为外贸业务员，不管是企业价格偏高，还是客户目标价格偏低，都要基于商务调查获得的合理市场价格进行判断。

二、选择相信

（一）相信自己

相信自己选择外贸行业是正确的，相信自己能够胜任外贸业务员的工作，相信自己有能力通过这份工作最终过上自己理想中的生活。

（二）相信激情

相信激情是能够将单调、重复工作做好的一个重要影响因素。外贸工作在一定程度上是琐碎、繁杂、重复率较高的工作。尤其是有些行业及产品开单周期很长，只有相信激情，才能避免懈怠，一直保持积极的工作状态，才有机会获得更好的业绩。

（三）相信行业

相信外贸行业是一个有前景的行业，作为拉动经济增长的"三驾马车"对应的行业之一，将持续发展下去。相信行业是外贸业务员能够克服短期困难，在外贸行业长期做下去，并最终成为职业外贸人的一个原动力。如果不相信行业，就可能被短期困难吓倒，在即将到来的"黎明"之前退出外贸行业，结果自然是"行百里者半九十"。从国际贸易实践来看，多数外贸业务员至少要坚持一年才能迎来业务发展期。

三、端正心态

（一）耐得住寂寞

外贸工作有时候是寂寞的。特别是有些生产型外贸企业都在远离市中心的郊区，而且刚刚开始做外贸的企业，可能只有1~2名外贸业务员。因此，外贸新人感到寂寞是正常的，正好可以利用这个时间学习或者开发客户。一般来说需要持续半年到一年的时间。在业绩和收入稳定以后，你可能就会搬到相对繁华的市区了。很多初涉外贸行业的新人都有这样一个过程，所以外贸新人需要耐得住寂寞。

（二）保得住激情

笔者前面说过相信激情，但是激情保持一两天容易，一两个月也可能，要想长年保持激情却是一件很难的事情。生意差时会气馁，生意好时又会懈怠，都可能导致激情不再。一旦失去激情，可能对当年的业绩影响不大，但是下一年的业绩大概率会变得很差。所以，要想业绩一直持续，外贸业务员一定要保得住激情，坚持激情满满地去工作。

（三）禁得住诱惑

随着对外贸行业的了解、业绩及客户资源的增加，外贸业务员面临的诱惑逐渐增多。一旦禁不住诱惑，做出有违职业道德和职业忠诚的事情，就可能面临当前企业的强烈反应，甚至基于竞业协议的诉讼。同时，外贸行业圈，尤其是特定产品所在行业圈，从一定程度上说是非常小的。某些人禁不住诱惑，出现职业道德问题，就很难在行业内立足。对外贸业务员而言，失去特定行业内的客户资源积累，很大程度上意味着过去的所有努力归零。如果你认为现在的企业不适合你，或者存在利益分配不公的问题，可以向管理者提要求，也可以选择离开。但是，任何时候都不能在工作期间做出背叛企业、违反职业道德的事情。

四、专业至上

（一）对自己所处行业、对自己负责的产品表现为专业

每一个外贸业务员都应该真正了解自己所在的行业，了解自己所负责的产品，包括但不仅限于行业内主要供应商、主要买方，以及自己负责的产品的质量标准、合理市场价格等。

（二）对外贸相关知识、国际上通行惯例及做法表现为专业

不同行业、不同产品、不同国家或地区的客户对外贸的具体要求都会有所不同。每一个外贸业务员都应该切实了解外贸出口必需的相关知识、技能以及国际上通行的惯例及做法，并能用于商务沟通与磋商谈判，进而让买方感觉到你是一个能沟通、会沟通的专业外贸人。

（三）个人的言谈举止、对生意的看法要表现为专业

每一个外贸从业人员都应该给人一种专业的感觉或者状态。无论言谈举止还是对生意、对外贸的看法都应该是专业的，而且能将日常沟通与商务沟通完全分开，真正做到在商言商、知商、懂商。

五、始终坚持

（一）坚持外贸业务开发

外贸业务开发是需要长期坚持的工作，不管当前的生意是好还是坏，外贸业务员都必须坚持业务开发工作。要相信，有客户、有生意在某种意义上是一种必然，只是时间长短和坚持的问题，也许再坚持一周客户就会下单。当你坚持不下去的时候，订单可能已经在路上了。所以，对于外贸业务员来说，坚持业务开发非常重要。

（二）坚持外贸知识学习

外贸入门很简单，想做好却很难。但是只要你坚持学习外贸知识，并在国际贸易实践中不断改进和修正，一般工作5年或以上就会形成自己的方法，就会成为行家。不要迷信所谓的各类外贸"大咖"，他们的方法和成功是有一定的机会因素的，他们换个行业、换个产品、换个时期或者换个环境都不一

定能成功，方法也不一定管用。所以坚持学习外贸知识，形成自己的方法，把握住自己的机会才是最重要的。

（三）坚持每天进步一点

今天知道一件昨天不知道的事情，学会了一个之前不会的单词，了解到一种新的操作方法或者技能，开发成功一个新的客户，认识了一个新的朋友等，这些都叫进步。外贸业务员要想成功，就必须坚持每天进步一点。这一点单独看起来可能微不足道，但是日积月累，一定会有成长和进步。

六、经营客户

经营包含筹划、谋划、计划、规划、组织、治理、管理等内容。经营客户非常重要，外贸业务员与其苦苦寻找大客户，不如自己经营和培养有潜在成长能力的小客户成为大客户。一旦小客户成长起来将是你最忠实的合作伙伴。落实到具体操作上就是要有经营客户的意识，大小客户一视同仁，在自己能力范围内尽可能完成客户所托并努力让客户满意。在必要的时候为客户提供全供应链的咨询与支持服务。

七、工作要有计划和总结

（一）周初月初有计划

每一个外贸业务员，尤其是新入职的外贸业务员，在每周初、每月初都必须有工作计划。比如要在电商平台发布多少个产品，要主动发邮件联系多少个客户，要整理哪些产品资料，要处理或者跟进哪些上一周没有完成的事情等。

（二）周末月末有总结

每周初、每月初做好计划，对应的在计划周期结束的时候，就要将实际完成的结果同计划进行比较。通过比较，分析实绩与计划的差异，并找到差异产生的原因与解决办法，以期在下一周期内改进。

（三）计划和总结要落实在"纸面"上

将计划和总结落实在"纸面"上对于新入职的外贸业务员尤为重要。就是说你做的事情、学习的知识都要有个记录。这个记录可以记在电脑中，也可以记在你的工作日记上。

八、新人如何开始外贸工作

（一）零外贸基础企业的工作开展

外贸新人入职零外贸基础企业，主要工作有两项。一是整理出口商品资料。整理包括产品价格、图片、包装资料（件数、重量、尺寸，简称为件重尺）等产品信息，越详细越好，同时要将上述资料尽可能准确地翻译成英文，并形成格式化的报价单。二是选择市场开发渠道或者平台。询问和比较各种市场开发渠道的费用以及各自的优势与劣势。一种渠道或者平台的优势可以从其销售人员口中得知，劣势则可以从其他渠道或者平台的销售人员口中得知。将市场上主流的渠道或者平台全部咨询以后自然会做出相对正确的选择。但需要提醒的是，在选择市场开发渠道时，一定不能怕竞争，某个渠道或者平台竞争对手多，说明这个平台相对有效，得到了大家的认可。要慎重选择冷门渠道或者平台。

（二）有外贸基础企业的工作开展

外贸新人入职有外贸基础企业，主要工作有两项。一是学习和完善产品信息。深入了解产品，并将原来产品目录或者报价单中缺失的资料进行完善。二是查看过去的成交资料（如果可以）。通过查看过去的成交资料，可以有效了解产品的成交价格以及主要客户所在国家或者地区。同时，能了解到过去企业出口经常采用的贸易术语、结算方式、交货期限等信息，为自己以后的交易磋商打下基础。

案例分析　新入职外贸业务员未做工作日记离职案例

之前笔者有一个老乡，入职的第30天，企业主找他谈话时说："一个月前你入职的时候，我给了你一个工作日记本，我看到这个日记本从给你的那一天起就一直放在你的办公桌上，到今天都没有记录任何内容。难道在这一个月当中，你就没有什么问题或任何可以记录的东西吗？"他自己想了想，企业主说的确实有道理，这一个月来他确实不知道做什么，也没有做什么，最后他主动离职。

分析此案例，对于一个新入职的外贸业务员而言，即使你无法实际开展业务开发工作，至少可以尝试去了解产品，整理产品出口所需资料。一旦你开展了一些实质性工作，自然就会遇到或者发现一些问题。资料也好，问题也好，都可以记录在工作日记上。即使你入职的是一家新成立的外贸企业，作为第一个外贸业务员，也应该去思考或者去做些什么，逐步将外贸工作开展起来。如果你的工作日记是空的，电脑中也没有任何工作记录，那就说明这一个月你根本没有把心思和精力放在工作上。如果你真正做了一些事情，并且有计划、有总结，即使当下没有业绩，相信企业也愿意给你更多的机会。

实践操作

假定你作为外贸新人入职一家零外贸基础企业，据此撰写自我成长计划及外贸业务开展计划。

第二章 外贸企业准备工作

第一节 了解国际贸易基本常识

一、国际贸易经营方式

国际贸易有自营进出口和代理进出口两种经营方式。

(一) 自营进出口

自营进出口是指企业自行完成对外贸易经营者的备案登记,获得自营进出口经营权,以自己名义办理收付汇、进出口清关手续、缴纳进出口关税、申办出口退税的一种国际贸易经营方式。

自营进出口适合进出口业务量较大、业务相对成熟且有自己专业贸易操作人员的企业。

(二) 代理进出口

代理进出口是指没有自营进出口经营权的企业委托有自营进出口经营权的企业代为办理收付汇、进出口清关手续、缴纳进口关税、申办出口退税的一种国际贸易经营方式。

代理进出口适合进出口业务量较小、业务刚刚起步且无自己专业贸易操作人员的企业。

二、出口贸易流程

(一) 合同商订阶段

1. 业务开发

利用展会、企业对企业(B2B)平台、搜索引擎、社交媒体平台与潜在客户建立业务联系。

2. 磋商谈判

通过线下或者线上沟通方式进行磋商,并对主要交易条件达成合意。

3. 草拟合同

根据磋商谈判结果,草拟买卖合同,以供买卖双方对交易条件做最终确认。

4. 合同评审

在正式签字、盖章之前召集企业内部各部门负责人对买卖合同条款进行全面审核及评估。如有己方无法接受或者无法做到的条款，要及时与买方协商修改。

5. 签订合同

将评审无误后的买卖合同打印出来，正式签字、盖章，扫描后通过电子邮件发送给买方，同时，要求买方签字、盖章后发回己方。

（二）合同履行阶段

1. 跟进催促预收款或信用证

买卖合同签订后，第一时间跟进催促买方支付预收款（如有）或者开立合格信用证。

2. 备货并跟进直至验货合格

生产型出口企业直接排单生产货物，贸易型出口企业安排采购货物。同时，对生产或采购进行跟进，直至货物入库并检验合格。

3. 跟催尾款

如果买卖合同约定发货前付清尾款，大货①完成后直接发送商业发票以及货物完工照片或合格验货报告要求买方支付尾款。其他付款条件下则直接进入下一个阶段。

4. 安排商品检验

法定检验商品需要在货物离开产地仓库前申请检验，非法定检验商品则直接进入下一个阶段。

5. 取得增值税专用发票

贸易型出口企业在支付上游供货商全部款项后，理论上应该在此时取得增值税专用发票，因为税务部门原则上要求贸易型出口企业先买进来后卖出去。在国际贸易实践中，为了确保增值税专用发票内容与报关单一致，也可以在出口货物报关后要求上游供货商按照报关单开具增值税专用发票。

6. 租船订舱

如果买卖合同约定凭提单副本付尾款或者信用证结算，大货完成后直接联系货运代理订舱。

7. 制作清关单据

电子口岸做电子委托，同时制作清关单据并将已盖章单据电子版发送给货运代理准备报关。实际工作中第4~7步几乎是同时进行的，没有严格的顺序要求。

---

① 大货指客户下单的货物总称。

8. 跟进货物进仓或进场

按照租船订舱时货运代理的反馈，安排送货进仓或者安排集卡车辆到指定仓库装柜，同时跟进直到货物安全进仓（货运代理仓库），或者安全进场（集装箱堆场）。

9. 确认第三方出具的单据草稿

确认由第三方出具的提单、报关预录单、保险单（如有）等单据草稿。

10. 制作、申请、审核结汇单据

制作、申请所有结汇所需单据，并进行提交前的最终审核。

11. 发送装船通知及电子版结汇单据给买方

发送装船通知及电子版结汇单据给买方，以便买方购买保险（如果需要），做好付款及接货准备。

12. 提交结汇单据并收款

电汇结算方式下将全套结汇单据副本发送给买方并要求买方支付尾款（如有或者需要），收齐全部款项后将全套结汇单据原件寄送给买方或者安排电放；信用证结算方式下将全套结汇单据原件送交银行进行收款，同时跟进直到安全收回款项。

（三）合同善后阶段

1. 跟进货物运输轨迹

跟进货物运输轨迹直到货物到达目的港或目的地，且买方已经及时提货。

2. 确认交易顺利完成

确认买方对所收到货物满意，或成功处理了买方的索赔。

3. 协助财务办理出口退税

收集、整理出口退税单据并传递给财务部门，协助财务部门办理出口退税申报，并跟进直至收到出口退税。

三、外贸业务员日常工作

不同企业外贸业务员的工作内容及范围会有所不同，但是日常工作如下。只是有些企业是一个人负责所有工作，有些企业则有人员分工。

（一）客户开发

客户开发是指新客户开发，是外贸业务员最基本的工作，即通过展会、B2B 平台、搜索引擎、社交媒体平台等渠道开发和跟进新客户。

（二）客户维护

客户维护是指老客户维护，让老客户持续稳定下单，不因卖方的主观原因转单给其他供应商。

（三）平台打理

平台打理是指对企业投资的 B2B 平台上的产品及信息的维护、更新、优化，以及能够在平台首页搜索中获得相对靠前的排名。

（四）官网维护

官网维护是指对企业自行建立的全英文官网上的产品及信息的维护、更新，以期能够在搜索引擎中获得较好的自然排名。

（五）对外报价

对外报价是指对企业收到的询价进行磋商、报价、跟进，努力争取缔结合同。

（六）订单跟进

订单跟进是指对已经缔结的买卖合同进行跟进，确保能够按时、按质交货。

（七）资料整理

资料整理一方面是指日常工作资料整理，如产品资料、贸易流程等资料整理，另一方面是指客户资料整理，包括已经成交客户和潜在客户的资料整理。

（八）供应商开发

供应商开发是指贸易型出口企业寻找上游供应商，获得产品资料以及报价等工作。

第二节　开展国际贸易前置工作

一、国际贸易经营资质办理

国际贸易经营资质办理流程见表 2.1，从左到右逐项办理即可。个别项目可以直接在网上办理，具体办理时可以电话咨询当地相关负责部门。现场办理时需要携带营业执照、代办人及法人身份证、上一环节所获得的证件的原件以及加盖公章的复印件、公章、法人章，银行相关业务需另加财务章。

表 2.1　国际贸易经营资质办理流程

办理事项	营业执照增项	对外贸易经营者登记备案	海关及商检登记备案	电子口岸登记备案	国家外汇管理局登记备案	外币账户开立
办理地点	政务审批大厅工商窗口	对外贸易主管部门	海关	政务审批大厅电子口岸及海关窗口	国家外汇管理局	基本户开户行或者其他往来银行

二、整理企业及主营产品资料

国际贸易与国内贸易有很大不同，买方多数时候无法亲临现场视察企业或者体验产品，因此需要通过包括文字、图片、视频在内的详细说明资料来了解企业及产品。同时，国际运费昂贵，买方也需要产品准确的件数、重量、尺码信息来核算运费。此外，企业在平台推广及英文官网建设中也需要产品的详细资料。因此，笔者建议企业在准备开展国际贸易时就整理好企业及主营产品的详细资料，并翻译成英文，为后面的营销及报价工作做好准备。

三、建立企业自己的英文官网

英文或者多语言官网是企业的线上展示厅，可以供潜在买方更好地了解企业及产品，增加买方信任。同时，一个能够被搜索引擎自然收录的营销型英文官网也是企业获得买方询价的途径之一。因此，企业有必要在正式开始国际贸易之前建立自己的全英文官网。

四、组建规模适当的外贸团队

考虑到当下国际贸易实践需要，笔者建议一个标准的外贸团队由 1 名业务经理、3 名业务员、1 名跟单员、1 名单证员、1 名美工组成。其中，业务经理负责制订市场营销计划、业务审核及风险管理；业务员负责各种营销渠道推广与维护、客户开发与跟进工作；跟单员负责已签约订单的全程跟进工作；单证员负责出口清关、结汇单证制作及租船订舱工作；美工负责各种推广所需图片及视频制作。规模较大的企业可以同时组建多个标准的外贸团队，加设国际贸易总监或部长统领全局即可。对于初涉国际贸易的企业而言，可以根据实际情况一步到位组建标准外贸团队，也可以从一人开始，逐渐增加团队所需人员。

五、制定外贸部工作流程

规范的外贸部工作流程能够让每个部门人员知道自己该做什么、何时做、如何做，减少工作中的困惑以及出错概率。企业可以参照图 2.1，根据实际情况制定调整适合的外贸部工作流程。

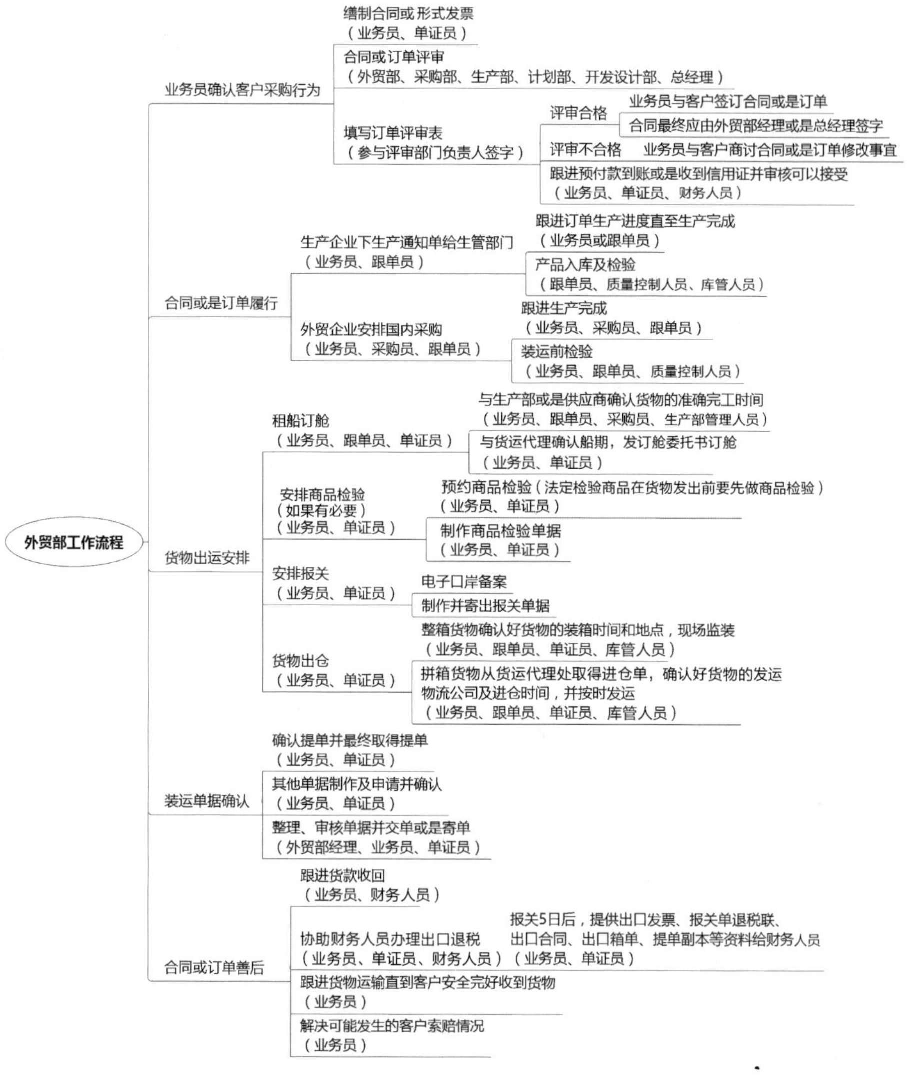

图 2.1 外贸部工作流程

第三节 目标市场及竞争对手调查与分析

一、目标市场调查与分析

（一）目标市场调查与分析的必要性

目标市场调查与分析能够保证企业的推广投资以及市场开发方向正确，

通过市场调查与分析能够使企业知道自己的目标市场以及目标客户在哪里，从而有针对性地进行市场推广与开发。比如，通过市场调查与分析了解到需要己方产品的大多是发展中国家，则应将上述市场视为主要推广方向，同时提供与上述市场质量和价格水平相匹配的产品，避免错误地将资源及精力投放到需求较小的发达国家市场与客户。

(二) 目标市场调查与分析的简易可行方法

目标市场调查与分析的简易可行方法有两种。

1. 通过海关数据

由于海关数据中出口商品、主要市场、主要客户以及价格水平真实性高，据此分析出来的结果或结论也相对准确，因此它是笔者较为推荐的一种市场调查与分析方法。

2. 通过B2B平台后台

由于B2B平台后台会对客户搜索热词、客户来源等信息进行统计，因此可以要求B2B平台销售人员通过对热销产品、主要市场进行调查与分析，结果同样具备一定的参考价值。

二、竞争对手调查与分析

(一) 竞争对手调查与分析的必要性

竞争对手调查与分析能够保证企业产品质量和价格水平的竞争力与有效性，避免产品质量水平相近而价格偏高失去市场竞争力，或者质量水平相近却价格偏低失去合理利润等问题的发生。此外，竞争对手的主要产品及市场也是企业产品及市场开发的一个重要参考。

(二) 竞争对手调查与分析的简易可行方法

1. 通过贸易数据

贸易数据中大概率囊括了竞争对手的所有出口交易信息，企业可以据此粗略地知道竞争对手的哪些产品以什么价格卖给了哪些客户，能够帮助企业有效地做出应对策略。

2. 通过线上营销渠道

竞争对手通常会把产品、大致价格展示在线上营销渠道，企业同样可以据此知道竞争对手有哪些产品在以什么样的价格成交。

3. 通过人为实地调查

人为实地调查能够清楚地知道竞争对手的价格和报价方式，企业可以进行参考和借鉴。比如，以国外买方及国内买方身份分别向竞争对手咨询FOB (船上交货) 美元价格与人民币含税港口交货价格，不仅可以知道竞争对手的价格，还可以分析出竞争对手是如何将人民币含税港口交货价格转化为FOB

美元价格的，进而与己方的价格及转换方式进行比较，并最终确认对外报价。

案例分析　某出口企业老客户反馈报价偏高案例

某出口企业给一老客户报价后，该客户向业务员反馈价格偏高。业务员解释说："可能是产品质量不同，会与企业重新确认价格。"客户却说："你们的产品一直价格偏高，我们可以因为你们的可靠性接受比其他供应商略高的价格，但是以你们目前的价格水平很难继续合作下去。若不考虑你的出色配合，我们将直接与其他供应商合作。"业务员经过了解发现客户反馈的价格偏高问题确实存在，己方多数产品价格都高于竞争对手价格。

分析此案，该出口企业产品价格高于竞争对手，并引起客户不满的根本原因是过去始终没有开展市场与竞争对手调查工作，错误地以为客户过去接受的价格就是合理价格。实则不然，由于企业规模及主营产品不同，某特定产品本企业的最低价格未必是行业的最低价格。而且企业给业务员的价格也未必是本企业的最低价格。这种未经市场与竞争对手调查就盲目定价的行为，尽管可能在短期内获得一定利润，但却随时存在客户流失的风险。正如本案例中客户反馈的一样，若不是对业务员出色配合的肯定，客户将直接转投其他供应商。为了防范因价格不合理导致客户流失的风险，出口企业在正式对外报价之前必须充分做好市场及竞争对手调查，并根据调查结果合理定价。

实践操作

假如你作为外贸经理入职一家零外贸基础企业，请据此撰写详细的外贸部员工岗位说明、制订外贸部员工招聘计划及外贸部工作流程。

第三章 国际贸易术语

第一节 贸易术语与《国际贸易术语解释通则2020》

一、贸易术语的基本常识

（一）贸易术语的含义

贸易术语（TRADE TERMS），也称价格术语（PRICE TERMS）或交货条件（DELIVERY TERMS），是由国际商会①进行规范和修订的，用来表明商品价格构成，说明货物交接过程中买卖双方有关责任、费用和风险（RESPONSIBILITIES，COST，RISK）划分的专门用语。

（二）贸易术语的两重性

贸易术语具有两重性。一方面，可以用来确定交货条件，说明国际货物贸易中买卖双方在交接货物时各自承担的责任、费用和风险划分；另一方面，可以用来表示成交货物的价格构成因素，卖方承担的责任、费用和风险越大，价格就越高，反之，价格就越低。贸易术语正是因为有表示成交货物价格构成因素的一面，因此又被称为价格术语。

（三）贸易术语的作用

贸易术语主要用来明确国际货物贸易中买卖双方交接货物时责任、费用和风险的划分。具体表现在5个方面：一是确认交货地点与方式，二是划分风险转移界限与时间，三是说明运输、保险办理与费用承担方，四是明确单据取得与费用承担方，五是规定进出口清关手续办理与费用承担方。

二、国际贸易惯例

（一）概念

国际贸易惯例（INTERNATIONAL TRADE PRACTICE）是指在长期国际贸易实践中形成的，由国际商会等组织整理编撰而成，被国际贸易行业普遍接受的习惯做法和行为规范。

---

① 国际商会（INTERNATIONAL CHAMBER OF COMMERCE，ICC）是世界性的商业组织，其存在的目的是通过商业促进世界经济增长与繁荣。详见 ICC 官网 https：//iccwbo.org。

(二)性质

国际贸易惯例本身不是法律,对买卖双方不具有强制约束力,即买卖双方可以协商一致对惯例中的相关内容进行修改,且买卖合同中约定的修改效力优先于惯例本身。但是买卖双方一旦决定采用某惯例约束一项交易,并在买卖合同中做了明确说明,则此惯例就具有了法律上的强制约束力。同时,某些买卖合同中没有约定的内容发生争议时,如果存在相应惯例且买卖合同中没有相反规定,仲裁庭或法庭在裁决或判决时也会参照相应惯例。

(三)应用较广的惯例

当下国际贸易行业应用较广的惯例有两个:一是与信用证结算有关的《跟单信用证统一惯例第 600 号出版物》(以下简称《UCP 600》);二是与贸易术语有关的《国际贸易术语解释通则 2020》。

三、《国际贸易术语解释通则 2020》

(一)《国际贸易术语解释通则 2020》介绍

《国际贸易术语解释通则 2020》(以下简称为《2020 通则》)英文为 *INTERNATIONAL RULES FOR THE INTERPRETATION OF COMMERCIAL TERMS 2020*,英文简称为 INCOTERMS 2020,2020 年 1 月 1 日起生效,是由国际商会组织相关专家在《国际贸易术语解释通则 2010》(以下简称《2010 通则》)的基础上修订、编写而成的。

需要注意的是,《2020 通则》生效并不意味着《2010 通则》的废止,买卖双方仍然可以在买卖合同中使用《2010 通则》甚至是更早的版本(《2000 通则》或《1990 通则》)。从国际贸易实践来看,《2020 通则》已经因其更好的适用性逐渐成为主流。只要买卖双方在交易磋商以及买卖合同商订中涉及贸易术语时,注明受《2020 通则》约束(SUBJECT TO INCOTERMS 2020),就无须学习和研究其他版本通则,仅精通《2020 通则》即可。此外,如果买卖双方在合同中没有说明贸易术语适用的通则版本,就默认应以最新版本《2020 通则》为准。

(二)《2020 通则》结构

《2020 通则》中将买卖双方的责任、费用和风险分为 A、B 两栏,每栏 10 项。A1~A10 说明卖方义务,即卖方要承担的责任、费用和风险。B1~B10 说明买方义务,即买方要承担的责任、费用和风险(见表 3.1)。

第三章 国际贸易术语

表 3.1 《2020 通则》买卖双方义务

A 栏：卖方义务		B 栏：买方义务	
A1	卖方一般义务	B1	买方一般义务
A2	交货	B2	收货
A3	风险转移	B3	风险转移
A4	运输	B4	运输
A5	保险	B5	保险
A6	交货/运输单据	B6	交货/运输单据
A7	出口清关	B7	进口清关
A8	检验、包装、唛头	B8	检验、包装、唛头
A9	费用分担	B9	费用分担
A10	通知	B10	通知

四、《国际贸易术语解释通则 2020》积极变化

《2020 通则》对每种贸易术语的解释在形式上和内容上都做了积极改变，其中对买卖双方影响较大的有 4 点。

（一）明确列明买卖双方所要分担的费用项目

同《2010 通则》中 A6、B6 项对买卖双方各自应承担费用的笼统规定相比，《2020 通则》则在 A9、B9 项下对买卖双方各自应承担费用都做了明确规定。同时说明如果由一方代另一方办理进出口相关事宜并产生相应费用，被代办方需要补偿代办方的代办费用。

（二）明晰 FCA（货交承运人）贸易术语下需要海运提单的问题

同《2010 通则》中 FCA 贸易术语成交时签发已装船海运提单仅是惯例做法，或者卖方与货运代理及承运人约定结果相比，《2020 通则》则明确规定，FCA 贸易术语成交时指示其指定承运人签发已装船海运提单为买方的必然义务，即买卖双方在买卖合同中或信用证中约定卖方需要提交已装船海运提单时，买方必须自行分担费用及风险指示其指定承运人或货运代理人出具海运提单并转交给卖方，以便卖方同其他装运单据一同交给银行或者买方完成收汇工作。

（三）CIP（运费和保险费付至）贸易术语下默认投保险别提高

同《2010 通则》中 CIP 贸易术语下保险默认为最低险别（中国人民保险公司保险条款平安险或者协会货物保险条款 C 险）相比，《2020 通则》中 CIP 贸易术语下保险默认为最高险别（中国人民保险公司保险条款一切险或者协会货物保险条款 A 险）。在买卖合同或信用证中未对 CIP 贸易术语下保险做出明确规定时,《2020 通则》明确卖方则需要按照默认做法投保最高险别,并按照最高险别保险费率计算保险费。

(四)增加运输安全申报要求说明

同《2010 通则》中未对运输安全申报做出明确规定相比,《2020 通则》在 A7、B7 项明确规定出口安全申报由卖方负责,进口安全申报由买方负责。因此,外贸业务中常见的 AMS(美国反恐舱单费)、ACI(加拿大商品进口预申报)、ENS(欧洲入境摘要报关单)、AFR(日本提前申请规则)都属于进口安全申报,相应申报费用理论上都应该由买方承担。如果是由卖方委托货运代理代申报,所产生的费用原则上应该由买方补偿给卖方或者约定在目的港(地)收取。然而由于申报费用通常仅在 200 元左右,考虑到支付方便,多由卖方在装运港(地)支付。

五、贸易术语分类

(一)《2020 通则》分类

《2020 通则》中将贸易术语分为 2 类 11 种。一是适用于任何运输方式包括多式联运(多种运输方式的联合运输)的 7 种贸易术语,即 EXW(工厂交货)、FCA(货交承运人)、CPT(运费付至)、CIP(运费和保险费付至)、DPU(目的地卸货后交货)、DAP(目的地交货)、DDP(完税后交货)。二是仅适用于水上运输的 4 种贸易术语,即 FAS(船边交货)、FOB(船上交货)、CFR(成本加运费)、CIF(成本、保险费加运费)。

(二)国际贸易实践中的分类

国际贸易实践中根据不同贸易术语的应用频率将《2020 通则》中列明的 11 种贸易术语分为 4 组。一是装运港船上交货贸易术语,即 FOB、CFR、CIF;二是货交承运人贸易术语,即 FCA、CPT、CIP;三是偶有应用贸易术语,即 EXW、DAP、DDP;四是鲜有应用贸易术语 DPU、FAS。本书将依据这种分类对相应贸易术语进行讲解。

第二节 买卖合同中的价格条款

一、贸易术语应用场景

贸易术语通常与报价单或买卖合同中的价格伴生应用。因为贸易术语不同,买卖双方承担的责任、费用和风险不同,所以贸易术语与价格伴生出现,可以使买卖双方清楚地知道价格内涵或价格构成部分。

二、买卖合同中价格条款组成

尽管有人因贸易术语会影响到价格而将其称为价格术语,但是价格术语

第三章 国际贸易术语

与贸易术语还是有一定区别的。完整的价格术语由计量单位、单位价格金额、计价货币、贸易术语、适用惯例5个部分组成。贸易术语仅是价格术语或价格条款的一个组成部分。

例如，USD5.45 PER PCE CIF BANGKOK PORT, THAILAND INCOTERMS 2020（每件5.45美元运费、保险费付至泰国曼谷港，受《2020通则》约束）。书写时计价货币和单位价格金额之间不能留有空格，且不建议改变5个部分的英文书写顺序。同时，如果贸易术语后的港口（地点）在不同国家（地区）有重名，需要在港口后面加上国家（地区）名称；如果在同一个国家（地区）有重名，则需要在港口后面加上地区名，必要时甚至要加上详细的名称、地址及邮编等信息。

第三节　装运港船上交货贸易术语FOB、CFR、CIF

装运港船上交货贸易术语是指卖方在装运港将货物安全装入船上后完成交货，此后货物损坏或者灭失风险转移给买方的FOB、CFR、CIF三种贸易术语。

一、FOB贸易术语

（一）含义及风险划分界限

FOB英文全称是FREE ON BOARD（. NAMED PORT OF SHIPMENT），中文是船上交货，后加出口国指定港口。FOB仅适用于水上运输，即海洋和内河运输。

按照《2020通则》的规定，以FOB成交，卖方应在约定的装运时间和装运港将符合买卖合同规定的货物装到买方指定的船上，当货物在装运港安全装船后，卖方即履行了他的交货义务，货物损坏或灭失的风险由卖方转移给买方，即风险转移以货物在装运港安全装船为界。

（二）买卖双方责任、费用和风险分析及总结

1. 卖方责任、费用和风险（义务）

（1）提供符合合同规定的货物

符合合同规定，即一要数量符合合同规定，二要质量符合合同规定。实际上，任何一个贸易术语下，提供符合合同规定的货物都是卖方的一项基本责任。

（2）按时将货物装船并通知买方

以FOB成交，卖方应在合同规定的期限内在约定的装运港将货物装到买方指定的船上，并通知买方有关货物的件数、重量、尺寸（以下简称"件重

尺")与金额信息,以及船的预计离港与到港时间。从国际贸易实践需要来看,即使买卖合同或信用证中没有明确规定,也不论以任何贸易术语成交,卖方都应该在完成交货后及时(最好24小时内,最长不超过72小时)通知卖方有关装运的详细信息,以便买方办理保险(如果需要),提前做好接货以及付款准备工作。

(3) 承担货物在装运港安全装船前的一切风险和费用

以 FOB 成交,风险转移及费用分割均以货物在装运港安全装船为界,此前一切风险和费用均由卖方承担,此后一切风险和费用则由买方承担。

(4) 办理出口清关手续并支付相应费用

以 FOB 成交,由卖方负责办理出口清关手续(如果需要),并取得出口许可证与其他有关证件,支付出口关税与其他出口费用,即所有出口清关手续由卖方办理,对应所有出口费用也由卖方承担。但是卖方不负责办理和承担货物从第三国过境转运的相关手续及费用。实际上,《2020 通则》中的 11 种贸易术语,除工厂交货(EXW)外,以所有其他贸易术语成交时,出口清关手续都由卖方办理,相应费用及风险也由卖方承担。

需要说明的是,进出口并不意味着必然要办理清关手续。比如,欧盟国家之间的进出口业务就不需要办理清关手续,因为欧盟整体是一个大的关区,货物在欧盟内部流动并不需要办理常规意义上的进出口清关手续。实际上,办理进出口清关手续是跨越关境运输货物的一种需要,而不是跨越国境运输货物的需要。比如,内地企业与香港地区企业之间进行交易,尽管它们处于同一国境内,但是因为需要进行跨越关境的运输,所以仍然需要办理进出口清关手续。

此外,卖方应买方要求并在买方自行承担风险和费用的前提下,有协助买方获得进口清关所必需的单据以及信息的义务,包括进口安全申报要求以及装运前检验报告等。

(5) 提供商业发票和证明已交货的通常单据

以 FOB 成交,卖方需要提供商业发票和证明已交货的通常单据。商业发票是买卖双方点货以及记账的依据,所以不管以何种贸易术语成交,卖方都需要提供给买方。已交货的通常单据指的是运输单据,因为承运人或货运代理仅会在货物装船或接管货物后才会签发相应运输单据,所以拿到运输单据在一定程度上证明卖方已经完成了交货。以 FOB 贸易术语成交的运输单据可以是海运提单或者海运单,其他贸易术语下可以是海运提单、海运单、空运单、铁路运单、公路运单、货运代理收据中的一种,具体需要提供哪种运输单据应以买卖双方在合同或信用证中的约定以及具体的运输方式为准。

（6）安全申报

以 FOB 成交，出口安全申报（如果需要）由卖方负责。

2. 买方责任、费用和风险（义务）

（1）租船或订舱并通知卖方

以 FOB 成交，买方负责租船（整船运输）或订舱（散货或集装箱运输）并订立运输合同、支付运费。买方安排好装运事宜后需要发送装运指示（SHIPPING INSTRUCTIONS）给卖方。整船运输要告知卖方船名、航次、装运港、到港时间等信息，以便卖方及时安排集港（货物集中到港口）工作。集装箱运输要告知与特定船公司的订舱约号①，以便卖方及时安排货物装箱及进港工作。国际贸易实践中，如果买方不去直接租船或订舱，也可以指定订舱代理人或无船承运人代其安排运输，但是需要及时把订舱代理人或无船承运人的联系资料给到卖方，也可以指示订舱代理人或无船承运人主动联系卖方，安排集港或送货进仓工作。一般来说，买方应该在合同约定的装运期届满前 10 天甚至更早时间发送装运指示给卖方，以便卖方及时安排集港或装箱以及送货进仓工作。

（2）承担货物在装运港安全装船后的一切费用和风险

以 FOB 成交，货物在装运港安全装船后的风险由卖方转移给买方，此后一切风险及对应费用都由买方自行承担。买方通常会通过购买国际运输货物保险来转移运输途中的风险。但是购买保险并非《2020 通则》中规定的买方义务，是否需要通过购买保险转移风险由买方自行决定。

（3）办理进口清关手续并支付相应费用

以 FOB 成交，由买方负责办理进口清关手续（如果需要，原因同出口清关手续办理说明），并取得进口许可证与其他有关证件，支付进口关税与其他进口费用，即所有进口清关手续都由买方办理，对应所有进口费用也由买方承担，并在需要时负责办理和承担货物从第三国过境转运的相关手续及费用。实际上，《2020 通则》中的 11 种贸易术语，除目的地完税后交货（DDP）贸易术语外，以其他所有贸易术语成交时，进口清关手续都由买方办理，相应费用及风险也由买方承担。

（4）接受相符单据，支付价款，受领货物

国际货物贸易多是单据买卖，即卖方凭单交货，买方凭单付款。从这个角度来说，卖方应在货物装运后将取得的全套装运单据（正本或副本取决于

---

① 约号：买方在目的港与船公司订立运输合同并订舱成功后获得的号码。卖方可以凭此约号在装运港向船公司订舱，而无须支付海运费。

结算条件对此的约定,下文会详细阐述)提交给买方或买方指定银行,买方或者开证行经确认相符并接受后,就应支付相应价款给卖方,以便取得正本装运单据及其所代表的物权,并在目的港凭此提货。

受领货物是指买方应该在货物到达目的港后采取一切理应采取的措施及时提取或接收货物,避免货物因长期滞港产生额外费用,或被海关、港口等部门低价拍卖。因为大多数时候,货物到港后超过 1 个月没有人提货,目的港海关或港口部门就可能对货物进行拍卖来抵顶超期存放的费用。需要强调的是,买方受领或接收货物并不等同于接受货物。买方受领货物后仍然可以根据基础买卖合同约定对货物进行复检(如果允许复检),检验合格才会最终接受。如果检验不合格,可以根据相应合同(买卖合同、提运单、保险单等)约定向相关责任人(卖方、船公司、保险公司等)进行索赔。实际上,不管以任何贸易术语成交,接受相符单据、支付价款、受领货物都是买方的基本责任,不能因预期货物不合格或其他原因而不受领或者接收货物。

(5)安全申报

以 FOB 成交,进口安全申报(如果需要)由买方负责。

(三)使用 FOB 贸易术语的注意事项

1. 需明确装运港

以 FOB 成交,装运港是买卖合同的主要要件,需要在合同中明确是一个或多个装运港。如果是多个装运港,卖方需要在合同规定的装运期届满前 10 天或者更早时间,根据实际船舶停靠及船期等情况通知买方具体的装运港,以便买方派船接货,或者在相应港口订舱。当同一个装运港有老港和新港时,如果不能确保提单上可以按照要求显示装运港,则不建议在合同或信用证中明确规定老港还是新港,以防规定的装运期间内具体港口没有船舶停靠的情况发生。

2. 做好船货衔接

以 FOB 成交,由卖方负责送货到指定港口并装船,买方负责租船或订舱,所以做好船货衔接,避免船等货或者货等船尤为重要。如果卖方已经按时集中货物到港口,买方未能及时租船或订舱,由此产生的一切仓储及保管费用都应由买方承担。在约定的装运期届满后,即使货物没有安全装船,货物损坏或者灭失的风险从理论上说也可以提前转移给买方。实际上,风险能否从卖方转移给买方取决于结算条件,如果卖方在货物出险时已经收到全部货款,自然可以根据上面的理论说法要求买方自行承担风险;如果卖方在货物出险时没有收到全部货款,则未收到货款部分的损失很难从买方处得到补偿。当然,买方也可能会无理地以货物未安全装船为由要求卖方退还已经支付的预付款（如果有），卖方可以拒绝，并以上述风险提前转移理论说法要求买方支付尾款。相反，如果买方已经按时派船接货，卖方未能及时完成货物集港以及装船工作，则由此产生的船舶滞期费应都由卖方承担。

国际贸易实践中，为了避免船等货或者货等船的问题发生，买卖双方应做好互相通知工作。首先，卖方应该在大货完成70%~80%时发送"货妥通知"①，以便买方及时做好租船或者订舱准备工作。其次，买方应该在完成租船或者订舱工作后发送"装运指示"给卖方，以便卖方做好集港及装运准备工作。最后，卖方在完成装运工作后应该发送"装船通知"给买方，以便买方购买保险（如果需要），做好付款及接货准备工作。

3. 卖方代办装运手续责任与风险分析

按照《2020通则》规定，以FOB成交，由买方负责租船或订舱并办理装运手续。国际贸易实践中，应买方要求卖方可以代买方租船或订舱并办理装运手续，但是由此产生的相应费用和风险应该由买方自行承担，即卖方代办时不承担租不到船或者订不到舱的风险。从理论上说，即使卖方代办工作未达到买方预期，买方也需要补偿卖方由于代办装运事宜所产生的费用。然而从国际货物运输实践来看，如果是卖方租船或订舱并办理装运手续，且相关费用到付时，而买方又没有在货物到港后及时支付费用，船方或承运人必然要找实际安排装运的卖方补偿相应费用，而且这种要求是合理的。因为从船方或承运人角度来说，是受卖方委托运输货物，与买方无关。

笔者建议，当买方无法或不能在目的港租到船或订到舱，但是卖方可以在装运港租到船或订到舱时，卖方最好将己方的订舱代理人或承运人直接介绍给买方，让他们自行沟通、自行结算费用；或者变更合同将FOB改为后面要讲的CFR，由买方在装运前或者随同尾款（如果有）先行支付给卖方，再由卖方支付给订舱代理人或者承运人。而不是直接代买方办理装运手续并将相应费用到付，以防买方在货物到港后拒付费用的风险发生。

4. 指定货运代理不同身份及工作范围辨析

按照《2020通则》规定，以FOB成交，买方应该派船接货（整船运输），或者在目的港向船公司订舱（集装箱运输）后将订舱约号给卖方，由卖方凭约号在装运港向船公司订舱。但是在集装箱运输方式下，卖方可能不是直接去租船或者订舱，而是指定订舱代理人或无船承运人安排运输。由于多数订舱代理人或无船承运人都同时具备国际货运代理身份及资质，既可以充

---

① 货妥通知：卖方发给买方的告知货物生产进度及预期大货完工及检验完成可装运时间的书面通知。

当订舱代理人，也可以充当无船承运人，还可以代货主办理报关、拖车等地面操作，所以很多人习惯上将他们统称为货运代理。从国际贸易及运输实践来看，三者还是有一定区别的。订舱代理人是接受货主（收货人或发货人）委托向船公司订舱并协调货物装运的人。无船承运人是以自身名义向货主揽货，并通过实际承运人安排运输，赚取中间差价，且能以自身或承运人代理身份签发运输单据的人。货运代理是接受货主委托代货主办理报关、内陆运输、租船订舱等事宜的人，其业务范围涵盖订舱代理人或无船承运人的大部分。但是具备单纯货运代理身份的人不能以自身名义签发提单，即使其签发了被称为"提单"的运输单据，实际上也仅是"货运代理收据"而已，完全不具备物权凭证性质。本书为了与国际贸易及运输实践接轨，也把他们统称为"货运代理"，读者需要根据贸易场景及工作内容区分货运代理的具体身份。

从《2020通则》对 FOB 的规定来分析，买方指定的货运代理仅有权以订舱代理人或无船承运人身份代买方安排运输事宜，而无权要求卖方委托其代理报关、内陆运输等地面操作。当然，如果买方指定货运代理费用合理或者稍微偏高，笔者建议卖方直接委托其办理报关、内陆运输等地面操作，以便更好地完成出口货物清关以及运输衔接工作。如果买方指定货运代理费用不合理或者大幅偏高，卖方则可以委托自己的货运代理来做报关、内陆运输等地面操作。

5. 指定货运代理高收费风险预防

国际贸易及运输实践中，以 FOB 成交，由买方指定货运代理安排运输，指定货运代理大概率会有一些不合理的高收费，而且多发生在拼箱货物运输中。因为整箱运输费用大多由船公司收取且费用相对透明，指定货运代理可以做手脚的费用项目不多，即使有一些不合理的高收费，由于整箱货物数量较大，更容易分摊成本。指定货运代理高收费主要体现在两个方面。

（1）拼箱货物运输中的 CFS 费用

CFS 是集装箱货运站（CONTAINER FREIGHT STATION）的简称，CFS 费用就是拼箱货物在集装箱货运站内装箱的费用，包括装运港的装箱费用，以及目的港的拆箱费用。拼箱货物一般要求卖方将货物送到指定货运代理仓库，由指定货运代理将需要运至相同目的港的货物拼装到一个集装箱里面，此时会产生装箱费。同时在货物到达目的港后，由指定货运代理从实际承运人处提货到其仓库进行拆箱，此时会产生拆箱费用。通常来说，装箱费用应该由卖方承担，拆箱费用应该由买方承担，买卖双方成本及价格核算时就应该将此费用核算在内。按一个40尺集装箱有效容积55立方米，装（拆）箱费用

1000元来算，每立方米货物合理CFS费用应该在20元以内，超过这个标准的收费就算是不合理收费，每立方米货物CFS费用超过30元的就是超高收费。国际货物运输实践中，个别无良指定货运代理甚至会收每立方米100元。

（2）拼箱货物运输中的文件费与电放费

个别指定货运代理会按票收取500元到1000元的文件费与电放费。然而从国际货物运输实践来看，文件费和电放费大多是针对整箱货物运输收取的，文件费一般为300~500元，电放费为300元（现在很多船公司不再收取电放费，因为多是邮件电放，几乎是零费用，不像以前用电报或者传真放货还会产生一定费用）。即使由卖方承担文件费和电放费，也应该按照整箱费用标准，按照出运货物的体积进行分摊，而不是按票收取。

（3）指定货运代理高收费风险防范办法

为了预防指定货运代理高收费风险，卖方应该在货物发运之前，甚至在发送正式订舱委托书之前，就要求买方指定货运代理提供费用明细书面报价。对于不合理或者不能接受的费用可以讨价还价或者拒绝接受，由指定货运代理与买方协商并由买方在目的港承担。必要时可以直接联系买方，告知哪些费用项目是卖方可以承担、愿意承担的及合理费用金额，其他不合理费用由买方与其指定货运代理协商具体的承担方式。待费用确认后再行发货，而不是在货物发出甚至已经装船后，再去纠结费用的高低。那时货物、提单、尾款（如果有）均不在卖方手里，即使与指定货运代理去协商，也会非常被动，因为卖方手里已经没有任何可以谈判的筹码。

二、CFR贸易术语

（一）含义及风险划分界限

CFR英文全称是COST AND FREIGHT（.NAMED PORT OF DESTINATION），中文是成本加运费，后加进口国指定港口。CFR仅适用于水上运输，即海洋和内河运输。

按照《2020通则》规定，以CFR成交，卖方应自行订立运输合同并承担将货物运至进口国指定港口的海运费，在约定的装运日期或期限内，将符合买卖合同规定的货物装到已方指定的船上。当货物在装运港安全装船后，卖方即履行了他的交货义务，货物损坏或灭失的风险由卖方转移给买方，即风险转移与FOB一样，仍然以货物在装运港安全装船为界。

（二）买卖双方责任、费用和风险分析及总结

同FOB相比，CFR增加了卖方租船或订舱的责任，相应费用和风险也由卖方承担，相应地减少了买方租船或订舱的责任、费用和风险。其他方面与FOB几乎相同。

单纯从费用上看，CFR = FOB+F，其中 F 是海运费（SEA FREIGHT）的缩写。上述等式只考虑费用才成立，实际上，卖方增加和承担的不仅仅是费用，还有租不到船或订不到舱以及海运费可能上涨的风险。所以，F 实际上应该是包含各种预期风险在内的海运费。

（三）使用 CFR 贸易术语的注意事项

1. 需明确目的港

以 CFR 成交，目的港是合同的主要要件。因为到不同目的港的海运费和船期都会不同，所以需要在合同中明确目的港。如果目的港有重名，应该在港口后加上国家或地区名称。例如，利物浦（LIVERPOOL）在英国和加拿大都有，约定时必须是 CFR LIVERPOOL PORT, UK 或者 CFR LIVERPOOL PORT, CANADA，避免产生不必要的误会。

如果合同中约定多个目的港或者笼统约定目的港［如欧洲主要港口（EUROPEAN MAIN PORTS）］，原则上卖方有选择到最合适目的港的权利。但是在国际贸易及运输实践中为了避免争议，笔者建议买卖双方在装运期届满前 10 天或者更早时间协商确认具体的目的港，以便卖方及时安排装运。

此外，以 CFR 成交，装运港不再是合同的主要要件。然而对于买方来说也有必要在基础买卖合同中对装运港进行约定。因为装运港实际上关系到风险转移时间和地点，也关系到价格组成因素，所以以 CFR 成交时也有必要在双方协商一致的情况下对装运港进行约定，可以是具体某一港口，也可以是某些港口。

2. 风险转移时间和地点与 FOB 相同

以 CFR 成交，尽管由卖方承担租船或订舱的责任、费用和风险，但是卖方仅需订立运输合同并支付从装运港至目的港惯常航线上的主运费，运输途中的风险和可能产生的额外费用（如因战争、军演等产生的绕航费用）仍然由买方自行承担。买方通常会购买国际运输货物保险来转移货物运输途中风险，但是卖方仍然是在装运港货物安全装船后完成交货，风险转移时间和地点与 FOB 完全相同。

3. 卖方装船后必须及时发送装船通知给买方

以 CFR 成交，卖方在装船后必须及时（装船后 24 小时内，最长不超过 72 小时）发送装船通知给买方，以便买方购买国际运输货物保险转移货物在运输途中可能发生的损坏或灭失风险。以 FOB 成交，即使卖方没有及时发送装船通知给买方，买方还有机会从其指定货运代理处获得货物装运信息，并据此购买国际运输货物保险，甚至在安排运输时就已经明确委托其指定货运代理购买国际运输货物保险。但是以 CFR 成交，运输由卖方安排，买方没有

任何其他渠道能够获得货物的装运信息，买方只能等卖方的装运通知来购买国际运输货物保险。因此，以 CFR 成交，卖方及时发送装船通知给买方则非常必要。如果因卖方未能及时发送装船通知给买方导致买方漏买保险，是卖方重大工作纰漏甚至属于违约，即使货物已经安全装船，风险也不能由卖方转移给买方。

三、CIF 贸易术语

（一）含义及风险划分界限

CIF 英文全称是 COST, INSURANCE AND FREIGHT（. NAMED PORT OF DESTINATION），中文是成本、保险费加运费，后加进口国指定港口。CIF 适用于水上运输，即海洋和内河运输。

《2020 通则》规定，以 CIF 成交，卖方应自行订立运输和保险合同，在约定的装运日期或者期限内将符合买卖合同规定的货物装到己方指定的船上。当货物在装运港安全装船后，卖方即履行了他的交货义务，货物损坏或灭失的风险由卖方转移给买方，即风险转移与 FOB 和 CFR 贸易术语一样，仍然以货物在装运港安全装船为界。

（二）买卖双方责任、费用和风险分析及总结

同 CFR 相比，CIF 增加了卖方购买国际运输货物保险的责任，相应费用和风险也由卖方承担。其他方面与 CFR 几乎相同。

单纯从费用上看，CIF = CFR + I，其中 I 是保险费（INSURANCE PREMIUM）的缩写。上述等式只考虑费用才成立，实际上，卖方增加和承担的不仅仅是费用，还有忘记购买保险可能要承担的货物损坏或灭失，以及由此导致买方拒付而无法安全收回货款的风险。

（三）使用 CIF 贸易术语注意事项

使用 CFR 注意事项中的前两点同样适用于 CIF，同时 CIF 也有特别需要注意的事项。

1. CIF 成交合同并非到货合同

尽管 CIF 成交合同中，价格包括成本以及从装运港至目的港的海运费和保险费，但是同 FOB、CFR 一样，卖方仍然在装运港完成交货，风险转移界限仍然是装运港船上，即卖方只负责租船或订舱并支付惯常航线上的主运费，同时购买国际运输货物保险。卖方并不负责到货，运输途中产生的风险以及额外费用仍然由买方自行承担。所以，CIF 成交合同并非到货合同，CIF 价也并非到岸价。

2. 保险默认投保最低险别，加成 10%

按照《2020 通则》规定，以 CIF 成交，由卖方负责购买国际运输货物保

险、支付保险费用并提供保险单。在买卖合同中没有明确约定投保险别与加成率时,保险默认投保最低险别①并按照商业发票金额加成 10%(商业发票金额 110%)投保,有约定的话则按照约定险别和加成率投保。如果买卖合同中没有明确约定,卖方没有按照默认要求险别及加成率投保,买方有权以卖方履约存在瑕疵为由拒付或者进行索赔,这一点卖方需要引起注意。

3. 保险在一定程度上是代办性质

以 CIF 成交,尽管国际货物运输保险由卖方购买,但是由于运输途中风险由买方承担,保险实际上更多的是保障买方利益。货物真正出险时,也是由买方凭卖方转移的保险单自行在目的港向保险公司索赔,而不是由负责购买保险的卖方在装运港向保险公司索赔,所以 CIF 中的保险在一定程度上是代办性质。

四、FOB、CFR、CIF 异同分析

(一)相同点

1. 运输方式相同

FOB、CFR、CIF 都只适用于水上运输,即只能用于海洋和内河运输。

2. 风险转移界限相同

FOB、CFR、CIF 都是货物在装运港安全装船后,风险由卖方转移给买方。

3. 合同性质相同

FOB、CFR、CIF 都是装货(装运)合同,即卖方都是在装运港完成交货,运输途中产生的风险及额外费用都由买方自行承担。

4. 进出口手续办理方相同

FOB、CFR、CIF 的出口手续都是由卖方办理并承担对应的风险和费用,进口手续都是由买方办理并承担对应的风险和费用。

5. 适合运输货物相同

从理论上说,FOB、CFR、CIF 都只适合大宗散货运输,集装箱运输货物应该用下文中的货交承运人贸易术语,具体原因在货交承运人贸易术语部分进行分析。

---

① 最低险别:中国人民保险公司保险条款平安险,协会货物保险条款 ICC(C)险。

(二) 不同点

1. 运输责任、费用和风险承担方不同

以 FOB 贸易术语成交，运输责任、费用和风险由买方承担；以 CFR、CIF 贸易术语成交，运输责任、费用和风险由卖方承担。

2. 保险责任、费用和风险承担方不同

以 FOB、CFR 贸易术语成交，国际运输货物保险责任、费用和风险由买方承担，但是购买国际运输货物保险并非《2020 通则》中规定的买方必然的责任和义务，是否购买国际货物运输保险由买方自行决定，只是买方通常都会购买国际运输货物保险来转移风险；以 CIF 贸易术语成交，国际货物运输保险责任、费用和风险由卖方承担，且是《2020 通则》中规定的卖方必然责任和义务。

第四节　货交承运人贸易术语 FCA、CPT、CIP

货交承运人贸易术语是指卖方在装运地将货物交给指定承运人处置或照管后完成交货，此后货物损坏或者灭失的风险转移给买方的 FCA、CPT、CIP 三种贸易术语。

一、FCA 贸易术语

(一) 含义及风险划分界限

FCA 英文全称是 FREE CARRIER (. NAMED PLACE)，中文是货交承运人，后加出口国指定装运地。装运地可以是内陆城市也可以是港口，即可以是 FCA URUMQI CITY (乌鲁木齐市交货)，也可以是 FCA SHANGHAI PORT (上海港交货)。单纯地说，FCA SHANGHAI (上海交货)，可以是在上海港交货，也可以是在上海的其他地方交货。FCA 适用于各种运输方式，包括公路、铁路、江河、海洋、航空运输以及多式联运。

按照《2020 通则》规定，以 FCA 成交，卖方应在约定的交货时间和指定装运地将符合买卖合同规定的货物交给买方指定的承运人处置或者照管。当指定装运地为卖方营业处所时，卖方要负责将货物安全装到买方通过其指定承运人安排提货的运输工具上完成交货。当指定装运地为卖方营业处所以外的指定地点时，卖方将已经到达指定地点仍处于卖方安排的运输工具上的准备卸货的货物交给买方指定承运人或者其他指定人处置或者照管时完成交货。交货前一切风险和费用都由卖方承担，交货后一切风险和费用都由买方承担。

"承运人"是指在运输合同中，承诺通过公路、铁路、江河、海洋、航空运输或多式联运履行运输或由他人履行运输的任何人。可以是实际履行运合同的承运人，比如船公司或航空公司；也可以是买方指定的货运代理或无船承运人。若买方指定承运人以外的人领取货物，则当卖方将货物交给此人照管时，即视为已履行了交货义务，风险由卖方转移给买方。

（二）买卖双方责任、费用和风险分析及总结

以 FCA 成交，不管交货地点是在卖方营业处所（FCA1）、卖方所在城市（FCA2）还是其他指定装运地点（FCA3），卖方完成交货及风险转移时间均比 FOB 有所提前，相应费用支付点也有所提前，如图 3.1 所示。这对卖方相对有利，对买方相对不利。实际上，买卖双方在贸易术语选择上更多的是一种零和博弈，对一方有利，则对另一方不利。

卖方营业处所	卖方所在城市	其他指定装运地点	装运港船上
FCA1	FCA2	FCA3	FOB

图 3.1　FCA 交货地点

从国际贸易及运输实践来看，如果 FCA 用于海运，且指定交货地点为装运港。同 FOB 相比，整船运输可能仅少一个装船责任及费用（具体要以买卖合同中对装船责任及费用的约定为准），集装箱运输由于通过专业设备装运，责任和费用上的差距几乎可以忽略不计。

（三）使用 FCA 贸易术语注意事项

1. 需明确具体装运地以及运输方式

以 FCA 成交，装运地是合同的主要要件，不同装运地意味着不同责任、费用和风险承担区间。为了避免买卖双方对具体装运地产生争议，有必要在合同中明确装运地，而且越具体越好。如以 FCA SHANGHAI（SELLER'S PREMISE/NOMINATED WAREHOUSE, NO.115 SIPING ROAD, XUHUI DISTRICT, SHANGHAI CITY）或者 FCA SHANGHAI AIR PORT（SEA PORT）代替 FCA SHANGHAI，即加上装运地点的详细地址。如果单纯约定 FCA SHANGHAI，没有明确具体装运地，理论上卖方有权选择上海区域内任一他认为适合的地方交货，并使买方处于不利状态（如面临费用增加、提货困难等问题）。

此外，FCA 适用于任何运输方式以及多式联运，因此有必要在买卖合同中明确具体的运输方式，是单纯海运、陆运、空运，还是陆—海—陆，陆—空—陆的联合运输方式。因为运输方式不同，承运人签发运输单据种类、时间以及结算方式、时间都会有所不同，所以在合同中明确具体运输方式有助于买卖双方更好地理解和订立其他合同条款。

2. 风险在满足一定条件下可提前转移

以 FCA 成交，风险转移以货物在卖方营业处所安全装上买方指定承运人

安排的运输工具,或者在卖方营业处所外的其他指定地交给买方指定的承运人处置或照管为界。但是当货物被特定化①后,如果买方未能按照买卖合同规定及时安排运输工具到卖方营业处所提货,或者未能按照买卖合同规定及时指定承运人或者其他人,或者指定的承运人或其他人未能在规定的时间处置或照管货物,或者买方安排好运输工具或者承运人后未能给予卖方充分的通知,理论上自约定交货日期或约定的交货期届满之日起,风险可提前转移给买方。也就是说,过了约定的交货期以后,因为买方原因导致卖方没能按时完成交货,风险可提前转移给买方。但是国际贸易实践中风险提前转移会受一定条件的限制。如果货物发生损坏或灭失时卖方已经收回全部货款,自然可以根据风险提前转移理论说法要求买方自行承担风险。如果货物发生损坏或者灭失时卖方还没有收到全部货款,则未收到货款部分损失很难从买方处得到补偿。因为很少有买方会在明知道无法收到货物的情况下还会按照理论上的做法去支付尚未支付的货款。卖方要想以风险提前转移说法维护已方权益,只能通过费时费力的仲裁或者诉讼完成。

3. 关于已装船海运提单问题

按照《2020通则》规定,在卖方需要已装船海运提单交单结汇时,指示其指定承运人按照卖方的要求签发已装船海运提单已经是买方必要的义务和责任。同时,如果买方指示其指定承运人签发了已装船海运提单给卖方,卖方也必须在买方支付相应对价②后,通过快递等惯例途径将正本已装船提单转移给买方,以便买方凭此向目的港承运人或其代理人提取货物。

4. 做好货与运输工具的衔接

以 FCA 成交,卖方负责交货,买方负责安排运输工具,为了避免货等运输工具或者运输工具等货的问题发生,买卖双方需要做到及时充分的互相通知。具体可以参照上文 FOB "船货衔接"做法,充分利用"货妥通知""装运指示""装运通知",以此确保货与运输工具的有序衔接。

5. 指定货运代理高收费风险预防

以 FCA 成交,同样存在买方指定货运代理(承运人)高收费问题,可以参照 FOB 贸易术语下的做法进行预防。

6. 卖方代办装运手续责任与风险

按照《2020通则》规定,以 FCA 成交,卖方没有办理装运手续的责任与

---

① 特定化:在货物表面印刷或者粘贴特定买方标识,或者在货物外包装上印刷或者粘贴特定买方唛头,将货物明确指定给特定买方的过程。

② 对价是指一方当事人为了获得某种利益而向开展交易的对方当事人所支付的金钱或者实物代价。

义务，但是应买方要求并在买方自行承担费用和风险的情况下，卖方可以根据实际贸易场景代买方办理装运手续。具体做法及风险防范可参照上文中 FOB 贸易术语下的做法。

二、CPT 贸易术语

(一) 含义及风险划分界限

CPT 英文全称是 CARRIAGE PAID TO (. NAMED PLACE OF DESTINATION)，中文是运费付至，后加进口国指定地点。进口国指定地点可以是内陆城市也可以是港口，既可以是 CPT HAMBURG CITY（运费付至汉堡市），也可以是 CPT HAMBURG PORT（运费付至汉堡港）。CPT HAMBURG（运费付至汉堡）可以是到汉堡港，也可以是汉堡的其他地方，需要结合具体的运输方式或其他补充约定进行判定。CPT 适用于各种运输方式，包括公路、铁路、江河、海洋、航空运输以及多式联运。

按照《2020 通则》规定，以 CPT 成交，卖方应自行订立运输合同，并承担从装运地到进口国指定地的全程运费，在约定的交货时间将符合买卖合同规定的货物交给己方指定承运人处置或照管，并给予买方充分的通知。当货物交给指定承运人处置或照管后，卖方即履行了他的交货义务，货物损坏或灭失的风险由卖方转移给买方，即风险转移以货交承运人处置或照管为界。如果有多个承运人，以货交第一承运人处置或照管为界。

(二) 买卖双方责任、费用和风险分析及总结

同 FCA 相比，CPT 增加了卖方安排运输并订立装运地至目的地运输合同的责任，相应费用和风险也由卖方承担，对应地减少了买方的相应责任、费用和风险。其他方面与 FCA 贸易术语几乎相同。

单纯从费用上看，CPT = FCA + F，其中 F 是全程运费（FREIGHT）的缩写。上述等式只考虑费用才成立，实际上卖方增加和承担的不仅仅是费用，还有无法及时安排运输以及运费可能上涨的风险。所以，F 实际上应该是包含各种预期风险在内的全程运费。

(三) 使用 CPT 贸易术语注意事项

1. 需明确具体目的地及运输方式

以 CPT 成交，目的地是合同的主要要件，因为到不同目的地的运费和运输工具班次会不同。为了避免买卖双方对具体目的地产生争议，有必要在合同中明确目的地，而且越具体越好。如以 CPT HAMBURG（BUYER'S WAREHOUSE, NO. 2049 EIMSBUTTELER, HAMBURG CITY）或者 CPT HAMBURG PORT 代替 CPT HAMBURG，即加上指定目的地的详细地址。如果单纯约定 CPT HAMBURG，没有明确具体装运地点，理论上卖方有权选择在汉堡区域内

任一他认为适合的地方作为其所订立运输合同中的目的地,并使买方处于不利状态(如面临费用增加、提货困难等问题)。

此外,CPT 适合任何运输方式及多式联运,因此有必要在买卖合同中明确具体的运输方式,是单纯海运、陆运、空运,还是陆—海—陆,陆—空—陆的联合运输方式。因为运输方式不同,承运人签发运输单据种类、时间以及结算方式、时间都会有所不同,所以在合同中明确具体运输方式有助于买卖双方更好地理解和订立其他合同条款。如 CPT HAMBURG BY AIR TO AIR PORT,或者 CPT HAMBURG PORT BY SEA,或者 CPT HAMBURG(BUYER'S WAREHOUSE, NO. 2049 EIMSBUTTELER, HAMBURG CITY)BY SHIP AND TRUCK。

2. 卖方仍在装运地完成交货

以 CPT 成交,卖方在装运地将货物交给己方指定承运人处置或者照管时完成交货,风险转移给买方。尽管由卖方负责订立运输合同并承担从装运地到进口国指定目的地的全程运费(惯常运输方式下的主运费),但是卖方并不包到,运输途中产生的风险及额外费用依然由买方自行承担。所以 CPT 同 FCA 一样,卖方仍然在装运地将货物交给指定承运人照管或者处置以完成交货。

3. 装运后必须及时发出装运通知

以 CPT 成交,卖方应在完成交货后及时(最好 24 小时内,最长不超过 72 小时)发送装运通知给买方,以便买方购买国际运输货物保险来转移风险。原因同 CFR 贸易术语下的装船通知。如果因为卖方未能及时发送装运通知给买方,即使卖方已经按时将货物交给指定承运人处置或照管而完成交货,风险也不能转移给买方。CPT 贸易术语下卖方未能及时或者漏发装运通知给买方,是卖方重大工作纰漏甚至属于违约,此时风险不能因卖方完成交货而转移给买方。

三、CIP 贸易术语

(一)含义及风险划分界限

CIP 英文全称是 CARRIAGE AND INSURANCE PAID TO(. NAMED PLACE OF DESTINATION),中文是运费和保险费付至,后加进口国指定地。进口国指定地可以是内陆城市也可以是港口,既可以是 CIP HAMBURG CITY(运费和保险费付至汉堡市),也可以是 CIP HAMBURG PORT(运费和保险费付至汉堡港)。CIP HAMBURG(运费和保险费付至汉堡)可以是到汉堡港,也可以是到汉堡的其他地方。CIP 适用于各种运输方式,包括公路、铁路、江河、海洋、航空运输以及多式联运。

按照《2020通则》规定，以 CIP 成交，卖方应自行订立运输合同及保险合同，并承担从装运地到进口国指定地全程运费和保险费，在约定的交货时间和地点将符合买卖合同规定的货物交给己方指定承运人处置或照管。当货物交给指定承运人处置或照管后，卖方即履行了他的交货义务，货物损坏或灭失的风险由卖方转移给买方，即风险转移仍然以货交承运人处置或照管为界，如果有多个承运人，以货交第一承运人处置或照管为界。

（二）买卖双方责任、费用和风险分析及总结

同 CPT 相比，CIP 增加了卖方购买国际运输货物全程保险的责任，相应费用和风险也由卖方承担。其他方面与 CPT 几乎相同。

单纯从费用上看，CIP = CPT + I，其中 I 是保险费（INSURANCE PREMIUM）的缩写。上述等式只考虑费用才成立，实际上卖方增加和承担的不仅仅是保险费用，还有忘记购买保险可能要承担的货物损坏或灭失以及由此导致买方拒付而无法安全收回货款的风险。由于 CIP 下卖方购买的海运保险可以执行仓至仓条款，因此卖方并不需要为装运地到装运港，以及目的港到目的地的非海运期间单独购买保险。

（三）使用 CIP 贸易术语注意事项

1. CIP 成交合同依然不是到货合同

CIP 成交合同下，卖方依然是在装运地将货物交给己方指定承运人处置或照管时完成交货，此后风险由买方承担。尽管由卖方负责订立从出口国装运地到进口国指定目的地（甚至可能是买方最终仓库）的运输合同与保险合同，并承担订立合同的相应费用和风险，但是卖方依然不包到，运输途中产生的风险以及额外费用仍然由买方自行承担。所以 CIP 成交合同依然是装运合同，而不是到货合同。

2. 保险默认投保最高险别，加成 10%

按照《2020通则》规定，以 CIP 成交，由卖方负责购买国际运输货物保险、支付保险费用并提供保险单。在买卖合同中没有明确约定投保险别与加成率时，默认投保最高险别①并按照商业发票金额加成 10%（商业发票金额 110%）投保，有明确约定则按照约定险别和加成率投保。如果买卖合同中没有明确约定，卖方没有按照默认要求险别和加成率投保，买方有权以卖方履约存在瑕疵为由拒付或者进行索赔，这一点应该引起卖方的注意。

此外，CIP 的保险同 CIF 的保险性质相同，都是为了覆盖买方所承担的运输途中风险而投保，同样具备代办性质。

---

① 最高险别：中国人民保险公司保险条款一切险，协会货物保险条款 ICC（A）险。

四、FCA、CPT、CIP 异同分析

（一）相同点

1. 运输方式相同

FCA、CPT、CIP 都适合于任何运输方式以及多式联运。

2. 风险转移界限相同

FCA、CPT、CIP 的风险都是在装运地将货物交给指定承运人处置或照管时由卖方转移给买方。

3. 合同性质相同

FCA、CPT、CIP 都是装货（装运）合同，即卖方都是在装运地完成交货，运输途中产生的风险及额外费用都由买方自行承担。

4. 进出口手续办理方相同

FCA、CPT、CIP 的出口手续都是由卖方办理并承担对应的风险和费用，进口手续都是由买方办理并承担对应的风险和费用。

5. 适合运输货物相同

FCA、CPT、CIP 都适合于散货以及集装箱货物运输，尤其适合于集装箱货物运输。

（二）不同点

1. 运输责任、费用和风险承担方不同

以 FCA 贸易术语成交，运输责任、费用和风险都由买方承担；以 CPT、CIP 贸易术语成交，运输责任、费用和风险都由卖方承担。

2. 保险责任、费用和风险承担方不同

以 FCA、CPT 贸易术语成交，国际运输货物保险责任、费用和风险由买方承担，但是购买国际运输货物保险并非《2020 通则》中规定的买方必然责任和义务，是否购买国际货物运输保险由买方自行决定，只是买方通常都会购买国际货物运输保险来转移风险；以 CIP 贸易术语成交，国际货物运输保险责任、费用和风险都由卖方承担，且是《2020 通则》中规定的卖方必然责任和义务。

五、货交承运人贸易术语与装运港船上交货贸易术语异同分析

（一）相同点

1. 合同性质相同

卖方在装运港或者装运地完成交货，即都不包到，运输途中产生的风险和额外费用都由买方自行承担。

2. 买卖双方基本义务相同

按时交付符合买卖合同规定的货物并通知买方都是卖方基本义务，接受

合格单据、受领货物并支付价款都是买方基本义务。

3. 进出口手续办理及费用承担方相同

出口手续及费用都由卖方办理和承担，进口手续及费用都由买方办理和承担。

(二) 不同点

1. 风险转移界限不同

装运港船上交货贸易术语合同中风险转移以货物在装运港安全装船为界，货交承运人贸易术语合同中以货物在装运地交给指定承运人处置或照管为界。装运港船上交货贸易术语下卖方交货地点、交货时间和风险转移界限要晚于货交承运人贸易术语。

2. 适合运输方式不同

装运港船上交货贸易术语仅适合于水上运输，区间只能是装运港至目的港；货交承运人贸易术语适合于任何运输方式及多式联运，区间可以是装运港至目的港、装运地至目的港、装运港至目的地、装运地至目的地中的任何一种。

3. 适合运输货物不同

装运港船上交货贸易术语原则上只适合于散货运输，而不适合于集装箱货物运输；货交承运人贸易术语适合于散货运输以及集装箱货物运输，尤其适合于集装箱货物运输。

对于卖方来说，在集装箱运输方式下，不管是以装运港船上交货贸易术语成交，还是以货交承运人贸易术语成交，都会在货物装入承运人安排的运输工具（集装箱卡车）后实际失去对货物的有效控制，尤其是以 FOB 或者 FCA 成交由买方指定货运代理安排运输的情况。因此，以风险转移点和货物控制实际失效点一致的货交承运人贸易术语成交更为合适。

4. 默认投保险别不同

CIF 默认要求投保最低险别，即中国人民保险公司保险条款平安险，协会货物保险条款 ICC（C）险；CIP 默认投保最高险别，即中国人民保险公司保险条款一切险，协会货物保险条款 ICC（A）险。

第五节　偶有应用贸易术语 EXW、DAP、DDP

一、EXW 贸易术语

(一) 含义及风险划分界限

EXW 英文全称是 EX WORKS（.NAMED PLACE），中文是工厂交货，后

加出口国指定地点。出口国指定地点可以是卖方营业处所或者其他指定地点（如买方指定的仓库）。EXW 适用于各种运输方式，包括公路、铁路、江河、海洋、航空运输以及多式联运。

按照《2020 通则》规定，以 EXW 成交，从理论上说，卖方在约定时间将符合买卖合同规定的货物置于买方或者其指定人处置之下即完成交货义务，风险由卖方转移给买方。卖方没有将货物装上买方提货车辆上的责任与义务，也没有办理出口清关手续（如果需要）的责任与义务。因此，EXW 是《2020 通则》11 种贸易术语中卖方责任最小的术语。

（二）买卖双方责任、费用和风险分析及总结

同 FCA 相比，EXW 减少了卖方办理出口清关手续的责任、费用和风险，对应地增加了买方办理出口清关手续的责任、费用和风险。其他方面与 FCA 贸易术语几乎相同。

单纯从费用上看，EXW = FCA − ECF，其中 ECF 是出口清关费用（EXPORT CLEARANCE FEES）的缩写。上述等式只考虑费用才成立，实际上卖方减少的不仅仅是出口清关费用，还减少了出口清关过程中可能发生的各种风险。

（三）使用 EXW 贸易术语注意事项

1. 需明确具体交货地点

以 EXW 成交，指定的交货地是合同的主要要件，不同交货地意味着不同责任、费用和风险承担区间，为了避免买卖双方对具体交货地产生争议，有必要在合同中明确装运地，而且越具体越好。如以 EXW SHANGHAI（SELLER'S PREMISE, NO. 115 SIPING ROAD, XUHUI DISTRICT, SHANGHAI CITY）或者 EXW SHANGHAI（BUYER NOMINATED WAREHOUSE, NO. 115 SIPING ROAD, XUHUI DISTRICT, SHANGHAI CITY）代替 EXW SHANGHAI，即加上交货的详细地址。如果单纯约定 EXW SHANGHAI，没有明确具体交货地，理论上卖方有权选择在上海区域内任一他认为适合的地方交货，并使买方处于不利状态（如面临费用增加、提货困难等问题）。

国际贸易实践中，卖方考虑达成长期合作通常都会尽量满足买方关于交货地的要求，但如果买方指定距离卖方营业处所较远的地点交货，就会给卖方带来额外费用及风险。因此，以 EXW 成交时明确某一城市中的具体交货地点，并据此核算费用及风险则非常必要。

2. 出口清关手续可以卖方名义办理

以 EXW 成交，卖方不负责办理出口清关手续，因此要求买方拥有在出口国自行办理出口清关手续的能力。在买方不能直接或间接办理（委托货运代

理或者清关代理）出口清关手续时，应该用 FCA 代替 EXW，由卖方办理出口清关手续。

此外，按照《2020 通则》规定，尽管卖方没有办理出口清关手续的义务，但是在买方要求并自行承担风险和费用的前提下，卖方有协助买方办理出口清关手续的义务，比如提供以卖方名义制作或者申请的出口清关单据、原产地证、装运前检验证书等，即买方可以卖方名义办理出口清关手续，但是卖方仅限于提供相应出口清关单据，出口手续办理责任、费用和风险仍然由买方自行承担。

同时，若卖方通过对公账户收汇也需要以自身名义进行出口申报，以便满足国家外汇管理局"谁收汇，谁报关"，以及国税部门正式报关才能申报出口退税的要求。因此，EXW 下出口清关手续办理实际上说的是责任、费用和风险承担方的问题，而不是出口清关单据的抬头问题，卖方不负责并不意味着不配合或者不协助进口方。此时，卖方在通过买方指定货运代理安排运输时，需要特别强调以自己的名义办理出口清关手续，并签发运输单据。

3. 需明确装货、卸货责任以及风险承担方

按照《2020 通则》规定，以 EXW 成交，卖方在指定地点将货物交给买方或者其指定人处置时完成交货，风险同时转移给买方，无须承担装货、卸货责任以及风险。但是，如果在卖方仓库或者营业处所交货，装货责任以及风险却不得不由卖方承担，以便顺利完成装货工作，因为买方指定上门提货人员以及车辆是无法携带专业装卸设备与人员的。外贸从业人员需要分清理论上的规定与贸易实践中做法的不同。在核算价格时，可以将装货费用及风险核算在内。如果在买方指定仓库交货，则卖方不负责卸货，当卖方安排的送货车辆到达买方指定仓库，将仍处于车辆上的货物交给买方指定仓库处置或者照管时完成交货，卸货责任及风险由买方或者其指定仓库承担。

4. 卖方应在发货前收回全部货款

以 EXW 成交，卖方在指定地点将货物交给买方或者其指定人处置后即完成交货，货物控制权及所有权实际转移给买方，卖方无法再通过提单等方式控制货物。因此除赊销外，卖方应在发货前收回全部货款。

5. 关于货物交付证明以及运输单据问题

《2020 通则》中，并没有对以 EXW 成交的合同中卖方需要提交的货物交付证明以及运输单据问题做出任何说明或者规定。因为 EXW 下的交易是实际交货，即卖方需要实际交付货物给买方或者其指定人，货物交付证明或者运输单据对于货权转移不具备现实意义。但是在正规进出口贸易中，卖方通过对公账户收汇并以卖方名义办理出口清关手续，此时卖方就需要运输单据来

办理出口退税。因此，需要在实际交货前，与买方或者其指定负责清关及运输的货运代理沟通，确认其可以在货物装上实际运输工具后，提供以卖方为发货人的运输单据，可以是海运提单、海运单、空运单、铁路运单、汽运单中的任意一种，以此避免买方指定货运代理不签发运输单据给卖方，或者签发不是以卖方为发货人的运输单据给卖方，给卖方的出口退税带来问题。

此外，由于买方指定货运代理签发运输单据时间大多晚于卖方实际交货完成时间，卖方可以在实际交货后向买方指定货运代理索要收货收据作为货物交付证明，以此证明卖方在买卖合同约定的时间完成了交货义务。

二、DAP 贸易术语

（一）含义及风险划分界限

DAP 英文全称是 DELIVERED AT PLACE（. NAMED PLACE OF DESTINATION），中文是目的地交货，后加指定目的地。指定目的地可以是出口国边境城市，也可以是进口国国内。出口国边境城市多在边境口岸的过境点，即可以是 DAP MANZHOULI, CHINA，也可以是 DAP ULAN-UDE, RUSSIA。DAP 贸易术语适用于各种运输方式，包括公路、铁路、江河、海洋、航空运输以及多式联运。

按照《2020 通则》规定，以 DAP 贸易术语成交，卖方在约定时间在指定目的地将仍处于运输工具上等待卸货的、符合买卖合同规定的货物交给买方或者其指定人处置时完成交货，风险转移给买方，此前一切风险和费用都由卖方承担，此后一切风险和费用则由买方承担。

（二）买卖双方责任、费用和风险分析及总结

1. 在出口国边境口岸过境点交货

以 DAP 成交，如果是在出口国边境口岸过境点交货，买卖双方责任、费用和风险与 FCA 几乎相同。比如在满洲里过境点交货，无论是 DAP MANZHOULI，还是 FCA MANZHOULI，卖方都需要在约定的时间，自行承担风险将符合买卖合同规定的货物运到指定地点，并将货物交给买方或者其指定人（收货人、货运代理人或者承运人）处置后完成交货，此前一切风险和费用都由卖方承担，此后一切风险和费用则由买方承担。从责任、费用、风险、交货时间以及具体操作来看，DAP 和 FCA 并没有明显区别。从国际贸易实践来看，与 FCA 操作相近的 DAP 在中国大多用于与俄罗斯、哈萨克斯坦、越南等与中国接壤国家之间且卖方在边境口岸过境点完成交货的交易。

2. 在进口国指定目的地交货

以 DAP 成交，如果在进口国指定目的地交货，单纯从费用上看，DAP 与 CIP 相近，但是在责任和风险上则有很大不同。以 DAP HAMBURG

(BUYER'S WAREHOUSE，NO. 2049 EIMSBUTTELER，HAMBURG CITY）BY SHIP AND TRUCK 和 CIP HAMBURG（BUYER'S WAREHOUSE，NO. 2049 EIMSBUTTELER，HAMBURG CITY）BY SHIP AND TRUCK 为例，以 DAP 成交，卖方需要自行订立运输合同并承担运输途中的风险，在约定时间、进口国指定目的地将符合合同规定的货物交给买方或者其指定人处置以完成交货。以 CIP 成交，卖方需要自行订立运输合同并支付全程主运费，在约定时间、出口国指定装运地将符合合同规定的货物交给指定承运人处置或者照管以完成交货。前者交货地在进口国指定目的地，交货时间也是货物到达指定目的地交给买方或者其指定人处置的时间，运输途中产生的风险由卖方承担，即卖方需要包到。后者交货地在出口国国内指定装运地，交货时间是货物在指定装运地交给指定承运人处置或者照管的时间，运输途中产生的风险由买方承担，即卖方并不包到。同时，前者由于卖方需要包到，并没有要求卖方购买国际运输货物保险，因为运输途中产生的风险与买方无关，在实务中卖方大多会购买国际运输货物保险来转移风险。后者卖方并不包到，因此要求卖方为覆盖买方的风险购买最高险别的保险。因此，尽管 DAP 与 CIP 在费用上相近，但是由于卖方承担的风险区间加大，同一种货物 DAP 价格原则上应该高于 CIP 价格。从国际贸易实践来看，使用 DAP 且在进口国交货多用于通过国际快递运送货物的交易中，因为快递公司可以做门到门运输，恰好可以满足 DAP 的应用场景。

（三）使用 DAP 贸易术语注意事项

1. 以 DAP 成交的合同是到货合同

以 DAP 成交，买卖双方或者其指定人需要实际交接货物，而不是像 CIF 一样交接的仅是代表货物所有权的单据，因此以 DAP 成交的合同是到货合同，即卖方需要包到。卖方需要明确，买卖合同中约定的交货时间是货物到达指定目的地交由买方或者其指定人处置的时间，而不是运输单据上记载的装运或者起运日期。由于国际货物运输过程中可能发生意外影响到货时间，特别是在进口国指定目的地交货时，卖方需要留出一定的富裕时间，以防因交货延迟而被买方拒收、拒付的情况发生。国际贸易实践中，尽管 DAP 交货时间为到货时间，但是也可以明确货物在装运港（地）的最迟装运时间。最迟装运时间应该根据实际运输方式以及已知的参考运输时间来确定，因为运输时间相对固定，装运时间延迟大概率导致交货时间延迟。尽管按照《2020通则》对 DAP 的解释，并不要求卖方购买保险，但是由于卖方承担运输过程中的所有风险，在实际工作中卖方仍然需要购买国际货物运输保险来转移货物损坏或者灭失的风险。

2. 应明确具体的交货地点

以 DAP 成交，由卖方承担在指定目的地货物交由买方或其指定人处置之前的一切风险和费用，因此需要在买卖合同中明确约定具体的交货地点，如 DAP HAMBURG（BUYER'S WAREHOUSE, NO. 2049 EIMSBUTTELER, HAMBURG CITY）BY SHIP AND TRUCK。同时，由于以 DAP 成交，卖方不负责卸货，所以应该提前告知买方货物的包装方式及包装资料，尤其是需要叉车、吊车、坡台等专业设备的情况下，以便买方确认合适的地点，准备必需的卸货工具。此外，卖方在签订国际货物运输合同时，运输方式以及交货地点应该与买卖合同的约定相一致，而且要考虑国际货物运输实践中的惯例做法。比如，在港口、火车站等指定地点交货，承运人在货物到港口（火车站）后通常会直接卸货到场地，而不是等买方来安排卸货。此时，卸货费用应该包含在运输费用中由卖方承担，在没有明确规定的情况下，卖方承担了此费用后也不能要求买方进行补偿。

3. 应明确清关延迟所产生额外费用的承担方

以 DAP 成交，如果指定目的地在进口国国内买方仓库或者营业处所，货物却需要在到达港口（火车站）完成进口清关手续后才能继续转运，因买方未能及时办理进口清关手续，导致货物无法从到达港口（火车站）转运到指定目的地，进而导致货物滞留或者被控制在港口（火车站），此间产生的额外费用以及可能发生的货物损坏或者灭失的风险都应由买方自行承担。待买方办理好进口清关手续，货物开始从到达港口（火车站）运往指定交货地时，风险又重新转移给卖方，直到卖方完成交货。国际贸易实践中，为了避免上述问题的发生，可以采取如下措施。第一，卖方需要及时或提前发送装运通知与清关必需单据给买方，可以使买方提前做好收取货物的准备，甚至可以提前安排清关代理到达港口（火车站）为其即将到达的货物做好清关准备，并在货物到达的第一时间办理清关手续，防止清关延迟产生额外费用。第二，明确清关延迟导致额外费用的承担方。一般来说，应该在买卖合同中规定因进口方负责的清关或者缴费延迟导致的额外费用及风险由进口方自行承担，但是因出口方未能及时通知或者提供单据有误的情况除外。

三、DDP 贸易术语

（一）含义及风险划分界限

DDP 英文全称是 DELIVERED DUTY PAID（. NAMED PLACE OF DESTINATION），中文是目的地完税后交货，后加进口国指定地点，如 DDP HAMBURG（BUYER'S WAREHOUSE, NO. 2049 EIMSBUTTELER, HAMBURG CITY）BY SHIP AND TRUCK。DDP 适用于各种运输方式，包括公路、铁路、江河、海洋、航空运输以及多式联运。

按照《2020通则》规定，以DDP贸易术语成交，卖方在约定时间在指定目的地将仍处于运输工具上等待卸货的，已经完成进口清关手续、缴纳进口关税在内所有税费后的符合买卖合同规定的货物交给买方或者其指定人处置时完成交货，风险转移给买方。此前一切风险和费用都由卖方承担，此后一切风险和费用则由买方承担，即所有进出口手续办理责任、费用和风险都由卖方承担。因此，DDP是《2020通则》11种贸易术语中卖方责任最大的术语。

(二) 买卖双方责任、费用和风险分析及总结

与在进口国指定目的地交货的DAP相比，DDP增加了卖方办理进口清关手续的责任、费用和风险，对应地减少了买方相应责任、费用和风险。

单纯从费用上看，DDP = DAP + ICCD，其中ICCD是进口清关税费（IMPORT CLEARANCE CHARGES AND DUTIES）的缩写。上述等式只考虑费用才成立，实际上卖方增加的不仅仅是税费，还增加了进口清关过程中可能发生的各种风险。

(三) 使用DDP贸易术语注意事项

1. 以DDP成交的合同是真正的到货合同

以DDP成交，卖方需要承担货物进出口清关手续办理、国际货物运输合同订立，并承担从卖方营业处所到买方营业处所（或者仓库）整个区间的责任、费用和风险。在约定时间在指定目的地将仍处于运输工具上等待卸货的，已经完成进口清关手续、缴纳进口关税在内所有税费后的符合合同规定的货物交给买方或者其指定人处置时才算完成交货，即卖方需要包到。简单地说，就是买卖合同商订后，买方只要在指定目的地等着卖方或其指定人上门交付货物即可，因此以DDP成交的合同是真正的到货合同。

2. 进口清关手续可以买方名义办理

以DDP贸易术语成交，由卖方负责办理进口清关手续，因此要求卖方拥有在进口国自行办理进口清关手续的能力。在卖方不能直接或间接办理（委托货运代理或者清关代理）进口清关手续时，应该用DAP代替DDP，由买方办理进口清关手续。

此外，按照《2020通则》规定，尽管买方没有办理进口清关手续的义务，但是在卖方要求并自行承担风险和费用的前提下，买方有协助卖方办理进口清关手续的义务，包括但不仅限于提供以买方名义制作或者申请的进口清关单据、进口许可证、其他官方证明等，即卖方可以借助买方的抬头办理进口清关手续，但是买方仅限于提供相应的进口清关单据和抬头，进口手续办理责任、风险和费用仍然由卖方自行承担。

在进口业务中，以DDP成交，通常以国内进口企业抬头或者名义进行进口清关申报及缴税，只是由卖方或其指定人负责办理和承担费用，即清关手

续由卖方或者其代理负责，相应税费票据也应该给国内进口企业，并在财务上做特别处理，但是由此产生的税费应该由卖方或者其代理人缴纳或支付。因为国外卖方在中国境内没有进出口权，无法以其名义办理进口。出口业务的道理同此，正常进出口贸易中仍然需要以国外买方的名义或者抬头办理国外的进口清关手续。

3. DDP 费用计算需要留出富裕空间

以 DDP 成交，进口国费用确认较慢且很难精准，所以报价时要留出富裕空间，以防最终增加费用带来损失。进口国费用包括进口清关费用、进口关税、进口国港口（车站）到买方营业处所或者仓库的内陆运输费用等。尽管卖方可以通过指定货运代理来确认相关费用以及关税等税收，但是却要花费很多时间，基本要 1 周左右才有准确的反馈，而且确认的相关费用还未必是准确的。卖方为了避免可能发生的损失，就会高估所有费用，最终导致报价偏高，这对买卖双方都是不利的。所以当买方要求报 DDP 价格时，笔者建议引导买方改为 CIF 或者 CIP 价格，因为由买方去确认进口国相关费用要比卖方容易得多。如果买方坚持以 DDP 成交，需要买方提供包括邮编在内的详细名称、地址，加上详细货物品名、海关编码、体积、重量等一同给指定货运代理，让指定货运代理去确认包含所有费用在内的进口国费用。为了避免将来可能因费用上涨带来损失，实际核算 DDP 价格时可适当调高进口国费用，比如按照指定货运代理核算结果加 10%~20% 计入 DDP 价格，为可能的进口国费用上涨留出富裕空间。

4. 慎重在进口国当地特意注册公司办理清关手续

国内部分做国际工程承包的企业，承接工程总承包（Engineering Procurement Construction，EPC）项目且以 DDP 成交时，应甲方业主要求，也为了完成进口清关手续，会在进口国当地特意注册公司。从笔者了解的情况来看，在进口国当地注册公司容易，但是运营公司或者在项目结束时注销公司却很难，而且以进口国货币结算的款项也很难兑换成美元或者欧元等国际货币汇回国内。因此，如果不是甲方业主特别要求，要慎重在进口国当地注册公司。即使以 DDP 成交，也要争取以进口方名义办理进口清关手续，或者在当地寻找合适代理代办进口清关手续。

第六节　鲜有应用贸易术语 FAS、DPU

一、FAS 贸易术语

（一）含义及风险划分界限

FAS 英文全称是 FREE ALONGSIDE SHIP（.NAMED PORT OF SHIP-

MENT），中文是船边交货，后加出口国指定装运港。FAS 适用于水上运输，即海洋和内河运输。

按照《2020 通则》规定，以 FAS 贸易术语成交，卖方应在约定的装运时间和指定的装运港将符合买卖合同规定的货物置于买方指定的船边完成交货，此后风险由卖方转移给买方。

（二）买卖双方责任、费用和风险分析及总结

同 FOB 相比，FAS 减少了卖方装船的责任、费用和风险，对应增加了买方的相应责任、费用和风险。其他方面与 FOB 几乎相同。

单纯从费用上看，FAS = FOB − LC，其中 LC 是装船费用（LOADING CHARGES）的缩写。上述等式只考虑费用时才成立，实际上卖方减少的不仅仅是装船费用，还减少了装船过程中可能引起的货损以及未能按时完成装船（散货整船运输）可能产生的滞期费用风险。

（三）使用 FAS 贸易术语注意事项

1. 明确装运港内的具体装运点

以 FAS 贸易术语成交，卖方需要在码头或者驳船上完成交货，并承担此前的一切风险和费用。因此需要明确装运港内的具体装运点（如几号泊位），以便卖方及时将货物集港到装运点或者安排驳船靠近指定装运点。

2. 仅适用于大宗散货整船运输

FAS 仅适用于通过海洋或者内河运输的大宗散货整船运输，不适用于在货物到达装运港船边之前（集装箱货运站或者集装箱堆场）就交给指定承运人处置的集装箱运输。集装箱运输货物应该首先考虑 FCA，其次是 FOB。

二、DPU 贸易术语

（一）含义及风险划分界限

DPU 英文全称是 DELIVERED AT PLACE UNLOADED（. NAMED PLACE OF DESTINATION），中文是目的地卸货后交货，后加指定目的地。考虑到卸货问题，指定目的地通常是进口国码头或者车站，也可以是进口国内其他指定地点。DPU 适用于各种运输方式，包括公路、铁路、江河、海洋、航空运输以及多式联运。

按照《2020 通则》规定，以 DPU 贸易术语成交，卖方应在约定的交货时间和指定目的地将符合买卖合同规定的货物，从运输工具上卸下并将货物置于买方或者其指定人处置后完成交货，此前一切风险和费用均由卖方承担，此后一切风险和费用则由买方承担。DPU 是《2020 通则》中唯一一种由卖方承担卸货责任的贸易术语。如果卖方不能或者无法承担卸货责任与风险，应该用 DAP 代替 DPU，由买方承担卸货责任。其道理与 EXW 下的装货责任一样，有些货物需要专业的装卸设备，甚至是吊车等大型设备，提货和送货车

辆都不可能携带上述设备，因此分别由发货的一方装货、收货的一方卸货更为合适。

(二) 买卖双方责任、费用和风险分析及总结

同 DAP 相比，DPU 增加了卖方的卸货责任、费用和风险，对应减少了买方相应责任、费用和风险。其他方面与 DAP 几乎相同。

单纯从费用上看，DPU = DAP + ULC，其中 ULC 是卸货费用（UNLOADING CHARGES）的缩写。上述等式只考虑费用时才成立，实际上卖方增加的不仅仅是卸货费用，还增加了卸货过程中可能引起的货损以及未能按时完成卸货产生的滞期费用风险（散货整船运输）。

(三) 使用 DPU 贸易术语注意事项

1. 明确指定目的地的具体卸货点

以 DPU 贸易术语成交，由卖方负责在指定目的地卸货并承担相应费用和风险。因此，卖方需要确保自己或货运代理能够在指定目的地卸货，尤其是需要专业卸货设备及场地的情况下。国际贸易实践中，即使以 DPU 贸易术语成交，基本都是在具有专业卸货设备的码头或者车站，其目的就在于要方便卸货。如果无法或者不能确认卸货与否，笔者建议采用 DAP 代替 DPU，由买方承担卸货责任、费用和风险。此外，在散货运输，尤其是整船散货运输时，装货和卸货都可能需要较长时间和费用，如果未能按时完成装卸还可能产生滞期费，因此需要在核算价格时将相应费用和风险计算在内。

2. 买方是进口清关延迟或者失败的责任方

以 DPU 贸易术语成交，如果指定目的地在进口国国内买方仓库或者营业处所，而货物却需要在到达港口（火车站）完成进口清关手续后才能继续装运，因买方未能及时办理进口清关手续，导致货物没有办法从到达港口（火车站）转运到指定目的地，进而导致货物滞留或者被控制在港口（火车站），此间产生的额外费用以及可能发生的货物损坏或者灭失风险都应由买方自行承担。该风险预防办法可参照以 DAP 贸易术语成交。

第七节　不同贸易术语下买卖双方费用分析

一、费用分析说明

不同贸易术语下，买卖双方承担的责任不同，所要承担的费用也有所不同。而且多数时候费用都是伴随着责任产生的，因此某项责任由哪一方履行就应由哪一方承担费用。此外，费用高低也在一定程度上受履行责任所承担风险的大小影响，承担的风险越大，费用越高。如 CIP HAMBURG 与 DAP HAMBURG，尽管单纯从承运人收取的运费金额上看区别不大，但是由于卖方承担的风险区

间不同，实际计算在货价中的运费金额就会不同。通常来说，DAP 要比 CIP 多算 10%甚至以上的运费，作为运输途中可能产生的额外费用备份。

二、不同贸易术语参考费用

不同贸易术语下，买卖双方承担的费用项目有所不同，见表 3.2。需要说明的是，表中所示费用项目承担方以及金额仅供参考。国际贸易实践中，要以买卖合同约定以及相应服务商的最终报价或者对账单为准。

表 3.2　不同贸易术语下买卖双方费用分担情况

	费用明目及参考金额（元）		贸易术语									
			适合任何运输方式及多式联运贸易术语						适合水上运输贸易术语			
			EXW	FCA	CPT	CIP	DAP	DPU	DDP	FAS	FOB	CFR	CIF
出口国费用	出口产品包装费用（每托）	30~50	卖方	卖方	卖方	卖方	卖方	卖方	卖方	卖方	卖方	卖方	卖方
	起运地装车费用	150~300	买方	卖方	卖方	卖方	卖方	卖方	卖方	卖方	卖方	卖方	卖方
	到指定地点前程运输费	实收	买方	卖方	卖方	卖方	卖方	卖方	卖方	卖方	卖方	卖方	卖方
	报关费	100~150	买方	卖方	卖方	卖方	卖方	卖方	卖方	卖方	卖方	卖方	卖方
	订舱费	250~450	买方	买方	卖方	卖方	卖方	卖方	卖方	卖方	卖方	卖方	卖方
	装运港码头操作费	600~750	买方	买方	卖方	卖方	卖方	卖方	卖方	卖方	卖方	卖方	卖方
	提箱费	100~150	买方	买方	卖方	卖方	卖方	卖方	卖方	卖方	卖方	卖方	卖方
	场站费	100~200	买方	买方	卖方	卖方	卖方	卖方	卖方	卖方	卖方	卖方	卖方
	船公司文件费	300~500	买方	买方	卖方	卖方	卖方	卖方	卖方	卖方	卖方	卖方	卖方
	舱单录入费	50~150	买方	买方	卖方	卖方	卖方	卖方	卖方	卖方	卖方	卖方	卖方
	VGM 称重费	100~200	买方	买方	卖方	卖方	卖方	卖方	卖方	卖方	卖方	卖方	卖方
	VGM 发送费	10~50	买方	买方	卖方	卖方	卖方	卖方	卖方	卖方	卖方	卖方	卖方
	EDI 费	10~50	买方	买方	卖方	卖方	卖方	卖方	卖方	卖方	卖方	卖方	卖方
	安保费	10~30	买方	买方	卖方	卖方	卖方	卖方	卖方	卖方	卖方	卖方	卖方
	设备管理费	20	买方	买方	卖方	卖方	卖方	卖方	卖方	卖方	卖方	卖方	卖方
	装运港货代操作费	0~500	买方	买方	卖方	卖方	卖方	卖方	卖方	卖方	卖方	卖方	卖方
	装船费用	实收	买方	买方	卖方	卖方	卖方	卖方	卖方	买方	卖方	卖方	卖方

表3.2续

费用明目及参考金额（元）			贸易术语										
			适合任何运输方式及多式联运贸易术语							适合水上运输贸易术语			
			EXW	FCA	CPT	CIP	DAP	DPU	DDP	FAS	FOB	CFR	CIF
主运费	国际运输主运费	实收	买方	买方	卖方	卖方	卖方	卖方	卖方	买方	买方	卖方	卖方
保险费	国际货物运输保险	万分之五	N/A	N/A	N/A	卖方	N/A	N/A	N/A	N/A	N/A	N/A	卖方
进口国费用	目的港货代操作费	实收	买方	买方	买方	买方	卖方	卖方	卖方	买方	买方	买方	买方
	目的港码头操作费	实收	买方	买方	买方	买方	卖方	卖方	卖方	买方	买方	买方	买方
	安全申报费用（AMS，ENS）	200~300	买方	买方	买方	买方	买方	买方		买方	买方	买方	买方
	进口报关费	实收	买方	买方	买方	买方	买方	买方	卖方	买方	买方	买方	买方
	进口关税及税费	实收	买方	买方	买方	买方	买方	买方	卖方	买方	买方	买方	买方
	到达港（站）转运到最终目的地费用	实收	买方	买方	卖方	卖方	卖方	卖方	卖方	买方	买方	买方	买方
	最终交货点卸货费用	实收	买方	买方	买方	买方	买方	卖方	买方	买方	买方	买方	买方

其中：N/A代表《2020通则》中没有明确约定，通常由承担风险的一方承担；实收代表需与服务商确认具体费用。

VGM为VERIFIED GROSS MASS缩写，中文是"集装箱称重新规"。
EDI为ELECTRONIC DATA INTERCHANGE缩写，中文是"电子数据交换"。
AMS为AUTOMATED MANIFEST SYSTEM缩写，中文是"美国反恐舱单系统"。
ENS为ENTRY NOTIFICATION OF SUMMARY缩写，中文是"欧洲海关提前舱单规则"。

第八节　交货方式与贸易术语辨析

国际货物贸易有实际交货和象征性交货两种方式。买卖合同所使用贸易术语不同，交货方式也有所不同。

一、实际交货及对应贸易术语

（一）实际交货

实际交货（PHYSICAL DELIVERY/ACTUAL DELIVERY）是指卖方通过

向买方或者其指定人实际交付货物,将货物所有权转移给买方的一种交货方式。买卖双方或其指定人办理货物交接时需要直接接触,即需要卖方送货到进口国指定地点,或者买方到出口国指定地点提货。实际工作中送货及提货工作大多委托货运代理办理。

(二) 对应贸易术语

EXW、DPU、DAP、DDP 对应交货方式为实际交货。以 EXW 贸易术语成交,买方安排货运代理到指定地点提货,运输途中产生的风险由买方承担。提货人必须确认货物表面状况良好才能提货,提货一经完成卖方就不再对货物的损坏或灭失负责。以 DPU、DAP、DDP 贸易术语成交,卖方安排货运代理送货到指定地点,运输途中产生的风险依然由卖方承担。送货人必须与买方确认货物表面状况良好,买方一经收货,卖方就不再对货物的损坏或者灭失负责。其特点表现在两个方面。一是风险点与费用点一致,风险转移前费用由卖方承担,风险转移后费用由买方承担。二是多产生不能流通转让、不能控制物权的记名运单(海运单、空运单、公路运单、铁路运单等),运输单据作用被弱化。EXW 下运输单据能够证明卖方已经完成交货;DPU、DAP、DDP 下运输单据只能证明卖方已经按时装运货物,不能证明卖方已经完成交货。由于运输单据不能用于控制货物,且货物运抵进口国目的地后退回程序复杂、费用高昂,以对应实际交货方式的贸易术语成交,原则上卖方必须在发货之前收回全部货款。

二、象征性交货及对应贸易术语

(一) 象征性交货

象征性交货(SYMBOLIC DELIVERY)是指卖方通过转移代表货物所有权和价值的合格装运单据,将货物所有权转移给买方的一种交货方式。买卖双方或指定人办理货物交接时无须直接接触,即卖方将代表货物所有权和价值的合格装运单据转移给买方即可。

(二) 对应贸易术语

FOB、CFR、CIF 对应交货方式为标准的象征性交货。卖方在装运港将货物安全装船后即完成交货,风险转移给买方,不再对货物的损坏或者灭失负责。其特点表现在 3 个方面。一是风险点早于费用点,风险转移以装运港船上为界,运输途中产生的风险由买方承担,但是卖方需要支付到目的港的惯常航线上的主运费。二是多产生能够流通转让、用于控制物权的海运提单,运输单据作用巨大,不仅能证明卖方已经完成交货,还可以凭之控制货物,并向承运人主张货权。因此,可以采用先发货后付款的结算方式。三是卖方凭单交货、买方凭单付款,即买卖双方交接的是代表物权、价值及质量的各种单据，而不是实际货物。不管实际货物状况如何，只要卖方提交的单据合格，买方就必须付款。相反，卖方提交的单据不合格，买方就可以拒绝付款。若买方实际收到货物存在问题，可以根据买卖合同中的相应检验及索赔约定另行处理。

需要说明的是，FOB 下由于海运费没有预付，最终提单持有人需要付清海运费才能向承运人主张提货，与 CFR、CIF 下最终提单持有人可以直接向承运人提货相比，稍微存在一点瑕疵，但是总体影响不大。所以，国际贸易实践中也将其对应交货方式视为象征性交货。

三、有条件的象征性交货及对应贸易术语

（一）有条件的象征性交货

有条件的象征性交货是指某些贸易术语必须满足一定条件，才能将其对应交货方式判定为象征性交货，比照标准象征性交货贸易术语操作，否则就应该参照实际交货贸易术语操作。

（二）对应贸易术语

FCA、CPT、CIP、FAS 对应交货方式为有条件的象征性交货。

FCA、CPT、CIP 用于海运且签发港至港海运提单，或者用于多式联运由海运区段承运人签发多式联运提单，对应交货方式为标准的象征性交货。其特点与 CFR、CIF 相同。但是，此时的 FCA 依然存在类似 FOB 的瑕疵。

FCA、CPT、CIP 用于其他运输方式或者海运签发海运单时，操作更接近于实际交货。其特点表现在两个方面，一是 FCA、CPT、CIP 下卖方并不承担运输途中产生的风险，即卖方并不包到，办理货物交接时也无须实际接触。这一点与实际交货有很大区别，所以不能单纯将其对应交货方式判定为实际交货。二是包括海运单在内的各种运单（空运单、铁路运单、公路运单）都为记名单据，不能流通转让，也不能用于控制物权，承运人在目的港或者目的地交付货物时也无须收回正本运单。货物一经装运，就已经注明运单表面记载的收货人，卖方则实际失去了对货物的控制。这一点与象征性交货有很大区别，需要比照实际交货操作方式，即为了保证货款安全，非远期结算方式下，原则上卖方应在发货前收回全部货款。

FAS 若在货物装船后签发海运提单，则与 FOB 或者签发海运提单的 FCA 类似，可以认为其对应交货方式为象征性交货。FAS 若在货物到达船边后签发收妥备运提单、货物收据或者在货物装船后签发海运单，则与签发海运单的 FCA 类似，操作上更接近于实际交货。

四、象征性交货与单据买卖

《2020 通则》并未对不同贸易术语对应的交货方式进行界定，也未提及

象征性交货问题。关于单据，仅明确提及运输单据，并笼统说明卖方有义务提供买方清关所需单据，完全没有提及单据买卖。因此，象征性交货与单据买卖并非《2020通则》界定的内容。

（一）信用证结算方式下的象征性交货与单据买卖

从国际贸易实践来看，象征性交货与单据买卖应该是伴随着信用证结算出现的。《UCP 600》第五条规定："银行处理的是单据，而不是单据可能涉及的货物、服务或履约行为。"在信用证结算方式下，银行是否付款（承兑）仅看单据是否相符，不看也不管货物是否合格。而且银行信用好于买方的商业信用，所以卖方在发货后首先要求作为付款担保人的银行付款，而不是要求买方付款。在此情况下，象征性交货与单据买卖才能得以实现，而且象征性交货等同于单据买卖。

（二）非信用证结算方式下的象征性交货与单据买卖

国际贸易实践中，银行可以不看也不管货物，是因为货物质量合格与否与银行没有任何利害关系。但是作为利益关系人的买方不可能不看也不管货物是否合格。如果买方已经知道或者严重怀疑卖方所交货物存在质量问题，即使卖方提交的单据完全相符，买方也不会轻易付款，即卖方提交相符单据只能证明卖方已经完成交货，但不代表买方一定会或者一定要付款，此时象征性交货并不等同于单据买卖。相反，如果货物已经安全到达目的港（地），正常交易中也鲜有理智的买方因为卖方提交单据存在不符而拒付货款、拒收货物的。因为非信用证结算方式下，没有提交单期限制。单据存在问题如果确实影响到买方，卖方重新出具或者申请再次提交给买方就好。即使买方想以单据不符为借口拒付也非常难。首先，买方拒付货款就无法拿到包括提单在内的全套装运单据去向承运人提货，更无法取得货物；其次，卖方也不会退还买方已经支付的任何预付款（非信用证结算方式下买方通常要支付一定比例的预付款）；最后，即使申请仲裁或者诉讼，由于没有达到根本违约的程度，买方也仅能要求损害赔偿，而不能取消合同并拒付货款。以CIF合同为例：如卖方少交保险单，但是货物安全到达，比较计较的买方也只能要求卖方退还其货价中包含的保险费；如卖方少交原产地证（如果必要）又不能补交（假定不能，实际上大多数时候是可以补交的），买方可以要求卖方补偿因未提交原产地证而多缴的进口关税。大多数时候卖方少交单据的行为都达不到根本违约的程度。综上所述，非信用证结算方式下受结算机制限制，象征性交货与单据买卖很难真正实现，且象征性交货也不完全等同于单据买卖。

第九节　如何正确选用贸易术语

根据实际贸易场景正确选用贸易术语，是出口企业获得合同、顺利履行合同、降低风险和费用的前提。国际贸易实践中，很多合同履行过程中出现的问题和风险本质上都是贸易术语选用不当所致。因此，卖方选用贸易术语时必须充分考虑以下影响因素。

一、报价时效

不同贸易术语卖方需要确认的价格影响因素不同，需要确认的价格影响因素越多，报价所耗费的时间就越长。有时候，有些买方已经拿到他下家的合同，急需卖方的报价最终确认合同，此时报价时效重要性远远强于完整性、精准性等因素。因此，如果买方对报价时效要求非常高，甚至是在线等候报价，则应选择无须与任何外部服务商确认费用，根据经验即可自行核算的 FOB 或者 FCA 价格，然后根据需要补报 CIF、CIP 价格。如果买方对报价时效要求相对不高，也愿意稍微等候，则可以及时向货运代理询问到指定目的港（地）运费，并在获得反馈后第一时间报 CFR、CPT 价格。如果客户需要 CIF、CIP 价格，则可以按照万分之五的保险费费率自行计算保费并据此报价。

需要说明的是，尽管 EXW 卖方需要确认的价格影响因素及报价所耗费时间最少，但是多数国外买方不接受，甚至不知道 EXW。因此，EXW 并非考虑报价时效时应该选用的贸易术语。此外，由于 DAP、DDP 需要本地货运代理通过其国外代理确认进口国国内转运费用及进口税费，加上国内外存在时差的问题，至少耗时 2 天才能有结果，因此，DAP、DDP 只能在不考虑报价时效且买方坚持时才可以选用。

二、物权控制

尽管《2020 通则》中并没有对贸易术语的物权控制问题做出明确约定，但是贸易术语会实际影响到物权控制。因为承运人及货运代理都会尽最大可能维护其委托人的利益，所以负责安排运输、订立运输合同的一方就能更好地控制物权。因此，若卖方想控制物权，则应该选择运费预付的贸易术语成交，由己方自行安排运输并支付相应费用。国际贸易及运输实践中，以运费预付的贸易术语成交，即使出具无法流通转让的、不能用于控制物权的运单，卖方也可以通过要求货运代理出具分运单的形式，要求装运港货运代理指示其目的港代理在短时间（5 天）内暂时控制物权，为卖方收回货款争取时间。从《联合国国际货物销售合同公约》及各国法律法规规定来看，物权转移应该以卖方声明或者买方支付相应对价为前提。在买方没有为货物支付相应对价或者卖方以声明或者行动将物权转移给买方之前,物权都不应该发生转移。若买方未能按照买卖合同约定付款,则卖方指示货运代理暂时控制物权是一种合理的利益保障措施。

若以运费到付的贸易术语成交,由买方自行安排运输并支付相应费用,则其指定承运人或者货运代理就会更倾向于维护买方利益。同拥有实际运输工具、信誉卓著的承运人相比,买方指定的境外货运代理或者无船承运人更容易为了利益主观上与买方串谋,共同欺诈卖方,使卖方在货款全部收回之前就失去物权控制。因此,在以运费到付的贸易术语成交时,卖方需要提前做好物权失控风险防范。比如,与指定货运代理签订国际货物运输代理合同,明确责任,要求指定货运代理签订控货保函等。

三、结算条件

控制物权的目的是安全收回货款,如果卖方能够争取到款到发货的合同结算条件,或者对收回货款有绝对信心,也就无须考虑不同贸易术语对物权的控制问题,可以采用任何买方要求的贸易术语,或者能降低整体交易费用的贸易术语。相反,如果需要凭装运单据收回货款,则应选用有利于物权控制的贸易术语。对于卖方而言,当结算条件不能为货款收回提供100%保证时,必须通过正确选用贸易术语来确保对物权的控制。所有外贸从业人员都必须一只眼睛盯着货款,另一只眼睛盯着货物。尤其是货款已经有出问题的征兆时,必须睁大盯着货物的那只眼睛。如果说发货后最终没有收回货款,可能是骗子手段高明所致,但是钱货两空一定是操作上出现了不该出现的问题。

在国际贸易实践中,以运费到付的贸易术语成交时,很多卖方都会要求买方在发货前付清全部货款;以运费预付的贸易术语成交时,则可以接受装运后凭提单副本支付尾款的结算条件。

四、运输方式

正如前文所述,对贸易术语进行解释和规定的《2020通则》本质上是买卖双方可以协商更改的惯例,而不是法律。若贸易与运输方式错配,可能被交易的某一方视为有效修改,无法再按照《2020通则》规定划分风险转移界限。比如空运选用FOB,买方可能认为应该比照海运选用FOB一样,风险转移应该以货物安全装入机舱为界。而卖方本意却是要用FCA,但是因为某些原因错用了FOB,所以认为风险转移应该以货交承运人为界。一旦货物在交给承运人后、安全装入机舱之前出现风险,买卖双方就会为由哪一方承担此间风险而发生争议。因此,卖方必须根据具体运输方式匹配适合的贸易术语,从源头上杜绝争议发生的可能性。海运整船运输选用FOB、CFR、CIF;海运

第三章 国际贸易术语

集装箱运输首选 FCA、CPT、CIP，若买方不愿意接受或者不了解 FCA、CPT、CIP 的具体操作，也可以选择 FOB、CFR、CIF；空运、陆运（公路或铁路）或多式联运必须选用 FAS、FOB、CFR、CIF 以外的贸易术语。

五、清关便利

从清关的便利性来说，卖方应该尽可能选择出口清关手续由出口方办理、进口清关手续由进口方办理的贸易术语成交。这样才有机会以最少的时间、最低的成本完成进出口清关手续办理工作。同时，在进出口清关出现某些意外时能更方便、更及时地处理和解决相应问题。因此，应该慎重选用由进口方办理出口清关手续的 EXW，或者由出口方办理进口清关手续的 DDP 成交。

需要再次说明的是，以 FOB、FCA 成交，买方指定货运代理仅有权以订舱代理人或者无船承运人身份代买方安排运输事宜，卖方有权委托自己的代理办理出口清关手续。如指定货运代理接受卖方办理出口清关手续的委托，就必须严格按照卖方委托书上的指示，以卖方名义尽职办理出口清关手续。即使其委托人买方同时有多家供应商拼柜出口，也不能为了节省费用，采用买单等非合规方式以第三方名义集中清关。

六、运输难易

运输难易是指租船订舱以及运费趋势预测的难易程度。2020 年新冠肺炎疫情以前，国际航运市场通常只有国庆节前一周和春节前一周两个高峰时段，租船订舱相对困难，运价（运输价格）会有轻微上涨。但是自 2020 年新冠肺炎疫情开始至今，国际航运市场一直处于运力短缺、运价上涨、船舶延期的常态，导致租船订舱困难，且运价经常有超出预期的暴涨。在上述状态下，卖方不得不选用运费到付的贸易术语成交，由买方自行承担订不到舱以及运费上涨的风险。如果卖方将运价预期上涨的空间计算到价格当中，就可能因为价格过高而失去客户。而且就算按照当下运价的 150% 计算也未必能够弥补损失。因为多数港口的运价上涨 3~5 倍。更大的问题在于，即使愿意出高价，也未必能够拿到预期的舱位。如果以当前运价计算价格，在货物实际出运时要求买方补偿上涨的运费，多数买方又会拒绝。这就使卖方陷入两难的境地。考虑到新冠肺炎疫情将长期存在，以及航运企业不可能自行降低运价的现实，笔者建议在运输较为困难时期，卖方首先要考虑以运费到付的贸易术语成交，以此来规避订不到舱以及运价上涨的风险。其次，以运费预付的贸易术语成交时，笔者建议在买卖合同中注明当前运价，以及运价调整条款，约定当运费波动超过一定比例时，需要调整买卖合同中的运费金额或者商品成交价格，提前让买方了解并接受运价可能上涨的现实，并以文字的形式做出约定。相反，如果运输相对容易，且运价下降趋势明显，则应考虑以运费预付的贸易术语成交。因为如果预期正确的话，下降部分的运费就可以成为卖方的额外利润。

七、货值大小

货值大小在一定程度上是指货值与运费的相对值。如果货值小于运费，当进口国市场价格大幅降低时，买方就大概率会在货物到达目的港（地）后弃货。例如，一批出口货物货值为 2000 美元，海运费为 2000 美元，买方预付 1000 美元。对于买方来说，即使不算目的港其他提货费用，保本也要卖到 4000 美元。如果货物到港时市场价格降到 3000 美元，买方提货需要支付 1000 美元尾款和 2000 美元运费，加上预付款总计支付 4000 美元，则亏损 1000 美元。实际上提货时还必然产生其他费用，最终亏损也不止 1000 美元。如果买方不支付尾款和运费，直接弃货，损失的就是 1000 美元的预付款，此时买方就大概率弃货了。为了防范买方弃货风险，当货值低于运费的 3 倍时，卖方就应该选用运费预付的贸易术语成交，而且要加大预付款的比重（50% 以上），甚至要求发货前付清全部尾款。

八、信任程度

买卖双方的信任程度也会影响贸易术语的选用。从国际贸易实践来看，买卖双方对于贸易术语的选用，通常始于 FOB，终于 CIF。在交易之初，买卖双方的相互信任程度较差，买方希望自己安排运输达到全程控制的目的，卖方则希望在发货前收到全部货款，因此 FOB 是首选。当买卖双方相互信任后，显然由卖方自行安排运输更有利于船货衔接工作，此时 CIF 则是首选，否则一方负责租船订舱，另一方负责送货，很容易出现船货衔接不当，最终导致装运延迟、费用增加的问题发生。

九、贸易经验

贸易经验（尤其是买方的贸易经验）在一定程度上会影响贸易术语的选用。一般来说，国外大型且贸易经验丰富的买方通常倾向于以 FOB、FCA 成交，由他们长期合作的承运人及货运代理安排运输以及清关等事宜，以实现账期和"一揽子"服务的目的。此时，相对弱势的市场地位使得多数国内卖方不得不接受买方要求的贸易术语。

相对小型买方或者缺少国际贸易操作经验的买方则更倾向于以 CIF、CIP 甚至是 DAP、DDP 成交。对于卖方来说，如果买方缺少国际贸易操作经验，但是愿意支付相对高价，则应考虑以卖方责任和费用较大的贸易术语成交，甚至直接以 DDP 成交，让买方在办公室等着收货就好，以防买方因缺少经验漏做或未能及时做某些事情，导致交易发生意外，影响其继续开展国际贸易的信心从而减少订单。

十、辩证选用

上述选用贸易术语的九个考虑因素既相互独立又相互影响，在当下的国际贸易及航运市场下，多数时候，利益和低风险并不能两全。卖方必须根据报价及签订合同时的特定贸易场景辩证地选用贸易术语，以规避较大风险、接受较小风险为选用准则。读者作为买方时，则需要用反向思维选用贸易术语。

案例分析一　FOB贸易术语下船货衔接不当支付滞期费案例

2021年8月，国内某钢材卖方与巴西某买方以FOB成交钢材一批，买卖合同约定最迟装运期为11月25日，约定的装船时间为3天。11月10日，买方发来装运指示，告知接货船舶预计在11月15日到达装运港。后接货船舶于11月16日到港，并于11月17日上午10点发出装卸准备就绪通知书（NOTICE OF READINESS）。卖方收到装运指示后便开始安排集港工作，但是由于集港车辆不足，未能在船舶到达前完成全部货物集港工作。即使一边集港一边装船，也要到11月22日10点才能完成装船，比买卖合同及租船合同约定装船时间多了2天，因此支付了100万元的滞期费。

分析此案例，卖方支付滞期费的根本原因在于船货衔接不当。第一，卖方未能就买方派船时间进行沟通以及做好预期，未能合理安排已完工货物的提前集港工作。第二，卖方收到装运指示后未能及时安排好集港车辆，致使集港车辆短缺影响了货物集港及最终装船完工时间。为了避免船货衔接不当问题发生及支付滞期费风险，卖方应于拟装运货物完成70%~80%时就主动发送货妥通知给买方，与买方确定载货船舶预计到港时间，并据此提前安排货物集港工作，而不是等货物全部完成后再开始集港。此外，船舶到港一经确定，就必须准确落实好集港车辆与集港路线，确保集港车辆充足、集港路线交通顺畅。

案例分析二　FCA贸易术语下货物未被特定化导致风险未能提前转移案例

2021年10月，某卖方同时与美国两家买方以FCA各成交标准圣诞节礼品一批，买卖合同约定最迟装运时间为11月5日。11月1日全部货物完成，但是并没有对货物进行贴唛，而是计划在货物装入集装箱时现场贴唛。11月3日，两家买方分别来函告知，由于舱位紧张，暂时无法装运。直到11月6日，两家买方也没有告知承运人及装运信息。当晚仓库发生火灾，致使部分货物发生灭失。卖方以装运期届满，风险提前转移给买方为由，要求买方自行承担损失。但是两家买方均以货物未贴唛、未被特定化,无法认定灭失货物到底是哪一家买方的货物为由拒绝。同时要求卖方自行补货,否则将拒绝支付尾款并要求卖方退还预付款。

分析此案例,货物未被特定化是买方拒绝接受风险已经被提前转移的根本原因,也是合理原因。货物被特定化是货交承运人贸易术语下,拟装运货物在约定的装运期届满后风险可提前转移的前提。正如两家买方所说,货物未被特定化,就无法认定灭失货物属于哪一家买方的,损失只能由卖方自行承担。为了规避此类风险,卖方即使没能在货物完工时将货物特定化,也要在装运期届满前通过刷唛①、贴唛②等形式将货物特定化,以便有机会在买方未及时安排装运时实现风险提前转移的目的。

案例分析三　CFR 贸易术语下未发送装船通知被买方索赔案例

2021 年,某卖方以 CFR 向韩国买方出口玻璃制品一批,装运前已经收回全部货款。由于开船日期为 10 月 3 日,正好赶上国庆假期,卖方工作人员安排装运后就去休假了,未发送装船通知及装运单据给买方。10 月 8 日,卖方工作人员将装运单据发送给买方,买方办理了提货手续。10 月 11 日,买方发来索赔函并随附检验报告,要求卖方对破损的 20% 货物进行赔偿。卖方以 CFR 风险以货物安全装船为界,已经发送的清洁提单足以证明货物安全装船,货物损坏或者灭失应由买方自行承担。买方反驳称,由于卖方未能在货物装船后及时发出装船通知,导致买方漏保,风险不能再以装运港船为界。卖方查阅了《2020 通则》的相关规定确认买方反驳的理由合理,同时考虑到后期合作,表示接受买方的索赔,可以在后续订单中扣除相应的索赔金额。

分析此案例,买方要求卖方赔偿的理由是合理的。CFR 下卖方及时发送装船通知,买方据此购买保险转移己方风险,是风险能够按照《2020 通则》解释由卖方转移给买方的前提。若卖方未能完成《2020 通则》规定的义务,或者卖方工作存在瑕疵,则风险转移会发生改变。为了预防漏发或者延发装船通知风险,卖方应在订舱成功,船期、船名、航次初步定下来后及时发送装船通知给买方。尤其是实际开船日期在法定假期期间时,应该在法定假期前的最后一个工作日就发送装船通知给买方,以防买方因未收到装船通知而漏保。此外,保险费多数时候只有货值的 3‰~5‰,特殊情况下如果来不及

第三章　国际贸易术语

---

① 刷唛是指在货物的外包装上注明收货人和货物内容信息。
② 贴唛是指企业提单上不打印唛头,而是直接贴上去,通常在唛头比较长的情况下使用。

发送装船通知，在利润轻易覆盖保险费时，可以在订舱时就直接委托货运代理对装运货物进行投保，即代买方购买保险，以有限的保险费防范提交的货物损坏或灭失风险。

案例分析四　CIF贸易术语下未提交保险单被买方拒付案例

某卖方以CIF出口货物一批，结算方式为30%电汇作为预收、70%托收。货物装运后，卖方备齐商业发票、装箱单、提单及汇票通过银行进行托收。但是代收行提示单据时，买方却以缺失保险单为由拒绝付款。卖方以货物已经安全到达目的港，保险单失去作用为由要求买方付款。买方反驳称CIF成交合同为单据买卖，而保险单又是卖方应该提交的单据，现卖方提交单据不全，自然免除其付款义务。时逢已装运货物进口国市场价格下跌，卖方最终以降价20%为代价收回货款。

分析此案例，买方拒付的根本原因是进口国市场价格下跌。因为货物已经安全到港，卖方未提供保险单并未给买方带来实际损失。然而卖方漏买保险、漏交保险单的工作瑕疵给了买方拒付的理由。如果仲裁或诉讼，买方直接拒付70%尾款的做法未必得到支持。但是现在款在买方手里，货也在买方所在地，仲裁或诉讼又耗时耗力。完全处于被动的卖方只能被迫接受买方降价要求，避免货物滞港、退运、转卖可能产生的更大损失。为了防范此类风险，卖方必须深入了解相应国际贸易惯例，认真履行己方责任，做好该做的事，提交该提交的单据，不主动给买方提供任何拒付的理由或者借口。

实践操作

1. 试分析和阐述如何做好船货衔接工作。
2. 试分析和阐述实际交货与象征性交货的异同。
3. 试分析和阐述如何正确选用贸易术语。
4. 试分析和阐述指定货运代理无单放货和高收费风险防范办法。

第四章 标的物描述

标的物条款是指买卖合同中对于交易商品的描述和要求条款,包括商品品名、商品品质、商品数/重量、商品包装、商品检验 5 个方面的内容。

第一节 商品品名

一、商品品名基本常识

商品品名(COMMODITY NAME 或 NAME OF COMMODITY)是指能使某种交易商品(标的物)区别于其他商品的一种特有称呼或概念。

商品品名在一定程度上反映了商品类别、用途及品质,是买卖双方交接货物的重要依据之一。如果卖方所交货物与约定品名不符,买方有权要求损害赔偿,严重时甚至可以拒收货物并撤销合同。例如,买卖合同中约定品名为保罗衫,卖方提供圆领衫是不能被买方接受的。

二、商品品名条款

买卖合同的商品品名条款通常作为商品描述(DESCRIPTION)的一个重要组成部分列明在买卖合同标的物条款中,或者单独出现在商品品名标题下(后),或者出现在买卖合同订立合同意愿的表达文句中。

(一)商品品名作为商品描述的一部分出现

例如,保罗衫,100%棉面料,左胸前刺绣一色标识,S、M、L、XL、XXL 码各 1000 件。(POLO SHIRT, 100% COTTON FABRIC, WITH 1-COLOR EMBROIDERY LOGO ON THE LEFT CHEST, SIZE S, M, L, XL, XXL EACH 1000PCS.)

商品品名"保罗衫(POLO SHIRT)"作为商品描述的一部分出现。

(二)商品品名单独出现在商品品名标题下(后)

例如,品名:保罗衫。(COMMODITY NAME:POLO SHIRT.)

商品品名"保罗衫(POLO SHIRT)"出现在商品品名标题下(后)。

(三)商品品名出现在买卖合同订立合同意愿的表达文句中

例如,买卖双方同意按照以下交易条件买卖保罗衫。(THE BUYER AGREES TO BUY AND THE SELLER AGREES TO SELL THEPOLO SHIRT ON TERMS AND CONDITIONS SET FORTH BELOW.)

商品品名"保罗衫（POLO SHIRT）"出现在买卖合同订立合同意愿的表达文句中。

三、商品品名条款约定注意事项

（一）明确具体

买卖合同中商品品名应该明确具体，使交易各方当事人通过品名就能判断出商品类别、用途甚至是样式等。如交易商品是保罗衫，品名就应为保罗衫（POLO SHIRT），而不能是服装（CLOTHES）。因为服装是统称，涵盖若干种商品，无法判断出到底是什么商品。

（二）必要限定

买卖合同中商品品名的限定词要以必要（NECESSARY）为标准，凡做不到或不必要的限定词都不应列明，以防给买卖合同履行带来困难。如交易商品是黄豆，商品品名为黄豆（SOYBEAN）即可，而不应是东北黄豆（NORTHEAST SOYBEAN），除非买方特别要求是东北黄豆。因为一旦商品品名约定为东北黄豆，卖方就只能提供产地为东北的黄豆，其他产地的黄豆则不符合约定，增加合同履行难度。

（三）统分适当

买卖合同中涉及多个商品品名时，应对商品进行适当分类，在分项品名之上加上统称品名，便于制单。如交易商品有保罗衫、圆领衫、衬衫、夹克，则可以在上述分项品名之上加上统称品名——服装。这样在制单时，尤其是可以用统称的提单等单据上，无特殊要求时就无须打上每种分项品名，减少出错概率。

（四）整零有据

买卖合同中涉及大型成套设备，零配件分项单独包装并在目的地组装为成品的情况下，如果一次性装运，不管有多少个包装，买卖合同中列明成套设备品名即可，无须列出零配件分项品名，按照成套设备品名制单、清关、退税。如果分批次装运，则应在成套设备品名下列出具体零配件分项品名，便于每次出运时以分项品名制单、清关、退税。

第二节　商品品质

一、商品品质基本常识

商品品质（QUALITY OF GOODS）是指商品的内在质量和外观形态，是决定商品使用性能和价格的重要因素。其中，内在质量表现在生物构造、化学成分、物理性能、机械性能等方面，外观形态表现在外形、颜色、款式等方面。

商品品质条款通常与商品品名一起作为商品描述的一部分出现在买卖合同标的物条款中，是买卖双方确认商品成交价格、检验及交接商品的重要依据。若卖方交货品质与买卖合同不符，买方可以在卖方成功改正之前拒收货物，同时就此带来的损失要求卖方赔偿，严重时甚至可以撤销合同。如买卖合同中约定保罗衫面料为100%棉，卖方交货面料为50%棉、50%涤纶的保罗衫是不能被买方接受的。

二、商品品质要求

（一）保持商品品质稳定

保持稳定是对商品品质的一项最重要的要求，即要求大货品质与买卖合同约定或样品（如有）品质相符，后续订单品质与第一单品质相符，每单或者每批货质量水平一致，不能出现好很多或者差很多的情况。这一点在大客户试单[①]阶段尤为重要，如果第一单、第二单品质一致并被客户接受，第三单品质出现问题，说明企业质控存在一定问题，大客户就不会下大单给你。可能还需要几个测试周期，直到品质最终稳定下来。在这期间，如果多次出现商品品质不稳定问题，就可能彻底失去大客户的大订单，所以要努力保持商品品质稳定。

（二）适应国外市场需要

不同国家或地区经济发展水平、消费者的消费水平都有很大差别，所以商品品质要与市场需要相适应。如果目标市场是欧美发达国家（地区），则应该根据其市场需要提供高品质商品；如果目标市场是非洲欠发达国家（地区），则应根据其市场需要提供高性价比商品。因此，企业需要根据自己的目标市场及客户群体确认商品品质标准，主攻同一水平市场，或者为不同市场设立不同品质标准。

（三）满足国外法律及宗教要求

国外法律及宗教对商品品质的特定要求都具有强制性和不可协商性。如果达不到标准或不能满足要求，则可能面临巨额赔偿甚至是国家层面的制裁，因此商品品质必须满足国外法律及宗教要求。作为卖方应该清楚，买方需要的是与买卖合同品质条款约定一致的商品，且需要相应检测或认证报告进行证实，而不是卖方一厢情愿的主观判定。

---

① 试单：部分大客户下大单之前可能下几个小单来测试供应商的质控（质量控制）能力。

三、商品品质表示方法的说明

在国际贸易实践中，凡是运用图文表示商品品质的方法，都属于凭说明表示商品品质的方法，常用的表示方法有6种。

（一）凭商品规格买卖

1. 商品规格释义

商品规格是指用来反映商品品质的一些主要技术指标，如成分、含量、纯度。商品特性不同，规格内容也会有所不同。例如，保罗衫品质条款规定：100%纯棉双珠地面料，厚度200克（指布料重量为$200g/m^2$）以上。

凭规格买卖准确、易懂，适合绝大多数商品，因此是国际贸易实践中最为常用的一种品质表示方法。

2. 凭商品规格买卖注意事项

凭商品规格买卖需要注意初级品的品质机动幅度（QUALITY LATITUDE）和工业产品的品质公差（QUALITY TOLERANCE）两个问题。

（1）品质机动幅度

品质机动幅度是指对某些品质难以实行标准规格或指标完全一致的初级产品所加订的上下波动的允许幅度。通常有3种规定方法。

一是规定范围，即对某种商品品质指标允许一定的差异范围。例如，对羊毛或棉花规定湿度（MOISTURE）5%~10%。

二是规定极限，即对某种商品品质指标规定上下极限。通常以最大、最高、最多（MAXIMUM或MAX）和最小、最低、最少（MINIMUM或MIN）字样进行规定。例如，对羊毛或棉花规定湿度（MOISTURE）最高5%（MAX 5%）。

三是规定上下差异，即对某种商品品质指标进行明确并规定上下差异。例如，对羊毛或棉花规定湿度（MOISTURE）5%，加减1%（5%，1% MORE OR LESS）。

在国际贸易实践中，只要卖方所交货物品质在品质机动幅度之内，买方无权也不能拒收，但是可以按照买卖合同约定调整价格。因此，规定品质机动幅度的同时需要规定相应的价格调整办法。以湿度为例，可以规定湿度每增加1%，价格下降2%。同时，应在买卖合同中约定在货物到达目的港（地）后买方有复验的权利，并以复验的结果作为价格调整及最终结算的依据。

（2）品质公差

品质公差是指对某些品质受当下科技或者生产能力所限，无法完全避免误差的工业产品所加订的上下波动的允许误差。品质公差是国际贸易实践中被买卖双方认可或者同意的误差。只要卖方所交货物在品质公差之内,就免负品质差异责任,也无须调整价格,即公差不计算增减价。例如,一般机械手表普遍认可公差为±30秒/日,所以只要走时误差在±30秒/日之内就是合格品。

(二)凭商品等级买卖

1. 商品等级释义

商品等级是指同一类商品,按其规格上的差异,用文字或符号等将品质分为各不相同的若干等级。

凭商品等级买卖适合政府或者行业协会对不同等级商品的品质标准已经做出明确约定的产品。

2. 凭商品等级买卖示例

某些行业对不同等级商品的品质标准做出了明确规定,约定等级就等于约定了品质标准。例如,国标 GB 1353—2018《玉米》相关规定:一等玉米指标是容重≥720g/L,不完善粒含量≤4.0%,霉变粒含量≤2.0%,杂质含量≤1.0%,水分含量≤14.0%,色泽、气味正常;二等玉米指标是容重≥690g/L,不完善粒含量≤6.0%,霉变粒含量≤2.0%,杂质含量≤1.0%,水分含量≤14.0%,色泽、气味正常。玉米买卖合同中只要约定国标一等或者国标二等即可知道精准品质标准,而无须对杂质、容重等参数做出约定。

(三)凭商品标准买卖

1. 商品标准释义

商品标准是指以科学、技术和实践经验的综合成果为基础,经有关方面的协商一致,由主管机构批准,以特定的形式发布,作为市场经营者共同遵守的准则和依据。商品标准是指为了保证商品的适用性,对商品必须达到的某些或全部要求所制定的指标。

凭商品标准买卖适合国内外政府、行业协会或者专业机构已经制定明确品质指标的商品。

2. 商品标准分类

商品标准可以分为国际标准、区域标准、国家标准、行业标准、地方标准、企业标准等。国际贸易实践中的常用标准有3种,即欧标(欧洲标准)、美标(美国标准)、国标(国家标准),实际需要时根据约定查看相应标准即可。

尽管不同标准适用范围及产品有所不同,但是标准本身都在一定程度上对商品需要满足的品质指标做出了明确规定,因此可以通过在买卖合同中约定标准来表明交易商品质量。

3. 凭商品标准买卖注意事项

出口业务要力争以中国标准为主，慎重以国际标准，尤其是以进口国标准成交。因为进口国标准与中国标准有很大不同，而且检测机构、认证机构都在国外。限于语言和地域，卖方很难真正了解进口国标准，也很难直接对接检测机构、认证机构，这意味着卖方根本无法100%确认产品能否通过、何时能通过相应检测及认证。

因此，卖方一旦准备接受以进口国标准作为品质确认依据，必须深入了解进口国标准检测项目、认证时间，确保产品能够通过相关检测、认证，且能在订单要求的时间内获得检测、认证报告。同时严格按照检测、认证要求备货，整理所需电子与纸质资料，防止因为商品质量或者资料不全等问题影响检测、认证进程，进而影响最后的装运及收款。

（四）凭商品品牌或商标买卖

1. 商品品牌及商标释义

品牌（BRAND）是指某一企业的商品区别于其他企业同类产品的名称、图形、标语等组合显现出的一个外在形象。例如，海尔（HAIER）、华为（HUAWEI）等。

商标（TRADE MARK）是指某一商品区别于其他商品的特殊标志，是品牌构成的一部分。例如，海尔的 Haier海尔 ，华为的 HUAWEI 。

凭品牌或商标买卖适合于企业通过多年努力，其商品品质获得了国际市场及消费者认可。其品牌或商标在一定程度上可以说明其品质，因此可以在买卖合同中约定品牌或商标来表示商品品质。

2. 凭商品品牌或商标买卖实例

笔者曾经看到中国卖方和越南买方订立的钢材买卖合同，约定实际供应商仅能是宝钢或者鞍钢，这实际上就是凭商品品牌或者商标买卖。因为宝钢和鞍钢都是国际钢材市场上的知名厂商，他们都不会做出有损自己品牌形象的事情，品牌本身就代表一定的质量标准。

（五）凭商品产地名称买卖

1. 商品产地名称释义

商品产地名称通常是指由于特定自然条件对某一商品品质产生一定影响的地区名称。例如，祁门红茶、五常大米、阳澄湖大闸蟹等。

凭产地名称买卖适合来自某些商品特定产区的商品。所谓"橘生淮南则为橘，生于淮北则为枳"，特定自然条件可能导致这一产区的商品品质大概率不同于其他产区，因此可以通过在买卖合同中约定产地名称来表示商品品质。

2. 凭商品产地名称买卖注意事项

凭商品产地名称买卖多是受自然条件影响较大的、品质相对稳定性较差的农副产品，自然条件是影响品质的一个重要因素，但不是唯一影响因素。即使同一产地的商品，因受不同年份的气候变化、种植技术等的影响，品质也可能有所不同。因此，在买卖合同中除约定产地名称以外，还应该约定具体的规格或者标准，以防买卖合同履行时产生争议。

（六）凭商品说明书或图样买卖

1. 商品说明书或图样释义

商品说明书或图样是指通过文字说明、图片展示、表格分析等展示商品结构、材质、性能、使用方法、适用场景等内容的电子或者纸质文件。例如，产品说明书、产品使用手册等。

凭商品说明书或图样买卖适合结构和性能复杂，无法通过几个简单指标或者样品表示其品质全貌的机械、电气、仪表等商品。因此，可以通过在买卖合同中约定凭说明书或者图样来表示交易商品质量，同时将说明书或者图样以附件的形式作为买卖合同的一部分。

2. 凭商品说明书或图样买卖注意事项

对于买方来说，有些凭商品说明书或图样买卖的机械、电气、仪表等商品，通常需要在生产线或使用场所真正安装使用后才能检验其品质。所以需要在买卖合同中约定复验条款，同时加订质保和售后服务保证条款，必要时还要扣留一部分（通常为10%）货款作为质保金，或者由卖方开立质保银行保函给买方，以确保卖方会履行其质保和售后服务责任。

四、商品品质表示方法之实物

（一）看货成交

1. 看货成交释义

看货成交是指卖方在货物存放地点向买方展示准备交易的商品，以现场实际货物表示商品品质的一种方式。商品一经验视合格并被买方接受，买方就不能再对品质提出异议。

看货成交适合卖方掌握一定量现货，且买方或其指定人能够亲临现场检验品质的交易。通常用于珠宝、工艺品、库存产品等现货交易中。

2. 看货成交注意事项

对于买方来说，看货成交需要能够现场带走货物或与监装相结合。尤其是库存商品现货交易中，买方或其指定人检验合格后，要尽可能现场监装，以防卖方在验货人员离开后用劣质货物代替已经检验合格的货物装运。如果现实条件不允许监装，则应该在验货时携带制作好的封条，将检验合格的货物现场加封,对卖方可能产生的以次充好等换货行为予以行动上的警告。

(二)凭样品买卖

1. 样品释义

样品(SAMPLE)是指从大货中随机抽取出来的,或者特意加工制作的,能够代表大货平均质量的少量产品。

凭样品买卖(SALES BY SAMPLE)是指买卖双方约定凭样品作为交货品质依据的交易,适合品质难以规格化、标准化的商品。国际贸易实践中多用于件杂货①及日用品交易中。

2. 凭样品买卖方式

凭样品买卖有3种方式,即凭卖方样买卖、凭买方样买卖和凭对等样买卖。

(1)凭卖方样买卖

凭卖方样买卖是指以卖方提供的样品作为大货品质检验的依据。

凭卖方样买卖时,卖方需要选择有代表性的样品作为品质的依据。质量既不能偏高,也不能偏低。质量偏高会给日后交货带来困难;质量偏低则可能失去订单或者导致以较低价格成交。同时,应留存复样作为日后大货生产、检验以及发生品质争议时的处理依据。如果不想以对外提供的样品作为大货品质检验的依据,应该在寄样以及买卖合同商订时说明"样品仅供参考",避免对方形成凭卖方样买卖的错误印象。

在进口业务中,如果是凭卖方样成交,应在买卖合同中约定买方有复验权利,否则,如果实际到货品质低于样品,买方无复验权利就无法合理对外索赔。

(2)凭买方样买卖

凭买方样买卖是指以买方提供的样品作为大货品质检验的依据。

凭买方样买卖时,卖方收到买方样后必须慎重评估和处理。在充分考虑国内原料、生产、设计、加工能力后确认能够做到,可以接受;如果无法完全确认,就暂不宜接受。因为凭买方样买卖时,卖方所交大货品质必须与买方样完全一致,如果卖方未能做到,就需要承担违约责任。然而限于技术、材料、加工工艺水平,卖方很难保证大货品质与买方样一致,更不用说"完全一致"。实际上,买卖合同中要求"大货品质与买方样完全一致"本就是卖方不该踩的暗坑,一旦踩进去就很难脱身,所以卖方要尽可能拒绝上述条款。

(3)凭对等样买卖

---

① 件杂货指在运输、装卸和保管中成件的有包装(或无包装的大件)货物。

凭对等样买卖是指以卖方根据买方样仿制出的样品作为大货品质检验的依据。

由于凭买方样买卖对于卖方来说存在较大风险，卖方通常会根据买方样仿制出新的样品作为"对等样"（COUNTER SAMPLE），并让买方确认对等样，以对等样作为大货品质检验的依据。如果买方接受了卖方提供的对等样，实质上是将凭买方样买卖转为凭卖方样买卖。凭对等样买卖能兼顾买卖双方利益，相对公平，因此在国际贸易实践中被广泛采用。

3. 凭样品买卖注意事项

（1）样品是大货品质检验的唯一依据

在凭样品买卖业务中，样品是大货品质检验的唯一依据，卖方需要确保所交大货品质与确认样品保持一致，否则除合同另有规定外，买方可以拒收货物、要求损害赔偿甚至是撤销合同。

凭样品成交时，买卖合同中不应同时出现凭说明表示交易商品品质的条款。如二者同时出现，卖方所交货物必须同时满足样品和说明两种约定，否则将视为卖方交货品质不符，给合同履行带来困难。如果样品和说明一定要同时出现，则应补充约定二者出现矛盾时以哪一个约定为准。

（2）争取凭卖方样或者对等样买卖

凭样品成交多适合品质难以规格化、标准化的商品，要求卖方所交大货与样品，尤其是买方样"完全一致"根本无法做到。因此，出口业务中要尽量争取凭卖方样或者对等样买卖。同时在买卖合同中约定，"该样品应视为本合同不可分割的部分（SAID SAMPLE SHALL BE TREATED AS AN INTEGRAL PART OF THIS CONTRACT）"，"交货品质与样品大体相符（QUALITY TO BE CONSIDERED AS BEING ABOUT EQUAL TO THE SAMPLE）"或者"所交货物品质不得低于样品（THE QUALITY OF THE GOODS DELIVERED SHALL NOT LOWER THAN THE SAMPLE）"。

（3）凭买方样或者对等样成交时需确认产权问题

如果买方样上所带文字或图片涉及知识产权和工业产权问题，卖方必须要求买方提供相应证明书以及授权书后进行仿制或大货生产。如果买方不能提供相应权利担保，卖方要慎重凭此类样品成交，以防在生产、运输以及清关过程中被工商部门、海关查到并扣货、罚款，给自己带来经济损失。

（4）必要时可封样，避免合同履行时产生纠纷

凭样品买卖时，为了防止合同履行时产生纠纷，必要时可使用封样（SEALED SAMPLE），即由公证机构在一批商品中抽取品质相近的样品若干份，在每份样品上烫上火漆或铅封，供交易当事人使用。当然，封样也可由

第四章　标的物描述

发样人自封或由买卖双方会同加封,甚至有些商品可以直接在样品上进行签字确认,防止某一方人为地更换样品,导致所交大货无法与样品进行品质比对。

第三节 商品数/重量

一、商品数量条款

(一) 商品数量条款释义

商品数量是买卖合同中不可缺少的要件之一,是买卖双方确认商品成交价格、交接货物的重要依据。

《联合国国际货物销售合同公约》规定,卖方所交货物的数量必须与合同规定相符。如卖方所交货物的数量少于合同规定的数量,卖方应在规定的交货期届满前补交,但不得使买方遭受不合理的不便或承担不合理的开支。即使如此,买方也有保留要求损害赔偿的权利。反之,如卖方所交货物的数量多于合同规定的数量,买方除可以拒收超额部分外,也可以收取多交部分中的一部分或全部,但应按合同价格付款。

(二) 商品数量条款组成

商品数量条款通常涉及成交数量、计量单位,大宗散货还需要增加计量方法以及溢短装条款。例如,数量:18000 件(QUANTITY:18000 PCS)。再如,数量:1 万吨,增减3%由卖方决定,在装运港通过水尺计量,并且需要重量证书来证明实际装运数量(QUANTITY:10000 METRIC TONS, 3% MORE OR LESS AT SELLER'S OPTION. MESURED BY DRAFT SURVY AT LOADING PORT. AND NEED CERTIFICATE OF WEIGHT TO PROVE THE ACTUAL LOADING QUANTITY)。

二、商品数量机动幅度

(一) 溢短装条款

溢短装条款(MORE OR LESS CLAUSE)是指卖方交货时可多装或者短装合同规定数量一定百分比的条款。如"10万吨增减5%"中的"增减5%"就是溢短装条款。按照惯例,溢短装条款只适合受船舶装载条件限制的没有单独包装的大宗散货,对于带有单独包装且以"只、个、把"等单位计数的件杂货不适用。

在信用证结算业务中,若没有相反规定,根据《UCP 600》第三十条第二款规定:"在信用证未以包装单位件数或货物自身件数的方式规定货物数量时,货物数量允许有5%的增减幅度,只要总支取金额不超过信用证金额。"

（二）约量的常规理解

关于约量，即数量前有大约（APPROXIMATE，ABOUT）字样，只有《UCP 600》第三十条第一款规定："约"或"大约"用于信用证金额或信用证规定的数量或单价时，应解释为允许有关金额或数量或单价有不超过10%的增减幅度。但是笔者并不建议合同中数量条款出现"约量"字眼，《UCP 600》仅是一种贸易惯例，其规定并不代表法律，一旦买卖双方对交货或者装运数量发生争议，对约量的最终解释将取决于法官或者仲裁员的自由裁量权。因此，笔者强烈建议用明确的溢短装条款代替约量条款。

（三）数量机动幅度部分计价

商品数量机动幅度部分的溢装或短装通常按照买卖合同价格计价。但是，由于溢装或短装的选择权在于卖方，为了防止卖方利用装船时市场价格波动人为地溢装或短装（装船时市场价格上涨短装，市场价格下降时多装，以此来获得更多利益），也可以在买卖合同中规定，溢装或短装部分按照装船时或到货时的时价计算，使卖方人为溢装或者短装失去现实意义。若买卖合同中没有规定溢短装部分的计价办法，默认按合同价格计算。

三、重量计算方法

（一）重量与数量的关系

重量与数量在实务中本质上是同一概念，数量和重量可以相互转换。比如黄豆，数量可以是100袋（每袋100千克），也可以是10000千克或10吨。

（二）重量计算方法

1. 毛重

毛重是商品本身的重量连同包装的重量之和。按照毛重计算重量在实务中称为"以毛作净（GROSS FOR NET）"。多适合包装本身较轻或者包装价格与商品价格相差不大的商品。例如，相对价值较低的农副产品和初级产品等。

2. 净重

净重是商品本身的重量，即毛重减掉皮重（包装重量）后的重量。在国际贸易实践中，如果买卖合同没有明确约定是以毛重还是净重计量，默认以净重计量、计算。

其中，常用皮重计算方式有两种。一是实际皮重，即将整批商品的包装逐一称重，算出每件包装的重量和所有包装的重量。在国际贸易实践中很少采用这种方式。二是平均皮重，即从全部商品中取出几件进行集中称重，除以抽取的件数就获得平均皮重，再用平均皮重乘以包装总件数得到总包装重量，在国际贸易实践中多采用这种方式。

3. 公量

公量是指用科学的方法去掉货物中的水分之后,再加上标准含水量所求得的数量。计算公式:公量=净重×(1+标准回潮率)÷(1+实际回潮率),其中标准回潮率在特定行业内都有一些公认数值,实际回潮率需要经过实验室测试获得。

公量通常用于容易吸水且水分含量不稳定的货物,如羊毛、生丝、鸭绒、棉花等。

四、约定商品数量条款注意事项

(一)完整的数量条款

完整的数量条款应该包括计量单位、度量衡制(美制、英制还是公制)、计量方法,以毛重还是净重计量,是否需要数量(重量)证书以及检测出证机构等所有内容。

(二)适当的成交数量

买卖合同中约定的成交数量要与市场供求趋势、客户资信状况、己方经营能力相适应,避免片面或者盲目追求成交数量给企业带来经济损失。从单独影响因素来看,如果市场供大于求,未来成交价格具备下降趋势,则当期成交数量越大越好,可避免将来价格下降给企业带来损失,供小于求则状况相反。如对客户资信状况缺少了解或者结算条件不够安全,则当期或前三期成交数量应相对较小,通过成交数量较小的合同去了解客户的资信状况以及守信程度,客户资信状况良好或付款方式绝对安全则状况相反;如己方经营能力足够,能够在短期内组织或生产大量商品,则当期成交数量可以足够多,反之经营能力不足,则应在自己能力范围内确认成交数量,避免将来交货延迟导致客户索赔以及无法安全收汇等风险发生。在国际贸易实践中确认成交数量时必须考虑多种因素的综合影响,而不是以单独影响来确认最为适当的成交数量。

(三)正确理解和应用溢短装条款

大宗散货受装载条件限制,多数时候无法精准确定具体装运数量(重量),买卖合同或信用证未做出相关规定时,按照惯例默认允许有5%的溢短装。但是以包装单位件数或货物自身件数计数的商品,只有在买卖合同货物信用证中明确规定允许溢短装时,才能在规定的幅度内溢装或者短装。但是从国际贸易实践来看,成熟的买卖双方对大宗散货以外的、带有单独包装且以"只、个、把"等计量的、以集装箱为运输载体的件杂货通常都不会订立溢短装条款。因为件杂货可以按照集装箱的有效容积精准地计算出装运数量,没有订立溢短装条款的必要。

第四节　商品包装

一、商品包装分类

商品包装可分为运输包装和销售包装两大类。运输包装也称外包装、大包装；销售包装也称小包装、内包装，是与商品接触的包装。

（一）运输包装

1. 运输包装要求

首先，运输包装应该具有适用性，能够有效地保护包装内的商品。例如，水泥、种子是易吸水导致变质的商品，运输包装必须具备防水性能；玻璃、陶瓷等是易碎商品，运输包装必须具备足够的防震和缓冲功能。其次，运输包装必须足够结实和牢固，能够通过落地测试，不会因运输过程中产生的暴力装卸而破损。必要时可通过在原运输包装外缠绕塑料膜、装入编织袋、增加免熏蒸木框等方式进行加固。最后，单件重量超过 50 千克的商品，普通人直接搬运困难时，应该置于托盘之上，便于叉车装卸。

2. 运输包装标志

运输包装标志有 3 种，即运输标志（俗称唛头）、指示性标志、警告性标志。

（1）运输标志

运输标志又称唛头，分为正唛和侧唛。

正唛英语为 MAIN MARKS、FRONT MARKS、SHIPPING MARKS，一般由以下 4 个部分组成：一是收货人名称或代码，如买方名称首字母缩写、买方公司注册号等；二是参照号，如合同号、订单号、发票号等；三是运抵地，如目的港、目的地、到达站等；四是件数号，如外包装总件数。上述 4 个部分内容并不绝对，是买方没有明确要求时的建议做法，买方有要求则必须按照买方要求印刷正唛。但是需要注意的是，正唛通常不要出现可变内容，比如外箱流水号、件数、重量、尺码等内容，除非所有外箱的规格都相同。原因在于将来所有要求显示唛头的单据都只需显示正唛即可，把可变内容作为正唛，会导致单据上的唛头显示困难。比如 10 件不同的运输包装，每个包装的重量都不同，在单据上显示 10 个不同的唛头基本是不现实的，所以笔者不建议正唛中出现可变内容。实际操作中，上文提及的可变内容可以作为下文中所说的侧唛内容进行处理。

一般来说，买卖合同中的唛头，说的是正唛。

侧唛（SIDE MARKS）一般印刷装箱率、毛净重、包装尺寸、外包装流水号等内容。

第四章　标的物描述

（2）指示性标志

指示性标志是提醒人们（主要是搬运工人和管理人员）在装卸、运输和保管过程中需要注意的标志。一般用简单、醒目的图形、文字来标出。一般和侧唛印刷在同一面。常见指示性标志见图4.1。

图 4.1　指示性标志

（3）警告性标志

警告性标志主要针对易燃、易爆炸、有毒、容易腐蚀的和带有放射性的货物，此类货物运输包装上必须标明危险性的标志，以示警告。警告性标志建议多面印刷，而且应该色彩鲜明，容易引起人们的重视。如运输包装表面空间有限，也可以和侧唛一起，只印刷两面。根据国际海上危险运输货物分类及我国GB 12268《危险货物品名表》相关规定，常见警告性标志见图4.2。

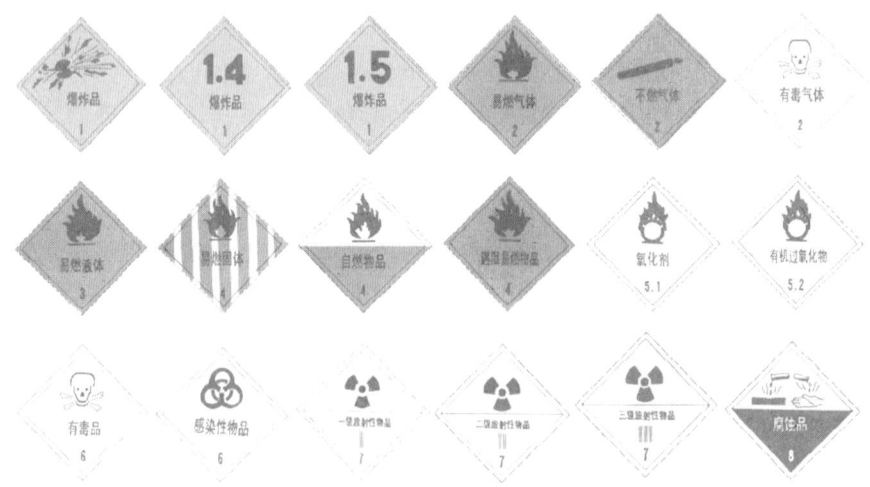

图 4.2　警告性标志

（二）销售包装

1. 销售包装要求

首先，销售包装与运输包装都需要具有保护其内部商品的作用，尤其是一些易碎品的销售包装设计和用料必须能够有效保护其内部商品。其次，销售包装还应具备促进商品销售的作用，能够通过有效的颜色、图案以及文字的搭配吸引消费者。最后，销售包装要有利于商品在货架上进行展示，比如某些销售包装的透明窗设计、某些球形商品的方形底座设计等。

2. 销售包装印刷

商品销售包装上，通常会印刷商品品名、规格、数量、成分、产地、用途、使用说明、条码等内容。

版面设计上具备吸引力，与企业及产品视觉识别（VISUAL IDENTITY，VI）一致。文字说明要严谨、准确，避免拼写错误。

如果设计资料由买方提供，需要认真核对，尤其是卖方不太熟悉的小语种文字。同时要求买方提供设计资料的矢量文件，如".CDR"或者".AI"格式，以便卖方根据实际产品尺寸进行版面调整和修改。卖方调整或修改后需要再次发回买方进行确认，以防因设计人员疏忽或者软件版本问题导致的相应错误未被及时发现。此外，如买方提供的销售包装设计涉及相应知识产权问题，应该及时要求买方提供相应注册证明以及使用此产权生产或加工商品的授权书。如买方不能提供授权，一般不能使用涉及知识产权的销售包装设计，否则，一旦被工商部门或海关部门查到，将不得不承担因侵权而被扣货以及罚款的风险。

二、定牌生产和中性包装

（一）定牌生产

定牌（OEM）是指在商品及其运输与销售包装上采用买方指定的商标或牌号。一般来说，只要买方能够提供相应商标或品牌证明及授权，同时愿意承担定牌所产生的额外费用，或者数量多到可以有效分摊定牌所产生的额外费用，就可以接受买方定牌要求，以此提升商品销量。

（二）中性包装

中性包装（NEUTRAL PACKING）分为无牌中性包装和定牌中性包装两种。

无牌中性包装是指在商品及其运输与销售包装上不注明任何生产商与出口商的信息，如原产国（地区），生产商名称、地址与联系方式，出口商名称、地址与联系方式等内容，也无任何商标或牌号，甚至没有任何内容。

定牌中性包装是指在商品及其运输与销售包装上仅有买方指定商标或牌

第四章　标的物描述

号以及相应内容,但是无任何生产商与出口商的相应信息。

定牌生产和中性包装按照买方实际要求提供商品与包装即可。

三、运输包装与销售包装订购注意事项

(一)运输包装尺寸要与销售包装尺寸相适应

运输包装尺寸要与销售包装尺寸相适应,不能过大或者过小。过大不但不能有效保护销售包装内部商品,还会增加运输费用;过小则不能装入预计数量的商品,甚至需要承担重新采购运输包装的风险。当运输包装尺寸在大和小之间不能确认时,笔者建议偏大,因为小了绝对不能用,大了还可以通过加入隔垫物等方式勉强使用。

(二)运输包装尺寸要与集装箱尺寸相匹配

在考虑运输包装尺寸与销售包装尺寸相适应的同时,还需要考虑运输包装尺寸与集装箱尺寸的匹配问题。互相匹配要求装箱后剩余的空间最小或几乎没有剩余。因为每一集装箱的有效容积和运费率是固定的,多装一件,单位产品分摊的费用就少一些。

以20尺集装箱内尺寸5898毫米(长)×2352毫米(宽)×2393毫米(高)为例。如果运输包装的高是1500毫米,由于集装箱高为2393毫米,就只能装一层,剩余高度2393−1500=893毫米只能浪费。此时,如果运输包装高度能调整为略低于2393毫米或2393毫米除以正整数后对应的数值,就可以减少集装箱空间的浪费。运输包装其他尺寸与集装箱其他尺寸匹配原理与之相同。

(三)内包装尺寸如有指定印刷图样要获得相应版权授权

如果买方指定了内包装印刷内容,且印刷内容涉及一些知名IP的版权,要及时向买方获得使用授权书,以防被工商部门和海关部门查验时因不能提供授权书而被扣货。

(四)内外包装到场时间略微早于商品上线包装时间即可

定制内外包装时,要求到场时间略微早于商品预期上线包装时间即可。不要太早,以便占用太多的资金以及仓储空间;更不能太晚,否则影响包装,并最终影响交货。

四、常见包装条款

(一)通用包装条款

包装必须满足出口海运标准(PACKING MUST BE EXPORT SEA-WORTHY STANDARD)。此条款实际上有两点要求。一是要求出口包装。非特别要求不能出现中文,且包装牢固度适合可能发生的长途运输以及多次转运。二是要求适合海运。要求包装能够防止易生锈产品的生锈问题,能够防

止易吸水变质产品的变质。后期出口商在缮制结汇用商业发票及装箱单时需要载明此条款。

（二）鞋服类产品包装条款

例如，所有文胸必须挂在衣挂上且带有挂签和价签，12件每包，按照如下尺寸（36D-2, 38C-2, 38D-2, 38DD-1, 40C-1, 40D-2, 40DD-1, 43D-1）分码，12包每箱每色，总计250箱。纸箱应由五层瓦楞纸板制成，标记订单号、款号、颜色及数量 [ALL BRAS ON HANGERS WITH HANGTAGS AND PRICE TICKETS PACKED 12 PCS PER BAG, ASSORTED IN THE FOLLOWING SIZES：(36D-2, 38C-2, 38D-2, 38DD-1, 40C-1, 40D-2, 40DD-1, 43D-1). 12 BAGS PER CARTON BY COLOR, TOTALLING 250 CARTONS. CARTONS SHOULD BE MADE OF 5-LAYER CORRUGATED CARDBOARD, MARKED WITH PO NO., STYLE NO., COLOR AND QUANTITY]。此条款对包装做出了明确的规定，包装方式、包装用料及唛头都做了详细说明，是鞋服类产品经常用到的包装条款。

（三）无实木包装条款

例如，所有包装材料都不应含实木。如果货物包装中使用实木包装或者实木托盘，受益人必须提供证书证明实木包装材料已经熏蒸过并带有国际植物保护公约（IPPC）标识（ALL PACKING MATERIAL SHOULD BE WITHOUT ANY SOLID WOOD. BENIFICIARY'S CERTIFICATE OF FUMIGATION TO CERTIFY THAT THE SOLID WOODEN PACKING MATERIALS HAVE BEEN FUMIGATED AND MARKED WITH IPPC LABEL IF GOODS PACKED USING SOLID WOODEN PACKGING AND/OR WOODEN PALLETS IS NECESSARY）。此条款是一个比较典型的无实木包装条款。先是要求所有包装材料都不能含实木材料，然后要求，如果使用实木包装或者实木托盘，需要受益人提供已熏蒸证明。如果实际包装不含实木材料，也就无须提供已熏蒸证明。

第五节　商品检验

一、商品检验基本常识

商品检验是买卖合同履行过程中的一个重要环节，有关检验条款也是买卖合同中的重要条款。订立检验条款不仅关系到买卖合同能否顺利履行，还关系到卖方能否顺利收回全部货款。

（一）商品检验定义

商品检验（COMMODITY INSPECTION），简称商检，是指商品检验机构对卖方交付或者拟交付的商品，通过感官及/或实验室对商品的品质、数（重）量、包装、外观等约定检验指标进行检验和鉴定，并出具检验证书或检测报告，从而确定商品的各项指标是否符合买卖合同规定，是否符合交易双方国家有关规定的过程。

(二) 商品检验内容

从买卖双方角度来说，商品检验主要内容如下。

1. 品质检验

品质检验就是对商品的外观、化学成分、物理性能等进行检验。化学成分往往要借助专门的实验室进行。

2. 重量检验

重量检验就是通过衡器或水尺鉴定商品重量。衡器就是秤，一般是地磅。水尺一般适用于整船运输的货物，原理就是"曹冲称象"的原理，根据离岸卸货前和卸货后吃水线的不同以及浮力来算重量。

3. 数量检验

数量检验就是检验商品的件数、个数、长度、体积等，这个可以借助相关工具，也可以肉眼直观检验。

4. 包装检验

包装检验就是检验商品包装的牢固性、完整性以及唛头印刷的正确性。其中牢固性通常是做落地测试（DROP TEST）① 进行检验，完整性以及唛头印刷的正确性可以肉眼直观检验。

5. 安全检验

安全检验就是对商品的安全性能进行检验。比如，我们的一些汽车设备都是属于强检商品。

6. 残损检验

残损检验是指对受损货物的残损部分予以鉴定。比如，货物出现破损，就需要商品检验机构对残损部分做出鉴定。

(三) 商品检验范围

商品检验范围主要包括法定检验和约定检验两类。

1. 法定检验

法定检验是国家法律法规规定的强制的商品检验，具体包括：一是"商

---

① 落地测试：通常是指主流出口商品包装纸箱的落地测试，即在1米的高度，让纸箱的一角三棱六面分别做自由落体，然后检验包装内货物的完好性。若内部商品完好，测试通过；若内部商品破损，测试不通过。整体包装质量不同，做自由落地的高度会略有不同。

检机构实施检验的进出口商品种类表"规定的商品,二是《中华人民共和国食品安全法》和《中华人民共和国进出境动植物检疫法》规定的商品,三是对出口危险货物包装容器的性能鉴定和使用鉴定。

某种商品是否需要法定检验可以通过海关编码查询网(https://www.hsbianma.com),在查询框内输入商品名称或者海关编码进行查询,查询时输入海关编码更为准确。在查询结果查看"监管条件"下代码,A代表入境货物通关单,即进口需要法定检验,具体检验检疫项目查看"检验检疫"下代码;B代表出境货物通关单,即出口需要法定检验,具体检验检疫项目查看"检验检疫"下代码;AB意味着进出口都要法定检验,具体检验检疫项目查看"检验检疫"下代码;空白表示进出口都不需要法定检验。示例见图4.3。具体监管条件及代码、检验检疫及代码见海关总署网站。

商品编码	商品名称	计量单位	出口退税率(%)	监管条件	检验检疫	更多信息
7323 9300.00	餐桌、厨房等家用不锈钢器具	千克	13%	A	R	详情

图 4.3　商品法定检验与否查询结果

法定检验商品出口前须经海关检验合格才能报关出口,也就是说,报关时海关要凭换证凭条或者换证凭单打印的通关单才能放行。

2. 约定检验

约定检验是国际货物买卖合同或者信用证中对商品检验的约定,可以按照我国的标准以及程序实施检验,也可以约定由国外的检验机构按照他们的程序实施检验,即约定检验的检验机构、检验标准、检验项目都可以经过协商确定。

二、商品检验条款主要内容

商品检验条款主要是指约定检验条款,包括买方的检验权、复验时间与地点、检验机构与检验证书、检验的方法与标准等内容。

(一) 检验权与买方的检验权

检验权(RIGHT OF INSPECTION)是指买卖双方对商品进行检验的权利。一般来说,在国际货物买卖合同履行时,买方在接受货物前有权对商品实施检验,这就是买方的检验权。买方的检验权本质上是一种复验权。

《2020通则》中提到,货物到达目的港(地)后,买方有接收或者受领货物的义务。但是接收不等同于接受,买方在接受货物之前有权对货物实施检验。这里的检验说的就是买方的检验权或者复验权。

(二) 复验时间与地点

1. 复验时间

(1) 影响复验时间的因素

影响复验时间的因素主要有两种。一是商品特性,二是港口情况。一般来说，鲜活商品或者易变质的商品，复验时间相对较短，品质稳定的商品复验时间可以稍长。同时对于数量（重量）复验的时间要少于对质量的复验时间，因为对数量（重量）的复验要相对容易。如果港口比较繁忙，那么给买方的复验时间就要相对稍长，否则可以短些。

（2）复验时间的计算与规定方法

复验时间涉及起算时间和复验期限。起算时间一是以货物到达目的港（地）后起算，二是以货物到达目的港（地）并卸货完成后起算。买方实际可以利用的复验时间有一定区别，视港口繁忙程度不同，前者要比后者少5天左右。国际贸易实践中，大多数行业和产品对于数量的复验期限一般是15~30天，对于质量的复验期限一般是30~60天。当然这只是建议性的期限约定，具体是多久取决于商品以及港口情况。

（3）规定复验时间的目的

规定复验时间的目的在于，如果买方未能在规定的时间内进行复验，就实际失去了复验的权利。因此，从卖方的角度来说，允许买方复验的期限越短越好；从买方的角度来说，允许复验的期限越长越好。

2. 复验地点

国际贸易实践中关于检验时间和地点的约定通常有4种方式：在出口国检验，在进口国检验，出口国初验、进口国复验，装运港检验数量（重量）、目的港检验品质。

（1）在出口国检验

① 在货物离开产地之前检验或验收。一般是指在卖方的仓库实施检验，对于卖方非常有利，即使检验发现问题，也能及时进行整改。但是每一笔交易都是买卖双方利益的博弈，对卖方有利，相应地就对买方不利。有个别非常过分的卖方会待买方检验员离开后，用残次品替换经检验合格的货物。因此，如果在卖方仓库检验，大多数时候会由第三方验货公司实施监装，以保证最终发货的是经检验合格的货物。如果没有办法监装，笔者建议携带封条，对检验合格的货物进行加封处理，防止个别无良卖方更换货物、以次充好。

② 在装运港或者装运地检验或验收。相比于上一种，货物已经被运到了装运港或者装运地，离开了卖方的仓库，避免了上面提及的换货可能，只实施检验即可，无须监装。

以上两种方式，实际上是装运前检验（PRE-SHIPMENT INSPECTION）。装运前检验可以由专门的第三方检验机构进行，也可以由买方自行派人检验。如果合同中约定以上面两种检验方式的检验报告为准，实际上是剥夺了买方在目的港（地）复验的权利。

客观地说，在出口国检验对有些行业和产品的买方有失公平，可能有些行业和产品的买方可以接受，有些行业和产品的买方不能接受。

（2）在进口国检验

① 在目的港（地）卸货后检验。在目的港（地）卸货后检验，对买方比较有利。这也是很多产品，尤其是大宗原料及农副产品出口常用的一种检验方式。

② 在买方营业处所或者最终用户所在地检验。这一般针对机械、电气、仪表产品。因为多数机械、电气、仪表产品需要上线组装运行才能检验。除此之外，可能还要附带质保维修条款。

（3）出口国初验、进口国复验

出口国初验、进口国复验平衡了买卖双方的利益，是国家贸易实践中应用较多的一种方式。货物于装运前在双方约定的出口国地点进行检验（初验），其检验结果及证书仅作为卖方要求买方或银行付款的依据。在货物抵达进口国后，买方有权通过约定的检验机构在约定的地点进行复验。如果复验时发现货物与合同规定不符，并且不符不是运输过程中产生的，而是在出厂时就存在的；或者外包装完好，包装内货物却存在问题，买方可以在规定的时间内凭复验证书向卖方提出异议和索赔。

（4）装运港检验数量（重量）、目的港检验品质

装运港检验数量（重量）、目的港检验品质同样是为了平衡买卖双方的利益，即数量以装运港的检验证书为准，在目的港只能复验质量。也就是说，买方在目的港或者目的地复验时，只能对质量问题（如果有）提出异议，而没有权利对数量问题（即使有）提出异议。

三、商品检验机构

（一）国内外检验机构

国内主要检验机构有各地海关（关检融合并为商品检验局）、中国检验认证集团（CCIC）。国外主要检验机构有瑞士日内瓦通用公证行（SGS）、法国必维国际检验集团（BV）、英国天祥集团（INTERTEK）、德国莱茵（TÜV）、美国食品药品监督管理局（FDA）等。

（二）国内检验机构任务

1. 法定检验

对于需要商品检验通关单的商品实施法定检验。法定检验仅能由海关进行。

2. 公证鉴定

对特定商品进行重量鉴定、短缺鉴定、船舱检验等，出具产地证明、价

值证明、包装证明、发票签证等。可由海关或者中国检验认证集团进行。

3. 委托检验

委托检验是指检验机构接受企业委托对进出口商品进行检验，具体检验项目以买卖合同及检验委托书为准。可由海关或者中国检验认证集团进行。

四、商品检验程序与检验证书

（一）商品检验程序

1. 法定检验程序

法定检验通常包含 4 个环节，即报验申请—抽样—检验—签证（放行）。不同行业及产品的具体环节操作和所需资料可能会有所不同，因此本书中不对具体细节进行阐述，而是给出国际贸易实践中有关法定检验的建议做法。

（1）出口商品法定检验建议做法

对于生产型出口企业，如果出口商品需要法定检验，在海关做商品检验备案时就要问清楚由哪个科室负责本企业商品检验事宜。同时向具体负责人详细咨询法定检验产品的具体检验流程及所需资料，按照具体负责人要求准备检验资料。第一次实际商品检验时再次到海关与具体负责人沟通具体出口商品的检验流程以及做法，并据此预约和实施商品检验。企业商品检验负责人需要详细记录和总结第一次商品检验流程及所需资料，以供后面的商品检验参考。

对于贸易型出口企业，如果出口商品需要法定检验，通常只能委托上游供应商进行商品检验以满足海关产地检验的要求。此时与上游供货商确认商品检验所需资料，并按照要求提供即可。通常单据是申报委托书加商业发票、装箱单以及买卖合同。

（2）进口商品法定检验建议做法

如果进口商品需要法定检验，直接委托货运代理或者商品检验代理进行，按照其要求提供相应资料即可。

2. 约定检验程序

约定检验相对简单，卖方在大货生产完成 80% 左右联系检验机构实施检验。通常检验机构会安排检验人员到工厂进行实地检验，如果同时需要实验室检验，检验人员会随机抽取样品带回实验室检验。约定检验通常按照人日收费，即按一名检验人员一个工作日的工作量进行收费。知名检验机构大概收取 2000 元/人日，新兴网络检验机构大概收取 1000 元/人日。如果约检由买方安排，卖方无须支付第一次上门检验费用。但若第一次检验不合格，卖方需要支付后续上门复检的费用。

（二）检验证书

1. 检验证书说明

行业及产品不同、买卖合同中要求的检验项目不同，对应的检验证书种类、格式及作用也会不同。申请检验时要将详细要求告知检验机构，以便检验机构能够正确出具检验证书。

2. 检验证书作用

（1）证明卖方所交货物是否符合合同规定

买卖合同中可能约定出口货物须经检验合格才能装运。比如，品质检验证书、数量（重量）检验证书、装运前检验报告等。

（2）买卖双方索赔、理赔的凭证

买方索赔及卖方理赔时都可能需要以第三方检验机构的检验证书为依据证明卖方所交货物确实存在问题。比如，目的港检验报告、残损鉴定证书等。

（3）卖方向银行议付货款的单据之一

在信用证结算业务中，国外来证要求装运港（地）检验合格证书作为交单单据之一。卖方提交检验合格证书才有机会从开证行获得款项。比如，装运港品质、数量（重量）检验证书等。

（4）买方进口时享受关税优惠的凭证

很多进口国对原产于中国的商品给予进口关税优惠，但是需要提供我国海关或者商会出具的证书。比如海关出具的各种原产地证书。

（5）海关验放的凭证

法定检验商品必须经产地海关检验合格，签发出境货物换证凭条或者换证凭单，到出境地海关换取通关单后海关才会放行。

五、买卖合同中常见检验条款

（一）装运前检验及证书要求

例如，装运前检验由亚洲检验公司进行，必须提供合格检验报告才能支付尾款。如果检验过程中发现质量问题，卖方必须负责更改或者补货，直到大货质量被检验合格。此外，再次检验费用由卖方承担。卖方应在大货完成70%时通知买方安排验货，且需要保证验货开始前大货已经完成80%。（THE PRE-SHIPMENT INSPECTION WILL BE EFFECTED BY ASIA INSPECTION AND THE PASSED INSPECTION REPORT IS NECESSARYFOR PAYING BALANCE PAYMENT. THE SELLER SHOULD BE RESPONSIBLE FOR AMENDMENT AND COMPENSATION IF THERE IS ANY QUALITY PROBLEM FOUND DURING THE INSPECTION TILL THE BULK GOODS ARE ACCEPTABLE. ALSO, THE RE-IN-SPECTION CHARGES SHOULD BE BORNE BY THE SELLERS. THE SELLER

SHOULD INFORM THE BUYER TO ARRANGE INSPECTION WHEN 70% OF THE BULKED GOODS WERE FINISHED, AND THE SELLER SHOULD GUARANTEE AT LEAST 80% OF THE BULKED GOODS WERE FINISHED BEFORE STARTING INSPECTION.）

此条款对验货机构、验货不合格处理方式、验货时间、验货数量、二次验货费用进行了详细规定。

（二）买方指定检验人员装运前检验

例如，买方指定的检验人员或其他人或者其他公司，将被授权执行装运前检验，以保证货物质量满足买卖合同约定。检验地点为卖方工厂所在地（略）。大货被检验合格之前卖方不能装运货物。（THE INSPECTOR OR ANY PERSON（S）OR COMPANY APPOINTED BY THE BUYERS, WILL BE ENTITLED TO CARRY OUT PRE-SHIPMENT INSPECTION TO ENSURE THAT THE PRODUCTS MEET THE REQUIREMENTS SET FORTH IN THE CONTRACT IN SELLER'S FACTORY LOCATED IN … THE SELLERS CANNOT SHIP THE GOODS UNTIL THEY ARE INSPECTED AND ACCEPTED.）

此条款对验货人员、验货地点以及验货结果处理方式进行了详细规定。

（三）目的港（地）复验条款

例如，有关质量异议，买方须在货物到达目的港后 30 日内发起。有关数量索赔，买方须在货物到达目的港后 15 日内发起。任何索赔和理赔都需要提供卖方确认的检验机构出具的检验证书。（IN CASE OF QUALITY DISCREPANCY, CLAIM SHOULD BE FILED BY THE BUYER WITHIN 30 DAYS AFTER THE ARRIVAL OF THE GOODS AT PORT OF DESTINATION, WHILE FOR QUANTITY DISCREPANCY, CLAIM SHOULD BE FILED BY THE BUYER WITHIN 15 DAYS AFTER THE ARRIVAL OF THE GOODS AT PORT OF DESTINATION. AND AN INSPECTION REPORT ISSUED BY AN INSPECTION ORGANIZATION APPROVED BY THE SELLER IS NECESSARY FOR ANY CLAIM SETTLEMENT.）

此条款对卖方复验及提出索赔的时间及理赔条件进行了详细约定。若买方未能在约定时间复验并提出索赔，或者未能提供合格复验证书，就会失去相应的索赔权利。

案例分析一　未正确封样致使确认布样被更换案例

某文胸出口商一长期合作客户每次大货生产之前都会确认布样。很长一段时间的做法就是出口企业将布样装在透明活页册内，上面贴标签纸供客户签字确认。但是客户在大货验收时总感觉大货布料与确认布料不一致，此时出口商就会拿出活页册内的布料进行比对，并证明一致。实际上，出口商更换了活页册内曾经确认的布料。客户吃了几次暗亏后，就不在标签纸上签字确认了，而是直接在布料上签字确认，这样就使出口商失去了更换布料的机会。

分析此案例，出口商的做法固然不正确。但是也给凭样成交的进口商做出提醒。为了保证样品的正确性和完整性，必须对已经确认的样品进行封样。封样方法有很多种，可以通过火漆、封条、铅封，甚至可以如本案例一样直接在样品上签字。

案例分析二　未按要求包装货物被买方索赔案例

某咖啡杯出口商与美国某进口商成交咖啡杯一批，相同款式，3个花型，每个花型10000只。由于款式相同，外箱尺寸相同，正唛相同，出口商一次订购了全部货物需要的600只纸箱，并计划通过贴色标或者箱号流水①记录的形式区分箱内的花型。但是货物上线包装时，外贸主管和生产主管均不在公司，实际包装货物时既没有贴色标，也没有对箱号进行流水记录。此后直到货物装入集装箱也没有发现此问题。货物到达进口商手中时，由于没有色标也没有对箱号流水进行记录，进口商只能逐箱打开确认，不但耗费了巨大的人力、物力，还影响了咖啡杯上架销售时间。此后进口商发来现场查看及重新包装照片与视频，并据此向出口商索赔3000美元。

分析此案例，进口商索赔行为是合理的，值得商榷的是索赔金额。而且这本是不该发生的问题，贴色标或者记录箱号流水在包装过程中都是举手之劳，但是若未做此项工作，货物到达进口商处后，其处理难度却增大许多。为了防范此类风险，出口商必须将工作做细，指定专门人员负责包装定制、现场包装管理以及出货前的最终检验工作。此外，类似本案例中每一个花型的包装件数都达到了200箱的情况下，原则上就应该分别定制纸箱，省去后期贴色标或者箱号流水的麻烦。在国际贸易实践中，通常单款包装数量超过50件就可以特别定制，即使稍微增加几十元的成本也是值得的。

---

①　流水：指对外包装进行编号，起始号为1，终止号为所有外包装数量之和。如所有外包装数量之和为100，第一件包装的流水号就是"100-1"，第二件包装的流水号就是"100-2"，依次类推，最后一件包装的流水号就是"100-100"。前面的数字100代表总计有100件，后面的数字代表100件中的第几件。这样就可以通过装箱单以及流水号来判断包装内的具体货物是什么。

案例分析三　装运前检验中检验人员欺诈案例

某隔离衣出口商发现从 2002 年 3 月到 2020 年 3 月，其申请的 13 次装运前检验，竟没有从这家所谓知名检验公司获得一份合格检验报告。某些检验人员开始检验时都非常恶劣地说，这里不合格、那里不合格。出口商给予一定好处后，检验就草草完事，根本不会按照标准抽样方案进行抽样检验。回头出检验报告时，就将一些相对次要的项目判定为不符。出口商质疑其当初承诺时，就说隔离衣类产品完全合格难以让进口商相信，不合格的都是小问题，与进口商沟通都可以接受。由于是急需产品，出口商与进口商沟通后，检验报告中的不符确实被接受了。出口商最初也确实认为检验人员说得有道理。随着检验次数及检验报告越来越多，出口商最终发现这就是检验人员的欺诈套路，在相对次要的项目上判定为不符，通常不会影响出口商交货及收款。但是又因为次要项目不符导致整份检验报告的最终结果为不符，即使其没有按照标准抽样方案检验，也不对其检验过程及结果承担责任，可谓一举多得。

分析此案例，装运前检验中检验人员欺诈和接受贿赂并不是个例，需要引起出口商的注意。究其原因有 3 个。一是出口商货物本身存在一定问题，希望通过给予检验人员好处能获得一定通融。但是他们不知道检验人员是不可能对存在问题的货物出具合格检验报告的，因为他们要为自己的检验结果及报告承担法律责任。这就是检验人员现场承诺问题不大，最终出具不合格检验报告的原因。二是出口商对检验的标准抽样方案及合格与否的判定方法缺乏了解，错误地认为只要货物有问题就会被判定为不合格。实则不然，按标准抽样方案检验时并不要求所有抽检货物都合格，本质上只是规定了不合格数量的上限，只要不合格数量不超过上限，最终判定结果就是合格的。如果货物本身质量不存在问题，根本无须担心检验合格与否的问题。检验人员的判定若不合理可以据理力争。三是现场某些无职业道德检验人员的错误引导。他们会充分利用信息不对称性，用检验之初的恶劣态度和严格标准引导出口商，使出口商错误地认为他们会执行非常严格的标准。此时有些出口商就会主动提出给予检验人员好处。得到好处的检验人员就会重复本案例中检验人员的恶劣伎俩，同时欺骗出口商和进口商。为了防范此类风险，出口商需要正确认识装运前检验的作用。装运前检验不仅仅是保护进口商的利益，也在一定程度上保护出口商的利益，尽早发现问题是利大于弊的。有些货物的问题在出口商处可能以极低的成本就可以解决，但是一经发到进口商处，解决问题的方式和方法可能就复杂了，至少要有拆箱—检验—再装箱的过程，即使能解决问题，成本也会大幅增加。如果不能解决问题，出口商则可能面临进口商的索赔，甚至有失去客户的风险。此外，出口商应该在产品质量上下功夫，而不是把精力放在产品以外的暗箱操作上，不要助长现场检验人员的恶劣行为。

实践操作

1. 试分析和阐述品质稳定性在外贸实践中的重要性。
2. 试分析和阐述出口商品销售包装与运输包装的正确订购方法。
3. 试分析和阐述出口商品检验的约定方式及各自利弊。

第四章 标的物描述

第五章 国际货物运输与保险

国际货物运输主要有 3 种方式,即海洋运输、航空运输、陆路运输(包含铁路运输和公路运输)。其中,海洋运输占国际货物运输总量的 80% 以上,适合绝大多数商品运输。航空运输适合贵重商品、急需商品以及鲜活商品运输。铁路运输目前主要依靠欧亚大陆桥进行,适合沿线出口商品运输。公路运输主要适用于与我国接壤国家间的商品运输。

第一节 海洋运输

一、海洋运输基本常识

(一)海洋运输特点

海洋运输具有运力强、运量大、运费低的优点,因此成为国际货物运输的主流方式,但是也具有运输慢、费用波动大的缺点。

(二)海洋运输当事人

海洋运输主要有三方当事人,即承运人、收发货人、货运代理。承运人一般是掌握实际运输工具的船公司。收货人一般是国际货物买卖合同的买方或者其指定人,发货人一般是国际货物买卖合同的卖方或者其指定人。货运代理是指接受收发货人委托以订舱代理人身份代收发货人向船公司订舱,并在必要时为收发货人安排内陆运输、报关等事宜的人。

(三)海洋运输经营方式

按照经营方式不同,海洋运输分为班轮运输与租船运输。

1. **班轮运输**

班轮运输是指船公司的运输船只按照固定的船期、固定的航线、在固定的港口之间往来行驶的运输方式,与公交车运行方式类似。班轮运输一般适合以集装箱为载体的货物运输。

2. **租船运输**

租船运输又称不定期船,分为程租船和期租船两种,与出租车运行方式类似。程租船是指按照固定航线上的单程、回程或连续来回程计算费用的租船方式。期租船是指按照固定租用期限计算费用的租船方式。租船运输一般适合矿砂、煤炭、木材等无包装的大宗散货运输。

二、集装箱运输与多式联运

（一）集装箱与集装箱运输

集装箱是指由特定船公司提供的具有固定载货容量和重量的大型容器。集装箱运输是指以集装箱为载体的货物运输方式。随着世界各主要港口集装箱专用码头的陆续建设，集装箱运输已经成为最常用的运输方式。

（二）集装箱种类

集装箱按照使用目的和适用货物的不同，可以分为不同的种类。主要有干货集装箱（DRY CONTAINER）、通风集装箱（VENTILATED CONTAINER）、保温集装箱（INSULATED CONTAINER）、冷藏集装箱（REFRIGERATOR CONTAINER）、散装货集装箱（SOLID BULK CONTAINER）、开顶集装箱（OPEN TOP CONTAINER）、框架集装箱（FLAT RACK CONTAINER）、罐式集装箱（TANK CONTAINER）、特种集装箱（SPECIAL CONTAINER），其中使用范围最广的是干货集装箱。

在国际货物运输实践中，发货人根据实际货物情况告知货运代理需要何种集装箱即可。货运代理也会根据发货人提供的货物品名、件数、重量、尺码等信息自行判断需要何种集装箱。

（三）集装箱运输特点

首先，在集装箱运输业务中，全程以集装箱为载体，可直接进行机械装卸，能够有效提高装卸效率。其次，货物可直接从发货人仓库运抵收货人仓库，中途无须倒装，能够有效降低货损。最后，即使在多式联运业务中也是由一个承运人负责全程运输，能够简化货运手续。

（四）海运集装箱运输方式

1. 集装箱运输机构

集装箱运输机构有集装箱堆场和集装箱货运站两种。集装箱堆场（CONTAINER YARD, CY）是指办理集装箱整箱重箱①或空箱装卸、转运、保管、交接的场所，简单理解就是港口中堆放集装箱的地方。集装箱货运站（CONTAINER FREIGHT STATION, CFS）是指为拼箱货装箱和拆箱办理交接的场所，通常是指拼箱货物进仓时的仓库。

2. 集装箱货物装箱方式

集装箱货物装箱方式有整箱和拼箱两种。整箱是指发货人以箱为单位托运的集装箱，即一个发货人的货物装满一个集装箱，这种情况下可以从堆场提空箱后到卖方仓库装箱，重箱直接回到堆场。拼箱是指货运代理（无船承运

---

① 已装货物的集装箱。

人）接受货主托运的数量不足整箱的小票货物后，根据货物的种类、性质和目的地进行分类整理，把到达同一目的地的货集中到一起，拼装入一个集装箱内。这种情况下，发货人要先将货物发到货运站进行装箱，即将空箱从堆场提至货运站，在货运站装箱后，重箱从货运站返回堆场。拼箱运输业务中买方指定货运代理支付的对账单中的 CFS 费用，实际上就是在集装箱货运站内产生的装箱费用。

3. 集装箱交接方式

根据集装箱货物的装箱方式不同，其交接方式可分为 4 种。

（1）整箱交、整箱接

整箱交、整箱接是指同一个发货人发送整箱货物给同一个收货人，即可在发货人仓库或装运港货运站装箱，收货人仓库或目的港货运站拆箱。

（2）拼箱交、拆箱接

拼箱交、拆箱接是指多个不同发货人发送拼装在一起的整箱货物给多个不同收货人，即只能在装运港货运站装箱，在目的港集装箱货运站拆箱并由货运代理进行分拨。

（3）整箱交、拆箱接

整箱交、拆箱接是指同一个发货人发送拼装在一起的整箱货物给多个不同收货人，即可在发货人仓库或装运港货运站装箱，但是只能在目的港集装箱货运站拆箱并由货运代理进行分拨。

（4）拼箱交、整箱接

拼箱交、整箱接是指多个不同发货人发送拼装在一起的整箱货物给同一个收货人，即可将所有货物集中在装运港货运站或者其中一个发货人处装箱，可在收货人仓库或者目的港货运站拆箱。

（五）集装箱交接地点

集装箱运输涉及场（堆场）、站（货运站）、门（卖方及买方仓库）3 个地点，每个地点又有出口国（地区）和进口国（地区）两处。根据排列组合规律可以知道其交接地点有 9 种情况，交接地点不同，对应的交接方式也会有所不同（见表 5.1）。

表 5.1 集装箱交接地点

序号	出口国（地区）地点	进口国（地区）地点	交接方式
1	场	场	整箱交，整箱接
2	场	站	整箱交，拆箱接
3	场	门	整箱交，整箱接
4	站	场	拼箱交，整箱接
5	站	站	拼箱交，拼箱接
6	站	门	拼箱交，整箱接
7	门	场	整箱交，整箱接
8	门	站	整箱交，拼箱接
9	门	门	整箱交，整箱接

（六）国际多式联运

国际多式联运（INTERNATIONAL MULTIMODAL TRANSPORT）简称多式联运，是指以集装箱为媒介，采用至少两种或两种以上的运输方式（其中一种必须是海运），将货物从出口国（地区）指定接管地运至进口国（地区）指定交付地的运输方式。在国际货物运输实践中，通常由海运区段承运人充当多式联运经营人，签发多式联运单据（MULTIMODAL TRANSPORT DOCUMENT）且多为多式联运提单（MULTIMODAL BILL OF LADING），收取全程运费，并对全程运输负总责。

多式联运仅能用于 FOB、CFR、CIF、FAS 以外的适合任何运输方式以及多式联运的贸易术语成交的货物运输，还要由多式联运经营人签发表面显示出口国接管地与进口国交付地的多式联运提单。否则，即使运输单据的名称为多式联运提单，但是若其表面仅显示装运港和卸货港，虽海运区段两端也确实有陆路运输的衔接，也仅是海运，而不能被视为多式联运。

三、海洋运输单据之提单

（一）海洋运输提单概念

海洋运输提单（OCEAN BILL OF LADING）简称提单（B/L），是由承运人或其代理人在接管货物后或货物装船后签发给发货人（托运人、货主）的，证明其已经收到货物，保证将货物运至指定目的港（地），并将货物交付给提单表面记载的收货人或特定持有人的书面凭证。

(二) 提单性质和作用

1. 提单是承运人收到货物的收据

承运人收到货物的原始收据应该是场站收据或大副收据。但是当下国际货物运输实践中,场站收据或大副收据正常不会流转到发货人手中,提单是通过场站收据或大副收据换取的,并且最终会流转到发货人手中,所以提单可以作为承运人收到货物的收据。

2. 提单是一种物权凭证

物权凭证是指证明物权人拥有货物所有权的书面证明、单据或文件。提单正是这样一份具备物权凭证性质的文件,代表其表面记载的货物的所有权。谁持有正本提单谁就可以向承运人(船公司)主张物权并提货,承运人也只能将其承运的货物交给其签发的正本提单持有人,也就是说,承运人在交付货物时必须收回代表物权的正本提单。正是基于上述限制,卖方先装运、买方后付款的国际贸易才能得以实现。因为即使货物已经装船,甚至已经到达目的港,只要正本提单还在卖方手里,卖方就可以据此控制物权。买方只有付清全部货款并从卖方处取得正本提单才能凭之向承运人提货。若非提单的物权凭证性质使卖方在货物装运后仍然控制物权,卖方势必会要求买方在货物离场前付清全部货款,并因苛刻的结算条件影响国际货物贸易的发展。

3. 提单是运输契约成立的证明

如果发货人与承运人之间存在运输契约,承运人签发提单就代表之前签署的运输契约已经成立,而且运输契约的效力优先于提单背面记载的相应运输条款。由于提单是承运人单方签章,即使提单具有背面条款,也不能将其视为运输契约本身,因为契约类文件产生效力必须是两方或两方以上签章。但是如果发货人与承运人没有签订运输契约,则可以在一定程度上将提单视为运输契约,并据此解决争议。

(三) 提单样本及内容

提单样本见图5.1,不同船公司的提单在结构和格式上会略有不同。关于提单具体内容,请参照本书第十一章第四节"四、运输单据审核"。

XXX SHIPPING LINE LIMITED

ORIGINAL

PAGE: 1 OF 1

PORT TO PORT OR COMBINED TRANSPORT BILL OF LADING

1. Shipper Insert Name Address and Phone/Fax [Company Name] [Street Address] [City, State, ZIP] [000-000-0000]/[000-000-0000]	Booking No. 7234671280	Bill of Lading No. COAU7234671280
	Export Reference CSO/AGREEMENT NUMBER 00032425	
2. Consignee Insert Name Address and Phone/Fax [Company Name] [Street Address] [City, State, ZIP] [000-000-0000]/[000-000-0000]	Forwarding Agent and Reference FMC/CHB No.	
	Point and Country of Origin	
3. Notify Party Insert Name Address and Phone/Fax SAME AS CONSIGNEE	Also Notify Party-routing and Insutructions	

4. Combined Transport* Pre-carriage by	5. Combined Transport* Place of Receipt		
6. Ocean Vessel Voy. No. JINYUNHE 371S	7. Port of Loading DALIAN PORT, CHINA	Service Contract No.	Doc. Form No.
8. Port of discharge BANGKOK PORT, THAILAND	9. Combined Transport* Place of Delivery	Type fo Movement FCL / FCL	CY-CY

Marks and Nos. Container/Seal No.	No. of Container or Packages	Description of Goods(Dangers goods, see Clause 620)	Gross Weight	Measurement
HS-ACE Polo Shirts	360 CARTONS	POLO SHIRTS	1860.000KGS	26.7400CBM
SHIPPER'S LOAD STOW ON CY-CY TERM COUNT AND SEAL				
TEMU3251221/ S500173 / 360 CARTONS /FCL/FCL /20GP/				

Declared Cargo Value US$

Description of Contens for Shipper's Use Only(Not part of This B/L Contract)

10. Total Number of Containers and/or Packages(in words)
Subject to Clause 7 Limitation   SAY THREE HUNDRED AND SIXTY CARTONS ONLY.

11. Freight and Charges	Revenue Tons	Rate	Per	Amount	Prepaid	Collect	Freight and Charges Payable at/by
					FRIGHT PREPAID		

Received in external apparent good order and condition except as otherwise noted. The total number of the packages or units stuffed in the container, the description of the goods and the weights shown in this Bill of Lading are furnished by the merchants, and which the carrier has no reasonable means of checking and is not a part of this Bills of Lading contract. The carrier has issued 3 original Bills of Lading, all of this tenor and date, one of the original Bills of Lading must be surrendered and endorsed or signed against the delivery of the shipment and whereupon any other original Bills of Lading shall be void. The merchants agree to be bound by the terms and conditions of this Bill of Lading as if each had personally signed this Bill of Lading.
*Applicable Only When Document Used as a Combined Transport Bill of Lading.
Demurrage and Detention shall be charged according to the tariff published on the Home page of http://lines.coscoshipping.com. If any ambiguity or query, please search by Demurrage & Detention Tariff Enquiry.
The complete TERMS AND CONDITIONS appearing on the reverse side of this Bill of Lading are available at http://lines.coscoshipping.com, which also provides other services and more detailed information.

Date Laden on Board   15-Nov-21

Signed by:
大连XXX海运集装箱运输有限公司
XXX CONTAINER LINE(DALIAN) CO.,LTD

As Agent

Date of Issue: 15 NOV 2021   Place of Issue: Dalian   Signed for the Carrier, xxx Shipping Line Limited.

图 5.1　提单样本

（四）提单分类

1. 按照货物是否已装船，可分为已装船提单和收货待运提单

（1）已装船提单

已装船提单是指在货物安全装船后由承运人或其代理人签发给发货人的提单，具备物权凭证性质。已装船提单证明货物已经安全、完好地装到船上，且船舶预计离港时间（ETD, ESTIMATED TIME OF DEPATURE）已经基本确定，对收货人及时收到完好货物是保障，因此国际货物贸易实践中，买卖合同或者信用证多数时候要求卖方提供已装船提单，特别是以装运港船上交货贸易术语（FOB、CFR、CIF）成交的买卖合同。

（2）收货待运提单

收货待运提单也称备运提单，是承运人或其代理人在收到发货人交来的货物但是还没有装船时，应发货人要求而签发的提单。收货待运提单证明承运人或其代理人已经收到货物，但是何时装船还未确定，无法保证收货人能及时、完好收到货物。从理论上说，以货交承运人贸易术语（FCA、CPT、CIP）成交的买卖合同，卖方将货物交给第一承运人处置或者照管时就完成交货，货物损坏或者灭失风险由卖方转移给买方。承运人或其代理人在收到完好货物后理应签发收货待运提单给发货人证明卖方已经完成交货。但是从国际贸易实践来看，收货待运提单对买方及时、完好收到货物没有保障，且普遍认为收货待运提单不具备物权凭证性质。因此，实务中即使以货交承运人贸易术语成交，也是在极个别情况下才会用到收货待运提单。多数时候还是要等到货物装船后，由海运区段承运人或其代理人签发具备物权凭证性质的已装船提单供卖方控制物权以及收款。

2. 按照提单表面有无不良批注，可分为清洁提单和不清洁提单

（1）清洁提单

清洁提单是指在提单表面没有任何不良批注的提单。

（2）不清洁提单

不清洁提单是指在提单表面带有不良批注的提单。如"1件短少、2件破损"等字样。提单表面带有不良批注，说明货物在装船时就已经存在问题，无法保证收货人能够在目的港收到完好货物，所以多被收货人拒绝。在国际贸易实践中，不管任何结算方式下，卖方要想安全收回货款都必须提供"清洁的已装船提单（CLEAN ON BOARD B/L）"。如货物在装船时发生破损或者短少，可以通过货运代理及时进行补货或者更换包装。

3. 按照收货人抬头不同,可分为记名提单、不记名提单和指示提单

(1) 记名提单

记名提单是指提单表面上"收货人"一栏已具名收货人,即填写了收货人名称、税号、地址、联系方式等内容。记名提单下,承运人只能将货物交给提单表面上的具名收货人,或者说只有提单表面上的具名收货人才能凭正本提单与身份证明向承运人提取货物。记名提单不能流通转让,而能流通转让又是物权凭证的一个重要特征,因此记名提单是否具备物权凭证性质是存在争议的。按照《中华人民共和国海商法》相关规定,记名提单属于一种限制性物权凭证,即对于提单表面上的具名收货人而言是具备物权凭证性质的,即使不能通过背书进行流通转让,但是仍然可以由卖方转让给买方(卖方是提单的第一持有人),收货人可以凭正本记名提单向承运人提取货物,而承运人在交付货物时也必须收回正本记名提单。但是美洲以及非洲部分国家,如美国、多米尼加、洪都拉斯、尼日利亚等国的惯例是记名提单下收货人仅凭到货通知以及身份证明就可以提货,即收货人提货时无须出具正本记名提单,承运人交付货物时也无须收回正本记名提单。因此,卖方与上述或类似惯例做法国家交易时,要尽量在发货前就收回全部货款,或者避免使用记名提单,以防钱货两空。

(2) 不记名提单

不记名提单是指在提单表面上"收货人"一栏不指明任何收货人,只填写"提单持有人(BEARER)"字样或者完全空白的提单。不记名提单无须背书即可自由转让,任何人持有不记名提单都可以向承运人提货,对交易各方当事人风险均较大,因此国际贸易实践中很少应用不记名提单。

(3) 指示提单

指示提单是指在提单表面上"收货人"一栏填写了凭指示(TO ORDER)或者凭×××指示(TO ORDER OF ×××)字样的提单。从本质上说,凭指示(TO ORDER)等同于凭发货人指示(TO ORDER OF SHIPPER),因为发货人是提单的第一合法持有人。一般来说,电汇或托收结算方式下,"收货人"一栏填写凭指示(TO ORDER)或者凭发货人指示(TO ORDER OF SHIPPER)。在信用证结算方式下,"收货人"一栏多是填写凭开证行指示(TO ORDER OF ×××BANK),×××BANK是开证行的名称。指示提单可以经背书(ENDORSMENT)流通转让,具备完全的物权凭证性质。收货人在提货时必须出具正本指示提单,承运人在交付货物时也必须收回正本指示提单。

如"收货人"一栏填写凭指示(TO ORDER)或者凭发货人指示(TO ORDER OF SHIPPER),发货人在将正本提单寄送给买方或送交银行之前需要

进行背书，以达到转让目的。背书有空白背书（BLANK ENDORSEMENT）和记名背书（SPECIAL ENDORSEMENT）两种。空白背书由发货人（转让人）在正本提单背面签字、盖章①，但不注明被背书人的名称。受让人无须再次背书即可继续转让，流通性强，应用较普遍。记名背书除需由背书人在所有正本提单背面签字、盖章外，还要注明被背书人（受让人）的名称，也就是加上背书给×××公司（ENDORSED TO ××× COMPANY）字样。受让人需要再次背书才能转让。

4. 非合法合规提单

以上分类中提及的提单均是合法合规提单，但国际货物运输实践中，出于特殊目的需要，可能会出现非合法合规提单，主要有倒签提单和预借提单两种。

（1）倒签提单

倒签提单是指承运人或其代理人应发货人要求，在货物装船后，将实际晚于买卖合同或者信用证规定的装运期限的提单上的装船日期，倒签至符合规定装运期限的提单，以此满足发货人结汇目的需要。倒签提单本质上是发货人与承运人共谋的一种商业欺诈，国际贸易实践中尽可能不采取倒签提单这种违法行为。

（2）预借提单

预借提单是指承运人或其代理人应发货人要求，在货物尚未全部装船时，或者货物虽然已经由承运人接管但尚未开始装船的情况下签发的已装船提单，以此满足发货人结汇目的需要。预借提单同倒签提单一样，也是发货人与承运人共谋的一种商业欺诈。但是预借比倒签的性质更加恶劣，倒签时货物已经装船，对于收货人收货是有保障的，有时可能是经买方同意的一种善意欺诈；而预借时货物尚未完全装船，甚至还没有开始装船，对收货人收货没有任何保障，多是发货人的单方恶意欺诈。

（3）倒签提单和预借提单可能使用场景

国际货物运输实践中要求掌握运输工具的实际承运人签发倒签或预借提单的可能性几乎为零。倒签提单或预借提单只能是无船承运人在收到发货人的倒签或预借保函后签发。实际上，即使是无船承运人也会因自身承担风险太大而拒绝签发预借提单，唯一签发预借提单的可能就是无船承运人与发货

---

① 签字、盖章：出口业务中，签字一般为公司法人或业务负责人，若买卖合同或信用证没有手签要求，签字也可以用名章代替；盖章一般是加盖中英文蓝色油墨的长条形章，或者中英文红色油墨的椭圆形章。进口业务中，签字一般用法人手戳代替，盖章一般要求公章。

人两家公司的实际控制人为同一个人,所以说预借提单多是恶意欺诈。

5. 按照承运人是否掌握实际运输工具,可分为船公司提单和货运代理提单

(1) 船公司提单

船公司提单也称承运人提单、船东提单、大提单、总提单,是指由船公司或者船东签发的提单。船公司或者船东拥有实际运输工具,资质较好,且通常不会做出预借或者倒签提单的行为,对货物交付有一定保障,所以集装箱整箱运输无特殊情况时仅会为船公司提单。

(2) 货运代理提单

货运代理提单也称无船承运人提单、小提单、分提单,是由无船承运人或者货运代理以无船承运人身份签发的提单。货运代理不拥有实际运输工具,资质较差,尤其是某些境外无船承运人资质更是难以确认,所以一般只有拼箱货物运输才会接受签无船承运人提单。

其中,无船承运人是指无船承运业务的经营者,以承运人的身份接受发货人的货载,签发自己的提单或者其他运输单证,向发货人收取运费,通过国际船舶运输经营者完成国际海上货物运输,承担承运人责任的海上运输经营活动的人。实际上,将无船承运人签发的提单称为货运代理提单只是一种习惯上的叫法,并不十分准确。因为单纯的货运代理身份并不具备签发提单的资质,即使其签发了提单文件,本质上也只是货运代理收据。但是当下绝大多数货运代理都同时具备无船承运人资质,只是同一家公司两块牌子、两种资质,很多人就把他们统称为货运代理,并将他们签发的提单统称为货运代理提单,有权签发提单的是这家公司有无船承运人资质的人。本书中为了与国际贸易实践接轨,也将无船承运人提单称为货运代理提单,但是读者需要清楚其来历。

(3) 船公司提单和货运代理提单的区别

首先,提单签发的主体不同。船公司提单是由船公司或者船东签发,货运代理提单是货运代理基于船公司提单签发。其次,提单抬头不同。船公司提单顶部预先印就的通常是×××SHIPPING COMPANY、×××SHIPPING LINE、×××CONTAINER LINE,即×××运输公司、×××集装箱公司、×××集装箱航线字样。货运代理提单顶部预先印就的通常是×××FREIGHT FORWARDER、×××LOGISTICS、×××SHIPPING AGENT,即×××货运代理、×××物流、×××运输代理字样。再次,目的港提货方式不同。船公司提单可以在目的港直接向船公司提货,无任何额外费用。货运代理提单需要先向目的港代理换取提货单后提货,会产生一定换单费用。拼箱运输货物可能还被收取拆箱费用。也就是说,签发货运代理提单的装运港货运代理必须在目的港有代理,以便收货

人进行换单提货。最后，适用范围不同。船公司提单适合整箱运输货物。货运代理提单适合拼箱运输货物，因为多数时候船公司只能为一个集装箱签发一套海运提单，而拼箱运输条件下，一个集装箱内可能有若干个发货人，每一个发货人都需要提单。此时，只能由货运代理以自身的无船承运人名义在船公司提单基础之上签发货运代理提单给每个发货人，以便发货人结汇以及收货人目的港提货需要。

（五）货运代理提单运转流程、风险及适用原因分析

1. 货运代理提单运转流程

使用货运代理提单时，货物以及提单运转流程见图5.2。理解的关键点在于货物和船公司提单是在装运港货运代理与其目的港代理之间流转。

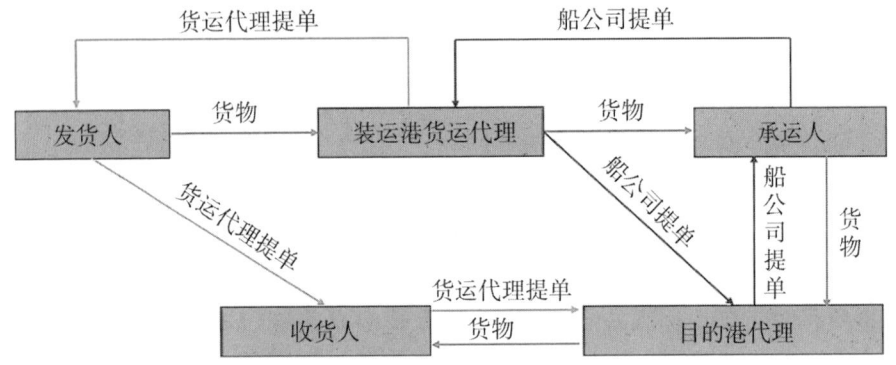

图5.2 货运代理提单运转流程

① 发货人与装运港货运代理确认好运输事宜后，需要自行将货物送到或由装运港货运代理安排车辆提货到装运港货运代理指定仓库。

② 装运港货运代理将若干发往同一目的港的货物装到同一集装箱中，然后以自身名义向船公司订舱，并将装箱后的货物交付给船公司进行运输。

③ 船公司收到货物并装船后，签发以装运港货运代理为发货人、装运港货运代理指定目的港代理为收货人的船公司提单，并将正本提单交给装运港货运代理。

④ 装运港货运代理将正本船公司提单寄送给其目的港代理。

⑤ 装运港货运代理基于船公司提单签发货运代理提单，并交给发货人。

⑥ 发货人收到全部货款后，将正本货运代理提单寄送给收货人。

⑦ 目的港代理在货物到达目的港后凭装运港货运代理转移的正本船公司提单向船公司提货。

⑧ 收货人凭发货人转移的正本货运代理提单从目的港代理处换取提货单后提货。

在国际货物运输实践中,如果收货人无须正本提单,上述流程中正本船公司提单与正本货运代理提单的寄送都可以通过下文中的电放形式达到相同目的,而不是一定要寄送正本提单。

2. 使用货运代理提单对各方当事人的风险

总体而言,使用船公司提单对收发货人以及货运代理来说都比较安全,使用货运代理提单对收发货人以及装运港货运代理来说都存在一定风险。对于收发货人来说,掌握实际运输工具的船公司信誉肯定要比无任何实际运输工具的货运代理信誉可靠。对于装运港货运代理来说,可以有效防范目的港代理卷货消失或者无单放货给收货人的风险。因为多数装运港货运代理不可能在每个国外目的港都有自己的分公司或可靠代理,而是临时从货运代理协会、货运代理联盟等民间组织内找的合作伙伴,万一目的港代理卷货消失或者无单放货,相应责任将不得不由在装运港签发货运代理提单的货运代理承担。综上所述,整箱运输货物时,收发货人以及装运港货运代理都没有签发货运代理提单的充足理由。当买方指定装运港货运代理主动要求签发货运代理提单时,作为发货人的卖方必须提高警惕,尽量拒绝接受货运代理提单。一是货运代理提单会使发货人无法有效控制物权;二是个别地区国税部门可能会要求办理出口退税的企业对使用货运代理提单提供情况说明,尤其是首次申报出口退税的企业。

3. 使用货运代理提单的原因

客观地说,整箱运输使用货运代理提单的缺点和风险是显而易见的,但是货运代理提单既然存在,就自然有其存在的道理。

(1)较低的运价

某实力货运代理 A 可能在一个或多个航线上与某些特定船公司存在远远低于当前市场公开运价的合约价,能够以较低价格将舱位转卖给货运代理同行或发货人。但是要享受合约价,船公司提单上的发货人只能是合约书上的货运代理 A。在上述情况下,实际发货人是无法获得船公司提单的,只能由货运代理 A 签发货运代理提单给实际发货人,否则就无法享受合约价。

(2)控货的需要

在上文中曾提到买方指定装运港货运代理签发货运代理提单有物权失控风险,对应的由卖方指定装运港货运代理签发货运代理提单则能在一定程度上控制货物。如卖方在发货前没有收回全部货款,则可以要求装运港货运代理签发货运代理提单并指示其目的港代理控制货物,待收到卖方放货通知或保函后放货。从上文货运代理提单运转流程可知,对于同一集装箱运输货物,货运代理提单和船公司提单是同时存在的。只是船公司提单由装运港货运代理流转到其目的港代理,并由目的港代理凭之向船公司提货,货物到港后实际上控制在目的港代理手里。货运代理提单持有人必须向目的港代理换取提货单后才能提货,而无法凭货运代理提单直接向船公司提货。因此,当目的港代理收到装运港货运代理控货指示后就可以代发货人控制货物。这一点对于那些要求签发记名提单,且发运到船公司无须收回正本记名提单即可交付货物的国家或地区的货物尤为重要。

此外,在买方指定装运港货运代理安排运输且没有预付运费在内的所有费用时,指定装运港货运代理也可能通过签发货运代理提单来控制货物,以确保买方能够按时结清费用。

(3) 结汇的需要

如国外开来信用证中有关于船龄、船籍、运费等特殊要求需要显示在提单上,或因为特殊原因需要倒签提单时,船公司几乎是不能沟通也不会配合的,而货运代理则会考虑到长期合作,充分配合发货人的需要。此时,如果信用证没有特别约定提交船公司提单,则可以用货运代理提单代替船公司提单完成结汇。

四、海洋运输单据之海运单、电放提单与货运代理收据

(一) 海运单

1. 海运单概念

海运单(SEA WAYBILL)是证明海上货物运输合同成立、承运人收到货物以及承运人保证交付货物给单据表面所载明的收货人的一种不可流通转让的运输单据。

2. 海运单格式及性质

海运单除名称与记名提单名称不同外,其他格式和内容与记名提单完全相同:都是记名收货人,都需要在"收货人"一栏填写准确的收货人名称、地址、税号与联系方式等内容。但是海运单完全不具备物权凭证性质,不能流通转让,收货人提货时无须出具正本海运单,承运人交付货物时也无须收回正本海运单。收货人凭到货通知与身份证明即可向承运人提货。这一点与记名提单有很大不同。在记名提单下,凭到货通知与身份证明提货仅仅是个别国家的惯例做法,在多数国家,即使是记名提单,也必须凭正本提货,即承运人交付货物时需要收回正本记名提单。而海运单提货时则完全无须出示和收回正本。

（二）电放提单

1. 电放提单概念

电放提单是指船公司或其代理人通过电子邮件或船公司系统安排电子放货后，提供给发货人的带有"SURRENDERED"或"TELEX RELEASE"字样的副本提单。收货人可凭加盖电放章的电放提单及身份证明向承运人提货。部分船公司不提供电放提单，收货人可凭邮件形式的电放通知及身份证明向承运人提货。

2. 电放提单操作

电放提单业务中，承运人需要先行出具正本提单给发货人。发货人凭正本提单的扫描件或者传真件向买方收取货款。收到全部货款后，交回全套正本提单给承运人，并出具电放保函要求承运人电放货物。在国际贸易实践中，如果是有计划的电放，通常提前告知货运代理，货运代理就不再申请船公司提单或出具货运代理提单正本，或者将正本提单保留在货运代理处，待出口方凭正本提单扫描件或副本提单收齐货款并出具电放保函后直接安排电放，以此减少寄送或交接正本提单的额外费用与丢失风险。电放后货运代理会提供带有"TELEX RELEASE"或"SURRENDERED"字样的电放提单给发货人留存。个别船公司可能不提供电放提单，而是用电放通知邮件代替，这也没有问题。

3. 海运单与电放提单的异同点

（1）相同点

首先，海运单与电放提单的收货人在目的港提货时都无须出示正本运输单据，承运人交付货物时也无须收回正本运输单据。其次，海运单与电放提单都是记名收货人，即使电放下原始正本提单为指示提单，电放时也需要改为记名提单后进行电放。最后，使用海运单与电放提单时，发货人都需要出具保函对收货人无须凭正本提单提货、承运人交付货物时无须收回正本提单这一做法进行确认。如发货人未出具保函，装运港货运代理直接出具海运单或电放提单应视为重大工作瑕疵甚至是欺诈，需要承担卖方无法安全收回全部货款的责任。

（2）不同点

使用电放提单在电放之前曾经存在过正本提单，彼时的正本提单①具备物权凭证性质，发货人可以据此控制物权。在未电放之前，货物所有权仍然控

---

① 正本提单：为了确保正本提单的物权凭证性质不存在瑕疵，托运人可以要求货运代理先行申请或出具正本指示提单，后期电放时再改为记名提单。

制在发货人手中。因此，可以与先发货后收款的结算方式配合使用，适用于买卖双方并不充分了解和信任的交易。

使用海运单则完全不存在正本提单，海运单本身也不具备物权凭证性质，货物一经装运就注定属于海运单表面记载的具名收货人，发货人很难控制物权，在以运费到付的贸易术语成交时，发货人甚至完全无法控制物权。因此，只能与先收款后发货的结算方式配合使用，仅适用于买卖双方充分信任，无须通过提单控制物权来确保收款的交易。

在国际货物运输实践中，发货人要切实了解海运单与电放提单的不同，根据实际贸易场景选用适合的运输单据，防止个别买方指定货运代理单方用海运单代替电放提单。因为直接出海运单船公司没有费用，先出正本提单再改电放提单，有些船公司会收取300元左右的电放费，且指示提单改为记名提单还有500元左右的改单费。

（三）货运代理收据

1. 货运代理收据概念

货运代理收据（FORWARDER'S CARGO RECEIPT 或者 FORWARDER'S CERTIFICATE OF RECEIPT，FCR）是货运代理收货后签发给发货人的，证明货运代理已经收到货物，发货人已经完成交货的一份文件。货运代理收据一经签发，所有运输风险就将由收货人或者其指定货运代理自行承担。

2. 货运代理收据性质

首先，货运代理收据是货运代理收到货物之后出具给发货人的一份已收货证明，证明卖方已经完成交货，货运代理将对货物负责并将货物完好地交付给买方。卖方可以凭货运代理收据要求买方支付尾款（如果有）。其次，货运代理收据本身不包含任何运输协议，在信用证结算业务中通常不被视为运输单据，且多数信用证中都会明确规定拒绝接受货运代理收据。最后，货运代理收据不是物权凭证，不能流通转让。收货人提货时无须出示正本货运代理收据，承运人或者运输公司交付货物时也无须收回正本货运代理收据。

3. 海运单与货运代理收据的异同点

（1）相同点

首先，海运单与货运代理收据都非物权凭证，都不能流通转让，卖方都不能凭之控制货物。其次，海运单与货运代理收据都适用于买卖双方充分信任，无须通过控制物权来确保收齐货款的交易。如需要通过控制物权来确保收齐货款，则应采用指示提单与电放提单相结合的方式。

（2）不同点

首先，海运单属于运输单据，可以适用于任何贸易术语、任何交易当中，也可以用于信用证结算；而货运代理收据多数时候不被视为运输单据，通常仅适用于 EXW、FCA、FOB 贸易术语成交由买方安排运输的情况，仅适用于子母公司或卖方与沃尔玛这类大买方①的交易当中，也不适用于信用证结算。但是，在卖方与沃尔玛这类大买方的交易当中，因其业务特殊性，买方开证行通常会接受货运代理收据。其次，海运单在其表面记载的货物未到达目的港之前，还有机会与承运人协商更改收货人；而货运代理收据一般都会在正面显著位置明确记载"货物将直接发送收货人"，无法更改收货人。

第二节　航空运输

一、航空运输基本常识

（一）航空运输概念

航空输运（AIR TRANSPORTATION）简称空运，是指使用飞机运送人员、货物、邮件的一种运输方式。一般适合鲜活、贵重、紧急订单商品运输。

（二）航空运输方式

航空运输有 4 种方式，即班机运输、包机运输、集中托运及航空快递。班机运输等同于海洋运输的班轮运输，包机运输等同于海洋运输的租船运输，集中托运等同于海洋运输的拼箱，航空快递则是一种时效更高的空运方式。

在国际货物运输实践中，发货人无须纠结具体的航空运输方式，只要受托货运代理能够按时将货物装运并运送到指定目的地即可。

（三）航空快递

航空快递是借助空运快速完成文件及包裹运输的一种方式，相比于普通空运时效更快、费用更高，更多适合小件货物、样品以及文件的运输。目前能够通达全球的知名快递公司有 5 家，即美国联邦快递集团（FedEx）、美国联合包裹运送服务公司（UPS）、敦豪航空货运公司（DHL）、荷兰天地公司（TNT）和中国邮政速递（EMS）。

---

① 大买方：沃尔玛这类大买方需要全球采购、全球运输，因业务多、信誉高，都会与知名船公司签有运费率较低的长期运输协议，使用货运代理收据可以保证其快速安排运输和快速收货。

二、航空货运代理与集中托运

（一）航空货运代理

航空货运代理（AIR FREIGHT FORWARDER）是指接受货主或者实际发货人委托，向航空公司订舱，协助实际发货人将货物集中到机场，办理进出口货物装运以及清关手续，将货物从装运地运往指定目的地的人。航空公司和船公司一样，因业务的复杂性，一般不接受货主直接订舱，需要通过专门代理来完成订舱以及相应装运协调工作。

在国际货物运输实践中，多数货运代理都兼做海运和空运，即使自己不能做，也可以委托其熟悉的专门的空运代理来做。但是，还有一部分货运代理专做海运或者空运。如果货量不大，不管是海运还是空运都可以直接委托熟悉的货运代理一同做。如果货量较大，则应委托专业货运代理来做，即海运委托专门海运货运代理来做，空运委托专门空运货运代理来做。同海运有拼箱运输货运代理和整箱运输货运代理的区分以及有不同航线的区分一样，空运也分包机运输货运代理和集中托运货运代理以及有不同航线的区分。企业需要根据自己的实际货运量以及目的港（地）情况选用合适的货运代理。

（二）集中托运

空运的集中托运与海运拼箱类似。由航空货运代理作为集中托运人，将若干发货人单独发往同一目的地的货物组成一整批，向航空公司办理托运。由航空公司签发一份总运单给航空货运代理，总运单上发货人为起运地航空货运代理，收货人为目的地航空货运代理。各个发货人凭起运地航空货运代理签发的分运单向目的地航空货运代理换单提货。在集中托运业务中，对于货主或者实际发货人而言，集中发货人相当于承运人；对于航空公司来说，集中发货人又相当于发货人。

集中托运的好处在于集中发货人能够以其综合货运量从航空公司获得一个较好的运费率，并在扣除自身利润后，以一个相对较好的运费率给货主或实际发货人，同时能以货运代理身份为货主或实际发货人提供与货物运输以及清关相关联的专业服务。

三、空运单

（一）空运单概念

空运单全称为航空运单（AIR WAYBILL），是由承运人（航空公司、货运代理或集中发货人）签发的已接收货物证明，是发货人与承运人之间的运输合同。

（二）空运单性质及作用

空运单在性质及作用上与海运单类似，都是承运人接收货物证明，都是记名收货人，都不是物权凭证，都不能流通转让。但是空运单本身就是运输合同，而海运单本身与海运提单一样只是运输合同成立的证明，而非运输合同本身。此外，空运单有些时候可以作为账单显示各种费用，海运单则无账单作用。

空运单是记名收货人单据，收货人提货时无须出示正本空运单，承运人交付货物时也无须收回正本空运单。收货人凭到货通知和身份证明即可从承运人处提货，承运人也可以据此放货。

（三）空运单分类

空运单分为主运单和分运单两类。主运单是由航空公司以自身名义签发的运输单据，收货人在目的地可以凭主运单直接向航空公司提货。其运转流程与船公司提单相似。分运单是由办理集中托运的货运代理或集中发货人在主运单基础之上以自身名义签发的运输单据，收货人在目的地需要凭分运单向目的港代理换取提货单后才能提货。其运转流程与货运代理提单相似。

（四）空运单样本及内容

空运单样本见图5.3，不同航空公司运单在结构和格式上会略有不同。关于空运单具体内容，请参照本书第十一章第四节"四、运输单据审核"。

180 SHE 7379 4884 　　　　　　　　　　　　　　　　　180- 7379 4884

Shipper's Name and Address / Shipper's Account Number	
	Copies 1, 2 and 3 of this Air waybill are originals and have the same validity.
Consignee's Name and Address / Consignee's Account Number	It is agreed that the goods described herein are accepted for carriage in apparent good order and condition (except as noted) and SUBJECT TO THE CONDITION OF CONTRACT ON THE REVERSE HEREOF. ALL GOODS MAY BE CARRIED BY ANY OTHER MEANS INCLUDING ROAD OR ANY OTHER CARRIER UNLESS SPECIFIC CONTRARY IS DRAWN TO THE NOTICE CONCERNING CARRIER'S LIMITATION OF LIABILITY. Shipper may increase such limitation of liability by declaring higher value for carriage and paying a supplemental charge if required.
Issuing Carrier's Agent Name and City	Accounting Information **FREIGHT PREPAID**
Agent's IATA Code / Agent's Account Number	
Airport of Departure (Addr. of First Carrier) and Requested Routing **SHENYANG**	

To	By First Carrier / Routing and Destination	To	By	To	By	Currency	CHGS Code	WT/VAL PPD / COLL	Other PPD / COLL	Declared Value for Carriage	Declared Value for Customs
ICN	KE832/8 MAY	MIA				CNY		P	P	NVD	NCV

Airport of Destination	Requested Flight/Date	Amount of Insurance	INSURANCE — If carrier offers insurance, and such insurance is requested in accordance with the conditions thereof, indicate amount to be insured in figures in box marked "Amount of Insurance".
MIAMI	KE832/MAY.08	NIL	

Handing Information

(For USA only) These commodities Licensed by U.S. for ultimate destination............Diversion contrary to U.S. law is prohibited

No. of Pieces RCP	Gross Weight	kg lb	Rate Class / Commodity Item No.	Chargeable Weight	Rate / Charge	Total	Nature and Quantity of Goods (incl. Dimensions or Volume)
200	2309.0	K		3362.0	45.37	152533.94	Isolation Clothes US HS CODE: 6210.10.5000 60 x 41 x 41 CM x 200 20.172M3
200	2309.0					152533.94	

Prepaid	Weight Charge	Collect	Other Charges
152533.94			MYC: 26896.00 SCC: 4034.40 AWC: 50.00
	Valuation Charge		
	Tax		
	Total Other Charges Due Agent		Shipper certifies that the particulars on the face hereof are correct and that insofar as any part of the consignment contains dangerous goods, such part is properly described by name and is in proper condition for carriage by air according to the applicable Dangerous Goods Regulations.
30980.40	Total Other Charges Due Carrie		.... Signature of Shipper or his Agent
Total Prepaid 183514.34		Total Collect	
Currency Conversion Rate		CC Charges in Dest. Currency	MAY.07.2020 　 SHENYANG Executed on (date) 　 at (place) 　 Signature of Issuing Carrier or Its Agent
For Carrie's Use Only at Destination		Charges at Destination	Total Collection Charges

180- 7379 4884

图 5.3　空运单样本

四、空运费计算

(一) 空运费计费重量依据

计费重量=MAX(实际毛重,体积重量),即计费重量为实际毛重和体积重量的较大值。重货(高密度货物)按照实际毛重收取运费,轻泡货物(低密度货物)按照体积重量收取运费。这一点非常重要,卖方核算航空运费时必须确认是按照实际毛重计费,还是按照体积重量计费。

(二) 体积重量计算标准

1. 普通空运货物

体积重量=长(厘米)×宽(厘米)×高(厘米)/6000,也就是货物体积(立方米)/0.006,或者货物体积(立方米)×166.66(最后一个6循环,实务中多用166.7计算)。

2. 航空快递货物

体积重量=长(厘米)×宽(厘米)×高(厘米)/5000,也就是货物体积(立方米)/0.005,或者货物体积(立方米)×200。

发货人发运货物时要将货物的实际毛重与上述方法算出的体积重量相比,以较大的一个作为运费的计费重量。但是从国际货物运输实践来看,轻泡货物的运费率通常要略低于重货,因为货运代理或集中发货人有机会通过"吃泡"从轻泡货物中赚到更多利润(笔者会在下文案例分析中进行解释)。轻泡货物发货人在咨询运费率时可以先行咨询重货运费率,再咨询轻泡货物运费率,以防货运代理或集中发货人不给予轻泡货物运费率上的优惠。

(三) 空运费计算实例

1. 案例

某公司准备空运出口一批货物,货物资料如下:数量2000只,每箱100只,计20箱。外箱尺寸为50厘米×44厘米×40厘米,毛重、净重分别为14千克、13千克。经查广州到纽约空运费标准为:+100千克-20元/千克,+300千克-16元/千克[即100千克以上(含100千克)、300千克以下(不含300千克)20元/千克;300千克以上(含300千克),16元/千克]。

试计算此批货物的空运费。

2. 计算过程

(1) 确认计费重量

体积重量:50厘米×44厘米×40厘米/6000=14.7千克,14.7千克×20箱=294千克。实际毛重:14千克×20箱=280千克。

体积重量大于实际毛重,所以按照体积重量计算运费。

（2）计算运费

按体积重量计算运费：294千克×20元/千克＝5880元。但是如果靠上一等级300千克的运费率计算，则总运费为300千克×16元/千克＝4800元，明显低于按照实际体积重量计算出来的运费，所以，可以按照高一等级的运费率计算总运费，航空公司实际上也会按照这一等级计费。所以，本案例中此批货物的实际空运费应该为4800元。

（3）靠级说明

当靠上一等级的运费率计算运费时，计算基数为上一等级的最低计费重量，本案例中就是300千克，而不是按照计算出的计费重量作为计费基数。

清楚空运费在一定条件下可以靠上一等级的运费率（行内人称为"靠级"）计算对于发货人非常重要。如果发货人不清楚空运费有"靠级"这种做法，航空货运代理或集中发货人很可能按照计算出的计费重量收费，将靠级省下来的运费作为他们自己的利润，而不是让利给发货人。实际上，轻泡货物运费率相对重货的应低，发货人只有清楚知道货运代理或集中发货人的"吃泡"原理，才不至于被个别无良货运代理或集中发货人欺骗。

五、航空运输注意事项

（一）须比较体积重量与实际重量后核算空运费

空运费按照实际毛重与体积重量的较大值计算和收取运费。因此，发货人在核算空运费时必须先行比较二者的大小，按照较大值计算运费。同时，测量外包装尺寸时要人为加大2~3厘米，以防因挤压变形等原因导致外包装尺寸变大、体积重量增加等问题。因为现在空运货物入航空公司仓库时都采用红外线测量，会精准地找到外包装每一个面上距离最远的两个点，并以此计算外包装的长、宽、高。此外，圆柱体、圆锥体、三角体等不规则外包装，都需要按照能够将其完全框进去的长方体进行外包装尺寸测量，根据长方体尺寸计算体积重量。

（二）尽量不在空运单表面显示公开运费

通常来说，空运单表面显示的公开运费（公布运费）都远远高于发货人与货运代理或集中发货人确认的实际运费。但是，当下世界多数国家或地区的海关都以含运费、保险费的价格作为进口关税计税价格。而空运单上显示的公开运费则是进口国海关计算运费的唯一依据。其上显示的运费越高，意味着买方要缴纳的进口关税就越多。因此，笔者建议在空运单表面相关费用栏直接打上"AS ARRANGED（按照安排）"字样，这样进口国海关就可以按照买方进口清关时申报的空运费计算关税。如航空公司或者收货人一定要显示运费，则应该要求按照实际运费进行显示。如航空公司只能按照公开运费显示，则应该要求航空公司出具实际运费证明，避免因在空运单上显示本不存在的高运费增加买方的进口关税。

（三）有些时候异地发货可能会有更低的运费率

到同一国外机场，国内不同始发机场的运费率可能会有很大不同，有时甚至会相差很大。发货人在发货时，需要综合考虑不同始发机场的运费率水平、国内中转费用以及时效后决定始发机场，而不是一定要从距离货物所在地最近的机场发货。通常来说，北京机场、上海机场、广州机场以及郑州机场等干线机场的始发运费率都要低于众多支线机场的运费率。

（四）选用适合任何运输方式的货交承运人贸易术语成交

空运货物理论上不能以仅适合水上运输的装运港船上交货贸易术语（FOB、CFR、CIF、FAS）成交，而是应以适合任何运输方式的货交承运人贸易术语成交。因为《2020通则》只是一种贸易惯例，本身不是法律，买卖双方可以在协商一致的情况下对其进行补充和修改。如果空运以装运港船上交货贸易术语成交，风险转移界限就可能比照海运的船上或船舱延伸至飞机上或机舱。而实际上则是发货人将货物交给货运代理或集中发货人时就已经失去了对货物的控制，尤其是由买方指定货运代理或集中发货人时，因此以货交承运人贸易术语成交，交货时同步完成风险转移更为恰当。

（五）空运单并非物权凭证，需发货前收齐货款

空运单并非物权凭证，其表面记载的收货人凭到货通知以及身份证明就可以提货，发货人无法通过空运单控制物权。从理论上说，货物一经装运就已经属于收货人，因此仅适用于能够在发货前收回全部货款，或者无须通过控制物权收回货款的交易中。尽管空运单与海运单一样，在货物装运后航班到达之前可以更改收货人①，但是空运由于时效较快，特别是国内到东南亚一些国家的空运，发货人可能还没有完成收货人修改申请，飞机就已经到达了，造成实质上的无法修改，使发货人失去通过更改收货人控制货物或者转卖他人的机会。

（六）运费预付时可申请航空分运单控制物权

运费预付且出具航空分运单时，起运地货运代理或者集中发货人可以安

---

① 更改收货人：如果是航空公司签发的主运单可以通过货运代理向航空公司申请发送CCA电报更改收货人信息，需要支付一定的费用。如果是货运代理出具的分运单可以直接联系货运代理修改并通知其目的港代理，重新出具一份分运单即可，一般无须支付费用。

排其目的地机场代理在一定时期内（一般不超过5天）代为控制货物。与拼箱运输一样，空运在出具分单时，本质上是起运地货运代理或者集中发货人将货物发给其目的地机场代理。在航空公司的主运单上，发货人是起运地机场货运代理或者集中发货人，收货人是起运地代理或者集中发货人在目的地机场的代理。货物到达后实际是由目的地机场代理向航空公司提货，并实际控制货物。收货人需凭分运单副本以及目的地机场代理发送的到货通知换取提货单后提货。因为货物实际控制在目的地机场手里，应发货人要求，起运地代理或者集中发货人就可以指示目的地机场代理以发货人未付清全部运费为由暂时控制货物，给发货人收回货款争取一定时间。但是如果出具航空主运单，航空公司则会直接放货给空运单表面上记载的收货人，不会代发货人控制货物。因此，在国际货物运输实践中，要根据货款收回情况决定选用主运单还是分运单。如果不需要控制货物来收款，则应出具主运单，减少换单手续以及费用；如果需要控制货物来收款，则应出具分运单，确保在收齐货款前还能一定程度上控制货物。

第三节　陆路运输

陆路运输包含铁路运输、公路运输。

一、铁路运输

（一）铁路运输概念及特点

铁路运输（RAILWAY TRANSPORTATION）是指通过铁路（火车）完成货物国际运输的一种运输方式。

铁路运输具有承载货物范围广、运量大、安全系数高、准时性强、不受自然气候影响等优点。但是由于是轨道运输，也具有投资大、建设时间长、灵活性差等缺点。适合批量较大、相对低值且远距离运输的货物。

（二）我国出口货物铁路运输现状

目前，我国出口货物经铁路运输主要是发往欧洲以及中亚。西部通道由我国中西部地区（重庆、成都、武汉、郑州、西安、苏州、长沙、义乌为起点）经阿拉山口口岸（霍尔果斯）出境；中部通道由我国华北地区（北京、天津、保定为起点）经二连浩特出境；东部通道由我国东南部沿海地区（广州、泉州为起点）经满洲里（绥芬河）出境。目的地可以到俄罗斯（莫斯科、圣彼得堡）、白俄罗斯（明斯克、布列斯特）、中东欧（华沙、布拉格、布达佩斯）、西欧（汉堡、杜伊斯堡、巴黎、米兰）、北欧（马尔默），以及中亚五国（哈萨克斯坦、乌兹别克斯坦、吉尔吉斯斯坦、塔吉克斯坦、土库曼斯坦）等地。其中发往中亚五国的货物主要是通过西部通道经阿拉山口口岸（霍尔果斯）出境。

（三）铁路运输单证

1. 铁路运单概念

国际铁路货物联运单，简称铁路运单（RAILWAY BILL），是由铁路运输承运人收货后签发的货物收据，是收发货人同铁路之间的运输契约。

铁路运单以目的地收货人作为记名抬头，一式两份。正本随货物同行，到目的地交收货人作为提货通知；副本交付托运人作为收到托运货物的收据。在货物尚未到达目的地之前，托运人可凭运单副本指示承运人停运，或将货物运给另一个收货人。

2. 铁路运单性质及作用

铁路运单只是运输合约和货物收据，不是物权凭证，不能流通转让，发货人不能凭之控制货物。收货人凭到货通知和身份证明即可从承运人处提货，承运人也可以据此放货。

3. 铁路运单样本及内容

铁路运单样本见图5.4，关于铁路运单具体内容，参照海运提单及空运单即可。

图 5.4　铁路运单样本

二、公路运输

（一）公路运输概念及特点

国际公路运输简称公路运输（ROAD TRANSPORTATION），是指以卡车为运输工具通过公路完成货物国际运输的一种运输方式。

公路运输具有承载货物范围广、灵活、机动性好等优点，但是也具有载重量小、运输费用高、运输距离短等明显缺点。公路运输仅适合短距离的国际货物运输。

（二）我国出口货物公路运输现状

目前，我国出口货物经公路运输主要是发往与中国接壤国家。其中与中国接壤国家主要有朝鲜、越南、缅甸、蒙古国、俄罗斯、哈萨克斯坦、吉尔吉斯斯坦。

（三）公路运输单证

1. 国际道路货物运单概念

国际道路货物运单简称 CRM 运单，根据《国际公路货物运输合同公约》签发，是国际货物道路运输经营者与发货人之间的运输契约，是国际货物道路运输经营者接受货物并在运输期间负责报关和据以交付货物的凭据。

2. 国际道路货物运单性质及作用

国际道路货物运单只是运输合约和货物收据，不是物权凭证，不能流通转让，发货人不能凭之控制货物。收货人凭到货通知和身份证明即可从承运人处提货，承运人也可以据此放货。

3. 公路运单样本及内容

公路运单样本见图 5.5，关于公路运单具体内容，参照海运提单及空运单即可。

国际汽车联运货物运单　№
товарно-транспортная накладная
на перевозку грузов автомобильным транспортом
в международном сообщентии

1. 发货人　отправитель 名称 Наименование 国籍 страна 中国　　　市 город	2. 收货人 получатель 名称 Наименование LIMITED LIABILITY COMPANY KHABAROVSK COMPANY
3. 装货地点 место погрузки 国籍 страна 中国　　　市 город 同江 街 улица　　　№	4. 卸货地点 место разгрузки 国籍 страна 俄罗斯　　　市 город 下列 街 улица марков　　　№

5. 标记号码 Знаки и номер	6. 件数 Количество мест	7. 包装 Род упаковки	8. 货物名称 Наименование груза	9. 毛重 вес брутто	10. 净重 вес нетто
	19				
	20				

11. 发货人指示 УКАЗАНИЯ ОТПРАВИТЕЛЯ 进/出口许可证　从　　在　　海关 а) Ввозное/Вывозное разрешение № _____ от _____ , _____ 200 г. находится в _____ таможне. 货物声明价值 б) Объявленная стоимость груза 发货人随附单证　　　明细单 документы, приложенные отправителем 订单或合同号 в) Заказ-наряд или номер контракта	12. 包括运费交货点 место передачи товаров, с расходом транспорта 不包括运费交货点 место передачи товаров, без расхода транспорта
Особые условия перевозки 13. 承运人意见 УКАЗАНИЯ ПЕРЕВОЗЧИКОВ	14. 应付运费 стоимость перевозки 运费 стоимость перевозки　收货人 　　　　　　　　　　　　　发货人 共计 итого　　　　　市别 вид валюты
15. 代理发货人 Агентство грузовых перевозок 中国黑龙江外轮代理公司　хэ йлуцзянская компания поагентированию нностранных судов/пенавико/кнр	17. 收到本运单货物日期 груз по настоящей накладной получен "　" _____ 2019　г.
	18. 到达卸货 Прибытие под подразгрузку ____ час ____ мин. 收货人签字盖章 Подпись и штамп получателя
16. 编制日期 СОСТАВЛЕНА " 14 " 03 2019 г. 到达装货　　　　　时 分 рибытие под погрузку _____ час _____ мин. 离去　　　　　时　　　　　分 Убытие _____ час _____ мин. 发货人签字盖章　　承运人签字盖章	20. 收货人可能提出的意见（看背面） возможные замечан получателя (в обратной стороне)
	21. 汽车号 A565PH　Автомобить № 拖挂车号 BE0536　Полуприцеп № 司机姓名　　Фамилия шафёра 路单号　　　Путевой лист
19. 海关机构记载 ОТМЕТКИ ТАМОЖЕННЫХ ОРГАНО	22. 运输里程　Расстояния перевозки (км) по территории отправителя 过境 _____ По транзитной территории . 收货人境内　По территории получателя. 共计 итого

图 5.5　公路运单样本

第四节 国际运输货物保险

一、保险合同相关主要概念
（一）投保人、保险人、被保险人
1. 投保人

投保人是指根据《2020通则》解释,应承担投保责任和费用的一方。常用贸易术语中,投保人在 CIF、CPT 下是卖方,在 FOB、FCA、CFR、CPT 下,《2020通则》没有明确说明由买方负责投保,但是运输途中的风险由买方承担,所以通常由买方负责投保。在 DAP、DDP 下,《2020通则》没有明确说明由卖方负责投保,但是由于卖方承担货物到目的地交给买方或其指定人处置之前的风险,所以通常由卖方负责投保。在 EXW 下,《2020通则》没有明确说明由买方负责投保,但是由于在卖方仓库或出口国指定地交货后就由买方承担风险,所以通常由买方负责投保。

2. 保险人

保险人就是接受投保人投保对国际运输货物进行承保的保险公司。

3. 被保险人

被保险人就是保险单的受益人。如果由卖方投保,可以己方作为被保险人,也可直接以买方或其指定人作为被保险人。以己方作为被保险人时最终需要将保单进行背书,转让给买方或其指定人。

（二）保险标的、保险价值、保险金额
1. 保险标的

保险标的是指需要进行国际运输的货物。

2. 保险价值

保险价值是指进行国际运输的货物的实际价值,通常以商业发票上载明的金额为准。

3. 保险金额

保险金额是指投保人考虑被保险人预期受益在内的,在保险单中约定的保险人最高赔偿金额。比如,买卖合同价值1万美元,买方预期利润为10%,则保险金额为1.1万美元,即要把买方的预期利润考虑进去。

（三）保险责任和除外责任、保险期间、保险费
1. 保险责任和除外责任

保险责任是保险人按照保险单约定对承保货物损坏或灭失所承担的赔偿责任,除外责任就是保险人不负责赔偿的责任。

2. 保险期间

保险期间是指保险责任的责任起讫期间。理想状态下国际运输货物保险的保险期间执行仓至仓条款，即从卖方仓库装货开始到买方仓库卸货完毕结束。但是买卖合同中使用的贸易术语与投保人不同，实际保险期间就会有所不同，详见后文仓至仓条款解析部分内容。

3. 保险费

保险费是保险金额乘以保险费率计算出的金额，由投保人向保险人支付。按照我国保险公司的要求，投保人只有支付了保险费，保险单才能生效。

二、国际运输货物保险

（一）国际运输货物保险概念

国际运输货物保险是指国际货物买卖合同中的卖方或者买方，为转嫁国际运输货物损坏或者灭失的风险，按照一定保险险别和保险条款向保险公司投保，由保险公司承担因保险事故而造成货物损失的一种财产保险。

（二）保险基本原则

1. 最大诚信原则

国际货物运输保险的双方当事人应以最大诚信原则为基础，订立并履行保险合同。投保人应全面、真实地告知保险标的详细情况。如果投保人违背最大诚信原则，事后被保险人发现，可以拒绝赔偿。例如，运输种子，在装运的时候就已经发芽，但是没有告知保险人，即使因为某些特殊原因，当时投保成功，如果最后赔偿的时候保险人发现投保人隐瞒了种子早已发芽的事实，也有权拒绝赔偿。

2. 保险利益原则

保险利益是指被保险人对保险标的具有合法的利害关系。也就是说，进行国际运输货物的损坏和灭失与投保人应该有利益关系，才能进行投保，发生承保范围的损坏或灭失，保险人才能赔偿。例如，FOB 术语下，买方原则上不能对货物从发货人仓库到安全装船这一期间的风险进行投保。因为 FOB 术语下，风险转移以货物在装运港安全装船为界，此前货物损坏或者灭失与买方没有利害关系，买方就不享有保险利益，因此不能就此期间的货物风险进行投保。

3. 损害赔偿原则

保险人给付的保险赔偿金额不应当超过被保险人的实际损失，也就是说，被保险人不能因保险补偿而获得额外的收益。例如，国际运输货物实际价值 1 万美元，考虑到买方转卖的合理利润，投保加成最高只能到 20%，过高的加成率将不被保险人接受，也就是说，被保险人无法通过投保更高的金额并在出险时获得额外的收益。

4. 近因原则

保险事故的发生与被保险人的损失之间必须有直接的因果关系，保险人才承担赔偿责任。例如，国际运输货物出险，货物损失金额1万美元，但是由于货物未能及时完好地送达买方，导致买方一个100万美元的订单无法履行而亏损2万美元，保险人只能赔偿直接损失1万美元，而不会赔偿无直接因果关系的间接损失2万美元。

三、海上运输货物保险

(一) 海上运输货物保险承保范围

海上运输货物保险承保范围包括风险、损失及费用，见图5.6。

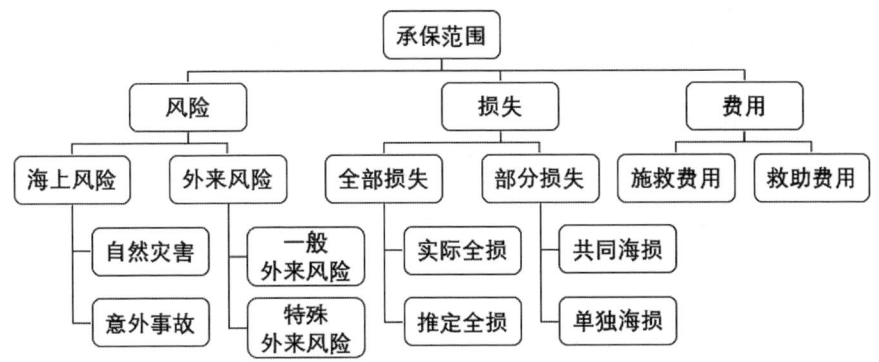

图5.6 海上运输货物保险承保范围

从国际贸易实践操作来看，海上运输货物保险承保范围并非外贸从业人员需要掌握的内容，而是保险公司定损员需要掌握的内容，所以本书不对此展开讲解。

(二) 中国人民保险公司海运保险条款

1. 中国人民保险公司海运保险险别

中国人民保险公司海运保险条款有3种基本险、11种一般附加险、9种特殊附加险，见表5.2。其中，一般附加险已经包含在一切险之中，即投保一切险则无须投保一般附加险。基本险可以单独投保，附加险不能单独投保。

表 5.2　中国人民保险公司海运保险险别

基本险3种	平安险	水渍险	一切险
一般附加险11种	偷窃、提货不着险	淡水雨淋险	短量险
	渗漏险	碰损、破碎险	串味险
	钩损险	锈损险	包装破裂险
	混杂、玷污险	受潮受热险	—
特殊附加险9种	战争险	罢工险	交货不到险
	货物舱面险	拒收险	黄曲霉毒素险
	码头检验险	进口关税险	海关检验险

在国际贸易实践中只需按照买方的实际要求投保就好。如果买方没有要求，就投保一切险，而不是很多教材中说的最低险别。因为不同险别之间的费率差别很小，且保险费费率可以协商，投保一切险几乎可以涵盖所有常见风险。

2. 基本险保险责任起讫期限

保险责任起讫期限是指保险人对海上运输货物负责的责任区间。根据《中国人民保险公司海洋货物运输保险条款》的规定，实务中基本险应用最多的保险人责任起讫条款是"仓至仓"条款。

（1）仓至仓

"仓至仓"条款就是保险人承担的保险责任区间是从卖方仓库到买方仓库，即海上运输货物保险实际上是承保了卖方仓库到装运港以及目的港到买方仓库的陆运区段，所以保险合同满足"仓至仓"条款时，与海运区段相衔接的陆运区段无须单独投保。

保险公司对满足以下条件的保险合同才能执行"仓至仓"条款，否则只能是港（船）至仓。

①索赔人必须是保险单合法持有人。保单合法持有人是向保险人支付保险费的投保人，或者从投保人处合法取得保单的保单持有人。

②索赔人必须享有保险利益。国际运输货物保险只能对保险标的发生损失时享有保险利益的一方进行赔偿。通常拥有货物所有权并承担货物损坏或者灭失风险的一方才享有保险利益。

③索赔人要求赔偿的损失必须是所保险别的承保范围所属，即超出保险公司承保范围外的风险带来的损失，保险公司不负责赔偿。

（2）不同贸易术语下保险责任起讫分析

①CIF、CIP贸易术语下保险公司承保的责任起讫是"仓至仓"。CIF、CIP贸易术语下由卖方负责投保并支付保费，卖方自然是保险单的合法持有

人；同时，货物风险转移是以在装运港安全装船或出口国发货地或启运地交给承运人为界，货物在安全装船或货交承运人风险转移之前，风险由卖方承担，因此卖方享有保险利益。待货物装船或由买方指定承运人处置时，风险由卖方转移给买方，买方享有保险利益。同时，保险单也由卖方经过合法背书转让给买方，使买方成为保险单的合法持有人。综上所述，CIF、CIP下保险合同能够实现真正的"仓至仓"条款，只是不同期间或者区间赔偿的对象有所不同。

需要提醒卖方的是，CIF、CIP下的保险合同要实现真正的"仓至仓"条款，还要求卖方在货物离开卖方仓库之前就要投保，现实中很多保险是在货物装船后才购买保险，由于从卖方仓库到安全装船这一期间或者区间没有投保，出现风险时卖方还不是保险单的合法持有人，因此保险公司不负责赔偿，从本质上说，漏保了从卖方仓库到港口装船这段时间的保险，这一点一定要多注意，要想实现"仓至仓"条款，就要尽早投保。不管是自己购买保险还是委托货运代理购买保险，都要在货物离开仓库之前投保。在国际贸易实践中，从卖方仓库到装运港船上或者承运人仓库，各个运输人或者仓库也都有相应保险，如果没能提前购买保险，货物真正出险，比如集装箱卡车在卖方仓库回港的路上出险，卖方可以通过货运代理向卡车公司进行索赔，因为卡车公司为每一辆运输车辆也都投了保险，只是能否足额赔偿并不十分确定，但能确定的是可以索赔。如果货物十分贵重，笔者建议提前购买保险，或者单独购买陆运险。

②FOB、FCA、CFR、CPT贸易术语用于海运时，保险公司承保的责任起讫是"港（船）至仓"。FOB、FCA、CFR、CPT贸易术语下，货物风险转移是以在装运港安全装船或出口国发货地或启运地交给承运人为界。货物在安全装船或货交承运人风险转移之前，卖方享有保险利益，但是保单的合法持有人是负责投保的买方，而不是卖方，因此保险公司不负责赔偿卖方。与此同时，买方作为保单的合法持有人，却不享有保险利益，因为风险还没有转移给买方，所以保险公司也不负责赔偿买方。保险公司的实际责任仅从货物在装运港装上海轮或在发货地承运人接管货物时才开始，只能实现港至仓或船至仓。因此，以FOB、FCA、CFR、CPT贸易术语成交时，海上运输货物保险实际上是存在一定真空区间的，即从卖方仓库到货物装船或交给承运人处置之前，国际货物运输保险是不负责承保的，因此卖方需要对此做出安排。普通货物可以在出险时向相关内陆运输人索赔，特别贵重的货物应该单独投保，防止意外出险可能产生的无法承担的巨大损失。

(3)战争险责任起讫

战争险责任起讫通常以水面危险为限,即从装船开始到卸船结束。

(三)《伦敦协会货物保险条款》

除我国海洋运输货物保险条款外,实务中应用较多的还有《伦敦协会货物保险条款》(ICC)。ICC(A)条款类似一切险,ICC(B)条款类似水渍险,ICC(C)条款类似平安险,只要投保时说明按照哪个条款投保即可。需要说明的是,在没有相反约定的情况下,国际运输货物保险可以由任何一家保险公司承保,只是需要在保单上约定按照中国人民保险公司海运保险条款还是《伦敦协会货物保险条款》投保。

四、其他货物运输保险

在国际保险业务中,除海洋运输的货物需要保险外,陆上运输、航空运输和邮包运输的货物也需要办理保险。因此,各保险公司制定的保险条款,按照运输方式的不同,可以分为海上运输货物保险条款、陆上运输货物保险条款、航空运输货物保险条款和邮包保险条款等。投保与海运保险类似,此处不再重复。

五、国际运输货物保险实务

在国际贸易实践中,绝大多数出口企业并不需要直接向保险公司办理投保,一般都是委托货运代理代为购买相应保险,告诉货运代理投保金额、投保加成率及保险条款即可,货运代理会为发货人投保,并缮制投保单或者保险单草稿给发货人确认,发货人只需确认就好。

(一)投保流程

1. 确定装运日期和装运工具

因为在保险单上一般要显示船名、航次以及开航日期,或者提单号码,因此需要提前确定好装运日期和装运工具。正常来说,发货人通过货运代理向船公司订舱成功后就已经有了上述信息,可以投保。在个别情况下,可能发生运输工具拖班或者无法正常装运的问题,此时保单上的相应数据也可以在运输工具实际开航或者启运后修改。

2. 投保

自己投保可以填写投保单向保险公司投保,委托货运代理代为投保,在订舱委托书上注明投保险别、保险金额、保险加成率、保险条款即可。笔者建议在保险业务量不是很大的情况下,尽量委托货运代理公司代为投保,这样省时省力,还可能节省一些保险费用。因为保险公司给货运代理的保险费率一般要好于保险业务很少的货主。

3. 缴纳保险费

按照中国保险公司的一贯做法，投保人只有成功缴纳保险费后，保险才能真正生效。国外很多保险公司则是投保就生效。

4. 领取保险单证

缴纳保险费后就可以按照买卖合同或者信用证要求，要求保险公司出具相应保险单证。

(二) 投保注意事项

1. 关于保险金额

投保金额或者保险金额（INSURED AMOUNT）是保险人赔偿的最高金额，也是计算保险费的基础，一般为 CIF、CIP 发票额的110%。在信用证结算业务中，保险金额保留到两位小数。

保险金额＝CIF/CIP 价×（1＋投保加成率），如果买卖合同或者信用证当中没有明确约定保险加成率，那么必须加成10%，即按照 CIF、CIP 发票金额的110%投保，这一点非常重要，如忘记加成，买方可以拒绝付款。

2. 关于投保险别

按照《2020通则》规定，在没有相反约定的前提下，CIF 投保最低险别，即中国人民保险公司保险条款平安险或 ICC（C）险；CIP 则要求投保最高险别，即中国人民保险公司保险条款一切险或 ICC（A）险。

3. 关于保险条款

保险条款是很多投保人容易忽略的问题，在买卖合同或者信用证有要求的情况下，必须按照要求，按照正确的保险条款投保。在没有明确要求时，笔者建议按照中国人民保险公司保险条款投保。

4. 关于保险费的计算

保险费＝CIF/CIP 价×（1＋投保加成率）×保险费率，通过货运代理购买保险，保险费一般由货运代理代交，后期与其他费用一起支付即可。委托货运代理代为投保时，可以让其提前确认保险费金额，以便做到心中有数。一般来说，货运代理从保险公司获得的保险费率要低于小货主直接投保时从保险公司获得的费率。

(三) 保险单据

1. 保险单据种类

保险单据是保险人与被保险人之间订立保险合同的证明文件，也是保险公司出具的承保证明，是被保险人凭以向保险公司索赔和保险公司理赔的依据。主要有 3 种：保险单（INSURANCE POLICY）、保险凭证（INSURANCE

CERTIFICATE）和预约保险单（OPEN POLICY）。

保险单俗称大保单，是一种正规的保险合同，背面印有保险人与被保险人之间权利和义务方面的条款。保险凭证俗称小保单，是一种简式保险合同，同保险单相比，少了背面条款，正面内容与保险单相同，与保险单具有同等法律效力。预约保险单是保险公司承保被保险人在一定时期内发运的，以CIF价格条件成交的出口货物或以FOB、CFR价格条件进口货物的保险单，进出口业务比较频繁的企业，为了防止漏保可以采用预约保险单。

在国际贸易实践中，若买卖合同或者信用证对保险单据种类没有约定，默认出具保险单。在信用证结算方式下，保险单据的形式和内容，须符合合同或者信用证规定。在任何时候，保险单据的出单日期不得迟于运输单据的签发日期，否则会认为有区间漏保。

2. 保险单背书与转让

保险单和指示提单一样，可以背书转让，背书方式与指示提单背书相同，通常二者也需要保持一致。在CIF或CIP条件下，如果保单表面以卖方作为被保险人，卖方需要在保单背面进行背书，将保单合法转让给买方。

3. 保险单样本及内容

保险单样本见第十一章图11.20，不同保险公司的保险单在结构和格式上会略有不同。关于保险单的具体内容，请参照本书第十一章第四节"五、保险单据审核"。

第五节　国际货物运输与保险条款

一、装运时间和交货时间

不同贸易术语下，装运时间和交货时间的关系不同，交易磋商或者缔结合同过程中相应的约定也会有所不同。

（一）装运港船上交货贸易术语装运时间和交货时间相同

装运港船上交货贸易术语FOB、CFR、CIF下的货物安全装船后卖方即完成交货，风险转移给买方，装运时间（SHIPMENT TIME）与交货时间（DELIVERY TIME）相同。

因此，在交易磋商或者缔结合同过程中可以约定装运时间，也可以约定交货时间。国际贸易实践中多采用约定装运时间的方式。

（二）货交承运人贸易术语装运时间晚于交货时间

货交承运人贸易术语FCA、CPT、CIP下货交第一承运人处置或者照管时卖方完成交货，何时装运取决于承运人，装运时间晚于交货时间。因此，在交易磋商或者缔结合同过程中原则上只能约定交货时间，而不能约定装运时间。因为作为发货人的卖方无法控制具体的装运时间，天气、港口情况都可能影响到实际装运时间。此外，FCA术语下买方指定的货运代理或者承运人也可能不完全按照卖方的指示及时安排装运，甚至故意延迟装运导致卖方违反买卖合同约定。在国际贸易实践中，以货交承运人贸易术语成交时，如一定要约定装运时间，则卖方应该至少提前一班船或者一班飞机，以防因为某些意外导致货物不能及时被装运而违反买卖合同。

（三）工厂交货贸易术语装运时间晚于交货时间

工厂交货贸易术语EXW下卖方将货物交给买方或者其指定人处置时完成交货，何时装运取决于买方或者其指定人，装运时间晚于交货时间。因此，在交易磋商或者缔结合同过程中原则上只能约定交货时间，而不能约定装运时间。原因与货交承运人贸易术语相近，不再重复。

（四）目的地交货贸易术语装运时间早于交货时间

目的地交货贸易术语DAP、DDP下卖方在自行承担运输风险及费用的情况下，将货物运到指定目的地并交于买方或者其指定人处置或者照管时完成交货，装运时间早于交货时间。因此，在交易磋商或者缔结合同中原则上只约定交货时间即可，而非必须约定装运时间。对于买方来说，他最关注的是交货时间，对于由卖方决定的装运时间则不那么关心。但是，在运输方式固定的情况下，装运时间必然要影响到交货时间，因此买方要求同时约定装运时间与交货时间在一定程度上也是合理的。

二、装运时间和交货时间的规定方法

（一）同时约定装运/交货时间和付款时间

如在买卖合同中约定了具体的装运/交货时间或者装运/交货期间，则应同时约定付款时间，即电汇预付款支付时间或者信用证开立合格信用证时间。通常可做如下规定：在5月内装运/交货，如Shipment/Delivery in May；在5月底以前装运/交货，如Shipment/Delivery to be made before the end of May；在2022年5月31日以前装运/交货，如Shipment/Delivery to be effected before 31st May, 2022；5月和6月（跨月）装运/交货，如Shipment/Delivery to be made in May and June in equal lot。

（二）规定收到预付款或者合格信用证若干天装运

在国际贸易实践中，部分买方只是签订买卖合同和发货时才着急，对于预付款支付或者合格信用证开立以及样品确认（如果需要）等事情却进展缓慢。因此，将装运/交货时间与预付款支付或者合格信用证开立以及样品确认

（如果需要）时间相关联，可以在一定程度上避免买卖合同签订后，买方不按照约定行事，却催要装运/交货的问题发生。例如，收到约定的付款或合格信用证并确认样品后（如果需要）20 个工作日内装运/交货［SHIPMENT/DELIVERY: WITHIN 20 WORKING DAYS AFTER THE RECEIPT OF AGREED DOWN PAYMENT OR ACCEPTED L/C AND SAMPLE APPROVAL (IF NECESSARY)］。

三、装运港（地）和目的港（地）

（一）装运港、装运地或交货地

以 FOB、FCA 或 EXW 成交，装运港、装运地或交货地是买卖合同的主要要件，要尽可能做出详细约定。通常都只能约定一个装运港、装运地或交货地，货量较大且货源又分散在几处时，可以约定多个装运港、装运地或交货地以方便装运和交货，卖方也可以据此核算到不同港口或者地点的费用。

在约定装运港时，如果某个区域有多个港区，不宜明确到具体港区，如深圳港有盐田、赤湾和蛇口等多个港区，港口一般只能规定是深圳或者深圳任何港口，而不能是具体的盐田、赤湾或蛇口等港区，以免给具体的装运带来困难。约定多个装运港、装运地或交货地时，买方应该在装运时间或者装运期届满前 10 天或更早时间通知卖方具体的某个或者某几个装运港、装运地或交货地，以便卖方做好集港、集站等装运准备工作。

此外，买卖合同或者信用证中的装运港必须是现实存在的港口名称。例如，出口业务中中国广东港（GUANGDONG PORT, CHINA）就不是一个正确的装运港约定。因为广东港（GUANGDONG PORT）并不是一个现实存在的港口名称，也不能被理解为广东境内的港口。中国主要港口都是与其所在城市重名，而不是所在省份重名。因此，正确的装运港规定应为：中国广东的任何港口（ANY PORT IN GUANGDONG, CHINA），意思是广东范围内的任何港口装运都可以，或者中国广州港（GUANGZHOU PORT, CHINA），意思是仅可以在广州港装运。

（二）目的港、目的地或交货地

以 CFR、CIF、CPT、CIP、DAP 或 DPP 成交，目的港、目的地或交货地是买卖合同的主要要件，要尽可能做出详细约定。通常只能约定一个目的港、目的地或交货地。应买方要求，可以约定多个目的港、目的地或交货地以方便买方接货或者收货，卖方可以据此核算到不同港口或者地点的具体费用。

在约定目的港时，如有多个港口可供选择，笔者建议列出具体的名称，而不是笼统的规定。例如，应以荷兰鹿特丹、德国汉堡、比利时安特卫普（由卖方选择）代替欧洲主要港口（EUROPEAN MAIN PORTS, EMP），而且要在港口名称后面加上国家或者地区名称，避免因港口名称重复引起的误会。

四、部分装运、分期装运和转运

部分装运、分期装运和转运更多强调的是信用证结算业务中买卖合同以及信用证中的约定。因为信用证结算业务中相关约定条款直接影响作为受益人的卖方能否安全收汇。正确理解和执行信用证业务中的相应条款，其他结算方式下的业务才可以顺利完成。

（一）部分装运

1. 部分装运概念

部分装运（PARTIAL SHIPMENT/DELIVERY）也称分批装运，与全部装运（FULL SHIPMENT/DELIVERY）相对，是指受益人不能将合同或者信用证中约定的货物装运到同一运输工具上一次全部出运。

2. 部分装运说明

部分装运着重强调的是经由不同运输工具（数量为1以上的运输工具）装运货物。根据《UCP 600》第三十一条及《国际标准银行实务》（以下简称《ISBP 745》）D22段约定，多套运输单据显示受益人在不同装运港（接管地、发运地）、不同时间将货物装上同一运输工具、到达同一目的港（目的地、卸货地），且指定银行用同一面函一次交单时，将不被视为部分发运。

从国际贸易实践来看，信用证中的部分装运条款多是受益人根据备货以及国际货物运输工具的限制，请求开证申请人允许部分装运而做出的约定。允许部分装运（尤其是大宗出口货物订单）有助于受益人充分利用各地库存，更合理地组织货物出运，也有助于开证申请人更早地收到部分货物用于销售或者再加工。

3. 部分装运注意事项

（1）申请人注意事项

对于作为买方的申请人而言，允许部分装运应该是充分考虑己方现实需求以及受益人要求后合理、谨慎地做出的决定，需要随时做好收到部分或者全部货物的准备。如果本意是要在特定时期收到特定数量的货物，则应该禁止部分装运，同时采取下文中的分期装运方式装运货物。

（2）受益人注意事项

对于作为卖方的受益人而言，无法或者不能一次性全部装运货物时，必须要求信用证允许部分装运、部分支款。如果审证时发现信用证允许部分装运却不允许部分支款，原则上应和开证申请人商量修改信用证。如果审证时没有发现且已经开始装运，也可以多次装运、一次支款。但是根据《ISBP 745》D23段、E19段、F17段、H19段、J14段中C款约定，指定银行用同一

面函提交一套以上正本运输单据时，开证行将以最早的装运日期计算交单期，且所有正本运输单据上记载的装运日期都不得晚于信用证规定的最迟装运日期或者装运期间。受益人需要据此安排装运以及交单，以防因过期装运或过期交单而被开证行拒付。

在国际贸易实践中，即使信用证允许部分装运且没有任何限制，受益人也应该有装运计划并将装运计划及时给到开证申请人，以便开证申请人做好接货准备。而且要在装运期内足量装运货物，而不是利用信用证允许部分装运的主动权随意装运或短装货物。尽管随意装运或短装不会影响信用证下的收汇，但是如果违背了基础买卖合同中有关装运的规定，作为买方的开证申请人仍然可以向作为卖方的受益人主张损害或者违约赔偿，同时可能在以后的合作中禁止部分装运或在信用证中对部分装运做出更为苛刻的限定。

（二）分期装运

1. 分期装运概念

分期装运（INSTALLMENT SHIPMENT/DELIVERY）是指按照信用证中约定的不同期间将约定的货物分不同期次装运。

2. 分期装运说明

根据《ISBP 745》C15 段的约定，分期装运中的"期"必须是时间段，即要同时有起始时间和结束时间。当信用证中仅以一些最迟（LATEST）装运日期规定装运时间表，则不是《UCP 600》设想的分期时间表，不适用《UCP 600》第三十二条，受益人交单时只需要满足《UCP 600》第三十一条关于部分装运的相关规定即可。

从国际贸易实践来看，信用证中的分期装运条款多是开证申请人根据最终使用方仓库容量、需用计划、资金周转等特定需求而约定，通常会与已经商订的买卖合同中相关装运条款的约定一致。如果受益人未能按照分期装运时间表中约定的时间、数（重）量及金额装运（表面要求），不仅会因单证不符被开证行拒付，还会给最终使用方的既定安排（实际需求）带来不良影响，大概率失去说服开证申请人接受不符单据的机会，甚至导致作为买方的开证申请人索赔。

3. 分期装运注意事项

（1）申请人注意事项

对于作为买方的申请人而言，信用证中的分期装运条款必须与基础买卖合同中的约定，或者经受益人确认后做出的约定一致，避免单方约定可能带来的改证问题。同时，应该严格按照《ISBP 745》C15 段的约定对分期时间表进行约定，避免因对分期装运约定不明而引发争议，并打乱己方的收货及付款计划。

(2) 受益人注意事项

对于作为卖方的受益人而言，如果信用证中的分期装运条款与买卖合同中的约定一致，要严格按照分期装运时间约定进行有序装运。如果信用证中的分期装运条款与买卖合同中的约定不一致，受益人要与生产、运输等相关单位确认能否做到按期装运，若无法做到或者不确定能否做到，要和开证申请人商量进行改证。否则按照《UCP 600》第三十二条约定，任何一期未按信用证规定期限支取或发运时，信用证对该期及以后各期均告失效，给受益人的安全收汇带来巨大潜在风险。

同时，分期装运的每一期货物的装运时间间隔要大致相同。如买卖合同或者信用证要求5~8月每月各装运一批，第一期实际装运时间为5月15日，在申请人没有额外要求的情况下，以后每一期的实际装运时间都应该在每月的15日左右，以满足最终使用者要求分期的目的。不能6月30日装运一期，7月1日又装运一期，这尽管也符合信用证约定，但是却很大可能与开证申请人要求分期的目的相悖。此外，如果受益人某一期装运未能满足信用证约定的分期装运要求，开证申请人还准备接收货物的情况下，要及时沟通开证申请人修改信用证，收到合格的信用证修改后继续装运，以确保信用证对以后各期的付款保证仍然有效，而不是盲目地继续装运下一期货物，将付款的决定权交到开证行以及开证申请人手里，给己方安全收汇带来风险。

(3) 指定银行注意事项

如果受益人某一期装运未能满足信用证约定的分期装运要求，代为交单的指定银行也应该提醒受益人去和开证申请人商量修改信用证上的分期装运约定，而不是根据可能正确的经验，人为地判断信用证的付款保证是否继续有效。需要强调的是，由于之前已经有未能按期装运记录，需要告知开证申请人在信用证修改中明确：《UCP 600》第三十二条不再适用。

(三) 转运

1. 转运概念

转运是指货物从装运港或发货地到目的港或目的地的运输过程中，从一个运输工具卸下，再装上同一运输方式的另一个运输工具；或在不同运输方式情况下，从一种方式的运输工具卸下，再装上另一种方式的运输工具。

2. 转运说明

买卖合同或者信用证未明确禁止转运的情况下，默认允许转运。在装运港（地）与目的港（地）之间没有直达运输工具或者直达运输工具航次（班次）较少时，需要约定允许转运，以便卖方能够及时安排装运。

五、滞期和速遣

（一）滞期和速遣说明

采用程租船运输时，船方为了加速船舶的周转，促使租方尽快装卸，一般都会在租船合同中订有带奖罚性的条款，即滞期速遣条款。这一条款同装卸时间和装卸率是密切关联的。根据这项条款的规定，如租方未按照约定时间完成装卸任务，延误了船期，则应向船方支付一定的罚款，这项罚款称为滞期费（DEMURRAGE），它相当于船舶因滞期而发生的损失和费用。反之，如租方按照约定时间提前完成装卸任务，则可向船方领取奖金，这项奖金称为速遣费（DISPATCH），速遣费一般是滞期费的一半。

（二）滞期和速遣条款

采用程租船运输时，负责租船的买方或卖方，为了约束对方，使其按时完成装卸任务，不仅必须在买卖合同中规定装卸时间和装卸率，还必须规定滞期速遣条款。而且应注意使滞期速遣条款与租船合同的相应条款一致，以免造成不应有的损失。因此，大宗散货出口方采用程租船运输时，相关销售及单证人员在签订和审核买卖合同时，要特别注意买卖合同中关于船舶装卸约定是否带有滞期速遣条款。如果带有滞期速遣条款，则应提前与港务部门协调好装船事宜。

六、买卖合同的保险条款

（一）由卖方投保

由卖方按照发票金额的＿＿＿％投保中国人民保险公司1981年1月1日生效条款的＿＿＿险。（COVERING ＿＿＿ RISKS FOR ＿＿＿% OF INVOICE VALUE TO BE EFFECTED BY THE SELLER AS PER OCEAN MARINE CARGO CLAUSE OF THE PEOPLE'S INSURANCE COMPANY OF CHINA DATED 1/1/1981.）

（二）由买方投保

由买方购买保险。（INSURANCE TO BE COVERED BY BUYER.）

第六节　国际货物运输与保险常见问题

一、货运代理选择

国际货物运输一般通过货运代理完成，在选择货运代理时应关注以下两个方面的内容。

（一）货运代理评估

1. 公司实力

公司实力主要评估货运代理公司业务规模、资金规模、资产规模。最直观的判断就是这家货运代理在国内各主要港口及省会城市是否都有分公司。如果在国内主要港口，比如上海、宁波、天津、大连、广州、深圳、青岛以及各省会城市都有分公司，说明整体实力较强。如果在全球各主要港口和首都所在城市都有分公司，则说明其实力更强。

2. 公司能力

公司能力主要评估货运代理与承运人（舱位保证和运价水平）、与海关的公共关系。一般来说，货运代理应和上面提及的企业或者机构保持良好的关系。其外在能力表现就是能够从承运人处获得较好的运价且能保证舱位，能够在必要的时候与海关主管人员进行进出口商品检验以及清关问题的直接沟通，并能快速解决问题。

3. 服务能力

服务能力主要评估货运代理操作流程熟练度、解决问题能力。可以通过与货运代理业务及操作人员的沟通与反馈进行判断。比如，报价与报价单是否及时并准确，签订国际货物运输代理合同是否主动，该给发货人确认的预录单、提单等单据是否及时发送给发货人确认，电放货物是否在收到合格保函后电放，该给发货人的对账单、发票、提单、保险单等是否在第一时间发给发货人，遇到问题时是主动解决还是各种推辞撇清责任等。

（二）货运代理选择

1. 关注服务

发货人在选择货运代理时不能只看价格，还要看服务，要给货运代理留有合理的利润空间，不要过度压价。因为服务是建立在一定的利润基础上的。

2. 引入竞争

发货人每次选择两家或两家以上货运代理询价。因为有些货运代理可能"宰熟"，即使是长期合作的货运代理也不能保证其每次报价都是合理的。所以发货人每次选择2~3家货运代理询价是必要的，当正在合作的货运代理清楚每次出运发货人都有比价过程，他们的报价就会更加准确与合理。

3. 综合考虑

发货人要综合考虑航运服务、海运费价格、货运代理服务来做出最终选择。尤其是在国际运力紧张时，能够确保舱位和装运时间要比单纯的运费优惠更为重要。发货人要谨慎与未合作过的但是运费优惠的陌生货运代理合作，以防影响货物装运和后期可能产生的额外收费。

二、费用确认方法

(一) 主运费确认

以运费预付的贸易术语成交时,主运费由发货人找货运代理进行询价和确认。询价前需要确认相对准确的待装运货物件数、重量以及尺码。

1. 海运主运费

海运待出运货物总体积小于18立方米时询问拼箱运费,即多少钱一立方米;总体积大于等于18立方米、小于等于28立方米时询问20尺集装箱运费;总体积大于28立方米、小于等于30立方米时,需要通过模拟货物在20尺集装箱内的具体摆放方式来确定是否仍然可以使用20尺集装箱;总体积大于30立方米,则根据实际体积询问40尺集装箱或者45尺高箱运费。此外,还需要考虑不同集装箱的载重限制。在国际运力紧张、货量充足的时候,即使没有超出集装箱载重限制,承运人也可能拒绝接受接近限重的货物。比如,20尺集装箱有效载重量为17.5吨,但是如果有选择,承运人就会更倾向于接受毛重10吨以下的货物,或者对接近限重的货物收取更高的运费。需要注意的是,海运费通常以美元计算和报价。

2. 空运主运费

空运待出运货物一般询问每千克的运费率以及不同级别的运费率。通常来说,轻泡货物为货运代理提供了"吃泡"的可能,其运费率应该低于重货的运费率。同时,空运货物的计费重量是取实际毛重与体积重量的较大值。需要注意的是,空运费通常以人民币计算和报价。

(二) 杂费确认

1. 以运费预付贸易术语成交杂费确认

以运费预付贸易术语成交,卖方需要同时确认装运港(地)杂费与目的港(地)杂费,且两种费用都需要货运代理提供详细报价单。因为有些货运代理为了争取新客户,人为在装运港低收费,后在目的港高收费,尤其是在出具货运代理提单或者分运单的情况下。尽管这种操作为发货人节省了一部分费用,但是过高的目的港收费会导致收货人拒绝提货,或者向发货人进行抗诉,或者在以后的交易中拒绝以卖方安排运输的运费预付贸易术语成交,即目的港高收费问题的不良后果最终还是要由卖方承担。所以需要同时确认装运港杂费与目的港杂费,防止上述问题的发生。此外,杂费与主运费也有一定关联,有些货运代理可能主运费上少收一些,但是在杂费上多收一些。综上所述,以运费预付的贸易术语成交时,发货人需要确认的是主运费+装运港杂费+目的港杂费的总费用,来比较分析不同货运代理报价的合理性及竞争性。

2. 以运费到付贸易术语成交杂费确认

以运费到付贸易术语成交，卖方仅需与买方指定货运代理确认装运港（地）杂费即可，无须确认主运费以及目的港（地）杂费。需要特别强调的是，与买方指定货运代理确认装运港杂费时必须在货物离开仓库之前。需要收到买方指定货运代理书面报价单并确认能够接受后再安排装运，而不是等货物已经发出或者到了买方货运代理指定仓库，甚至在货物已经装船或买方指定货运代理出了对账单后才质疑其不合理的高收费。此时货物已经脱离了发货人实际控制，准备高收费的指定货运代理几乎不会对发货人的质疑进行正面回应，相反，还会要求发货人付款取得提单，使发货人陷入被动境地。

从国际贸易实践来看，买方指定货运代理多少都会有些不合理的高收费，如果高收费不超过10%，视情况考虑接受。如果高收费超过10%，发货人应尝试将买方指定货运代理发送的报价单发送给买方，同时抄送给买方指定货运代理，告知买方及其指定货运代理己方所能承担的合理费用项目及金额，请他们同步确认其他费用项目及金额的承担方。防止某些无良货运代理利用信息的不对称性对同一费用项目在装运港与目的港重复收费的情况发生，通过买卖双方共同努力将相应杂费降到最低。

（三）保险费确认

如果企业进出口需要投保的业务较多，可以直接与保险公司确认保险费率，并据此计算保险费。如果业务较少，可以直接委托货运代理代为购买保险并据此确认保险费。目前，多数货运代理的保险费率都在3‰~5‰。

三、关于运输单据上的发货人

（一）运输单据上的发货人的重要意义

运输单据上的原始发货人在一定程度上关系到货物的所有权，正常情况下，应该以货物的真正所有权人，即国际货物买卖合同的卖方或者信用证的受益人作为运输单据上的发货人。而且，从国际贸易以及运输惯例来看，承运人或其代理人应该将运输单据，特别是具备物权凭证性质的海运提单最先交给运输单据表面上记载的发货人。在任何情况下，承运人或其代理人都不能将运输单据，特别是具备物权凭证性质的、由船公司出具的海运提单直接交给买方或者其指定收货人。

（二）以买方或其指定人作为发货人时的注意事项

如果以买方或其指定人作为运输单据表面记载的发货人，在发生争议时则可能无法分清谁是货物的原始所有权人，货运代理也无法有效辨别应该把从承运人处获得的运输单据最先交给谁。尽管有中间商的贸易中可能存在以中间商或者其指定人为运输单据表面记载的发货人，但是卖方要慎重接受此种要求。特别是在发货前没有收回全部货款的情况下，卖方要坚决拒绝此类要求。在发货前已经收回全部货款的情况下，卖方可以酌情接受以中间商或者其指定人为运输单据表面记载的发货人的要求。尽管有些地方国税部门对此有异议，但是只要贸易背景真实，能够在国税部门需要的时候提供合同、发票等真实资料，并提供情况说明，依然可以退税。但是前提是贸易背景真实。

四、无单放货风险预防

（一）无单放货概念

无单放货也称无正本提单放货，是指承运人或其代理人在未收回正本提单的情况下，就将货物交付给提单表面记载的收货人的行为。

（二）无单放货说明

无单放货会导致使用海运提单的业务中发货人对物权的控制失效，可能给卖方的安全收汇带来巨大潜在风险。目前主要有3种原因可能导致承运人或其代理人无单放货。一是南美以及非洲的部分国家（如哥伦比亚、委内瑞拉、安哥拉等）对进口货物实施单方面放货政策，使承运人或其代理人对通过正本提单控货的操作难以实行。二是北美洲国家（如美国、加拿大等）对记名提单允许承运人凭到货通知及身份证明进行无单放货操作。三是使用货运代理提单时，个别指定货运代理可能应买方特别要求，并凭买方出具的保函进行无单放货，甚至是为了利益与买方勾结进行无单放货。

航空运输、铁路运输、公路运输不产生能够控制物权的运输单据，或者海运使用不具备物权凭证性质的海运单时，承运人或其代理人交付货物时本就无须收回正本运输单据，可以凭到货通知及身份证明直接将货物交给运输单据表面记载的收货人，不存在无单放货问题。

（三）无单放货预防

针对上述第一种原因导致的无单放货行为，卖方只能收齐全部货款后发货，即不能以凭提单副本付尾款的结算条件进行结算。

针对第二种原因导致的无单放货行为，卖方可以用指示提单代替记名提单。如果买方坚持要记名提单，卖方可以在收齐全部货款后将指示提单改为记名提单，用可以计算的300~500元的改单费预防可能发生的无单放货风险。

针对第三种原因导致的无单放货行为，卖方可以从两个方面进行预防。一是确认货运代理提单签发人的无船承运人资质，即核实指定货运代理是否在交通运输部做过无船承运人登记备案。如没有备案，则应拒绝接受由其签发的运输单据，让其指定有无船承运人登记备案的其他货运代理签发运输单据。二是要求指定货运代理签发控货保函（见图5.7），通过保函明确其控货的责任，由其承担无单放货的全部责任和风险。

<h2 style="text-align:center">控 货 保 函</h2>

甲 方：某贸易有限公司

乙 方：某货运代理有限公司

关于某贸易有限公司与某国某公司签订的合同号为 XXX，船名航次：XXX，提单号（分单号）：XXX，集装箱号及封号：TXXX。经甲、乙双方协商，甲方委托乙方办理该合同项下的货物出口所有相关手续。

为了保障甲方的权益，由乙方对尾款做出担保。甲方与乙方特别协定：乙方只有在收到甲方正本提单和甲方盖有公章的正本电放通知后，才能把货物放单给目的港收货人。若由于乙方原因在甲方没有收齐货款，乙方在没有收到甲方电放通知把货物放单给目的港收货人，甲方由此产生的一切经济损失及相关损失由乙方某货运代理有限公司及其法定代表人承担，按照相应金额赔偿甲方某贸易有限公司。

此协议一式二份，由双方盖章后生效，扫描件同样具备效力。

本担保协议有效期为长期有效。

担保公司：某货运代理有限公司

担保人（签字）：

担保公司印章：

担保日期：

图 5.7　控货保函

案例分析一　因保险险别错误被开证行拒付案例

某出口商以 CIP 贸易术语与一德国客户缔结买卖合同，以信用证结算，信用证中仅要求提供保险单三正两副，没有对保险险别及加成率做出规定。买卖合同及信用证均注明贸易术语受《2020 通则》约束。出口商参照 CIF 加成 10% 购买了平安险，但是交单后却被开证行以保险险别错误而拒付。拒付函称按照《2020 通则》规定，CIP 贸易术语应该默认投保最高险别，现投保平安险，保险险别错误。出口商经过多方了解，确认是己方工作疏忽所致，后联系申请人接受了不符点。

分析此案，开证行拒付是合理的。CIP 下投保平安险确实不符合《2020 通则》的约定。为了防范此类风险，出口商必须正确掌握 CIF、CIP 下保险的默认做法。而且需要在投保单模板中做好批注，提醒自己当下多数买卖合同及信用证中贸易术语适用管理版本已经是《2020 通则》，而非《2010 通则》。

案例分析二　货运代理（集中发货人）空运业务中"吃泡"案例

某货运代理（集中发货人）分别收到 A 和 B 两个发货人的货物，A 货物体积是 1 立方米、500 千克，为重货，计费重量为 500 千克；B 货物体积是 1 立方米、100 千克，为轻泡货物，计费重量为 166.7 千克。

分析此案例，假设货运代理不收取 B 货物，结果就是他收取 A 货物 500 千克的运费，支付给航空公司的也是 500 千克的运费。他同时收取了 B 货物，结果就是他收取 A 货物 500 千克的运费，收取 B 货物 166.7 千克的运费，总计收取 666.7（500+166.7）千克的运费，但是支付给航空公司的是 600（500+100）千克的运费。因为货运代理是与航空公司算总账的，A 货物和 B 货物加在一起是 2 立方米，重量是 600 千克，计费重量为 600 千克。中间 66.7（666.7-600）千克对应的运费就是增加了 B 货物后额外获得的。没有 B 货物，货运代理就无法获得这部分运费差额，所以实务中货运代理通常会将这部分额外运费差额分一部分给轻泡货物发货人，使轻泡货物的运费率低于重货的运费率。

案例分析三　买方指定货运代理拼箱货物高收费案例

某出口商发送 0.007 立方米、200 美元样品给俄罗斯客户，由买方指定货运代理安排运输。参与此次拼箱运输的共有 12 家发货人。由于这家出口商货物较少，以为最多也就是 500 元，因此在发运时并没有与指定货运代理确认相关费用。但是货物装运后指定货运代理对账单上显示的费用却是 1723.33 元，其中按体积分摊的费用有提柜费 1700 元、订舱费 690 元、码头操作费（THC）698 元、安保费 20 元、设备单 50 元、封志费 50 元、集装箱称重费（VGM）50 元、港口安保费（ISPS）75 元，合计 3333 元，出口商需要分摊 3333×0.007=23.33 元。按票收取的费用如下：舱单 50 元/票、文件 500 元/票、入境摘要报关单（ENS）费用 200 元/票、操作费 200 元/票（拼柜）、电放费 450 元/票、报关费 300 元/票，合计 1700 元。

分析此案例，按体积分摊的费用为船公司收取费用，尽管提柜费和订舱费偏高 20% 左右，但是整体来看是合理的。按票收取的费用为指定货运代理自行收取费用，基本都是不合理收费。第一，指定货运代理在办理拼箱货物运输时，船公司会以货运代理作为发货人，其目的港代理作为收货人，舱单、文件、ENS 费用都是按照一票支付的，原则上也应该按照体积进行分摊，但是指定货运代理为了自己的利益却分别对 12 家发货人按票收取费用。第二，指定货运代理受买方委托安排运输，其操作费已经含在运费中，原则上不应该再向每家发货人收取操作费。第三，指定货运代理将货物发给其目的港代理时正常都会出具海运单，根本不会产生电放费。即使电放其签发的货运代理单，也仅是发个邮件而已，不会产生电放费，所以，电放费也不该收取。第四，指定货运代理代为报关会产生报关费，但是多数货运代理的报关成本仅在50元左右，货运代理一般向发货人收取100~150元的报关费，本案例中的300元已经属于讹诈性收费。通过以上分析，我们知道指定货运代理的收费基本都是不合理的讹诈性收费。为了防范指定货运代理这种高收费风险，出口商必须在发货前与指定货运代理确认收费情况，对于不合理或者不能承担的费用要据理力争，必要的时候甚至可以与买方直接沟通，由买方与指定货运代理讨价还价，或者由买方自行承担。待收费项目及标准确认后再发货到指定货运代理仓库。否则，当货物已经出运，运输单据以及货物均控制在指定货运代理手里时，出口商甚至买方都失去了讨价还价的资本。实际上，指定货运代理的所有风险都是因为没有提前确认和防范造成的。

实践操作

1. 试分析和阐述货运代理提单的运转流程。
2. 试分析和阐述空运及快递运费核算的注意事项。
3. 试分析和阐述指定货运代理高收费及无单放货的风险防范办法。
4. 试分析和阐述不同运输单据的性质以及应用时的注意事项。

第六章 国际贸易结算之电汇、托收及放账

第一节 电 汇

一、电汇基本常识

(一) 电汇概念

电汇是指汇款行接受汇款人［一般为进口商（买方）］委托,以电子形式（SWIFT）委托收款人［一般为出口商（卖方）］当地的收款行解付一定金额给指定收款人的汇款方式。

(二) 电汇当事人

电汇业务中有4个主要当事人。

1. 汇款人

汇款人通常是指国际货物买卖合同的买方。假如买方委托第三方代其汇款,需要在买卖合同中显示付款人的名称、地址,以便收款行进行核对。如果不是买方直接汇款,也没有在买卖合同中对汇款人进行约定,收款行有权拒绝为收款人办理入账。

2. 汇款行

汇款行（汇出行）通常是指买卖合同中买方所在地银行,多是买方的开户行或者与买方有业务往来的银行。

3. 收款行

收款行（汇入行）通常是指买卖合同中卖方所在地银行,多是卖方的外币开户行。

4. 收款人

收款人通常是指买卖合同的卖方,在卖方无法直接收汇,委托第三方代理收汇的情况下,可能是第三方收汇代理名称,但是同样需要将第三方代理名称、地址在国际货物买卖合同中进行显示。

(三) 电汇业务流程

电汇业务流程相对简单。通过银行柜台汇款时,带着公司的财务章、法人章及公章到开户行申请汇款,按照银行工作人员指示填写收款人信息、金额及用途即可。通过网银汇款时,按照页面提示填写收款人信息、金额及用

途即可。

二、电汇具体做法及相应风险分析

(一) 电汇具体做法

根据汇款时间不同，电汇有预收货款（CASH IN ADVANCE）和凭单付现（CASH AGAINST DOCUMENTS）两种做法。预收货款是指卖方在货物离开其营业处所或者仓库前从买方收回全部货款的做法。凭单付现是指卖方在货物装运后，凭承运人签发的运输单据从买方收回全部货款的做法。实务中，预收货款和凭单付现都要求买方在合同订立后先行支付一定比例的订金/预付款，区别在于尾款的支付时间，前者在货物装箱/离场前（尾款时间1）支付，后者在货物装运后（尾款时间2）支付，见图6.1。

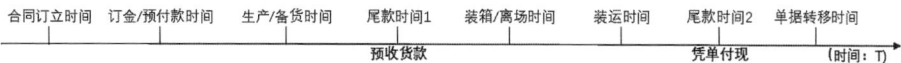

图 6.1 电汇相应时间点

(二) 相应风险分析

1. 预收货款对买方的风险

预收货款做法中，买方须在货物离开卖方营业处所或者仓库前付清全部货款，只要在生产/备货前收到的订金/预付款比例适当（常规货物为30%及以上，定制货物为50%及以上），货物被拒收、货款被拒付的风险几乎为零。即使发生拒收货物、拒付货款行为，已经收到的款项通常也能够弥补损失。同时，由于从合同订立到收到全部货款的时间相对较短而且可控，卖方可能承担的汇率波动风险、进口国政治与经济变动风险也相对较低。但是买方通常无法依托预收货款这种结算方式从其合作银行获得贸易融资，本质上是以其自有资金为卖方提供信用支持，而且自行承担上面提及的所有风险，明显有失公平。因此，在国际贸易实践中，能够接受100%预收货款结算的买方很少，而且多集中于小额交易中，卖方不得不承担因预收货款这种苛刻结算方式可能导致的竞争失利、错失某些国际市场营销机会的风险。

2. 凭单付现对卖方的风险

凭单付现做法中，卖方须将货物装上国际运输工具、取得运输单据并向买方提示全套装运单据后才能收回全部货款。尽管实务中多有一定比例（通常为10%~50%）的货款通过预收货款方式提前收回，但是凭单付现部分的风险则要由卖方自行承担。特别是在预收货款比例较小（低于20%）的情况下，个别利润较低的行业或者产品，预收货款可能无法弥补转卖带来的损失。同时，由于从合同订立到收到全部货款的时间相对较长而且难以控制，如果汇率波动风险、进口国政治和经济变动风险的不利因素导致的损失总和超过预收货款部分,则可能引发货物被拒收、货款(尾款)被拒付风险,即电汇结算业务中的凭单付现部分对于卖方而言仍然存在较大风险,而不是部分卖方认为的没有风险。因为电汇的两种做法本质上都是取决于商业信用,是否支付、是否按时支付货款完全取决于买方信用。但是"预收货款+凭单付现"相结合的方式对进出口双方相对公平(预收货款部分是买方给予卖方的信用支持,凭单付现部分是卖方给予买方的信用支持),更易于被买方接受,因此能够降低国际市场营销中的竞争失利、错失某些国际市场营销机会的风险。

三、电汇付款方式及条件在国际贸易实践中的具体应用

(一)电汇收款操作

电汇是中小微出口企业普遍采用的结算方式之一,一般适合5万美元以下订单的结算。电汇方式下,卖方只需将其外币账户信息[包含银行代码(SWIFT CODE),银行代码可从银行获得]提供给买方即可,国外汇款到账后,银行会通知卖方并在提供必要信息(贸易方式、商品品名、货物是否已经报关出口信息)后入账。卖方无须做任何操作,手续简单。

(二)电汇银行续费

一般来说,电汇有两笔银行费用,即汇出行费用(买方所在国费用,一般由买方承担)和汇入行费用(卖方所在国费用,一般由卖方承担),金额在15~50美元,正常在30美元左右,银行费用小。单次汇款银行费用超过50美元,则需要具体确认是哪些费用,在哪里被扣掉,如查不清楚,需要相应提高买方的报价以弥补过高的银行费用。同时,电汇时从买方汇出款项到卖方收到款项只需1~3天,个别地区的汇款甚至是上午汇出下午就可以到账。

(三)电汇业务的分批次结算

在国际贸易实践中,电汇付款通常分预付款和尾款两次结算,预付款在订单确认后生产开始之前支付,比例通常在20%~50%,惯例为30%,可视具体情况调整。尾款支付有两个时间节点,一是生产全部完成且验货(如果需要验货)合格后发货前支付;二是发货后放单(此处的单特指海运提单)前支付。个别需要上线组装、测试后才能完成验货的机械、电气、仪表产品业务,可能会分3次结算,即在尾款支付时仍然保留10%作为质保金,待上线组装、测试合格后结算。

(四)代表性电汇结算条款及应用分析

1. 发货前支付尾款条款及应用分析

付款条件:电汇,在生产开始之前,预先电汇支付30%货款作为预付款,70%尾款在生产完成且验货(如果需要验货)合格后付清,卖方收到全部货

款后发货。[PAYMENT TERMS: T/T, 30% T/T IN ADVANCE AS DOWN PAYMENT BEFORE PRODUCTION, THEN BALANCE OF 70% TO BE PAID AFTER PRODUCTION COMPLETION AND INSPECTION ACCEPTATION (IF NECESSARY), SHIPMENT/DELIVERY WILL BE MADE AFTER THE SELLER GET THE FULL PAYMENT.]

在此结算条件下，要求买方在货物出厂发运前付清全部货款，在有30%预付款（假定）的前提下，常规货物对于卖方而言几乎没有任何风险，对卖方有利。但是特别为买方定做的货物则存在一定风险，因为对于定做货物而言，30%预付款并不能覆盖买方无法支付尾款时给卖方带来的风险及损失，也不能有效防止买方所在国家或地区市场发生不利变化时买方放弃货物和预付款的可能。因此笔者建议，定做货物预付款比例应争取达到50%以降低卖方风险。然而，电汇付款方式下买卖双方所承担的风险在某种意义上是零和博弈，卖方承担的风险小就意味着买方承担的风险加大。所以，在具体应用及操作时，卖方有必要主动做一些事情或者提供相关资料，并在磋商谈判过程中展示出来，赢得买方的信任，使其安心，才有机会争取到上述对卖方比较有利的付款条件。具体而言，在预付款阶段，交易磋商过程中报价被确认后就要出具正式形式发票或者销售确认书，并盖章给买方确认。同时，提供公司相关的营业执照以及其他能够证明自己公司信誉的资料[如国际标准化组织（ISO）相关认证、与其他客户合作的成功案例等]给买方确认，必要时可以提供买方所在国家已成交客户（如果有）供买方进行信用确认，让买方相信卖方是一家真实存在的、值得信赖的公司。在尾款支付阶段，卖方要提供生产完成的大货堆存照片，要有各个角度的产品照片，产品在单独场地堆存，拍照时要让客户清楚地看到外箱上的唛头，以及外包装打开的照片，让客户相信照片中的货物就是他所订的货物。必要时也可以通过视频或者在线视频聊天的方式进行展现。对于金额相对较大的订单，如果利润可以覆盖到第三方验货公司的费用（一般在2000元/次），笔者建议提供第三方验货合格报告给买方确认。因为很多时候买方并不能凭照片或者视频确认整批货物的质量都达到其质量要求，有了第三方验货合格报告则可使买方真正安心。同时，如果产品需要通过相关认证，就要及时提供相关检验或者测试证书给买方确认。

2. 放单前支付尾款条款及应用分析

在生产开始之前，预先以电汇方式支付30%货款作为预付款，70%尾款见提单副本3日内付清。(PAYMENT TERMS: T/T; 30% T/T IN ADVANCE AS DOWN PAYMENT BEFORE PRODUCTION, THEN BALANCE OF 70% AGAINST

第六章 国际贸易结算之电汇、托收及放账

B/L COPY WITHIN 3 DAYS.）

放单前支付尾款相比于上面的发货前支付尾款，卖方收到尾款的时间有所延后，由发运前延长到装运后放单前，卖方的风险加大，因为货物一旦装船就需要到目的港后重新办理退运才能退回，而且要承担相应退运费用，有些目的港甚至无法顺利办理退运。但是在卖方风险加大的同时，发运后支付尾款为买方及时收到货物提供了有效保障，买方所承担的风险大幅降低。因为当下的海外市场基本是买方市场，所以国际贸易实践中很多交易都是以此付款条件完成。在此付款条件下，卖方的风险主要来源于两个方面。一是在预付款比例较小的情况下，可能发生大货生产完成后因进口国市场发生不利变化而导致买方弃货的情况。应对办法就是努力加大预付款的比例。二是在此付款条件下，卖方在发货后取得提单后才能要求买方支付尾款，在收到尾款之前可能存在物权控制失效风险。为了能有效控制物权，在国际贸易实践操作中，应尽量出具指示提单代替记名提单（因为记名提单的物权凭证性质无法确认，个别国家的港口可能凭提单副本就能提货）。如果买方坚持要记名提单，一般可以要求货运代理先行出具或者申请指示提单让买方付款。在买方付款后，可以要求货运代理协助改成记名提单供买方提货。此外，要努力争取以CFR、CIF、CPT、CIP术语成交，由卖方自行安排运输，以便做好全程控制。

四、电汇业务操作要点

（一）清楚汇入的每一笔款项的来源及用途

一般来说，卖方外币账户汇入的每一笔款项，银行工作人员都会电话通知卖方，并要求卖方提供以下内容：出口商品名称；是预收还是货到（报关之前收到的款项都是预收，报关之后收到的款项是货到）；是否为一般贸易，一般正常出口都是一般贸易，如为加工贸易需要特别对银行说明。

卖方需要注意的是，一定要清楚到账款是哪个客户的，有些时候银行实际到账与合同或者发票上的金额可能不一致，因为会扣掉手续费。如果不清楚是哪个客户汇的款，可以询问银行工作人员哪个国家汇的款、客户名称是什么。

（二）如无外汇需要，到账后及时申请结汇

一般来说，没有必要把外汇留在账户里，而是应把每一笔入账的外汇都及时结汇，换成人民币。如果银行允许的话，可以申请自动结汇。对中小微外贸企业而言，汇率波动很难掌握，无法有效控制汇兑损失，且多数中小微外贸企业流动资金都比较紧张，时刻等着款项使用。因此，笔者建议无外汇需要时到账后及时申请结汇。

第二节 托收及放账

一、托收

(一) 托收定义

托收（COLLECTION）是出口方（卖方，债权人）先行发货，开立以进口方（买方，债务人）为付款人的汇票，或随附有关商业单据（如提单、保险单、发票等），委托出口地银行通过其在进口地的分行或代理行向进口方收取货款的一种结算方式。

(二) 托收种类

托收有光票托收和跟单托收两种。光票托收是指凭商业汇票付款，不附带任何商业单据，在国际贸易实践中几乎没有应用。跟单托收是指凭商业汇票付款，同时附带商业发票、装箱单、提单、保险单等商业单据。国际贸易实践中的托收多数是跟单托收。笔者接下来提到的托收也特指跟单托收。

(三) 跟单托收当事人

1. 委托人

委托人也就是出口方，通常是国际货物买卖合同的卖方，在货物装运后开立汇票要求买方付款的人。

2. 托收行

托收行一般是指出口方银行，即出口方外币开户行，接受出口方委托代收货款的人。

3. 付款人

付款人也就是进口方，通常是国际货物买卖合同的买方，接受委托人汇票并按照要求付款的人。

4. 代收行

代收行一般是指进口方所在地银行，即受托收行委托向进口方提示单据并收回货款的人。一般是指托收行的海外分行或者与托收行有业务往来的进口方所在地银行。

(四) 跟单托收交单方式

跟单托收有付款交单和承兑交单两种交单方式。付款交单是指代收行在付款人付款后将托收行转移的单据交给付款人的交单方式，分为即期付款交单和远期付款交单；承兑交单是指代收行在付款人承兑汇票后就将托收行转移的单据交给付款人的交单方式。付款交单，不管是即期付款交单还是远期付款交单，原则上都是一手交钱一手交单，进口方付款赎单之前，单据依然控制在代收行手里。进口方不付款赎单,就无法取得提单等单据,也就无法提取货物,出口方可在一定程度上控制货物。承兑交单则不同,进口方在代收行提示单据时对汇票进行承兑,承诺到期付款就可以拿到单据,并凭提单等单据向承运人提货,至于到期后是否会按时付款则完全取决于进口方信誉。

(五) 跟单托收业务流程

1. 付款交单业务流程

付款交单业务流程见图 6.2,实际托收业务中请与托收行确认具体业务流程及所需资料。

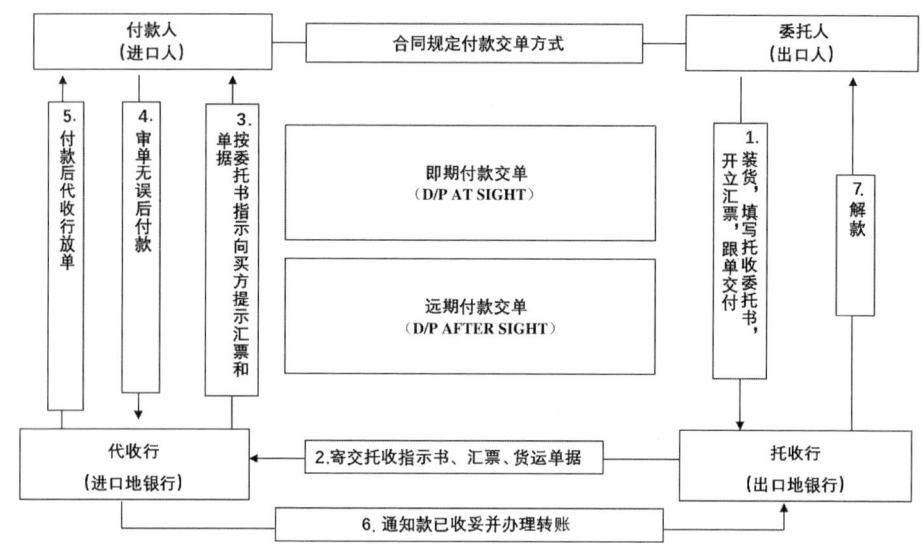

图 6.2　付款交单业务流程

2. 承兑交单业务流程

承兑交单业务流程见图 6.3,实际托收业务中请与托收行确认具体业务流程及所需资料。

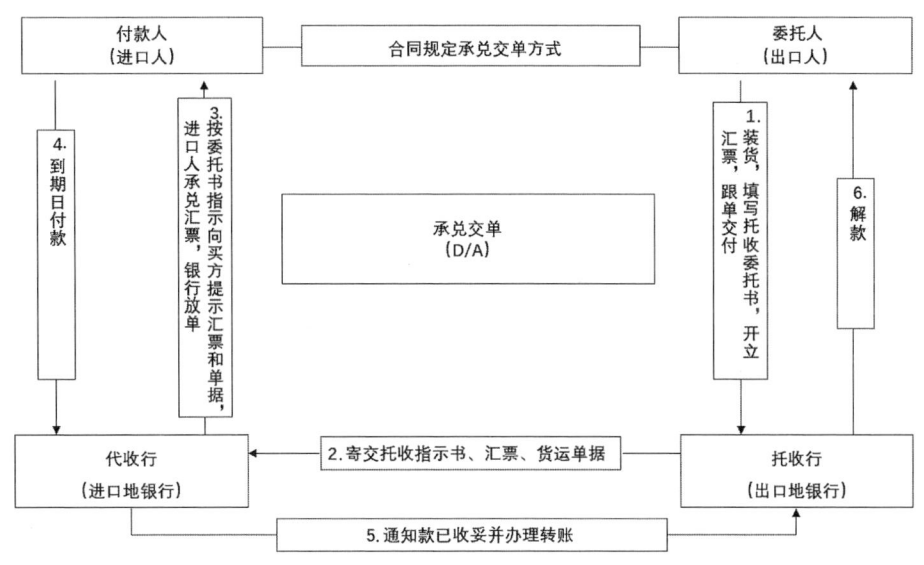

图6.3 承兑交单业务流程

（六）托收当事人之间的法律关系

委托人与托收行之间、托收行与代收行之间都是委托代理关系，即托收行是委托人的代理人，代收行是托收行的代理人，他们的权利和义务应符合代理法一般原则。委托人需要按照委托书约定支付代理人报酬，代理人需要在授权范围之内尽职尽责完成代理事务。

（七）托收商业信用性质

托收是商业信用，是否能收回货款取决于付款人自身信用。托收行和代收行只提供服务，不提供信用担保。他们只负责按照委托人委托或者指示向付款人提示单据，提醒付款人付款，并在付款人拒付时及时将拒付详情通知委托人，不对付款人的付款或者承兑行为承担任何责任。

（八）托收利弊分析

1. 对买方有利

托收是卖方给予买方的信用支持。免去买方开证责任及相关资金占用与费用支出。承兑交单下先提货转卖后支付货款，对买方非常有利。

2. 对卖方不利

托收要求卖方先发货后收款。买方拒收、拒付风险，FOB、FCA下买方与货运代理勾结在无正本提单的情况下提货的风险全部都由卖方承担，对卖方非常不利。

（九）托收业务注意事项

1. 充分调查并了解客户背景

托收在本质上是进口方利用其优势市场地位强制要求出口方给予的信用支持。一般来说，只适合来自经济发达国家的某些声誉较高、采购量巨大的大买方。

2. 付款交单优于承兑交单

对于多数出口方而言，唯一能够接受的托收方式就是付款交单，而且要尽量以即期付款交单成交。承兑交单则是承兑后就将单据交给进口方，至于到期是否付款则完全取决于进口方的商业信用，很容易给出口方带来钱货两空的风险。

3. 必须购买出口信用保险

托收完全是卖方风险，为了转移风险，卖方必须购买出口信用保险。当下很多地方政府都对中小微外贸企业购买出口信用保险费用进行补贴，在国际贸易"单一窗口"即可领取。符合条件且有托收业务的企业请及时领取。大型企业某些地区特定项目需要与出口信用保险公司单独确认、单独投保。如果出口信用保险公司拒绝承保，说明风险太大，原则上交易不适合开展。

4. 以运费预付的贸易术语成交

以运费预付的贸易术语成交，由出口方自行安排运输，能够做到物权的全程控制。即使货款不能安全收回，还有机会保证对货物的控制，避免钱货两空的风险发生。同时，在运输单据上应该采用指示提单，并做空白背书，以便在进口方拒绝付款、拒收货物时进行货物的转卖。最后，还要做到单单一致、单货相符，不出现出口方的主观或者客观错误，不给进口方带来拒付或者要求降价的理由。

5. 要求买方电汇一部分比例货款作为交换

托收是卖方给予买方的信用支持，因此也可以要求买方预付一部分比例货款作为交换，即将电汇的预收货款与托收相结合作为结算条件。

6. 争取要求买方开立银行保函或者备用信用证

由于托收依赖的是纯粹的商业信用，对出口方安全收款没有任何保证。因此，在国际贸易实践中，可以争取进口方开立银行付款保函或者备用信用证，作为出口方接受托收的交换条件。如果进口方未能按照约定付款，则由银行作为担保方对出口方已经装运的货物进行付款。

二、放账

(一) 放账概念

放账（OPEN ACCOUNT）也称赊销，是指出口方先行发货供进口方转卖或者自用，待约定的付款期限届满时付款的一种方式。放账是对出口方风险最大的一种付款方式，到期是否付款完全取决于进口方信用。

(二) 放账注意事项

1. 放账是纯信用交易

放账是纯信用交易，因此要求出口方对进口方信用有足够的把握，必要时可以要求进口方提供银行付款保函，以降低出口方风险。从国际贸易实践来看，正常贸易中进出口双方采用放账结算的非常有限。个别接受放账交易的出口方的交易对手都是国际上知名的大买方①或者由知名的大买方进行背书，而且订单数量及金额较大，在一定程度上甚至是这一个客户养活出口方。

2. 精准核算价格

高风险应该有高收益，因此价格核算时应该包含相应风险的收益，同时要将垫款的利息以及手续费计算在价格之内。

案例分析一　　预付款比例较小导致的买方拒付拒收案例

2020年3月初，某出口商与英国进口商以EXW缔结KN95口罩买卖合同，金额12万欧元，约定3月20日前交货。结算条件为预付款35%，65%尾款发货前付清。出口商于3月15日备货完成并通知进口商支付尾款并提货。但是，此时国际市场上口罩价格已经不足订立合同时的一半，而且呈继续下降的趋势，空运费依然居高不下。此时进口商如果付款提货，加上高昂的空运费就会严重亏损。因此进口商拒收货物并拒付尾款。同时，由于原材料购买成本较高，加之国内产能已经过剩，35%的预收款已经不足以弥补出口商转卖带来的损失。

分析此案例，进口商拒收拒付的根本原因是预付款比例太低，无法覆盖彼时的市场变化风险。尽管35%的预付款比例符合常规货物出口贸易需要，但是彼时口罩等防疫物资为特殊物品，市场需求紧急且市场波动较大，本质上是一种投机生意。有经验的出口商通常要求50%以上的预付款，甚至要求100%预收款。为了防范此类风险，出口商必须根据特定贸易场景、特定货物确认预付款比例。对于买方定制品、价格市场波动大且波动频率高的商品，

---

① 知名的大买方：知名的大买方应该是在全球范围内采购和提供服务，全球行业内排名前五，单次采购金额超过10万美元的买方。

要争取50%以上的预付款,防止买方拒收拒付风险发生。同时,需要正确认识电汇结算的风险,除了生产、备货前收到的部分货款,其他部分货款都属于商业信用证,是否被支付完全取决于进口商,都存在被拒付的风险。

案例分析二　　盲目接受托收结算方式致损案例

2021年年末,某谷物出口商收到韩国一进口商询价,10个40尺集装箱,总金额为40万美元,要求一次性出运。其中国采购代表主动提出50%预付款、50%托收的结算方式。由于出口商对托收并不了解,采购代表解释说,就是你装运后将装运单据送交你们银行,由你们银行通过他们在韩国的合作银行代你收款,没有装运单据我们无法提货,而且韩国属于近洋运输,很快就可收回货款。出口商觉得50%预付款在手即使退运也不会亏损,因此接受了50%托收的结算方式。在买卖合同中约定,结算方式为50%预付、50%托收,贸易术语为FOB。后出口商按时装运,并委托其外币开户行托收。但是当国外代收行向进口商提示单据时,进口商始终没有付款。出口商回头跟进货物时,发现货物早已被进口商用船公司提单提走。此时出口商才发现进口商指定货运代理转交给他们的只是货运代理提单。此时指定货运代理已经联系不上。进口商采购代表也无法取得联系。后经调查和反思,出口商发现与指定货运代理的联系都是通过邮箱,并不知道指定货运代理的准确名称、地址及负责人名称,签发货运代理提单的公司也未在国内注册。同时也仅知道采购代表姓金,具体叫什么名字也不知道。最后只能自己承担损失。

分析此案例,本质上就是一起精心策划的欺诈案。出口商看上了进口商的预付款,进口商却瞄准了出口商的尾款。国际贸易欺诈从来都不是单一环节欺诈,而是在多个环节发生的连环欺诈。本案中出口商将注意力集中在风险相对较大的托收结算方式上本来是正确的,但是却忽略了运输单据问题,致使物权失控,被进口商欺诈成功。为了防范此类风险,出口商需要注意以下几点。第一,部分货款采用托收结算时,出口商必须坚持以运费预付的贸易术语成交,由己方安排运输并签发船公司提单,牢牢控制住物权。第二,即使考虑利润不得以运费到付的贸易术语成交,也必须确认指定货运代理的身份。类似本案中金额相对较大的交易,笔者建议直接上门考察指定货运代理,并要求指定货运代理提供在中国注册的资料,同时可登录交通运输部网站查询是否有在国内做无船承运人备案。如指定货运代理仅是境外货运代理在国内的办事处,很可能就是进口商提前安排的欺诈伙伴,因为没有指定货运代理的配合就无法完成最终的提货。第三,即使经查询指定货运代理资质没有问题,也必须签订国际货物运输代理合同或者控货保函。要求指定货运代理申请船公司提单代替货运代理提单。出口商需要明确的是，在任何时候托收结算方式都只能匹配船公司提单。对于整箱运输而言，如果出口商没有在货物装运前收回全部货款，指定货运代理受进口商指示签发货运代理提单就可以被视为欺诈的一种兆头。第四，需要提高风险防范意识。类似本案中这种大额谷物交易通行的结算方式应该是信用证，即使是电汇预付款比例最高也就是30%。但是本案中的进口商却主动提出50%的预付款比例作为出口商接受50%货款托收结算的条件，这本就是一种异常行为。出口商需要时刻牢记，天上掉馅饼的同时也可能掉铁饼，享受馅饼美味的同时也需要警惕铁饼砸头。

实践操作

1. 试分析和阐述电汇结算方式的具体做法及对应风险防范办法。
2. 试分析和阐述托收结算方式的风险及风险防范办法。

第六章　国际贸易结算之电汇、托收及放账

第七章　国际贸易结算之跟单信用证

第一节　信用证基本常识

一、信用证定义

（一）通俗定义

信用证是一种结算方式或者凭证，是银行（开证行）应申请人（买方）的要求开给受益人（卖方）的，不可撤销的、有条件的、载有一定金额的书面付款保证文件。因其对买卖双方相对公平，已经成为当下国际贸易实践中大额交易的主流结算方式。

简单来说，信用证就是一种银行开立的有条件的付款担保文件。只要受益人满足其表面列明的条件，就可以从银行那里得到款项。具体条件如下：提交信用证中明确提及的单据，单据符合信用证的具体要求，且在规定时间内送达信用证中的指定银行或者开证行。

（二）UCP 定义

1.《UCP 600》中的定义

信用证是一项不可撤销的安排，无论其名称或者描述如何，该项安排构成开证行对相符交单予以承付的确定承诺。

2.《UCP 500》中的定义

信用证是银行以自身的信誉向卖方提供付款保证的一种凭证。它是指银行（开证行）应申请人（进口商）的要求和指示，或以自身名义，在符合信用证条款的条件下，凭规定单据，有条件地承诺付款的书面凭证。

二、信用证性质

信用证具有 3 个性质，即信用证是一种银行信用，开证行负首要付款责任；信用证是独立契约，是一种自足的文件；以信用证为结算方式的交易是一种纯粹单据买卖，银行付款时只看单据。

（一）银行信用，开证行负首要付款责任

《UCP 600》第二条明确规定：信用证是一项约定，按此约定，凭规定的单据在符合信用证条款的情况下，开证银行自己或授权另一银行向受益人或其指定人进行付款，或承兑并支付受益人开立的汇票，或授权另一银行议付。

在信用证结算方式下,开证行承担第一性的绝对的付款责任。这种付款责任不会因申请人事后失去偿付能力而消失。只要作为卖方的受益人提交的单据与信用证规定相符,开证行就必须承付。在信用证结算方式下,卖方在按照要求装运货物后,不是向买方要求付款,而是向开立信用证、为买方提供付款担保的开证行要求付款。但是开证行作为第一付款人时,并没有免除买方的付款责任。如果开证行因为破产倒闭等原因不能付款,卖方仍然有权根据基础买卖合同要求买方付款。由于银行的信誉以及生存能力要远远好于买方,正常情况下卖方一定会要求信誉更好的开证行付款,所以在实际贸易中基本不会发生要求买方付款的情况。

(二)独立契约,是独立于买卖合同之外的一种自足文件

《UCP 600》第四条中明确规定:信用证按其性质与凭以开立信用证的销售合同或其他合同,均属不同的业务,即使信用证中援引这些合同,银行也与之毫无关系,并不受其约束。该条款还进一步指出:银行的付款、承兑并支付汇票或议付及/或履行信用证下任何其他义务的保证,不受申请人提出的因其与开证行或与受益人之间的关系所产生的任何索赔或抗辩的约束。

信用证是根据基础买卖合同开立的,一经开立便成为独立于基础买卖合同之外的自足文件。在付款问题上,与信用证有关的各方当事人,只看信用证要求,而不是基础买卖合同的要求。尤其是承担付款责任的开证行,在付款时只看信用证的具体要求是否被满足,而不是基础买卖合同的要求是否被满足。

(三)纯粹单据买卖,银行付款时只看单据

《UCP 600》第五条明确规定:在信用证业务中,有关各方所处理的是单据而不是与单据有关的货物、服务及/或其他履约行为。

在信用证业务中,只要受益人提交符合信用证条款的单据,开证行就应承担付款责任,申请人也应接受单据并向开证行付款赎单。即使申请人明知受益人所交货物与基础买卖合同规定不符,并指示开证行停止对外付款,开证行也不受其约束。因为在信用证结算方式下,开证行不能参与基础交易,是否付款取决于受益人提交的单据与信用证的要求是否相符,而不是单据所代表的货物是否与基础买卖合同的要求相符。正如上文所述,信用证是独立于基础买卖合同之外的一种自足文件,一经开立便不再与基础买卖合同有关,更不受其约束。如果买方最终发现货物与基础买卖合同约定不符,可凭相应证明向有关责任方提出损害赔偿要求,而与银行无关。

三、信用证作用

信用证作为一种主流的国际贸易结算方式,为买卖双方安全收货及收款

第七章 国际贸易结算之跟单信用证

提供了保证，在必要的时候还可以作为买卖双方的一种融资方式。同时，对于提供信誉保证的银行而言，不仅可以通过贷出信用收取费用，还可以利用开证押金进行周转，带动其他业务发展。

（一）对卖方作用

可以有效降低出口收汇风险。在信用证结算方式下，只要卖方提交了合格的单据就可以有保证地从开证行收回货款。同时，信用证结算方式属于银行信用，其可靠性要远远高于买方的商业信用。此外，受益人还可以通过合格信用证及单据以打包贷款、出口押汇、福费廷等方式申请贸易融资，解决资金周转问题。

（二）对买方作用

可以有效降低收货风险。在信用证结算方式下，通过对信用证中要求提供的相关单据（如检验证书）进行约定，买方在一定程度上能够确认其收到的货物就是买卖合同中约定的货物。此外，大部分情况下，买方在申请开证时只需交付货款金额的一部分比例作为押金，但是开证行却开出了全额的信用证，为付款提供100%保证。中间的差额可以在买方所购买货物到达目的港后支付，这在一定程度上相当于开证行为买方提供了一定比例的贸易融资，为买方采买行为的顺利进行提供支持和帮助。

（三）对银行作用

可以增加业务收入。在信用证结算方式下，银行通过为开证申请人及受益人提供贸易融资而贷出信用，在控制物权单据的同时会收取一定的手续费和利息。此外还可以利用开证申请人提交的押金进行周转，带动其他业务的发展，增加业务收入。实际上，在信用证业务中，所有参与的银行提供的都是有偿服务，在为买卖双方提供担保的同时也要收取一定费用，这是银行创收的一种方式。

四、信用证风险

信用证是一种有条件的付款保证。当申请人故意为受益人满足条件设置陷阱，或者受益人满足条件的能力欠缺时，依然可能给受益人的安全收汇带来风险。

（一）单证不符被拒付风险

信用证付款的前提条件就是单证相符，即受益人所提交的单据必须与信用证规定严格相符才能从开证行获得货款。但是，国际贸易实践工作中受益人及第三方单据的提供方都可能因为工作疏忽或者对信用证中的具体条款没有充分理解而导致单证不符，时刻面临开证行对不符单据拒付的风险。

同时，个别无良的申请人还可能故意在信用证中设置陷阱，一旦缺少信用证操作经验的受益人接受带有陷阱条款的信用证,就会堕入其中,随时面临失去货款的风险。原本应该为受益人提供付款保证的信用证也成为申请人欺诈受益人的一种工具或者媒介。

(二)银行审单标准不一致风险

尽管《UCP 600》及《ISBP 745》都对单据是否符合信用证要求做出了相应的解释和规定,但是实际审单工作中是按照"实质相符",还是"表面严格相符",甚至是"字字相符"审单,各个银行以及具体审单人的做法并不一致。银行按照"表面严格相符"甚至"字字相符"审单原则审单,这就使受益人时刻面临着被认定为单据不符并被拒付的风险。

五、信用证当事人

笔者上文中多次提到开证行、受益人、申请人等称呼,对于从未接触过信用证的读者可能会有些困惑。接下来将具体讲授信用证的当事人及其在信用证业务中充当的角色与责任。

(一)开证申请人

开证申请人简称申请人,一般是指国际货物买卖合同中的买方,是向银行申请开立信用证的一方。主要义务为按照国际货物买卖合同约定的内容及时间申请开立信用证,在收到银行付款提示后付款赎单并在货物到港后提取或者受领货物。在其付款赎单之前有验单并对不符单据拒付的权利。此外,还有根据国际货物买卖合同检验条款约定在货物到港后进行验货并对不合格货物进行索赔的权利。需要注意的是,通常来说,申请人对货物的检验及索赔是在付款之后。

(二)受益人

受益人一般是指国际货物买卖合同中的卖方,是接收信用证并享有其利益的一方。主要义务为按照信用证要求装运货物并提供单据,同时在货物装运后通知开证申请人或者信用证约定的其他人。受益人有权审核信用证条款并决定是接受,还是要求开证申请人修改信用证的权利。

(三)开证行

开证行是指在申请人所在地并应申请人要求开立信用证的银行,其主要义务为按照开证申请人的指示开立信用证,并对受益人的相符交单进行付款或承兑。同时有要求申请人提交开证押金、拒付受益人提交的不符单据、要求申请人付款赎单的权利。

(四)通知行

通知行是指应开证行要求将其开立的以该行为收件人的信用证或开证电报的内容,另以自己通知书格式照录全文而通知受益人的银行,一般为卖方的外币开户行。因为在信用证结算方式下，卖方在向买方提供银行资料时，在其付款路径中就载明了其外币开户的名称，所以开证行开出信用证后会发送给其外币开户行，当然也要由卖方的外币开户行作为通知行通知信用证。

通知行需要核实开证行开来的信用证表面真实性后，才能把其通知转递给信用证上指定的受益人。如果通知行接受了担任保兑行的委托并对信用证加具保兑后，则产生保兑行的权利和义务。通知行或转递行完成责任后，有权根据信用证规定向开证行收取通知或转递手续费。通知行或转递行无义务对受益人进行议付或代付货款。

（五）议付行

议付行是指根据信用证开证行的公开邀请，并根据受益人的要求，按照信用证的规定对单据进行审核，核实相符后向受益人垫款，并向信用证规定的付款行或偿付行索回所垫付的款项的银行。本质上是买进受益人的单据或者汇票，在开证行付款之前垫付款项给受益人的银行，是为受益人提供的贸易融资，一般都为与受益人有业务往来的银行，且很多时候与通知行是同一家银行。其主要义务为在信用证交单期及有效期内接受或拒绝受益人提交的单据。如果议付行发现受益人交来的单据与信用证的要求不符，议付行就有权拒绝议付。同时，不论开证行因何种原因对议付行拒付，或开证行在议付行议付了汇票和单据后倒闭，议付行均有权向受益人追回货款（与受益人签订无追索权议付的银行除外）。

（六）付款行

付款行是指代替开证行履行付款责任的银行。付款行只代开证行付款，在法律上无须对受益人负付款的责任。付款行的验单同开证行一样是终局性的，付款后不能因任何原因向受益人追索。同时，付款行有权根据代理合约或代行约定向开证行取得偿付，并收取因为代付而发生的一切费用。如果信用证条款含糊，付款行有权予以公平的、合理的解释，它的解释对开证行有约束力。在国际贸易结算实践中，付款行多数时候就是开证行本身。

（七）承兑行

承兑行是指受开证行指定对受益人通过指定银行提交的远期汇票进行承兑，并在汇票到期时付款的银行。在国际贸易结算实践中，承兑行多数时候就是开证行本身。

（八）保兑行

保兑行是指接受开证行的委托要求，对开证行开出的信用证的付款责任以本行的名义实行保付的银行。保兑行承担了保兑责任后，和开证行一样成为信用证的第一付款人，承担首要付款责任。即使开证行倒闭，保兑行的付款责任也不能撤销,必须对受益人的相符交单付款。保兑行的审单是终局性的,即使付款后又发现单证不符,也无权对受益人或者议付行追索,但是有权拒付受益人提交的不符单据。正常国际货物贸易中,开证行多是邀请通知行作为保兑行,此时受益人应向处在国内的保兑行交单,以便尽早在不会被追索的情况下收回货款。

（九）偿付行

偿付行是指接受开证行在信用证中的委托,代开证行对议付行或者其他指定银行的索偿进行偿付的银行。偿付行基于开证行的预先授权对外进行偿付,在一定程度上相当于开证行的出纳行,收到议付行或者其他指定银行的单证相符索汇证明即进行转款,不接触也不进行审单。议付行或者其他指定银行在向偿付行索汇的同时仍然要把单据寄给开证行,若开证行审单后发现单证不符,有权就偿付行的转款向议付行或者其他指定银行追索。

在国际贸易结算实践中,结算货币多是美元或者欧元,而非进口国或者出口国货币,部分开证行在第三国（结算货币所在国或者全球性金融中心所在国）银行拥有货币资金调度,就可以指定该银行为偿付行代为偿付信用证规定的款项。

（十）信用证中各当事人之间的关系

1. 信用证中三个基本当事人及关系

开证行、申请人、受益人是信用证结算中三个基本当事人。申请人和受益人之间的法律关系表现为以原始买方和卖方身份签订的、采用信用证结算的合同关系。申请人和开证行之间的法律关系表现为以开证协议书建立起来的合同关系。开证行和受益人之间的法律关系表现为以信用证建立起来的、在信用证有效期内不可撤销的合同关系。

2. 其他当事人关系

通知行与开证行之间是委托代理关系,通知行受开证行的委托将信用证通知给受益人。通知行与受益人之间在信用证业务中无直接合同关系,但是现实中可能有合作关系。通知行与申请人之间无任何关系。开证行与付款行、承兑行、保兑行、议付行、偿付行之间是银行之间的合同关系。受益人与付款行、承兑行、保兑行之间是债权和债务关系,受益人为债权人。受益人与议付行之间是票据转让关系,议付行买进受益人的票据。

六、跟单信用证种类

在国际贸易结算实践中,买卖双方经常使用的信用证有 5 种。

（一）即期付款信用证（SIGHT PAYMENT LC）

即期付款信用证是指受益人向开证行或者其指定付款行提交单据且单据

相符后立即被付款的信用证。在信用证表面41A场"AVAILABLE WITH…BY…"处显示 ISSUING BANK BY SIGHT PAYMENT（开证行即期付款）或者××BANK BY SIGHT PAYMENT（指定银行即期付款）。即期付款信用证一般不要求提交汇票。

（二）议付信用证（NEGOTIATION LC）

议付信用证是指受益人向指定银行（一般是通知行，公开议付信用证可以是任何银行）提交规定单据，且指定银行审核交单相符后与受益人协商购买全套单据和汇票，并立即向受益人支付相应的款项信用证。在信用证表面41A场"AVAILABLE WITH… BY…"处显示 ANY BANK BY NEGOTIATION（任何银行均可议付）、ADVISING BANK BY NEGOTIATION（通知行议付）或者××BANK BY NEGOTIATION（指定银行议付）。议付行的议付在没有特别规定没有追索权时是具备追索权的。

议付信用证可分为即期议付信用证和远期议付信用证。即期议付信用证可以要求提交汇票，也可以不要求提交汇票；远期议付信用证通常要求提交汇票。汇票提交要求会在信用证表面41A场"DRAFTS AT"处显示，若显示 AT SIGHT（即期），则要求提交即期汇票，即为即期议付信用证；若显示 AT 90 DAYS AFTER SIGHT（见票后90天），则要求提供远期汇票，即为远期议付信用证。即期议付信用证下开证行见票、审单无误后立即向议付行进行偿付，申请人需要向开证行付款后才能取得单据。远期议付信用证下开证行见票、审单无误后先行对汇票进行承兑并在汇票到期日向议付行偿付，申请人在开证行处办理好承兑手续即可取得单据。

在国际贸易结算实践中，国内银行通常只对在银行有授信的、企业规模较大的受益人提供议付服务，多数时候都是以交单行身份向开证行或者付款行交单，或者以索偿行身份向开证行、付款行、偿付行索偿，收到相应银行支付的款项后才会解款给受益人。

（三）承兑信用证（ACCEPTANCE LC）

承兑信用证是指受益人在货物装运后出具以开证行或者其指定银行为付款行的远期汇票，开证行或者指定银行收到信用证规定的远期汇票和其他装运单据，审单无误后，不付款，而是对远期汇票承兑，在远期汇票到期日付款的信用证。承兑信用证本质上就是一种远期付款信用证。此时，原付款行身份就转为承兑行。在信用证表面41A场"AVAILABLE WITH…BY…"处显示 ISSUING BANK BY ACCEPTANCE（开证行承兑）或者××BANK BY ACCEPTANCE（指定银行承兑）。承兑信用证必然要求提交汇票。

（四）延期付款信用证（DEFERRED PAYMENT LC）

延期付款信用证是指受益人在货物装运后向开证行或者指定付款行提交

单据，开证行或者指定付款行确认单证相符后，不付款，而是在信用证规定的付款日付款的信用证。延期付款信用证本质上是一种远期付款信用证。在信用证表面41A场"AVAILABLE WITH…BY…"处显示ISSUING BANK BY DEFERRED PAYMENT（开证行延期付款）或者××BANK BY DEFERRED PAYMENT（指定付款行延期付款）。同时会在42P场"DEFERRED PAYMENT DETAILS（延期付款细节）"处显示付款期限及起算日期，如AT 90 DAYS FROM B/L DATE（提单日起90天付款）。延期付款信用证不要求提供汇票，开证行或者指定付款行在信用证规定的付款日自动付款。

延期付款信用证多用于国际工程承包中的EPC（Engineering Procurement Construction）项目①。延期付款信用证下，单据所代表货物的物权在交单时就已经转移给买方，本质上是卖方给予买方的信用支持。通常需要国外进口方或者业主支付一定比例（10%~20%）的预付款作为交换条件。在国际贸易结算实践中多会根据工程开展进度约定允许多次交单和支款。以10%预付款为例，剩余的90%款项会允许多次装运，其中80%款项每次装运提单日起90天付款，付款金额以受益人每次装运时提供的发票为准；10%款项在工程全部完工后取得业主合格验收报告后支付。由于EPC项目的安装调试周期较长，延期付款时间可能长达2~3年。对受益人来说，需要注意延期付款信用证的有效期以及展期条件。

（五）假远期付款信用证（USANCE CREDIT PAYABLE AT SIGHT）

假远期付款信用证是指在远期信用证基础上做出的一种即期付款安排，在此安排中由开证行为申请人提供贸易融资，提前对受益人的相符交单付款，使受益人可以即期收款，但是申请人仍然在信用证约定的远期付款时间到期时偿付开证行，并由其承担享受贸易融资所产生的贴现费用及利息。需要强调的是，这种安排对受益人来说是一种明确的即期付款安排，而非任何性质的融资安排，融资安排的服务对象是与开证行签有融资协议的申请人。

假远期付款信用证需要满足3个条件：第一，信用证本质上依然是远期信用证；第二，开证行在信用证中承诺对受益人相符交单即期付款；第三，远期即付所产生的贴现费用及利息由开证申请人承担。3个条件缺一不可。是否为远期信用证可以通过信用证中41A场信用证兑付方式进行判定，如兑付方式显示为BY ACCEPTANCE（承兑）或者BY DEFFERED PAYMENT（延期付款），则为远期付款信用证。从国际贸易结算实践来看，假远期付款信用证多为承兑信用证。承兑信用证会在42C场注明汇票付款期限，如100PCT IN-

---

① EPC项目：工程总承包企业按照合同约定，承担工程项目的设计、采购、施工、试运行服务等工作，并对承包工程的质量、安全、工期、造价全面负责。

VOICE VALE AT 90 DAYS AFTER SIGHT（100%发票金额见票后 90 天付款），41A 场注明汇票付款人，如×× BANK ×× BRANCH（××银行××支行）。开证行或者指定银行对受益人相符交单即期付款承诺及相应费用负担说明可通过信用证 47A 场附加条款中的说明进行判定，如 BEN'S USANCE DRAFT WILL BE PAID AT SIGHT UPON PRESENTATION OF COMPLIED DOCUMENTS，ACCPETANCE COMMISSION, DISCOUNT CHARGES AND INTEREST ARE FOR APPLICANT'S ACCOUNT（收到相符交单后，受益人出具的远期汇票将在见票后付款，承兑佣金、贴现费用及利息由申请人承担）。需要强调的是，即期付款的准确英文表达方式应该是 PAID（PAYABLE）AT SIGHT，而不是 NEGOTIATED（NEGOTIABLE），尽管有人认为后者在信用证中也有"付款"的意思，但是笔者认为更多还是"议付"的意思，所以强烈建议采用前者。因为议付往往都是非终局性的，可能产生追索；而付款则是终局性的，不会产生追索。同时所用动词应该是 WILL BE 或 ARE，表示一种确定安排，而不是 MAY BE 或者 MAY 来提出一种建议。费用负担如果没有在 47A 场中说明，则会出现在 71B 场费用条款中，如 ALL BANKING CHARGES OUTSIDE THE ISSUING BANK ARE FOR ACCOUNT OF BENEFICIARY EXCEPT ACCEPTANCE AND DISCOUNT CHARGES AND INTEREST（所有开证行之外的费用都由受益人承担，承兑、贴现费用及利息除外）。

受益人需要将假远期付款信用证的即期付款安排与远期付款信用证的汇票贴现（融资）邀请区分开来。例如，信用证附加条款中说明：WE MAY DISCOUNT THIS BILL AT BEN'S EXPENSE. PLEASE INSTRUCT US ON YOUR COVERING SCHEDULE IF YOU REQUIRE DISCOUNT. OTHERWISE WE WILL REMIT FUNDS AS PER YOUR INSTRUCTIONS AT MATURITY DAY（我们可以在受益人承担费用的情况下对此汇票进行贴现，如果需要请在寄单面函中说明，否则我们将根据你行指示到期汇款）。如上文所述，"MAY"只是一种建议，是在受益人承担贴现费用的情况下，开证行可以通过贴现远期承兑汇票为受益人提供融资的一种建议。即使是由开证申请人承担贴现费用也仍然是一种建议或者融资服务，而非对远期信用证即期付款的一种确定安排。所以带有此类条款的信用证仅是具有贴现或者融资邀请的远期付款信用证，而非假远期付款信用证。

七、信用证操作常见概念释义

（一）相符交单（COMPLYING PRESENTATION）

相符交单是受益人提交的单据与信用证规定相符，同时符合《UCP 600》及《ISBP 745》的规定和解释。相符交单是开证行进行承付的前提条件。

（二）保兑（CONFIRMATION）

保兑是指开证行以外的银行对受益人的相符交单进行兑付的确定承诺。

对于受益人来说，保兑相当于多了一家信誉更好的银行的付款保证。因为正常保兑业务中，保兑行信誉要好于开证行。

（三）兑付（HONOUR）

兑付是指定银行对受益人相符交单所做出的行为。具体表现为：对即期付款信用证立即付款，对延期付款信用证提供付款担保并到期付款，对承兑信用证下受益人出具的远期汇票进行承兑并到期付款。

（四）议付（NEGOTIATION）

议付是指在相符交单下指定银行买进以指定银行以外银行为付款人的汇票，提前垫款给受益人的行为。

（五）指定银行（NOMINATED BANK）

指定银行是指受益人可以将信用证进行兑付的银行。一般为开证行以外的银行。

（六）交单（PRESENTATION）

交单是指受益人将单据送交到开证行或者指定银行的过程。

第二节 信用证业务操作流程

信用证作为一种支付工具能够为卖方收款及买方收货提供安全保证。与此同时，信用证操作非常复杂，与电汇相比买卖双方负担的费用更高，因为银行的任何一项服务都是有偿的。所以，深入了解信用证业务的具体操作流程对买卖双方都非常重要。

一、基本原则确认阶段

（一）什么情况下适用信用证结算

1. 3万美元以上，买卖双方缺少足够信任的交易

信用证结算费用较大，交易金额较小时费用不好分摊，所以信用证结算适用于3万美元以上的交易。同时，如果买卖双方相互信任，且进口国对电汇没有特别限制，也没有必要选择费用较大的由银行进行担保付款的信用证结算方式，所以信用证结算在一定程度上适合买卖双方缺少足够信任的交易。

2. 买方不愿意支付预付款，但是愿意用信用证支付

预付款本质上是买方给予卖方的一种信用，在买卖双方缺少足够信任的情况下，买方可能就不愿意支付预付款。此时，选择对买卖双方相对公平，由银行担保付款的信用证结算方式就有机会使交易进行下去。

（二）什么情况下信用证需要加具保兑

信用证是否加具保兑取决于开证行信用。世界知名银行由于本身信用足

够好，其开出的信用证就无须保兑。而不知名银行因为本身信用较差，其开出的信用就需要保兑。

信用证是否加具保兑也取决于卖方的要求，如果卖方相对强势，想在自己所在地完成交单及收款工作，则可以要求买方在开立信用证时由开证行委托或邀请通知行加具保兑。由于保兑行会对其保兑的信用证按照保兑金额收取保兑费，所以在交易磋商阶段如果计划以信用证结算，卖方可以要求买方提供开证行名称以便进行信用查询及风险评估，并最终决定信用证是否需要加具保兑。

（三）什么贸易术语适用信用证结算

信用证是单据买卖，卖方凭单交货，开证行凭单付款，所以要求卖方以及开证行在一定时期内均可通过单据（提单）控制货物，故一般信用证中都要求提供可转让海运提单。在信用证中要求提供可转让海运提单的情况下，笔者建议贸易术语采用 CFR、CIF，其次为 CPT、CIP。FOB、FCA 下因为是买方安排运输，卖方对实际装运时间较难控制，且存在物权控制失效风险，所以一定要以 FOB、FCA 成交时，要注意提前安排装运。

（四）认识到信用证并非 100% 的付款保证

卖方应该清楚认识到信用证是有条件的付款保证，可以在一定程度上增加收汇的安全性，而不是 100% 的付款保证。卖方仍然面临单证不符被拒付，甚至被恶意拒付的风险。卖方可以通过指定专门的信用证操作负责人并加强培训，由该负责人来负责信用证的审核、管理以及制单工作，以此来降低信用证下交单被开证行拒付的可能性及风险。

二、交易磋商阶段

在交易磋商阶段，买卖双方会对交货及付款条件进行讨价还价，但是讨价还价始终是在进行零和博弈。买方希望在生产完成之后开立由开证行支付的提单日后 180 天的远期信用证；而卖方则希望在生产之前开立由通知行加具保兑的即期付款信用证，这样就可以在其国内完成交单及收款工作。因此，在交易磋商开始之前，卖方有必要对己方可能接受的信用证条款进行列明，供买方选择和确认。

（一）将信用证付款条件写进最终报价

即使同为信用证结算，不同的具体条件对于买卖双方实际承担的费用和风险也会有所不同。因此，卖方在报价时需要将对信用证的具体要求，即信用证类别、开证时间、付款时间、单据要求、费用承担等细节写进最终报价中的付款条件下，以便买方对报价进行综合评估。

（二）将信用证付款条件写进买卖合同

如报价被确认，需要将协商确认好的信用证付款条件转移到买卖合同中的付款条件下,使买方清楚知道具体的开证要求,这是后期卖方审核信用证并要求买方修改信用证(如果需要)的重要依据。

(三) 对信用证付款条件进行具体约定

第一,对信用证的开证及到达时间进行约定。若晚于规定时间到达,则需要重新确定后更改买卖合同及信用证上的装运期/交货期。第二,对付款时间进行约定。即期付款还是远期付款,远期付款以什么时间开始计算,多久付款也要约定。第三,对交单时间进行约定,理论上以装运日后 15~20 天为宜。第四,对到期时间进行约定。到期时间要晚于交单时间,理论上晚于交单时间 15~20 天为宜,同时力争在国内到期。第五,对费用承担方进行约定,受益人应力争只承担受益人所在国费用。

(四) 对要求提供的单据进行约定

信用证中要求提供的单据越多,产生单证不符的概率就越大,卖方所承担的风险也就越大。所以,为了降低风险,卖方可以在最终报价或者合同中约定只提供哪些单据。单据通常包括常规单据和特殊单据两种,卖方可以视买方所在地及要求列明己方能够提供的单据。

1. 常规单据

常规单据是指根据合同约定常见的必须提供单据,如海运提单、商业发票、装箱单、保险单(CIF、CIP 术语成交必需)、产地证(与中国签有关税优惠协定的国家需要)。

2. 特殊单据

特殊单据是指不是每票出口都必须提供的单据,是特定买方或者信用证要求的单据,如受益人证明、客检证明、装运前检验报告、船公司证明等。

(五) 关于信用证付款条件的讨价还价

在此阶段,买方会根据己方实际情况对卖方列明的信用证付款条件进行讨价还价,并实现更改目的,卖方需要提前确认好己方的底线。如卖方要求的更改会对交货、交单及收汇造成实际影响,则应慎重接受,或者在确认能够做到后接受。

三、合同履行阶段

(一) 申请人申请开立信用证

买卖双方缔结以信用证为结算方式的买卖合同后,作为买方的申请人就应该按照约定及时向开证行申请开立信用证。

1. 申请人开立信用证时需要提交的单据

(1) 向开证行申请提供

申请人请求银行开立信用证时,应将拟开立的信用证的内容,以开证申

请书进行明确,以便开证行据此开证(图7.1)。同时在开证申请书背面的开证承诺书上签字、盖章,以证明申请人已经了解开证行的责任和义务,见图7.2。开证申请书和开证承诺书是一页文件的正反面,可以从开证行获得电子版,也可以到开证行获得纸质文件。

IRREVOCABLE DOCUMENTARY CREDIT APPLICATION

TO: **XX BANK** Issue by tele transmission (which shall be the operate instrument)

Beneficiary (full name and address)	L/C No.:
	Contract No,:
	Date and place of expiry of the credit
Advising Bank　　　　　　Ref. nr	Applicant
Partial shipments　　　　Transshipment ( )allowed　　　　　　　 ( )allowed ( )not allowed　　　　　　( )not allowed	Amount (both in figures and words)
Loading on board/dispatch/taking in charge at/from not later than for transportation to	Credit available with ( )by sight payment　( ) by acceptance　( ) by negotiation ( )by deferred payment at against the documents detailed herein
( )FOB　　　　( )C&F　　　　( )CIF ( )or other terms	( )and beneficiary's draft for ____% of the invoice value at' on

Documents required: (marked with X)
1. ( ) Manually signed commercial invoice in ____ copies indicating this L/C No. and contract No.
2. ( ) Full set (included ____ original and ____ non-negotiable copies) of clean on board ocean bills of lading made out to order and blank endorsed, marked 'freight [ ]prepaid / [ ]to collect', notifying APPLICANT.
3. ( ) Air Waybills showing 'freight [ ]to collect / [ ]prepaid", consigned to APPLICANT.
4. ( ) Railway bills showing 'freight [ ]to collect / [ ]prepaid' and consigned to
5. ( ) Memorandum issued by consigned to
6. ( ) Full set of insurance policy/certificate for 110pct of the invoice value, showing claims payable in China in currency of the draft, blank endorsed, covering ([ ]ocean marine transportation / [ ]air transportation / [ ]over land transportation) all risks and war risks.
7. ( ) Weight memo/packing list in _____ copies issued by BENEFICIARY, indicating quantity/gross and net weights of each package and packing conditions as called for by the L/C.
8. ( ) Certificate of quantity/weight in ___ copies issued by BENEFICIARY indicating the actual surveyed quantity/weight of shipped goods as well as the packing condition.
9. ( ) Certificate of quality in_____ copies issued by BENEFICIARY.
10. ( ) Beneficiary's certified copy of fax dispatched to the applicant within _____ hours after shipment advising [ ]name of vessel / [ ]flight no. / [ ]wagon no., date, quantity, weight and value of shipment.
11. ( ) Beneficiary's certificate certifying that extra copies of documents have been dispatched according to the contract terms.
12. ( ) Shipping Co.'s Certificate attesting that the carrying vessel is chartered or booked by Applicant or their shipping agents.
13. ( ) Other documents, if any:

Description of goods:

Additional instructions:
( ) All banking charges outside the opening bank are for beneficiary's account.
( ) Documents must be presented within ___ days after shipment date but within the validity of this credit.
( ) Third party as shipper is not acceptable. Short Form/Blank Back B/L is not acceptable.
( ) Both quantity and amount ___% more or less are allowed.
( ) Prepaid freight drawn in excess of L/C amount is acceptable against presentation of original charges voucher issued by shipping Co./Airline/or it's agent.
( ) All documents to be forwarded in one cover, unless otherwise stated above.
( ) Other terms, if any:

Account:　　　　　　　　　　　　　With_____(name of bank)
Transacted by : _____
Telephone no.:_____ :　　　　　　(Applicant: name, signature of authorized person)
　　　　　　　　　　　　　　　　　　　　　　　　　　　(with seal)

图 7.1　开证申请书

开证承诺书

xx 银行:

我公司已办妥一切进口手续,现请贵行按照我公司开证申请书内容(见背面英文)开出不可撤销跟单信用证,为此我公司愿不可撤销地承担有关责任如下:

一、我公司同意贵行按照国际商会第 600 号出版物《跟单信用证统一惯例》办理该信用证项下一切事宜,并同意承担由此产生的一切责任。

二、我公司保证按时向贵行支付该证项下的货款、手续费、利息及一切费用等(包括国外受益人拒绝承担的有关银行费用)所需的外汇和人民币资金。

三、我公司保证在贵行单到通知书中规定的期限之内通知贵行办理对外付款/承兑,否则贵行可认为我公司已接受单据,同意付款、承兑。

四、我公司保证在单证表面相符的条件下办理有关付款/承兑手续。如因单证有不符之处而拒绝付款/承兑,我公司保证在贵行单到通知书中规定的日期之前将全套单据如数退还贵行并附书面拒付理由,由贵行按照国际惯例确定能否对外拒付。如贵行确定我公司所提拒付理由不成立,或虽然拒付理由成立,但我公司未能退回全套单据,或拒付单据退到贵行已超过单据通知书中规定的期限,贵行有权主动办理对外付款/承兑,并从我公司账户中扣款。

五、该信用证及其项下业务往来函电及单据如因邮、电或其他方式传递过程中发生遗失、延误、错漏,贵行当不负责。

六、该信用证如需修改,由我公司向贵行提出书面申请,由贵行根据具体情况确定能否修改。我公司确认所有修改当由信用证受益人接受时才能生效。

七、我公司在收到贵行开出的信用证、修改书副本后,保证及时与原申请书核对,如有不符之处,保证在接到副本之日起,两个工作日内通知贵行。如未通知,当视为正确无误。

八、如因申请书字迹不清或词意含混引起的一切后果由我公司负责。

开证申请人
(签字盖章)
年 月 日

图 7.2 开证承诺书

(2) 申请人提供

申请人申请开证时需要提供买卖双方签字盖章的买卖合同副本,许可进口产品还要提供进口许可证。因为许可进口产品无进口许可证就无法进口货物,开证行也就没有办法控制物权,所以开证时需要提供进口许可证。对于受益人而言,如果收到的信用证中约定待申请人取得进口许可证方生效的条款,本质上这份文件还不是一份真正的信用证,要等到开证行的补充通知,信用证真正生效后才可以安排采购、生产或者装运。

2. 对开证申请人的要求

(1) 选择合适的开证行

开证行一般为在买方本地且与买方有业务往来的银行,要求资质良好,能够被卖方接受。

（2）按照基础买卖合同填写开证申请书

原则上申请人申请开立信用证时应该严格按照基础买卖合同中对信用证的约定条件填写开证申请书，指示开证行开证，不得擅自更改或者再增加买卖合同中对信用证开证条件的约定，以防受益人审证时不接受而产生的更改。

（3）开证指示明确且完整

信用证开立的指示必须明确且完整。申请人需明确以信用证结算的交易本质上是单据买卖，而不是货物买卖。即使将买卖合同中的所有条款都写入信用证中，如果受益人刻意欺诈，申请人同样无法从银行处得到任何保护。因为银行不会也不能参与基础交易。所以申请人应避免开立条款明显累赘的信用证，开证行也应尽力引导申请人将信用证条款简单化、单据化。

（4）所要求单据以适用且必需为准则

信用证中要求的单据应该以适用且必需为准则，同时对单据的要求应该明确且具体。申请人应该明确信用证是一种结算或者支付工具，而不是交易控制工具，不应该通过不必要的单据或者对单据的特殊要求来控制交易，进而增加受益人的交易成本及风险。

3. 开证申请人的义务和责任

（1）付款赎单

申请人必须偿付开证行为取得单据而代表他向受益人支付的货款。在他付款前，作为物权凭证的单据及其所代表的货物仍然属于开证行。如果单据与信用证条款相一致而申请人拒绝赎单，则作为其担保的存款或账户上已被冻结的资金将归银行所有。同时货物的处置权也属于开证行。

（2）支付费用

申请人有根据信用证中关于费用的具体规定向开证行提供开立及转递信用证所需的全部费用的责任。

（3）受领货物

开证申请人或者其委托人在付款赎单货物到达目的港后应该及时受领或者提取货物，以避免货物产生压港及堆存费用。

4. 提前确认开证申请书

在国际贸易结算实践中，申请人应把填写完成的开证申请书发送给受益人进行确认，待双方协商一致且确认后开出正式信用证，以防直接开出的信用证中存在受益人无法接受或者无法做到的条款而产生改证问题。因为开证申请书并非正式信用证，申请人和受益人可以快速协商更改，无须开证行参与，也不会产生任何费用。而信用证一经正式开出，不但不能撤销，而且任何修改都必须有开证行参与，还要支付改证费，甚至会影响合同的正常履行。

因此，通过开证申请书确认信用证条款这一环节至关重要，受益人应主动提醒申请人在信用证正式开出之前发送开证申请书进行确认。

（二）开证行开立信用证

1. 开证前审查

（1）开证申请人资信审查

开证行对申请人资信审查与一般信贷相同。若申请人在开证行没有授信，则不能凭授信开证。只能是缴纳与开证金额相同的押金后开证。

（2）开证申请书内容审查

开证申请书内容前后不应有矛盾，且需要与进口许可证内容一致，同时应避免申请书内条款与进出口国家的有关外汇贸易规定相抵触。

2. 收取开证保证金

（1）收取开证押金

银行根据对申请人的资信审查结果决定收取开证保证金的比例，资信好的申请人在额度内可能无须收取押金，但是对于初次申请开立信用证的中小企业则会要求收取全额押金。

（2）凭其他银行保函

如果申请人在开证行没有信用额度，又不能提供要求的押金，可以向合作关系良好且有信用额度的其他银行申请担保保函，由其他银行对申请人的偿付能力进行担保。开证行在收到他行保函后可以据此开证。

3. 开立信用证

（1）开立适用信用证

开证行必须严格按照开证申请书中的指示开立适用信用证，若不能应提前与申请人确认。

（2）每一次单独开证

每一份信用证即为独立文件，不能套证（与×××号信用证一致）。

（3）条款单据化

信用证要求应单据化，通过单据阐述相应要求，同时应明确要求提供的单据、正副本份数以及签章等，避免模棱两可的要求。

（4）合理收取押金

进口方银行在开立信用证时应根据申请人的实际情况合理收取押金，避免押金过高使申请人放弃信用证结算，进而影响国内企业的发展。

（三）通知行通知并保兑信用证

1. 通知行责任

（1）通知或转递信用证，并审核信用证的表面真实性

通知行的责任是将开证行开出的以其为通知行或者转递行的信用证及时通知给受益人。在其通知之前，需要合理谨慎地审核它所通知信用证的表面真实性并及时澄清疑点。如果通知行决定不通知信用证，它必须毫不延误地对开证行做出如上说明。如通知行不能确定信用证的表面真实性，即无法核对信用证的签署或密押，则应毫不延误地告知来证行，说明其不能确定信用证的真实性。如通知行仍然决定通知该信用证，则必须告知受益人，它不能核对信用证的真实性。对于受益人而言，通知行不能核实其真实性的信用证本质上不是一份合格的信用证，不能据此安排采购、生产或者装运。

当下信用证几乎全部为 SWIFT 信用证，在银行间传递有专门的通道以及报文格式，能够传递到通知行的信用证表面真实性都不存在问题。为了避免风险，原则上受益人只能接受由通知行通知的信用证，其他任何人提供的信用证都不能直接视为真实、有效的信用证。

（2）应开证行邀请保兑信用证

若信用证需要加具保兑，正常信用证业务中开证行通常会邀约通知行对信用证加具保兑。通知行接受邀约后会在通知书中说明此信用证由通知行进行保兑。

2. 通知行通知信用证的方法

通知行收到信用证后一般会电话通知受益人，然后确认是通过传真、邮件将信用证通知书（见图 7.3）及信用证内容发送给受益人，还是受益人到银行提取信用证。

信用证通知书

致:　　　　　　　　　　　　　　　　　　　通知编号:
　　　　　　　　　　　　　　　　　　　　　日期:

迳启者:

　　我行收到如下信用证一份:

　　开证行:

　　开证日:

　　信用证号:

　　金额:

现随附通知。贵司交单时,请将本通知书及正本信用证一并提示。其他注意事项如下:

本信用证之通知系遵循国际商会《跟单信用证统一惯例》第 600 号出版物。

如有任何问题及疑虑,请与中国银行股份有限公司联络。

电话:　　　　　　传真:

附言:

图 7.3　信用证通知书

3. 信用证的传递

（1）通知行传递的信用证

信用证在实际传递过程中可能从开证行直接到通知行,也可能从开证行到转递行再到通知行,客观地说,信用证在银行间如何传递与受益人没有直接关系。受益人只要牢记只有经由己方指定通知行传递的信用证才是真实的信用证即可。

第七章　国际贸易结算之跟单信用证

（2）其他途径传递的信用证

对于受益人而言，其他任何途径传递到己方的信用证都首先认定为假证。然后向己方的外币开户行（原定的通知行）进行求证。切勿存在侥幸心理，因为在当下经由非 SWIFT 通道开立和传递的信用证基本已经没有，事出反常必有妖，所以受益人一定要谨慎。

（四）受益人审核信用证

受益人收到信用证后，一定要在第一时间对信用证进行审核，以确认是接受还是修改。详见本章第三节。

（五）受益人要求修改信用证

此环节非信用证操作的必需环节，如果信用证经审核不存在问题则无须修改。只有经审核存在问题且无法接受或者无法满足的信用证才需要修改。

1. 修改信用证的基本原则

（1）只有买方（申请人）有权决定是否接受受益人修改信用证的请求

对于受益人来说，有权决定是否接受买方开来的信用证，如果来证中存在己方不能接受或者无法满足的条款，受益人有权也一定要联系申请人进行修改。对于与基础买卖合同约定不符的内容，买方有义务必须修改，否则将视为买方违约。但是对于基础买卖合同中没有明确做出规定的内容，是否修改的权利则在买方（申请人）手里。

（2）只有卖方（受益人）有权决定是否接受申请人修改后的信用证

与买方（申请人）有权决定是否接受受益人修改信用证的请求一样，是否接受修改后的信用证的权利则在卖方手里。如果买方未能按照卖方的要求修改信用证，卖方可以拒绝接受修改后的信用证，并要求买方再次修改。

（3）凡是需要修改的内容，应做到一次性向申请人提出

如果受益人经审核确认信用证需要修改，则应该一次性提出所有的修改请求，而不是一而再，再而三地请求修改，如果申请人已经按照受益人要求修改过信用证，在一定程度上就可以拒绝二次修改。

（4）收到信用证修改后，应及时检查修改内容是否符合要求

在国际贸易结算实践工作中，申请人或者开证行因种种原因，不一定完全按照受益人的要求修改，所以在收到信用证修改后同样需要及时审核是否与己方发送的修改要求一致。对于不一致还不能接受的内容及条款可以要求二次修改。

（5）对于修改内容要么全部接受，要么全部拒绝

对于受益人来说，对信用证修改要么全部接受，要么全部拒绝，部分接受、部分拒绝是不可以的。在受益人明确表示接受信用证更改之前，原信用

证仍然有效，可以选择继续接受原信用证或者全部接受信用证修改内容。

（6）有关信用证修改必须经原信用证通知行通知才有效

这一点非常重要，信用证修改后必须经原信用证通知行通知才有效。经申请人通知、开证行在国内分行通知的修改均为无效通知及修改，受益人对此要有清醒认识。

2. 对信用证修改内容接受或拒绝的表示形式

（1）明确通知

受益人做出接受或拒绝该信用证修改的通知。有些国外来证及修改中均会要求受益人通过通知行回复是否接受。

（2）实际行为

若受益人按照信用证修改装运和交单，视为以实际行为接受修改。若受益人按照原证装运和交单，则视为以实际行为拒绝修改。

3. 信用证修改流程

（1）联系申请人修改信用证

受益人需确认好所有要求修改的内容，并一次性通知开证申请人。因为只有申请人有权决定是否修改信用证。

（2）申请人联系开证行改证

申请人收到受益人的修改请求后，如同意修改，则联系原开证行进行修改。

（3）开证行修改信用证

开证行收到申请人的修改指示后，应按照要求及时修改信用证。成功修改信用证后经原路径发送修改通知到原通知行（以 MT707 报文格式发送）。

（4）通知行通知信用证修改

通知行确定信用证修改的真实性后通知受益人，至此，修改完成。

（5）受益人审核修改

受益人审核修改，并确认无误，即可按照修改办理备货装运和交单结汇。

（六）申请人付款赎单、提货

1. 付款赎单

申请人在收到开证行的付款提示后，要及时审单并对相符交单进行付款，以便及时从开证行取得代表物权的提单以及其他目的港清关用装运单据。如果单据存在不符，则可以拒付或者视情况（如保持己方信誉或者产品价格上涨需要快速提货转卖）接受不符单据。

2. 货物到港后及时提货

申请人从开证行处获得全套装运单据后，在货物到港后应及时向船公司

提货，以免产生压港及港口存放费用。若提货后发现问题，可以根据基础买卖合同中检验及索赔条款约定，另行向受益人索赔。

四、总结比较阶段

总结比较对信用证的操作，对初次操作信用证的出口企业及负责人非常重要。

（一）进程比较

将实际信用证的操作进程与计划进程进行比较，尤其是对于信用证到达时间及装运时间影响因素的比较，对于有较大差异的环节要进行有计划的调整。

（二）费用比较

将实际信用证操作产生的费用与预期费用进行比较，对于额外产生的费用进行调整，下一次报价时要计算在报价当中。

（三）单据比较

将实际自行缮制及第三方出具的单据的具体做法与预期做法相比较，分析产生偏差的原因，并在下一次审证或者制单中改正。

第三节　信用证结构说明及审核与管理

一、SWIFT 信用证及样本

（一）SWIFT 介绍

国际贸易实践中信用证多为环球银行金融电信协会（SOCIETY FOR WORLD-WIDE INTER-BANK FINANCIAL TELECOMMUNICATION，SWIFT）信用证，一般以 MT700 报文格式传递，代码有必选及可选两种，分别以 M 和 O 表示：M 为必选项（MANDATORY FELD），每一份信用证中都会出现；O 为可选项（OPTIONAL），可以出现，但不是每一份信用证中都必须出现。

（二）SWIFT 信用证样本

27：Sequence of Total

　　1/1

40A：Form of Documentary Credit

　　IRREVOCALBE

20：Documentary Credit Number

　　LC220168

31C：Date of Issue

　　211220

40E：Applicable Rules
UCP LATEST VERSION

31D：Date and Place of Expiry
220215 IN BENEFICIAR'S COUNTRY

52A：Issuing Bank
KASIKORN BANK
KASITHBK

50：Applicant
KB CO. , LTD.
266/118 SOI PHUTTABUCHA 36, PHUTTABUCHA RD. ,
BANGMOD, THUNGKRU. BANGKOK, THAILAND 10140
PHONE：/FAX：0065-02-0651851

59：Beneficiary
HENGSUN ENTERPRISE LIMITED
52A BEIYIXI ROAD, TIEXI DISTRICT, SHENYANG CITY,
LIAONING PROVINCE, CHINA 110026
TEL/FAX：0086-24-3123-3123

32B：Currency Code, Amount
CURRENCY USD AMOUNT18000

39A：Percentage Credit Amount Tolerance
10/10

41D：Available With... By...
WITH ISSUING BANK
BY SIGHT PAYMENT

43P：Partial Shipments
ALLOWED

44T：Transshipment
ALLOWED

44E：Port of Loading
DALIAN PORT, CHINA

44F：Port of Discharge
BANGKOK PORT, THAILAND

44C：Latest Date of Shipment
220130

45A: Description of Goods and / or Services

COMMODITY: POLO SHIRTS MATERIAL: CVC (60% COTTON, 40% POLYESTER), THICKNESS OF 200GSM

WITH EMBROIDERY LOGO ON BOTH LEFT CHEST AND BACK

MEN'S WITH3 BUTTONS AND WOMEN'S WITH 3 BUTTONS

QUANTITY: MEN'S POLO SHIRTS 9000PCS WITH SIZE S, M, L EQUALLY, WOMEN'S POLO SHITRS 9000PCS WITH SIZE XS, S, M EQUALLY, TOTAL 18000PCS

UNIT PRICE: USD 4.65/ PCE

TOTAL AMOUNT: USD 83700 CIF BANGKOK PORT, THAILAND

46A: Documents Required

+SIGNED COMMERCIAL INVOICE IN 3 COPIES INDICATING L / C NO. AND S/C NO. HS-TH01. TO CERTIFY THAT THE GOODS ARE OF CHINA ORIGIN AND NO SOLID WOOD PACKING.

+FULL SET OF CLEAN ON BOARD OCEAN BILL OF LADING MADE OUT TO OUR ORDER, MARKED "FREIGHT PREPAID" AND NOTIFYING APPLICANT.

+DETAILS PACKING LIST IN 3 COPIES INDICATING COLOR ASSORTMENT, SIZE AND QUANTITY OF EACH CARTON.

+INSURANCE POLICY IN 2 COPIES, ISSUED OR ENDORSED TO THE APPLICANT, FOR 110% OF THE FULL INVOICE VALUE, COVERING ALL RISKS AND WAR RISKS.

+CERTIFICATE OF ORIGIN FORM E OR RCEP IN 2 COPIES ISSUED BY CUSTOMS.

47A: Additional Conditions

+EACH SET OF DISCREPANT DOCUMENTS WILL BE DEDUCTED USD90.00 AS DISCREPANCY FEES.

+THIRD PARTY'S DOCUMENT EXCEPT COMMERCIAL INOVICE ARE ACCEPTABLE.

71B: Charges

ALL BANKING CHARGES OUTSIDE THE ISSUING BANK ARE FOR ACCOUNT OF BENEFICIARY.

48: Period for Presentation documents

DOCUMENTS MUST BE PRESENTED WITHIN 21 DAYS AFTER DATE

OF ISSUANCE OF THE TRANSPORT DOCUMENT BUT WITHIN THE VALIDITY OF THE CREDIT.

49：Confirmation Instructions
WITHOUT

78：Instruction To Paying / Accepting / Negotiating Bank
+ REIMBURSEMENT BY TELETRANSMISSION IS PROHIBITED.
+THE AMOUNT OF EACH DRAWING MUST BE ENDORSED ON THE REVERSE.

二、信用证审核

（一）信用证审核的必要性

国外来证中可能因申请人疏忽或故意而包含与已商订买卖合同规定不符的条款，这些不符条款将给卖方合同履行及安全收汇带来风险。及时审核并发现来证中的问题，能够最大限度地防范交单结汇时的退单及拒付风险。从国际贸易实践来看，大部分单据遭到开证行退单及拒付都是由于对信用证事先审核不够，使信用证中一些与买卖合同规定不符、卖方无法做到或者无法满足的条款未能被及时地发现并修改。

（二）信用证审核方法

1. 信用证审核时点

对于卖方而言，越早审核并发现信用证中的问题，能够采取的应对措施就越多。因此，笔者建议在收到信用证的当天就进行审核工作。此外，多数买卖合同下的信用证审核工作都应该在生产或者备货之前进行，即在信用证审核并确认能够接受后方可安排生产或者备货。否则，如果卖方已经提前安排生产或者备货，但是国外来证中却存在不能接受的条款，且买方拒绝修改，卖方将陷入两难的被动境地，继续装运就需要承担巨大的潜在的被拒付风险，终止装运则会使生产或者备货完成的货物成为转卖价远远低于合同价的库存，买方定制货物甚至可能低价也无法转卖出去。

2. 信用证审核依据

（1）买卖合同

买卖合同是信用证审核的首要依据，且原则上买方应该按照买卖合同中对信用证的相关规定进行开证，否则须承担修改信用证或者违约责任。因此，将信用证相关规定写进买卖合同尤为重要，否则就将失去这一重要审证依据，不能有效地判断来证中无法接受或者无法做到条款的责任方。

（2）贸易惯例

有关信用证的贸易惯例《UCP 600》及《ISBP 745》也是信用证审核的重

要依据。尤其是在买卖合同中没有对信用证做出明确约定的情况下,《UCP 600》以及《ISBP 745》中的相关规定及解释是判定某些信用证条款是否合理、能否被接受的有效参考。外贸从业人员要想正确理解并审核信用证相关条款,有必要通读《UCP 600》及《ISBP 745》中英文版本3遍以上,力争达到准确知道上述两种惯例中哪章、哪节、哪条、哪款对正在审核的条款有明确约定或解释的程度。

3. 信用证审核流程

(1) 通读信用证,标记完全不能接受条款

收到通知行通知的信用证后全文通读两遍,初步审核并标记与买卖合同约定不符及其他受益人完全不能接受的条款。完全不能接受的条款是指受益人无论如何都无法接受或者无法做到的条款,比如应保兑的信用证未保兑、应由买方承担的保兑费改为由卖方承担、过短的装运期等。

(2) 精读信用证,标记不能确认的异议条款

在通读信用证之后,利用直尺等工具逐行逐句精读并理解信用证中的具体条款,逐条分析及审核。同时,用彩色铅笔或者荧光笔标注异议条款,在这一步中所有审核人不能100%确认可以接受的条款均视为异议条款。

(3) 会审所有标记条款,确认接受还是修改

信用证审核过程中标记的问题条款,到底是接受还是修改受很多因素影响。在国际贸易实践中,卖方规模、买方信誉、产品类别、市场地位、预期利润、制单能力六个方面都会影响判断。因此,笔者建议卖方审核信用证后对所有标记条款进行汇总,并寻求企业内部或者外部单证专家进行会审后做出最终决定。必要时可以寻求通知行或者交单行的帮助,因为通知行或者交单行一定有信用证专家,分行没有,总行审单中心也有。此环节要努力做到既不损失客户,又不承担过多不可控风险。

三、通知行审核信用证

(一) 通知行审核必然责任

通知行重点审核信用证表面的真实性,也仅对信用证的表面真实性以及付款责任的有效性负责。同时审核开证行所在国家或地区的政治、经济状况,以及开证行的资信、经营作风等。对于资信欠佳的银行应提醒或建议受益人,要求申请人对信用证加具保兑或者由信誉更好的银行开出信用证。

(二) 通知行审核道义责任

由于通知行多是受益人的往来银行,信用证业务之外还有大量业务合作。因此通知行也应在道义上,以自己的专业帮助受益人审核信用证的具体条款,并在不承担且无责任的前提下给受益人一些关键性指导意见,而不是仅仅将

信用证通知给受益人。但是受益人也应该清楚，通知行的意见仅供参考，而且仅是从提升其服务的道义上给予的一种帮助。这不是通知行的必然责任，通知行更不会承担任何失误责任。

四、受益人审核信用证

（一）MT 700 信用证解读及分场审核要点

1. M 27：SEQUENCE OF TOTAL（电文传送页次）

一般为 1/1，前面的 1 代表全部电文中的第一份电文，后面的 1 代表全部电文数。并不是常规意义上的页数，1/1 打印出来可能有多页。如为 1/2 或者 1/3，则表明该信用证为超长报文，此时已经收到的报文尚不完整，银行会待收齐相同信用证号的 MT 701 报文后再行通知。

2. M 40A：FORM OF DOCUMENTARY CREDIT（跟单信用证类别）

常用的有 3 种：IRREVOCABLE（不可撤销）、IRREVOCABLE TRANSFERABLE（不可撤销可转让）、IRREVOCABLE STANDBY（不可撤销备用信用证）。审核时需要确认是否与买卖合同约定的信用证类别相符，尤其是第一受益人作为中间商需要转让信用证时，国外来证必须注明 TRANSFERABLE（可转让）字样。

3. M 40E：APPLICABLE RULES（适用规则）

一般为《UCP 600》或 UCP LATEST VERSION（UCP 最新版本）。适用《UCP 600》的信用证即使没有在 40A 场注明不可撤销，也是不可撤销的，会使信用证的有效性得到可靠保证。

4. M 20：DOCUMENTARY CREDIT NUMBER（跟单信用证号码）

一般由开证行指定，若来证没有号码或者号码与之前的信用证号码重复，通知行会联系开证行修改。

5. O 23：REFERENCE TO PRE-ADVICE（预先通知编码）

预先通知是开证行准备开立正式信用证或者修改之前以 MT 705（跟单信用证的通知）报文格式发送的提前开证或者修改通知，供受益人先行备货和备单。从原则上说，发出预先通知的开证行应不可撤销地承诺将毫不延误地开出有效的信用证或修改，且条款不能与预先通知书相矛盾。

6. O 31C：DATE OF ISSUE（开证日期）

如果没有开证日期，SWIFT 的发电日期视为开证日期。审核时需要确认开证日期是否与买卖合同规定相符。若国外来证较晚，则应结合 31D 场有效期与到期地点、48 场交单期，确认是否有足够的时间备货、装运及交单。若时间不足，则应要求申请人对交单期和有效期进行展期。

7. M 31D：DATE AND PLACE OF EXPIRY（有效期与到期地点）

有效期是交单截止的最后日期，若48场中交单期早于有效期，则应该以交单期作为交单截止的最后日期。到期地点是信用证兑用银行所在地。审核时需要注意，若到期地点在国内（IN CHINA 表示在中国，IN BENEFICIARY'S COUNTRY 表示在受益人所在国），则意味着受益人在有效期和交单期之中较早的一个日期之前将单据提交到国内兑用银行即可。若到期地点在国外（AT OUR COUNTER 表示在开证行柜台，ISSUING BANK 表示在开证行），则意味着受益人在有效期和交单期之中较早的一个日期之前将单据通过国内指定银行（交单行或议付行）寄送到国外兑用银行。由于通过快递寄送单据到国外银行需要3~7天甚至更长时间，且存在丢失风险，所以信用证在国外兑用银行到期时，受益人需要确认交单时间足够长，且需要提前一个邮程寄出，以防邮寄过程中产生延迟。考虑到新冠肺炎疫情可能导致多家快递公司航班延迟的现实，笔者建议在新冠肺炎疫情彻底结束或得到有效控制之前要努力争取信用证在国内到期。

8. O 51A：APPLICANT BANK（申请人银行）

通常为开证行的分行。有些银行的业务包括开立信用证在内的所有国际业务都是由其总行处理，由总行作为开证行开立信用证，但是信用证中要求指定银行寄单到其分行，即申请人银行。

9. M 50：APPLICANT（申请人）

申请人一般为国际货物买卖合同的买方，此处应为买方的名称、地址、联系方式、工商注册号、税务登记号等内容。

10. M 59：BENEFICIARY（受益人）

受益人一般为国际货物买卖合同的卖方，此处应为卖方的名称、地址、联系方式、工商注册号、税务登记号等内容。审核申请人及受益人信息时，需要确认与买卖合同上载明的买方或者卖方信息一致。名称拼写错误会影响受益人交单和收汇，必须要求申请人修改。地址及联系方式等信息拼写错误若不影响受益人交单和结汇，则不是必然要求修改项，但是制单时需要与信用证中的错误信息保持一致。

11. M 32B：CURRENCY CODE, AMOUNT（信用证币种代码及金额）

审核时需要注意，币种代码及金额应与买卖合同规定一致，若金额同时有大小写，大小写应一致。

12. O 39A：PERCENTAGE CREDIT AMOUNT TOLERANCE（金额允许增减幅度）

审核时需要注意，若45A场中货物或服务描述中数量允许增减，则金额允许增减幅度应与数量允许增减幅度一致。若数量允许增减，金额不允许增加，受益人实际上只能少装，而不能多装。因为任何时候受益人支取金额都不能超过信用证允许的最大金额。

13. O 39B：MAXIMUM AMOUNTS COVERED（允许支取的最大金额）

与39A场审核注意事项相同。

14. O 39C：ADDITIONAL AMOUNTS COVERED（允许支取的额外金额）

与39A场审核注意事项相同。在同一份信用证中39A、39B、39C不能同时出现。

15. M 41A：AVAILABLE WITH…BY…（兑付银行及兑付方式）

WITH后面跟兑付银行名称，BY后面跟兑付方式。兑付银行可能是ISSUING BANK（开证行）、ADVISING BANK（通知行）、××BANK（指定银行）。兑付方式通常有5种，即BY PAYMENT（付款）、BY NEGOTIATION（议付）、BY ACCEPTANCE（承兑）、BY DEF PAYMENT（延期付款）、BY MIXED PAYMENT（混合付款）。审核时需要注意，兑付银行与兑付方式应该与买卖合同约定一致。尤其是兑付方式，因为不同兑付方式受益人收款时间及风险会有所不同，若与买卖合同约定不一致，应要求申请人修改。

16. O 42C：DRAFTS AT（汇票付款日期）

审核时需要注意，兑付方式为即期付款、即期议付的信用证，如果要求提交汇票（一般不要求提交汇票），汇票付款日期应为AT SIGHT（即期付款）。兑付方式为远期议付、承兑的信用证，汇票付款日期应注明起算日期及期限，通常有××DAYS AFTER SIGHT（见票后多少天）、××DAY FROM THE B/L DATE（提单日期多少天）两种注明方式。兑付方式为混合期限付款的信用证应注明不同期限付款的具体金额或比例。

17. O 42A：DRAWEE（汇票付款人）

若42C场需要汇票，则需要明确汇票付款人。审核时需要注意，汇票的付款人通常是开证行，可能是列明开证行名称及地址，也可能只有开证行SWIFT代码及名称。但是在指定银行付款或者承兑时，则会列明指定银行名称及地址，也可能是指定银行SWIFT代码及名称。

18. O 42M：MIXED PAYMENT DETAILS（混合付款细节）

若41A场中兑付方式为混合付款，此处注明混合付款细节。混合付款是指信用证付款与电汇及/或托收付款相结合的付款方式。通常用于需要分批装运或者商品需要后续安装调试的业务中。例如，规定：占总金额10%的预付

款在信用证之外以电汇形式支付；占总金额80%的货款在受益人每次相符交单时支付；占总金额10%的尾款凭申请人提交的注明收货人已经收货并验收合格的商业发票支付。审核时需要注意，每次付款条件及金额是否与买卖合同约定一致。

19. O 42P：DEFERRED PAYMENT DETAILS（延期付款细节）

若41A场兑付方式为延期付款，此处注明延期付款细节。延期付款细节需要注明付款期限及起算日期。如 AT 90 DAYS FROM THE B/L DATE（提单日起90天付款）。审核时需要注意，是否与买卖合同规定的期限及起算日期一致。

20. O 43P：PARTIAL SHIPMENT（分批装运）

若允许分批装运，可能会显示具体分批规定。审核时需要注意，若货量较大无法一次装运，则应要求允许分批装运。若显示具体分批规定，需要确定每一批都能够按照规定的时间和数量装运。如无法或者不能做到，应要求申请人修改。

21. O 43T：TRANSSHIPMENT（转运）

审核时需要注意，若从装运港（地）到目的港（地）没有直达船（运输工具）或者直达船（运输工具）班次较少，则应该要求允许转运。

22. O 44A：LOADING ON BOARD/DISPATCH /TAKING IN CHARGE FROM（装船、发运、接管地点）

略。

23. O 44B：PLACE OF FINAL DESTINATION/FOR TRANSPORTATION TO/PLACE OF DELIVERY（目的地、运抵地、交货地）

略。

24. O 44E：PORT OF LOADING/AIRPORT OF DEPARTURE（装运港、起运机场）

44E 与 44A 不能同时出现。

25. O 44F：PORT OF DISCHARGE/AIRPORT OF DESTINATION（卸货港、目的机场）

44F 与 44B 不能同时出现。审核 44A、44B、44E、44F 时需要参照本书第五章第五节中装运港（地）和目的港（地）的规定方法进行审核。

26. O 44C：LATEST DATE OF SHIPMENT（最迟装运日）

审核时需要注意，能否在规定时间完成备货，在规定的最迟装运日之前是否有适当的航次或航班。若无法做到，应要求申请人修改。

27. O 44D：SHIPMENT PERIOD（装运期间）

44D 与 44C 不能同时出现。审核方法与 44C 相同。若信用证未规定最迟装运日或者装运期间，应参考 31D 场中的有效期和 48 场交单期决定装运时间。

28. O 45A：DESCRIPTION OF GOODS AND/OR SERVICES（货物或服务描述）

45A 场可以显示与货物有关的所有信息。审核时需要注意两点。一是货物品名、品质、数量、包装、检验等要求是否增加了买卖合同上原本没有的内容，若有增加，对于增加的要求需要与生产管理、运输、检验等部门确认是否能够做到、是否会增加成本。若不能做到或既有利润不足以覆盖增加的成本，应要求申请人改证。二是价格（包括单价与计量单位）及贸易术语（包括适用通则版本）是否与买卖合同一致。如不一致且会影响买卖合同履行与交单，应要求申请人修改。

29. O 46A：DOCUMENTS REQUIRED（要求的单据）

单据要求是信用证审核的重中之重。常用单据审核时需要注意：商业发票重点审核是否有特殊要求的证明或声明文句，是否需要经商会、使（领）馆认证，是否要求手签，以及正副本份数。包装单据审核是否需要详细装箱单，是否为中性装箱单，是否需要显示无木质包装、适合海运包装的证明或者声明文句，是否为装箱单以外的其他名称包装单据，以及正副本份数。提运单需要审核是否对运输工具、运输单据类型及签发人有限制，是否需要加注证明或者声明文句，以及正副本份数。CIF 或 CIP 下需要审核保险单据是否对保险单类型、保险险别、保险条款、加成率、被保险人有特别规定。检验单据需要审核是否由买方指定人签发、指定人签字是否要与其在开证行留抵一致。原产地证明需要审核是否存在产地证系统不允许添加或者录入的内容。其他不常用特殊单据审核时需要注意：能否按照规定的内容以及时间取得，能否取得的决定权是否受申请人影响。特殊单据因为不常用而少见，因为少见而不知如何做，因此必须慎重审核，凡是不能满足要求或者无法提供的单据都必须拒绝，并要求申请人修改。对于审证人员不能确认能否满足要求的单据，必须从权威人士那里得到确认后才能决定接受还是修改。

30. O 47A：ADDITIONAL CONDITIONS（附加条款）

附加条款同样是信用证审核的重中之重。因为附加条款中可以显示 46 场中未能显示完全的单据要求，显示特殊要求的单据或者对某些单据的特殊要求，不符点费用收取方式，以及其他所有申请人和开证行想要显示的要求。

审核时需要注意，是否增加了买卖合同中没有约定但是受益人又无法做到的要求。如有上述情况，则应要求申请人修改。此外，不符点费用收取方式也是审核重点，审核时需要确认是按照 EACH PRESENTATION OF DISCREPANT DOCUMENTS（每次不符交单）还是按照 EACH DISCREPANCY（每一不符点收取不符点费用）。若按照不符点数收费，且单个不符点收费超过 50 美元，则应要求申请人改证。

31. O 71B：CHARGES（银行费用）

信用证中对银行费用承担方的规定有 5 种。一是所有银行费用由申请人承担，即 ALL BANKING CHARGES ARE FOR THE ACCOUNT OF APPLICANT。这是受益人承担费用最少的一个条款，但现实中几乎争取不到。二是受益人所在国的费用由受益人承担，即 ALL BANKING CHARGES INSIDE CHINA ARE FOR BENEFICIARY'S ACCOUNT。这是受益人应该尽力争取的一个条款。因为国内银行收费相对较低，且容易获得准确的费用数据，便于将银行费用核算进价格当中。三是开证行以外的所有银行费用由受益人承担，即 ALL CHARGES OF BANKS OTHER THAN THE ISSUING BANK ARE FOR BENEFICIARY'S ACCOUNT。这是国际贸易实践中应用最多，也是在买方市场下受益人不得不接受的一个条款。同第二种情况相比，增加了受益人可能承担的转递行转递（如果需要转递）、保兑行保兑（如果需要保兑）、转让行转让（如果需要转让）、偿付行偿付（如果有第三家偿付行）等费用。特别要注意的是，若开证行与通知行没有直接业务关系，由第三家银行转递及保兑时，保兑费可能高到受益人无法承担的程度。所以，审核时必须注意成交价格及利润能否涵盖上述银行费用，如不能则必须要求申请人修改。四是除开证费以外的所有银行费用由受益人承担，即 ALL BANKING CHARGES EXCEPT OPENING CHARGES ARE FOR BENEFICIARY'S ACCOUNT。这是受益人应该尽力回避的一个条款。同第三种情况相比，增加了受益人要承担的电报费、可能产生的改证费、假远期信用证的贴现费等。五是所有银行费用由受益人承担，即 ALL BANKING CHARGES ARE FOR BENEFICIARY'S ACCOUNT。这是正常受益人完全不能接受的一个条款。尤其是来自中东、非洲、南美以及孟加拉国的信用证，预期利润低于 40%以下的交易很难覆盖可能产生的各种不合理费用。

32. O 48：PERIOD FOR PRESENTATION DOCUMENTS（交单期）

审核时需要注意，交单期应晚于装运期 7~15 天，甚至更长的时间。如果信用证中没有规定具体的交单期，交单不能晚于运输单据表面载明的发运日之后的 21 个日历日，但是任何时候都不能超过信用证的有效期。

33. M 49：CONFIRMATION INSTRUCTIONS（保兑指示）

审核时需要注意，应保兑的信用证是否显示为 CONFIRMATION（保兑）字样。因为到受益人手里的信用证，是通知行以自己的格式打印出来发送给受益人的，所以保兑本质上是通知行或者转通知行的确认行为。

34. O 53A：REIMBURSING BANK（偿付行）

偿付行是指定银行议付、付款或者承兑后向其索偿的银行。

偿付行信息是对指定银行（交单行、议付行）的指示，受益人无须审核。

35. O 78：INSTRUCTIONS TO PAYING/ACCEPTING/NEGOTIATING BANK（对付款行、承兑行、议付行的指示）

付款、承兑、议付指示是银行之间的指示，与受益人关系不大，受益人无须审核。

36. O 57A：ADVISE THROUGH BANK（通知行）

审核时需要注意，通知行是否为受益人在信用证付款路径中给定的通知行，是否有转通知行的存在。

37. O 72：SENDER TO RECEIVER INFORMATION（银行间备注）

受益人无须审核。

（二）填写固定格式的信用证审核单

信用证及修改（如有）确认后，需要填写固定格式的信用证审核单，见图 7.4。固定格式的信用证审核单所显示的每一项内容前期都要经过仔细斟酌，不仅可以帮助审证人员准确地复查审核过程中是否有遗漏的条款，还可以使单证制作人员清楚地知道需要哪些单据以及单据的具体要求，提前做好单据缮制准备工作。

信用证审核单

文件编号：
审核日期：

单证员：			风险评级：	无风险□	一级风险□	二级风险□	三级风险
确认人：			登记信息：	原始信用证	一次修改	二次修改	三次修改
受益人：			信用证金额				
信用证号码：			生效日期				
开证申请人：			有效期				
开证行：			交单期				

审核项目		重点登记内容	与合同一致性	审核人	修改意见
信用证本身	信用证类型				
	生效日期				
	交单期				
	有效期				
	到期地点				
	信用证金额				
	增减幅度				
货物描述	品名				
	单价				
	数量				
	金额				
	贸易术语				
	其他要求				
要求单据	提单				
	商业发票				
	装箱单				
	装船通知				
	保险单				
	产地证				
	汇票				
	寄单证明				
	寄样证明				
	传真证明				
	检验证书				
	客检证书				
	其他单据				
装运	装运期				
	装运港				
	目的港				
	中转港				
	装运期				
	可否分批				
	分批要求				
	可否转船				
	中转港				
提运单	收货人				
	通知人				
	运费支付				
	特殊要求				
保险	保险险别				
	保险加成率				
	保险金额				
	保险条款				

图 7.4 信用证审核单

五、信用证审核后操作

（一）审核后确认接受

信用证审核后确认可以接受，受益人可以直接安排生产、备货、装运、交单等工作。

（二）审核后确认需要修改

信用证审核后确认需要修改，则应及时联系申请人通过开证行修改信用证，并在收到原通知行通知的合格修改通知后安排生产、备货、装运、交单等工作。

六、信用证管理

（一）信用证登记

受益人收到银行发送的信用证，单证负责人审核无误后需要填写信用证及修改（如有）审核单，并与对应的买卖合同副本一同存档，以便随时查看和据此制单。

（二）信用证流转

受益人内部应该建立起信用证流转及签收交接制度。单证负责人收到信用证后应将信用证复印，并转交给相关有权操作人员进行审核及存档。需要强调的是，信用证上载有重要的商业信息，只能在有权操作部门及人员之间流转。内容不完整的信用证需用碎纸机碎掉，必须将信用证带出办公室时须经部门负责人核准。

第四节　特殊的跟单信用证

一、可转让信用证

（一）概念及释义

可转让信用证特指信用证表面 40A 场跟单信用证类别中注明"TRANS-FERABLE（可转让）"字样，应受益人（第一受益人）要求可将信用证全部或者部分金额转让给另一受益人（第二受益人）兑用的信用证。

从《UCP 600》规定来看，仅"TRANSFERABLE"能够准确表示信用证的可转让特性。而且可转让信用证并不是必然要发生转让，仅是存在被转让的可能性。

（二）应用贸易场景

可转让信用证用于存在中间商的贸易中。假定：I 为国外进口商，E 为境内贸易型出口商（中间商），M 为 E 实际控制、注册在中国香港地区（境外）的离岸企业（中间商），S 为境内生产型供应商。E 要完成向 I 的出口可能有以下几种方式。

第一，E 与 I 签订国际货物买卖合同，并约定以普通跟单信用证结算，需要在货物装运并相符交单后才能收回货款。E 同时与 S 签订国内货物买卖合同，并约定以现金方式结算。此时 E 只能以其自有现金在 S 开始生产前支付预付款，在 S 生产完成后货物离场前支付尾款。

第二，E 委托 M 与 I 签订国际货物买卖合同，并约定以普通跟单信用证结算，同样需要在货物装运并相符交单后才能收回货款。M 与 E 签订国际货物买卖合同，并约定在货物装运后以电汇方式结算。E 同时与 S 签订国内货物买卖合同，并约定以现金方式结算。此时 E 只能以其自有现金在 S 开始生产前支付预付款，在 S 生产完成后货物离场前支付尾款。这样做的好处是 E 可以把一部分利润以外汇的形式合法留在境外企业 M 处。

第三，E 委托 M 与 I 缔结国际货物买卖合同，并约定以可转让跟单信用证结算，仍然需要在货物装运并相符交单后才能收回货款。M 与 S 也签订国际货物买卖合同，并说服 S 接受可转让跟单信用证结算。M 在收到 I 申请开立的可转让信用证后，可以向转让行申请开立转让信用证给 S，S 收到 M 申请开立的转让信用证后即可生产、备货、装运以及交单。因为转让信用证对于 S 的收款同样有一定保证。此时 M 的实际控制人 E 相当于被隐去，既可以将一部分利润以外汇形式合法留在境外企业 M 处，又没有占用自己的任何资金就完成了采购以及出口业务。

第三种操作方式对于 E 来说是非常理想的，但是对于 S 来说却存在较大风险，笔者在下文会详细分析。若非 S 特别想要获得 E 或者 M 的订单，有经验的 S 通常会拒绝接受可转让信用证这种结算方式。实际上，早些年，由于国内出口商缺少对可转让信用证的了解，加上买方市场的限制，一些国家和地区的中间贸易商曾利用可转让信用证成功地忽悠国内众多出口商，将所有风险转移给了国内出口商。

(三) 实际运转流程

1. 三方协商阶段

M 分别与 I 和 S 协商以可转让信用证结算，并据此签订两份国际货物买卖合同。

2. 信用证开立及转让阶段

I 根据买卖合同约定申请开立可转让信用证（贸易实践中称为母证），M 为第一受益人。M 审核无误后请求转让行开立转让信用证（贸易实践中称为子证）给 S，S 为第二受益人。转让行通常由母证通知行担任。转让行仅负责开出或者转让子证，并不承担任何付款责任，子证的付款责任仍然由母证开证行承担。

《UCP 600》第三十八条 G 款规定："转让信用证必须准确转载原证的条款及条件，包括保兑（如有），但下列项目除外：信用证金额，信用证规定的任何单价，到期日，单据提示期限，最迟装运日期或规定的装运期间，以上任何一项或全部均可减少或缩短。必须投保的保险金额的投保比例可以增加，以满足原信用证或本惯例规定的保险金额。可以用第一受益人的名称替换原证中申请人的名称。"除上述允许变更的 7 项外，其他条款必须与母证完全相同。若第一受益人要求变更的内容超过上述 7 项，转让行可以拒绝办理转让。但是《UCP 600》第三十八条 G 款也规定："如果原信用证特别要求开证申请人名称应在除发票以外的任何单据中出现时，则转让信用证必须反映出该项要求。"

3. 第二受益人审证、装运、交单阶段

第二受益人收到子证通知行通知的信用证后，如审证无误就可以办理装运及交单工作。如审证有误可以要求第一受益人通过原证开证申请人修改，收到合格修改后再办理装运及交单工作。《UCP 600》第三十八条 K 款规定："由第二受益人或第二受益人代表提交的单据必须向转让银行提交。"按此规定，第二受益人应先将单据提交到子证通知行，子证通知行审单无误后，将单据寄交给转让行，而不能直接寄交给母证开证行。转让行通常会在其开出的子证中对单据寄交路径做出明确约定。在国际贸易实践中，只有国外进口商 I、境外中间商 M、境内生产型供应商 S 之间关系相对透明，或者 M 与 S 实际控制人为同一人时，M 无须赚差价也无须换单时，可能在子证中规定第二受益人单据可通过子证通知行直接寄交给母证开证行。

4. 第一受益人审单、换单阶段

转让行收到第二受益人通过子证通知行寄交的单据后，会通知第一受益人审单及换单。

审单是指第一受益人对第二受益人所提交单据的审核。若审单有误，应及时提醒第二受益人修改后重新交单。若第二受益人无法修改错误，则可能使第一受益人和第二受益人同时面临母证开证行的拒付风险。此阶段转让行不承担付款责任，原则上也没有对第二受益人交单拒付的权利。

换单是指第一受益人以自己的发票和汇票（如有）对第二受益人提交的发票和汇票（如有）进行替换。《UCP 600》第三十八条 H 款规定："第一受益人有权以自己的发票和汇票（如有）替换第二受益人的发票和汇票（如有），其金额不得超过原信用证的金额。在如此办理单据替换后，第一受益人可在原信用证项下支取自己发票与第二受益人发票之间产生的差额（如有）。"

按此规定，第一受益人仅能对第二受益人提交单据中的发票和汇票（如有）进行替换，而无权对第二受益人提交的其他单据进行替换。《UCP 600》第三十八条 I 款规定："如果第一受益人应当提交其自己的发票和汇票（如有），但却未能在收到第一次要求时照办；或第一受益人提交的发票导致了第二受益人提示的单据中本不存在的不符点，而其未能在收到第一次要求时予以修正，则转让银行有权将其从第二受益人处收到的单据向开证行提示，并不再对第一受益人负责。"按此规定，若第一受益人未能按照转让行提示及时替换发票，或者替换发票中存在第二受益人原交单中本不存在的不符点又未能及时修改，转让行有权直接将第二受益人的相符发票连同其他单据直接寄交给母证开证行，并不再对第一受益人承担任何责任。但是此规定以及《UCP 600》第三十八条并未对第一受益人替换的汇票若存在错误该如何处理做出明确说明。

5. 开证行审单、付款及转让行转款阶段

转让行收到第一受益人的换单，并审核无误后，就可以向母证开证行或者指定付款行寄单索偿。开证行或者付款行审单无误后则会付款给转让行。转让行收到开证行付款后，将子证金额付给第二受益人，母证与子证之间的差额付给第一受益人。至此，可转让信用证业务结束。

(四) 对第二受益人风险分析

1. 境外中间商 M 资质难以保证

境外中间商 M 多为规模较小的贸易商或者境内企业、个人实际控制的境外注册的离岸公司，几乎没有任何固定资产，资质相对较差。若作为第一受益人的境外中间商最终因单证不符被母证开证行拒付，他们是否有足够资金又是否愿意在信用证之外支付货款给 S 没有任何保证。同时，若发生争议，境内生产型供应商 S 也相对较难与身处境外的 M 进行有效的沟通。

2. 转让行并不承担任何付款责任

除转让行同时担任母证保兑行外，开出转让后子证的转让行并不承担任何付款责任，其原本只是转让前母证的通知行或者寄单行身份。在其开出的子证中通常会加注"Payment will be effected by the Transferring Bank only when documents are received in full compliance with Credit terms and cover has been received under the original Transferable Credit（转让行仅在开证行确认相符交单并收到开证行款项后付款）"，即第二受益人的付款保证依然来自母证的开证行，但是第二受益人却无法像普通跟单信用证一样，有机会提前确认母证开证行的信誉和资质。此外，虽然转让行不承担付款责任，也无权对第二受益人的不符交单拒付，但是，转让行可能受第一受益人指示，为了维护第一受益人利益，利用第二受益人对转让行权利和义务的不了解，而违规对第二受益人进行拒付。

3. 第一受益人换单存在不符可能性

从理论上说，母证开证行对第二受益人的付款保证或者承诺应该是独立于第一受益人的，即第一受益人换单存在不符，或者第一受益人换单导致第二受益人交单不符，而第二受益人交单与转让后的子证要求相符，开证行仍然需要对第二受益人在子证下的相符交单进行兑付。但是由于第一受益人在母证下的交单存在不符，开证行有权拒付第一受益人预期得到的差额（母证与子证金额如存在差额）。但实际上，开证行却可能因第一受益人单据不符，也不对第二受益人的相符交单付款，或者刻意挑剔第二受益人的交单，以达到拒付的目的，即第二受益人可能因第一受益人的不符交单实质上失去母证开证行的付款保证。此外，由于第一受益人换单时只能换发票和汇票（如果有的话），而第二受益人提交的单据中，如提单、原产地证明等又无法做成中性抬头单据，这也必然导致第一受益人交单存在单单不符。因此，第一受益人必须要求国外进口商申请开立的母证中规定："THIRD PARTY'S DOCUMENTS ACCEPTABLE（第三方单据可接受）。"

4. 第二受益人交单一定存在不符

从可转让信用证单据实务来看，转让行因第一受益人换单存在问题，而将第二受益人交单直接寄交给开证行，那么第二受益人交单也一定与母证规定不符。第一，发票抬头人和出具人与母证规定不符。第二受益人的发票抬头人应为第一受益人，出具人应为第二受益人本人。母证要求的商业发票抬头人则应为原始开证申请人，出具人应为第一受益人。第二，发票金额低于母证金额。因为多数时候作为第一受益人的中间商是要赚差价的，导致子证金额低于母证金额。第三，保险加成率高于母证规定。第二受益人发票金额降低，为了使保险金额不变，必然要提高保险加成率，导致保险加成率高于母证规定。

尽管按照国际商会相关解释，以上不符都不能算是真正不符，母证开证行不能因此拒付，但是母证开证行却可能因为某些特殊原因，为了达到拒付目的，刻意挑剔第二受益人的单据。比如人为以字字相符作为审单标准。第二受益人要想维护己方利益，可能需要花费很多时间和精力去抗辩。

（五）可转让信用证的限制及解决办法

1. 限制

国内多数银行目前限制境内企业将收到的可转让信用证转让给其他境内企业，即境内企业收到可转让信用证只能转给境外企业。实际上，境内出口商是不能直接利用可转让信用证开展出口业务的。

2. 解决办法

境内出口商要想利用可转让信用证开展出口业务，必须拥有己方实际控制的境外离岸公司及离岸账户。

（1）离岸公司

离岸公司是指在离岸法区注册，但是不在注册地经营的有限责任公司或者股份有限公司。与之对应在境内注册和经营的公司，则属于在岸公司。注册离岸公司不需要投资人亲临现场，也不需要在注册地经营，可由离岸公司代理代为注册和报税。

（2）离岸账户

离岸账户（OFFSHORE ACCOUNT）也叫 OSA 账户，是指在境外（含中国港澳台地区）的企业按照规定在依法取得离岸银行业务经营资格的境内银行离岸业务部开立的账户，属于境外账户，不受国内外汇管制制度影响。目前，共有招商银行、深圳发展银行、交通银行、浦发银行4家银行获准从事离岸银行业务。

（3）离岸账户作用

离岸账户可以使其实际控制人境内出口商利用可转让信用证开展出口业务的想法得以实现。因为离岸账户持有人离岸公司相当于境外企业，国内从事离岸业务的银行允许其收到的可转让信用证转给境内企业。这样境内出口商，尤其是贸易型出口商，就有机会在不占用自有资金提前支付预付款及尾款给境内生产型供应商的情况下开展出口业务。尽管可转让信用证对作为第二受益人的境内生产型供应商存在一定风险，但还是提供了一定程度的付款保证，要比赊销或者放账更容易说服境内生产型供应商。

二、背对背信用证

（一）概念及释义

背对背信用证（BACK TO BACK LETTER OF CREDIT）是指某个信用证的受益人以收到的国外信用证（原证）或信用证下的预期收汇作为担保，要求合作银行开立的以该银行为开证行，以该受益人为申请人的一份新的信用证（新证）。

背对背信用证在出现之初也是中间商贸易的需要。中间商既不想占用自有资金提前支付预付款及尾款给生产型供应商，又不想实际进口商和实际供应商相互了解，或者不想进口商知道自己的中间商身份时，背对背信用证就是一个选择。最初设想是，中间商以收到的信用证作为新开证的担保，免去提交开证押金或者保证金的麻烦。

（二）现实操作

背对背信用证的现实操作可能与最初设想相去甚远，或者说目前就没有严格意义上的背对背信用证业务。对于国内中间商而言，如果想申请开立背对背信用证，国内银行并不接受以收到的国外信用证作为开证担保开立背对背信用证的请求。即使申请开立背对背信用证，银行也一律视为新开证，按照新开证标准收取开证押金或者保证金。而且新证开证行审单依据也只是新证，与原证无关，即背对背信用证与原证是两份相互独立的信用证，分开操作即可。对于国内出口商而言，只要确保收到的跟单信用证合格、能被接受即可，是否由国外中间商背对背申请开立无关紧要，开证行都要承担第一性付款责任。因为国外中间商是以其收到的原证做抵押开立新证，还是以缴纳押金或者保证金开立新证，只是其和国外开证行之间的事情，与作为受益人的国内出口商无关。国外中间商申请开立的背对背信用证与其收到的原证，是两份相互独立的信用证。国内出口商只需要正常操作其收到的信用证即可。通过以上分析可知，背对背信用证可以实现中间商阻断实际进口商和实际供应商联系的可能性，但是未能解决中间商的资金占用问题。

（三）可转让信用证与背对背信用证的相同点和不同点

1. 相同点

可转让信用证与背对背信用证都是因为中间商贸易的需要出现的，其原始目的都是为了解决中间商资金占用问题，以及阻断实际进口商与实际供应商之间的直接联系。

2. 不同点

第一，可转让信用证的开立，是开证行、第一受益人、第二受益人共同协商的结果。开证行开立的信用证中会加注"可转让"字样，在其开立可转让信用证时就已经做好信用证可能被转让的准备，而且很多可转让信用证中都会要求转让行将信用证转让或转让细节通知开证行。第二受益人可以从子证表面判断出其收到的是转让后的子证。最明显的就是报文格式上的不同，转让后的子证一般是 MT720 TRANSFER A DOCUMENTARY CREDIT 报文格式，普通跟单信用证则是 MT700 ISSUE A DOCUMENTARY CREDIT 报文格式。背对背信用证的开立，仅是原证受益人的单方面请求。原证开证行完全不知情，也不会在其开立的信用证中做出任何加注。新证受益人无法从其收到的新证表面判断出其收到的是背对背信用证。因为是开立的新证，仍是普通跟单信用证的 MT700 ISSUE A DOCUMENTARY CREDIT 报文格式。

第二，可转让信用证业务中，子证依据母证开立，条款上有严格的对应关系，作为中间银行的转让行通常不为其开立的子证承担任何付款责任。背

第七章　国际贸易结算之跟单信用证

对背信用证业务中，背对背信用证与原证是两份相互独立的信用证，条款上可以有对应关系，也可以增加或者减少相应条款，作为中间银行的新证开证行要为其开立的新证承担第一性付款责任。

第三，申请开立可转让信用证不占用申请人授信，银行可应申请人的请求随时开立转让后的子证。申请开立背对背信用证等同于新开证，需要占用申请人的授信，无授信申请人需要缴纳开证押金或者保证金。

三、循环信用证

（一）概念及释义

循环信用证（REVOLVING CREDIT）是指在信用证固定循环次数及/或金额内，能够被多次使用，且每次使用后金额都会恢复到原金额，可供受益人在较长一段时间内循环往复使用的跟单信用证。

（二）循环信用证分类

1. 按照循环方式分类

（1）按时间循环信用证

按时间循环信用证是指受益人可以在固定周期内支取规定金额，支取后在下一周期内又恢复原金额供受益人再次支取，循环往复若干个周期，直至规定总金额用完为止的循环信用证。

（2）按金额循环信用证

按金额循环信用证是指受益人可以在每次装运后支取一定金额，支取后金额再次恢复到原金额供受益人下一次装运后支取，往复循环若干个装运批次，直至规定总金额用完为止的循环信用证。

2. 按照未用完金额是否可积累分类

（1）不可积累循环信用证

不可积累循环信用证是指上次未完全支取的金额不能转移到下一次一并支取的循环信用证。信用证未标注可积累，应视为不可积累。

（2）可积累循环信用证

可积累循环信用证是指上次未完全支取的金额能够转移到下一次一并支取的循环信用证。例如，按月循环，每月允许支取金额 2 万美元，每月 1 日自动恢复允许支取金额，循环周期为 6 个月，最大允许支取金额为 12 万美元。假定信用证同时规定允许每期分批装运，若可积累，受益人可在第一个月支取 1 万美元，剩余 1 万美元在下一个月通过超装支取，即下一个月可以通过超装支取 3 万美元。若不可积累，受益人在第一个月支取 1 万美元，因剩余 1 万美元未被允许积累到下一个月进行支取，受益人若在下一个月超装并支取 3 万美元，将会因支取金额超过信用证最高允许金额而被拒付。

3. 按照金额恢复方式分类

(1) 自动恢复循环信用证

自动恢复循环信用证是指金额每次被支取后无须等待开证行通知确认,即可自动恢复到原金额的循环信用证。

(2) 非自动恢复循环信用证

非自动恢复循环信用证是指金额每次被支取后需要等待开证行通知确认,才能恢复到原金额的循环信用证。

(3) 半自动恢复循环信用证

半自动恢复循环信用证是指金额每次被支取后开证行未在一定期限内做出相反通知,待相反通知期限届满后自动恢复原金额的循环信用证。

(三) 循环信用证适用贸易场景

循环信用证在国际贸易中适用场景相对有限,仅适合进出口方签订长期贸易合同,需要定期、定量、定品种装运货物,而且进出口双方彼此信任,能够在信用证之外解决争议(如果发生)问题。进口商为了节省开证手续费和保证金,就可以申请开立循环信用证。同普通跟单信用证相比,循环信用证增加了一个循环系统,会在信用证增加以下类似条款。例如,THIS IS A MONTHLY AUTOMATICALL REVOLVING CREDIT WHICH COVERS THE A-MOUNT OF USD20000 PER MONTH FOR 6 MONTHS, TOTAL AMOUNT DOES NOT EXCEED USD120000(这是一份按月自动循环信用证,每月允许支取金额2万美元,循环6个月,总金额不超过12万美元)。

(四) 循环信用证与分期装运

分期装运(INSTALLMENT SHIPMENT)是指按照信用证中约定的不同期间将信用证中约定的货物分不同期次装运。循环信用证适用贸易场景中的定期、定量要求与分期装运要求高度吻合。按时间循环信用证可以规定:按月循环,每月1日金额自动恢复,装运必须在每个循环月内完成。这与《ISBP 745》C15段中的规定(分期装运中的"期"必须是时间段,需要同时有起始时间和结束时间)高度一致。在一定程度上可以将循环信用证视为特殊的带有分期装运条款的信用证。

笔者认为,循环信用证与带有分期装运条款的信用证的主要区别在于开证金额。假定进口方采购12万美元的货物,若开立带有6期分期装运条款的信用证,开证金额应为12万美元,需要占用12万美元的开证授信或者押金。若开立循环信用证,同样循环6期,开证金额仅为2万美元,仅需占用2万美元的开证授信或者押金。因此,对于进口方来说,如果采购货物满足循环信用证适用贸易场景,开立循环信用证要比单纯带有分期装运条款的信用证更为有利,但是却没有给出口方带来任何不利影响。

第五节　银行保函与备用信用证

银行保函与备用信用证均是国际贸易履约担保工具。在国际贸易实践中,买卖双方多数时候都不会完全信任对方,都可能对另一方能否按时、按质履约存在疑虑。为了打消这种疑虑,就需要正确应用银行保函和备用信用证。

一、银行保函

(一)银行保函概念

银行保函(BANKER'S LETTER OF GUARANTEE,L/G)是指担保银行以自身信誉,应申请人要求开立的,对申请人的某种履约行为进行担保的保证文件。保函保证,当申请人未按照约定履约(履行基础合同义务)时,由担保银行在担保金额内对利益受损的第三方当事人做出赔偿。

实际上,保函也可以由银行以外的其他金融机构开立,但是由于其信誉问题多不被受益人接受,所以国际贸易实践中应用的保函基本都是银行保函。

(二)银行保函法律性质

银行保函是基于基础交易或者基础合同关系产生的。国内业务中的银行保函从性质上看多认为是基础合同的从属合同,基础合同无效,则银行保函无效。国际业务中应用的见索即付无条件银行保函(下文涉及银行保函没有特别说明时均指见索即付银行保函)从性质上看多认为是与信用证类似的,根据基础合同开立,但是一经开立便成为独立于基础合同之外的自足担保工具。银行付款责任仅以保函自身条款为准,不受基础合同实际执行状况限制。

(三)见索即付银行保函特点

1.《国际商会见索即付保函统一规则》主要规定

《国际商会见索即付保函统一规则》(以下简称《URDG 758》)第五条"保函和反担保函的独立性",A款:"保函就其性质而言,独立于基础关系和申请,担保人完全不受这些关系的影响或约束。保函中为了指明所对应的基础关系而予以引述,并不改变保函的独立性。担保人在保函项下的付款义务,不受任何关系项下产生的请求或抗辩的影响,但担保人与受益人之间的关系除外。"B款:"反担保函[①]就其性质而言,独立于其所相关的保函、基础关

[①] 反担保函(Counter Guarantee)是指由反担保人应申请人要求向担保人开立的书面反担保文件,承诺当担保人在申请人违约后做出赔偿,且申请人不能向担保人提供补偿时,由反担保人提供补偿,并赔偿担保人的一切损失。

系、申请及其他任何反担保函,反担保人完全不受这些关系的影响或约束。反担保函中为了指明所对应的基础关系而予以引述,并不改变反担保函的独立性。反担保人在反担保函项下的付款义务,不受任何关系项下产生的请求或抗辩的影响,但反担保人与担保人或该反担保函向其开立的其他反担保人之间的关系除外。"第六条"单据与货物、服务或履约行为":"担保人处理的是单据,而不是单据可能涉及的货物、服务或履约行为。"

2.《URDG 758》主要解释

从以上相应规定可知,国际贸易中应用的见索即付银行保函是独立于基础合同之外的自足文件,具备独立法律效力。银行收到索赔书就必须承担付款责任,不管委托人是否同意付款,也不管基础合同的履行情况。尽管按照《URDG 758》规定,原则上申请人可以要求担保银行在银行保函中约定受益人索赔时需要提交支持单据,但是从国内外银行担保及反担保实践来看,都不会满足申请人关于索赔单据的要求。由银行开立的不管是保函还是反担保函,都只能约定收到索赔书及受益人声明或者担保人相符索赔声明时立刻付款,而不会要求受益人或者担保人提供申请人违约证明。

综上所述,从申请人角度来说,见索即付银行保函一经开立,申请人就要实际承担最终受益人的欺诈风险,即不管申请人是否有违约事实,最终受益人都可以申请付款。而且从目前来看,申请人唯一可能应对的方式就是根据《最高人民法院关于审理独立保函纠纷案件若干问题的规定(2020修正)》(以下简称《规定》)申请止付。根据《规定》第十二条规定,受益人明知其没有付款请求权仍滥用该权利的其他情形,人民法院应当认定构成独立保函欺诈。《规定》第十四条规定:"人民法院裁定中止支付独立保函项下的款项,必须同时具备下列条件:(一)止付申请人提交的证据材料证明本规定第十二条情形的存在具有高度可能性;(二)情况紧急,不立即采取止付措施,将给止付申请人的合法权益造成难以弥补的损害;(三)止付申请人提供了足以弥补被申请人因止付可能遭受损失的担保。"而且根据《URDG 758》第二十条"索赔的审核时间、付款"A款,"如果提交索赔时没有表明此后将补充其他单据,则担保人应从交单翌日起五个营业日内审核该索赔并确定该索赔是否相符。这一期限不因保函在交单日当日或之后失效而缩短或受影响。但是,如果提交索赔时表明此后将补充其他单据,则可以到单据补充完毕之后再进行审核",即面对受益人的正常索赔,申请人仅有5个银行营业日时间向人民法院申请止付,所以申请人必须立即准备材料申请止付。第二十三条"展期或付款"A款:"当一项相符索赔中包含作为替代选择的展期请求时,担保人有权在收到索赔翌日起不超过三十个日历日的期间内中止付款。"即面

第七章　国际贸易结算之跟单信用证

对受益人的不延即付索赔,申请人有 30 个日历日的时间向人民法院申请止付。除此以外,申请人目前没有更有效的办法应对最终受益人利用银行保函欺诈的风险。

(四)银行保函当事人

银行保函涉及的主要当事人有 4 个:申请人、受益人、担保人和反担保人。申请人也称委托人,是指与受益人订立基础合同的对方执行人或者债务人。受益人是与申请人订立基础合同的需要保障的人或者债权人。担保人是指应申请人要求开立保函的银行。反担保人是指在反担保业务中应申请人要求向担保人开立反担保函的银行,此时对应的担保人通常为受益人所在国(地区)银行,反担保人通常为申请人所在国(地区)银行。

(五)银行保函分类及适用贸易场景

国际货物贸易中常用的银行保函,根据提供者不同,可以分为两类。

1. 由商品提供者申请开立的保函

(1)履约保函(PERFORMANCE GUARANTEE/PERFORMANCE BOND)

履约保函是指担保银行应卖方请求开立的以买方为受益人的保证文件。保函保证,若卖方未能按照买卖合同约定的质量标准和时间装运货物,买方可凭履约保函向担保银行索偿。当买卖合同成交量及金额较大,买方担心卖方履约存在问题时,则可以要求卖方提供履约保函对其履约行为进行担保。

履约保函金额一般为买卖合同成交金额的 5%~10%。通常在买方开立信用证之前开立并生效,若卖方相对强势,可以在保函当中约定收到××号合同下注明本保函号码的信用证后自动生效。

履约保函失效日期规定有两种方式:第一,旨在约束卖方按期装运的履约保函,可以约定卖方提交提单后自动失效;第二,旨在约束卖方交货质量的履约保函,可以根据装运时间、运输时间、检验时间算出合理的时间,并据此约定固定的失效日期。

(2)预付款保函(ADVANCED PAYMENT GUARANTEE)

预付款保函也称还款保函(REPAYMENT GUARANTEE)或定金保函(DOWN PAYMENT GUARANTEE),是指担保银行应卖方请求开立的以买方为受益人的保证文件。保函保证,若卖方未能按照买卖合同约定的质量标准和时间装运货物,也未退还买方支付的预付款,买方可凭预付款保函向担保银行索偿。当买方担心卖方履约可能存在问题且不可能退还其已经支付的预付款时,则可以要求卖方提供预付款保函对其退款行为进行担保。

预付款保函金额应与买方支付的预付款金额相同。通常在买方支付预付款之前开立,若卖方相对强势,可以在保函中约定收到××号合同下注明本保函号码的预付款后自动生效。

预付款保函失效时间规定也有两种方式：第一，卖方收到××号合同对应预付款保函下的尾款时自动失效；二是根据装运时间算出合理的时间，并据此约定固定的失效日期。

2. 由商品购买者委托开立的保函

（1）付款保函（PAYMENT GUARANTEE）

付款保函是指担保银行应买方请求开立的以卖方为受益人的保证文件。保函保证，若买方未能按照买卖合同约定的时间和金额支付货款，卖方可凭付款保函向担保银行索偿。当买卖合同中约定以托收和放账作为结算方式，卖方担心买方可能不会付款或者可能不会按期付款时，则可以要求买方提供付款保函对其付款行为进行担保。

付款保函额应与买方未支付的金额一致。

付款保函失效时间应比买卖合同中约定的最迟付款时间长5个工作日左右。

（2）提货保函（SHIPPING GUARANTEE）

提货保函是指担保银行应收货人请求开立的以承运人为受益人的保证文件。保函保证，若收货人未能及时交回正本提单而使承运人遭遇第三方正本提单持有人的索赔，承运人可凭提货保函向担保银行索偿。当近洋运输中，货物先于正本装运单据到达，收货人又急于提货转卖或者使用时，承运人可以要求收货人提供提货保函对其无正本提单提货行为可能给承运人带来的所有损失进行担保。

提货保函金额一般应为提单对应发票金额的200%，甚至是无限责任的担保，担保承运人因为未凭正本提单放货可能遭遇的所有损失。

提货保函仅能在收货人交回对应正本提单后注销而失效，否则需要无限期担保。

二、备用信用证

（一）备用信用证的概念

备用信用证（STANDBY LETTER OF CREDIT，SBLC）简称备用证，是指开证行应申请人要求开立的，以申请人交易对手方为受益人的，对申请人的某种履约行为进行担保的、与银行保函作用或者功能类似的一种特殊的跟单信用证。当申请人未按照约定履约（履行基础合同义务）时，受益人可凭备用信用证中要求的单据从开证行获得赔偿。

（二）备用信用证的性质和与其他证函的异同点

备用信用证作为一种特殊的信用证，兼具跟单信用证和银行保函的性质和特点，但与跟单信用证和银行保函又有一定的不同。

1. 备用信用证与普通跟单信用证的异同点

（1）相同点

备用信用证与普通跟单信用证一样可受《UCP 600》约束，都是根据基础合同开立，但是一经开立便成为独立于基础合同之外的自足文件，未经各方当事人一致同意不可撤销。而且开证行都以单证相符作为付款条件。

（2）不同点

第一，普通跟单信用证作为结算工具，开证行作为主债务人承担第一性付款责任，货款结算必然要用到跟单信用证；备用信用证多用作履约担保工具，开证行一般作为次债务人承担第二性付款责任，只有在申请人违约时才承担付款责任。若申请人正常履约则无须使用备用信用证。第二，普通跟单信用证作为结算工具，要求提供代表物权的全套正本装运单据；备用信用证作为履约担保工具，则要求提供申请人违约证明（声明）以及必要的副本装运单据。第三，普通跟单信用证作为结算工具，其开立的目的是用于货款结算。备用信用证作为履约担保工具，其开立的目的除作为履约担保工具外，在国际贸易实践中还可被用作贸易融资工具。

2. 备用信用证与银行保函的异同点

（1）相同点

备用信用证与银行保函都属于不可撤销的履约担保工具，银行处理的都是单据，而不是基础合同实际执行情况，原则上都是见索即付。

（2）不同点

第一，备用信用证与普通跟单信用证一样，可以在即期付款、远期付款、承兑和议付之中选择一种兑付方式；银行保函的兑付方式只有付款。第二，备用信用证开立与普通跟单信用证一样，开证行开立后必须经通知行通知，并由通知行确认其真实性；银行保函可以经通知行通知，也可以由申请人直接交给受益人。第三，从国际贸易实践应用来看，备用信用证业务中可与开证行协商，并详细约定单据要求作为受益人交单索偿的前提条件，能够在一定程度上规避银行保函业务中受益人恶意欺诈风险；银行保函业务中担保银行通常会拒绝申请人的任何单据要求，从目前来看，除及时向人民法院申请止付外，没有太好的能够防止银行保函受益人恶意欺诈风险的措施。

（三）备用信用证分类及适用贸易场景

在国际货物贸易中，备用信用证与银行保函的分类及适用贸易场景几乎相同。从申请人的角度来说，笔者上文中提及的4种银行保函，原则上说都可以用备用信用证代替。但是从受益人的角度来说，更倾向于使用银行保函。

因为备用信用证受益人索偿时需要按照证中的要求提供复杂单据,而当下国内外银行开出的担保函和反担保函则基本不要求受益人索偿时提供复杂单据。

第六节　信用证欺诈及风险防范

在国际贸易实践工作中,信用证因其资金负担平衡和相对安全被买卖双方广泛接受和使用,但是由于信用证结算方式属于单据买卖以及独立于基础买卖合同的性质,加上银行付款只看单据,不看合同及货物的固有机制,使信用证结算方式下的开证申请人、开证行、受益人任何一方都不能完全控制单据、货款、货物,给买卖双方利用信用证互相欺诈或者共谋欺诈银行提供了可能性。

一、信用证欺诈发生的原因

（一）信用证固有性质和结算机制缺陷

信用证两个最重要的性质就是单据买卖与独立于买卖合同之外的自足文件。因此,银行在付款时只看受益人所提交单据是否与信用证规定相符,不看合同,更不管货物,客观地说,银行也不了解货物。同时,银行在审单时只审核单据的表面真实性和一致性,至于单据取得的过程是否合法,单据所代表的货物是否合格是不负责审核的。即使单据是非法取得的,单据所代表的货物不存在或者存在质量问题,如果没有法院止付令,开证银行仍然会对受益人相符交单进行付款。相反,即使单据合法取得且与所代表的货物严格一致,但是只要受益人提交的单据与信用证规定不符,银行同样会对不符交单进行拒付。尽管银行作为中立付款担保方,付款时只看单据的机制是信用证结算能够得以使用的根本,但是这种机制的缺陷也给利用信用证实施欺诈的买方及/或卖方创造了机会。

（二）单据与货物未能对应或单据与货款未能对流

基于信用证固有性质和结算机制会发生两种情况：第一,银行对相符交单付款,则单据与货款实现对流,但是如果单据与其代表的货物未能实现对应,即受益人提交了合格的单据,却没有实际装运货物或者装运货物存在质量问题,这就对买方形成欺诈,使买方利益受损；第二,银行对不符交单拒付,则单据与货款未能实现对流,但是如果单据与其代表的货物实际对应,只是开证申请人在信用证中对单据的不合理规定导致受益人无法做到相符交单,这就对卖方形成欺诈,使卖方利益受损。

更进一步说,开证申请人能够控制开证行付款时所需单据种类及具体要求,却无法控制货款和货物,很可能因受益人提交了表面真实,但却是非法

取得或与货物不对应的单据后，从开证行获得货款而导致其利益受损。开证行能够控制货款和单据，但其付款时只看受益人所交单据是否相符，不管也不看合同及货物。受益人能够控制货物的质量与数量，却无法控制单据和货款，很可能因无法满足开证申请人在信用证中对单据的不合理规定而导致开证行拒付，失去开证行对货款的保证。这种任何一方都不能对单据、货款、货物完全控制的状况，为买卖双方利用信用证相互欺诈或者共谋欺诈银行提供了可能性。

二、信用证欺诈类型及风险防范

在国际贸易实践工作中，信用证欺诈有 3 种类型：一是买方欺诈卖方，二是卖方欺诈买方，三是买卖双方共谋欺诈银行。在这里，笔者重点讲授买卖双方如何防范对方的欺诈风险，至于买卖双方共谋欺诈银行的风险由银行负责审核和控制，与实际进出口业务关系不大，在此不展开讲解。

（一）买方欺诈卖方形式及风险防范

当下买方利用信用证欺诈卖方的形式主要是类信用证文件欺诈，具体有两种：一是未生效信用证，二是软条款信用证。

1. 未生效信用证欺诈

未生效信用证本质上还不是真正的信用证，不能凭之做出备货、装运安排。未生效信用证包括开证申请书和有条件生效信用证两种。

（1）开证申请书欺诈

开证申请书只是买方（申请人）申请开立信用证时向银行提交的文件，用以确认信用证的具体开证条款及内容。在国际贸易实践工作中，开证申请人将已填好的开证申请书发给卖方（受益人）的目的是确认开证条款及内容，对于异议条款及内容提前协商修改，防止信用证正式开出后卖方要求改证可能带来的麻烦及费用。但是个别无良买方会利用卖方对信用证知识的匮乏，将开证申请书说成是信用证，尝试用开证申请书代替信用证要求卖方进行备货或者装运货物。如果以由买方安排运输的贸易术语成交（如 EXW、FCA、FOB 等），卖方则可能同时面临着买方与其指定货运代理或者承运人共谋的欺诈，最后钱货两空。如果以由卖方安排运输的贸易术语成交（如 CFR、CIF、CPT、CIP 等），尽管卖方在一定程度上仍然能够控制货物所有权，但是却面临着买方不付款而将货物退运的风险，或者按照买方要求降价的被动局面和风险。退一步说，即使卖方只安排了备货而没有装运，同样面临着买方不按时开证、不按要求开证或者要求降价后开证的被动局面和风险。

（2）有条件生效信用证欺诈

有条件生效信用证同样不是真正的信用证，个别无良买方在卖方认识到开证申请书不是真正的信用证后，就可能开出有条件生效信用证。如果说开证申请书在格式和内容上与真正的信用证还有一定区别的话，那么有条件生效信用证则与真正的信用证非常类似，只是银行在通知信用证书时会加注"暂未生效"字样，更容易说服缺少信用证知识及操作经验的卖方将其当成真正信用证使用而去安排备货、装运。一旦卖方据此做出安排，卖方将面临凭信用证开证申请书做出安排后同样的局面和风险。

（3）买方利用未生效信用证欺诈行为的判定

客观地说，买方提供开证申请书或者有条件生效信用证给卖方算不上欺诈，可以是仅供卖方确认最终的开证条款及内容，以防真正信用证开出后可能做出的修改。然而，一旦买方有意识地引导卖方按照开证申请书或者有条件生效信用证进行备货或/及装运，即将开证申请书或者有条件生效信用证等类信用证文件说成信用证，或者说真正信用证马上开具，有告诉卖方可以放心地先安排生产或/及装运等诱导或者劝说行为，则可以判定买方是在有意欺诈卖方，卖方需要对此警觉并拒绝凭之做出任何备货、装运安排。

2. 软条款信用证欺诈

（1）软条款及软条款信用证的判定

软条款信用证只是受益人对某些信用证的一种称呼而不是一个标准定义，包括国际商会在内的各种机构以及经常使用信用证结算的进出口企业，对软条款都没有统一的定义。同样的条款，对于不同企业而言可能带来的影响会有所不同。所以，判断一份信用证是否为软条款信用证或者说信用证中的某个条款是否属于软条款一定要具体到某个企业。如果某个企业收到的信用证中所要求的单据，有其无法控制或者无法独立做到的，尤其是包含需要开证申请人配合才能做到的内容或者条款，但是却不能保证开证申请人能够配合，则这一条款对这一具体企业而言就是软条款，对应信用证也就是软条款信用证。因为软条款信用证下的付款责任能否履行，控制权在开证申请人手里，使银行中立的付款担保职能完全丧失，"确定"的付款承诺变得"不确定"。

（2）软条款信用证欺诈的后果

从国际贸易实践工作来看，软条款信用证欺诈的后果主要表现在两个方面：一是使信用证的付款保证失效，在单货对应的条件下，受软条款限制，受益人无法进行相符交单，也就无法从开证行获得货款，使单据和货款不能实现对流；二是买方利用软条款信用证骗取卖方的保证金、质押金、履约金、开证费等。第一种情况下，一旦卖方安排备货、装运，其所面临的风险与凭

第七章 国际贸易结算之跟单信用证

未生效信用证装运的风险类似。第二种情况下，则是实打实的货币或者金钱损失，对于骗子而言，欺诈手段和方式从来都不是单一的，往往都是连环欺诈。从开证申请书到有条件生效信用证再到软条款信用证，单纯从文件形式上越来越像真正的信用证，实际上软条款本就是真正的信用证（但却不是合格的信用证）。通过一系列的连环套路，一步一步地将卖方引入陷阱，最终达到欺诈的目的。

（3）常见信用证软条款种类

在国际贸易实践中，对受益人影响较大的软条款主要有以下几种。一是要求交单时提供由开证申请人或其指定人签发的文件。例如，检验（质量/数量）证书、货物收据。因为受益人无法确定开证申请人或者其指定人是否能够及时签发、其签字或者印鉴是否与其在开证行的留样相符。二是要求交单时提供开证申请人指定机构签发或者认证的文件。例如，由开证申请人国家在中国领事馆或者大使馆认证的检验证书或者商业发票。因为国内只有几个城市有领事馆或者大使馆，受益人所在地很有可能没有，异地认证需要的时间以及是否能够按照信用证要求做出认证还不能确定，如果时间过长则过了信用证约定的交单期。三是要求以信用证修改通知书形式发送详细的装运指示后才能装运的条款。因为受益人无法确定开证申请人是否会及时发出装运指示，装运指示的具体内容，如装运日、目的港的约定是否合理都很难确定。

3. 卖方如何防范买方的信用证欺诈风险

（1）未生效信用证欺诈风险防范

一是真正的合格信用证才是卖方能够接受的信用证。关于信用证结算要时刻记得只有通过通知行毫无保留通知的信用证才是真实的信用证。如果通知行在通知信用证时有所保留，比如告知无法确认真实性也不是真正的信用证，注明"暂未生效"字样的也不是真正的信用证。如果通知行通知时提醒某些条款需要注意，在没有确认己方能够完全独立做到之前，尽管是真正的信用证，但是对于受益人而言还不是合格的信用证。只有受益人审核后确认信用证的所有要求和内容都能独立做到，这份信用证才是真正的合格信用证。

二是除通知行通知的SWIFT信用证以外的都先当作假证处理。对于其他任何类信用证文件，如开证申请书或者有条件生效信用证，都不是真正的信用证，确认其条款即可。即使买方对最终开证行为做出再多的口头或书面承诺，无须也一定不能凭这些承诺做出任何备货、装运安排。除通知行通知的SWIFT信用证以外，其他任何途径获得的任何形式的"信用证"都先直接当作不是真正的信用证或者假证处理，因为当下世界范围内的主流银行都是SWIFT成员，其他非SWIFT传递的信用证的真实性大概率存在问题。在首先将这些文件当作非真实信用证或者假证处理之后,小心地向己方的外币开户行,也就是信用证付款路径中的通知行进行求证。一般来说,非 SWIFT 传递的信用证均为假证,卖方不要存在任何侥幸心理。

(2) 软条款信用证欺诈风险防范

一是正确辨别、分析和判断信用证的软条款。软条款信用证欺诈具有较大的隐蔽性。为了规避风险,受益人在审核信用证时要仔细阅读并理解信用证条款,并判断是否有上文提及的 3 种软条款类似内容。如果有任何己方无法做到或者无法独立完成的要求或者内容,且无法保证买方能够配合,则将其视为软条款,坚决要求买方也就是申请人修改信用证。卖方在付款问题上不要存在任何侥幸心理,更不能轻信买方的任何口头或书面承诺。对于卖方来说,在生产、装运之前还处在相对主动状态,最多就是失去一份订单或者一个客户,但是一旦装运则可能失去货物及货款。所以对于含有软条款的信用证,卖方在未收到合格的信用证修改之前,同样不能做出生产或者装运的安排,尤其是装运安排,以防钱货两空。

二是卖方需要禁得住以信用证为结算方式的大额或者高利润订单的诱惑。通常来说,软条款信用证(也包括上面提及的未生效信用证)尤其是以欺诈为目的的信用证的金额都较大,一般都超过 10 万美元,足够大的金额及利润有时会使卖方冲动,进而失去理智的判断。实际上,不管是买方信用证欺诈还是生活中的电信欺诈等,大多数情况下骗子的手段并不高明,他们只是利用了人的贪婪心理。以信用证欺诈为例,大部分人都知道突然而来的大单可能存在问题,正常情况下可能也会谨慎地求证真实性。但是如果一家企业已经半年没有订单,企业及外贸人员都因没有订单而备受煎熬时,就很容易被大单所诱惑,进而失去理智的判断,甚至明知道有风险,还坚持火中取栗,抱着富贵险中求的态度接单并接受信用证结算。所以,为了防范买方信用证欺诈,卖方一定要时刻保持清醒,不管买方或者中间商做出什么承诺,都要谨慎小心。具体要把握住以下两点:首先,不收到合格的且己方能独立做到的信用证坚决不安排备货或者采购,更不会安排装运;其次,在合同签订之后收到合格信用证之前,只要买方或者其中间人要求卖方提供开证押金、履约保证金等任何需要卖方先付钱的行为,都直接视为欺诈。切勿因为预期的巨大利润或者收益而存在侥幸心理,在不能保证安全收汇的情况下,再大的利润、再高的收益都是镜花水月,看得到拿不到,最后钱货两空。

三是作为受益人的卖方也应该不断学习和提高信用证的操作能力。受益人有必要加强对信用证软条款的分析、判断及操作能力。正如上文所讲,软条款并没有统一的定义与判断标准,与卖方的信用证操作能力以及对买方信

第七章 国际贸易结算之跟单信用证

誉的把握相关联。比如，信用证中要求"1/3正本提单装运后寄开证申请人"这一条款和要求，90%的企业都视为软条款，因为买方可以直接凭1/3正本提单提货而不付款。但是笔者接触到几家大型出口企业，所有信用证中都有这一条款，货款都没有出现问题。因为他们对买方信誉把握得非常好，而且有自己的法务团队，即使开证行真的拒付，他们也有把握收回或者追回货款，那么这一条款对于这家企业而言就不是软条款。所以卖方要想增加己方的竞争力，获得更多的生意，就需要对信用证软条款进行辩证分析和处理。具体分析哪些是完全不可控的，哪些是可控制的。比如，信用证中约定交单时需要提交装运港检验合格证书，甚至要求提供买方指定检验人员签发的检验合格证书，这基本也是可控制的，可以在详细调查和了解后接受；但是要求指定检验人员的签字与在开证行留底一致则完全不可控，需要坚决要求改证。有些信用证中的约定，从表面上看是软条款，实际上可能只是买方自我保护的一种方式。就像下文要讲的，在信用证结算过程中，不仅买方会欺诈卖方，卖方同样会欺诈买方。为了保护己方的利益，买方就会在信用证中要求类似单据或者文件。所以，卖方可以通过学习信用证相关知识，提高对软条款的操作以及控制能力，以便争取到更多的成交机会。

（二）卖方欺诈买方形式及风险防范

1. 卖方利用信用证欺诈买方的形式

在国际贸易实践工作中，不仅买方会利用信用证欺诈卖方，卖方同样会利用信用证欺诈买方，主要有产品质量欺诈和运输单据欺诈两种形式。

（1）产品质量欺诈

产品质量欺诈是卖方利用信用证欺诈买方的一种主要形式。由于信用证是纯粹的单据买卖，开证行在付款时只看单据、不看货物、不看合同。即使作为申请人的买方在付款赎单的时候也基本看不到货物，这就给卖方欺诈买方创造了机会。尽管卖方按时装运了货物，也取得了合格的单据，但是货物质量却很有可能出现问题。

（2）运输单据欺诈

运输单据欺诈是卖方利用信用证欺诈买方的另一种形式。由于在信用证结算方式下，开证行在付款时仅审核所交单据表面的真实性和一致性，所以给卖方利用信用证欺诈创造了机会。卖方很有可能与货运代理或者承运人共谋非法获得运输单据。即使货物并没有实际装运，也可以勾结货运代理获得货运代理提单，通过交单结汇骗取信用证下的款项。更有甚者，个别卖方在拥有贸易公司身份的同时，还拥有货运代理或者无船承运人身份，贸易公司和货运代理公司的实际控制人为同一人，自己给自己签发提单，然后去银行交单结汇以达到欺诈买方的目的。

卖方除不发货非法获取提单等运输单据外,常见的还有倒签提单欺诈,即卖方在出具保函给货运代理或者承运人的情况下,对于远洋运输货物晚于信用证规定装运期装运的情况请求修改装船日期,对提单进行倒签,以达到单证相符,向银行交单结汇的目的。这种行为虽然也是欺诈,但是欺诈的后果一般较小,只是货物的到港时间相对晚几天。但是这种行为本质上也是一种欺诈,同样需要引起买方的注意。

2. 买方如何防范卖方的信用证欺诈风险

(1) 产品质量欺诈风险防范

为了防范卖方在产品质量上欺诈买方,买方可以要求卖方提交第三方检验机构实施装运前检验,同时将检验合格证书作为交单的单据之一。装运前检验地点尽可能在装运港(地),而不是在卖方的仓库,以防止检验后卖方的换货行为。尤其是针对常规产品,个别无良卖方可能在第三方检验机构离开后用不合格品替换合格品。如果切实要在卖方仓库实施检验,要辅以加封或者监装。一般来说,如果为买方定制品,加封即可,即由检验人员检验完成并确认合格后,在外包装可以开口的地方贴上封条,防止卖方更换货物。如果是常规非定制品,则尽可能监装,即由检验人员负责监视所有检验合格的货物装到指定的集装箱内并加封,让卖方失去更换货物的机会。实际上,笔者在上文买方欺诈卖方中提到的要求提供由开证申请人或其指定人签发的一份常见文件叫作"检验证书",就是在买卖双方博弈过程中买方发明的,主要用于防范卖方产品质量欺诈风险。客观地说,这原本是一份正常的文件,只是发展到后来,买方使用此证书的目的不再是防范卖方欺诈,而是在一定程度上用于欺诈或者控制卖方。从最初的由公允的第三方检验机构签发检验证书,变成由买方指定人签发证书,再到要求指定签发人的签字要与其银行留底一致(很多时候是无法确认的行为)来达到买方欺诈卖方的目的,为了避免被欺诈,很多卖方会拒绝接受类似证书或者要求。所以,为了回归交易本质(为了交易而不是欺诈),同时真正体现检验证书的作用,由公允的第三方检验机构实施检验并签发证书,同时作为交单单据之一,既能达到防范卖方进行产品质量欺诈的风险,也不会被卖方认定为软条款、要求改证或者拒绝履行合同。

(2) 运输单据欺诈风险防范

为了防止卖方非法获取运输单据的欺诈行为,作为开证申请人的买方有两种应对方式。一是争取以 FOB 成交,由己方自行安排运输。二是对于整箱运输货物,一律要求船公司提单。FOB 下,作为申请人的买方指定的承运人

第七章　国际贸易结算之跟单信用证

或者货运代理几乎不会与受益人共谋进行欺诈。同时，船公司一般也不会配合受益人进行倒签提单等行为。因为个别货主的业务对于船公司可有可无，船公司不会与某一家企业共谋欺诈行为。从国际贸易实践来看，倒签提单行为多是无船承运人或者货运代理做出。

装运前检验可以防范产品质量欺诈风险，在保证产品质量的情况下，通过指定货运代理或者要求船公司提单避免了运输单据的欺诈问题以及信用证结算方式下单据买卖机制的缺陷，从而使作为开证申请人的买方可以有效地防范卖方信用证欺诈。

（三）买卖双方共谋欺诈银行行为及风险防范

在信用证结算业务中，除买卖双方互相欺诈之外，还可能发生买卖双方共谋欺诈银行的情况。由于买卖双方共谋欺诈银行行为及风险防范与外贸从业人员无关，本书不展开讲解，感兴趣的读者可以在网络上搜索"牟其中信用证案"进行了解。

第七节 代表性信用证条款解读

一、买卖合同中代表性开证约定条款

（一）开证要求

THE BUYER SHOULD OPEN IRREVOCABLE, CONFIRMED, TRANSFERABLE L/C TO BE AVAILABLE BY SIGHT PAYMENT TO REACH THE SELLER BEFORE 10TH MARCH, 2022. AND TO EXPIRE IN CHINA UNTIL 20 DAYS AFTER THE TIME OF SHIPMENT. THE L/C MUST SPECIFY THAT TRANSSHIPMENT AND PARTIAL SHIPMENTS ARE ALLOWED. AND THE SELLER ONLY BEAR THE CHARGES ARISED IN CHINA. （买方须于2022年3月10日将不可撤销的、保兑的、可转让的即期付款信用证开给卖方。该信用证在装运期后20天在中国到期，且必须注明允许分批装运和转船。卖方仅承担在中国产生的费用。）

（二）修改要求

IN THE BUYER'S LETTER OF CREDIT, NO TERMS AND CONDITIONS SHOULD BE ADDED OR ALTERED WITHOUT PRIOR TO THE SELLER'S CONSENT. THE BUYER MUST AMEND THE LETTER OF CREDIT, IF IT IS INCONSISTENT WITH THE STIPULATION OF THIS CONTRACT, AND THE AMENDMENT MUST REACH THE SELLERS AT LEAST 15 DAYS BEFORE THE MONTH OF SHIPMENT STIPULATED IN THIS CONTRACT. （买方所开信用证不得增加

和变更未经卖方事先同意的条款。若信用证与合同条款不符,买方有责任修改,并保证此修改在合同规定的装运月份前至少15天送达卖方。)

(三)提供单据

THE SELLER ONLY PRESENT COMMERCIAL INVOICE, PACKING LIST, BILL OF LADING, INSURANCE POLICY (FOR INCOTERMS CIF), CERTIFICATE OF ORIGIN (IF APPLICABLE).[卖方仅提交商业发票、装箱单、提单、保险单(CIF贸易术语)、产地证(如果适用)。]

(四)违约处理

THE SELLER KEEP THE RIGHT TO CANCEL THIS CONTRACT IF THE BUYER FAILED TO OPEN THE L/C BEFORE OR ON THE ABOVE-STIPULATED TIME. AND THE SELLER ALSO HAVE THE RIGHT TO FILE A CLAIM FOR THE LOSSES CAUSED ACCORDINGLY, IF ANY.[若买方未在上述规定的时间内开出信用证,卖方保留取消合同的权利。同时有权对由此带来的损失(如果有)要求损害赔偿。]

二、信用证中代表性单据条款

(一)商业发票

MANUALLY SIGNED COMMERCIAL INVOICE IN 5 ORIGINALS AND 5 COPIES. THE COMMERCIAL INVOICE MUST SPECIFY THAT: (1) COUNTRY OF ORIGIN. (2) TO DECLARE THAT COUNTRY OF ORIGIN TO BE PRINTED ON EACH MASTER CARTON. (3) NO SOLID WOOD PACKING. (4) FOB VALUE, FREIGHT CHARGES, INSURANCE PERMIUM SEPARATELY, AND TOTAL CIF VALUE. (5) USD1000 TO BE DUDECTD AS COMMSSION. (6) TO DECLARE THAT ONE SET OF NON-NEGOTIABLE SHIPPING DOCUMENTS HAVE BEEN SENT IN ADVANCE TO THE BUYER DIRECTLY BY EXPRESS.[手签商业发票5正5副。商业发票上必须注明:(1)原产国(地区);(2)声明原产国(地区)已经被印刷在每一个外箱上;(3)无实木包装;(4)FOB金额、运费、保险费分开显示,并注明总的CIF金额;(5)1000美元作为佣金被扣除;(6)声明一套副本单据已经通过快递提前寄给买方。]

此条款需要注意:商业发票必须手签,必须在商业发票做出要求声明,且需要按照要求显示CIF金额相关的各种金额,以及需要扣除的佣金。

(二)装箱单

SIGNED DETAILED PACKING LIST IN TRIPLICATE SHOWING THE STYLE, SIZE, COLOR AND QUANTITY OF THE GOODS IN EACH CARTON. (签署地详细装箱单一式三份,显示每一箱内货物的款号、尺码、颜色以及

数量。)

此条款需要注意：仅要求装箱单要签署，没有对具体签署形式做出要求，可以手签，可以盖章。一式三份要求至少有一份正本，笔者建议提交三份正本。因为是详细装箱单，所以装箱单需要显示每一包装箱内的详细货物装箱情况。

(三) 提单

FULL SET (3 ORIGINAL AND 3 NON-NEGOTIABLE COPIES) OF CLEAN ON BOARD OCEAN BILLS OF LADING MARKED FREIGHT PREPAID AND MADE OUT TO OUR ORDER AND NOTIFY APPLICANT. FREIGHT FORWARDER'S BILLS OF LADING ARE NOT ACCEPTABLE. BILL OF LADING TO SPECIFY SHIPMENT HAS BEEN EFFECTED IN FULL CONTAINERS AND CONTAINER NUMBERS. [全套的（3 正 3 副）清洁的、已装船、港至港提单，注明"运费预付"，凭开证行指示，通知开证申请人。货运代理（运输行）提单不可接受。提单需注明整箱运输以及集装箱号。]

此条款需要注意：海洋提单要求提单表面只能显示港至港，不能显示有关装运地及卸货地内容。"收货人"一栏要填写"TO ORDER OF"加开证行名称，"通知人"一栏要填申请人具体名称、地址，而不能直接填写"APPLICANT"。提单必须由船公司或者船东出具，不能由货运代理出具。提单表面需要特别注明是整箱运输，且需要注明集装箱号码。

(四) 保险单

INSURANCE POLICY OR CERTIFICATE IN DUPLICATE, ISSUED OR ENDORSED TO THE APPLICANT, FOR 110% OF THE FULL INVOICE VALUE, COVERING ALL RISKS AND WAR RISKS AS PER OCEAN MARINE CARGO CLAUSE OF THE PEOPLE'S INSURANCE COMPANY OF CHINA DATED 1/1 1981. MARKED PREMIUM PREPAID, SHOWING CLAIMS IF ANY PAYABLE IN DESTINATION, SPECIFYING SETTLING AGENT IN DESTINATION. （保险单或保险凭证一式二份，以买方为被保险人或者背书给买方，按发票金额 110% 投保，根据中国人民保险公司 1981 年 1 月 1 日的海洋运输货物保险条款投保一切险和战争险。注明保险费已付，显示在目的地赔付，注明目的理赔代理名称。)

此条款需要注意：保险险别为一切险和战争险，保险条款为中国人民保险公司保险条款。被保险人可以直接为开证申请人，若以受益人为被保险人，则需要将保险单背书给申请人。

（五）原产地证明书

ONE SET CERTIFICATE OF ORIGIN FORM E OR RCEP ISSUED BY CUSTOMS. [海关签发的中国—东盟自由贸易区优惠原产地证明书（FORM E）或者区域全面经济伙伴关系协定（REGIONAL COMPREHENSIVE ECONOMIC PARTNERSHIP，RCEP）原产地证明书一套。]

此条款需要注意：原产地证明书应由海关签发，且加盖海关印章。

（六）装船（运）通知

BENEFICIARY'S CERTIFIED SHIPPING ADVICETO SEND TO THE APPLICANT VIA E-MAIL (××@××.COM) WITHIN 24 HOURS AFTER THE SHIPMENT.SPECIFYING APPLICANT, INVOICE NO., INVOICE VALUE, QUANTITY OF GOODS, PACKAGES NUMBERS, B/L NO., CONTAINER NO., VESSEL'S NAME AND VOYAGE NO., THIS L/C NO., LOADING PORT, DESTINATION PORT, ETD AND ETA. COPY OF SHIPPING ADVICE AND SENT E-MAIL ARE REUIRED TO VERFIY THIS EFFECT. （经受益人证实的装船通知，在装船后 24 小时通过邮件发送给申请人。注明申请人名称、发票号、发票金额、货物数量、包装数量、提单号、集装箱号、船名及航次、本信用证号、装运港、目的港、预计离港时间、预计到达时间。需要提供装船通知及已发送邮件副本进行证实。）

此条款需要注意：受益人证实的装船通知需要有与商业发票一致的签章，所有证实类文件都要有出具人的签章。此外，交单时需要提交签章的装船通知及已发送邮件副本对此进行证实。

（七）受益人证明

BENEFICIARY'S CERTIFICATE TO CERTIFY THAT ONE SET OF THE NON-NEGOTIABLE DOCUMENTS REQUEST UNDER THE L/C NO. ABC567001 WILL DISPATCHED TO APPLICANT DIRECTLY BY COURIER WITHIN 2 DAYS AFTER THE SHIPMENT DATE. （受益人证明，证明号码 ABC567001 为信用证下要求的一套副本单据应于装运日期之后 2 日内通过快递直接寄送给申请人。）

（八）安全申报（IMPORTER SECURITY FILING，ISF）表格

FILLED CUSTOMS ISF FORM TO BE SENT TO THE APPLICANT DIRECTLY VIA E-MAIL (××@××.COM). COPY OF ISF FORM AND SENT E-MAIL ARE REUIRED TO VERFIY THIS EFFECT. （填写完成的海关 ISF 表格通过电子邮件直接发给申请人。需要提交 ISF 表格及已发送邮件副本对此进行证实。）

第八节 如何正确选用适当的结算方式

一、结算方式选用基本原则

（一）安全第一

国际贸易实践工作中采用上述哪种付款方式及如何约定付款条件主要取决于卖方的综合竞争力以及买方的信誉度。如果卖方的企业规模、产品质量、价格、交货期、服务等综合竞争力较强，能够赢得买方的信任，就可以在磋商谈判以及买卖合同中争取对卖方更为有利的付款方式及条件，降低风险；反之，卖方则需要承担更多的风险来赢得买方的订单。同时对买方的了解和买方的信誉度也在一定程度上影响付款方式及条件。通常来说，对买方的了解越多，买方的信誉度越高，卖方就越能给予买方更为宽松的付款方式，也就使卖方实际承担的风险越大；反之，卖方则可能采取更为谨慎和安全的付款方式。卖方需要根据实际的贸易场景以及自己企业的综合情况，决定最终的结算方式及结算条件。

（二）相对公平

卖方想要获得买方订单，或者想要买卖双方合作长期持续下去，在结算方式及结算条件的选择上就需要相对公平。相对公平是指在资金占用、风险负担上相对公平。从这个角度来说，跟单信用证是第一选择。此外，还可以将预收货款与凭单付现相结合，预收货款与托收相结合，托收与银行保函或者备用信用证相结合。

二、不同结算方式的结合运用

（一）电汇与信用证结合运用

如果卖方市场地位相对强势，可以要求买方在买卖合同签订后以电汇方式支付买卖合同金额的 20%~30% 作为预付款，尾款在货物装运期届满前 15 天开立即期付款信用证结算。这样卖方既有预付款用于生产、备货，尾款也有银行信用作为保障。但是这个结算条件并不容易争取，国外多数买方都会坚持全部以信用证结算或者尾款凭单付现。市场地位相对强势的卖方可以尝试争取，总比 70% 尾款发货前付清的结算条件更容易被国外买方接受。

（二）电汇、跟单托收与银行保函或备用信用证结合运用

如果卖方有意通过托收方式增强己方竞争力，拓展特定市场，可以要求买方在买卖合同签订后以电汇方式支付买卖合同金额的 20%~30% 作为预付款，尾款以跟单托收方式进行结算，给予买方一定信用期限。但是为了防止买方到期不履行付款责任，可以要求买方提供银行保函或者备用信用证作为

尾款付款担保。

案例分析一　按照客户承诺装运致单证不符案例

某出口商向一美国进口商出口货物，合同规定2022年3月装船，后国外来证规定最迟装运期为3月15日。但是经确认在信用证规定的装运港天津港3月15日前无船舶去规定目的港洛杉矶。出口商立即要求进口商改证并将最迟装运期延迟到3月31日。进口商回复同意延展最迟装运期至3月31日。出口商于3月25日装船完毕，28日向指定银行交单。但是指定银行以提单表面载明装船日期晚于信用证规定装运期为由拒绝收单。

分析此案例，指定银行拒绝收单是合理的。即使指定银行收单并转单到开证行，也会被开证行拒付。因为信用证根本就没有被真正修改，提单上装船日期晚于信用证规定装运期为实质不符。此案之所以发生，是作为受益人的出口商对信用证修改流程缺少了解所致。信用证修改必须由作为进口商的申请人向开证行申请，开证行修改后发送修改通知给原信用证通知行，经由原通知行通知给受益人，受益人对修改审核无误后才能真正生效。申请人的承诺对于开证行无效，受益人不能按照申请人的口头或者书面承诺安排装运，而是要等到通知行通知的修改后才能据此安排装运。

案例分析二　按照原证装运被开证行拒付案例

某出口商向一日本进口商出口货物，贸易术语为CIF。2022年1月进口商开来信用证，经审核无误，其中规定保险金额为发票金额的110%。出口商备货期间，通知行通知收到对应信用证的修改通知书，修改通知书要求保险金额为发票金额的115%。后出口商装运货物并按原证投保。向指定银行交单时，指定银行表示单据无误。但是单据到达开证行时却被开证行以保险金额与信用证修改规定不符而拒付。

分析此案例，开证行的拒付是不合理的。在受益人明确表示接受信用证修改之前，原证依然有效。本案例中受益人按照原证投保，是以实际行动拒绝了信用证修改。因为接受信用证修改与否的权利在于受益人，而不是申请人。按照本案情况，受益人有权决定是按照原证投保，还是按照修改信用证投保。因此开证行的拒付是不合理的。

案例分析三　未在买卖合同中约定开证条款致损案例

某大型出口商向一埃及大型进口商出口货物，2021年8月签订买卖合同，

第七章　国际贸易结算之跟单信用证

金额 1000 万美元，最迟装运期为 2021 年 12 月，以信用证结算，但是并未对开证日期以及具体开证条款做出约定。买卖合同签订后，出口商一边安排生产一边催促进口商开证。直到 2021 年 12 月 15 日，进口商才开出信用证。出口商审证后发现以下问题：第一，期望的即期付款信用证变为 180 天远期承兑信用证；第二，所有费用由受益人承担；第三，要求提供受益人无法提供的单据。经沟通进口商不同意修改。由于双方均是大型企业，出口商并不担心拒付问题，也对进口商接受不符单据指示开证行付款有信心。但是迟开证以及第一、第二个问题将使出口商损失超过 200 万元。但是货物已经基本完工，只能按期装运。

分析此案例，出口商未在买卖合同中对开证进行具体约定是致损的根本原因。为了防止此类风险，出口商在起草或者确认买卖合同时，必须对信用证开证时间、兑付方式、兑付时间、费用承担方、修改责任做出明确约定。若买卖合同中有明确约定，进口商未按照约定开证，则可以在必要时追究进口商的违约责任。若没有进行明确约定，则没有足够的证据证明进口商违约，也就无法追究其违约责任。

案例分析四　　分批装运下第一批货物不符止付失败案例

某出口商向一越南进口商出口钢材，货物分两批装运，以即期不可撤销信用证结算。第一批货物装运后，出口商成功交单并收回货款。进口商收到货物发现品质与买卖合同约定不符，立即通知出口商停止装运第二批货物，并指示开证行对第二批货物交单拒付。但是出口商依然按期装运了第二批货物，开证行也支付了货款。

分析此案例，出口商坚持装运第二批货物并成功收回货款，是由信用证性质决定的。受《UCP 600》约束的信用证一经开立就不得撤销，而且开证行付款仅看受益人提交的单据是否与信用证规定相符，不看也不管货物，更不受申请人意见左右。只要申请人没有向法院申请止付令，开证行就会对受益人的相符交单进行付款。至于货物质量问题，进口商可以依据买卖合同约定，在信用证之外解决并要求损害赔偿。

案例分析五　　盲目渴望大订单损失开证保证金案例

某钢结构出口商 2022 年 2 月初收到一索马里进口商询价，拟成交货物金额 35 万美元。出口商报价后进口商表示满意，约定于 2022 年 2 月中旬到工厂视察并签订买卖合同。2 月 18 日，两个自称索马里进口商代表的人来到工厂，顺利地签订买卖合同并告知出口商，他们回国后就安排开证。同时表示其政府对开证有限制，需要缴纳一定保证金后才能开证，希望出口商能够分摊一定比例保证金来共同完成交易。由于受新冠肺炎疫情影响，出口商此时没有其他生意，为了争取到这个生意，就按照所谓进口商代表的建议，转款20万元作为所谓的开证保证金到其指定账户。

分析此案例，结局并不难以预料。出口商拿不到真正的钢结构出口合同，也会失去所谓的开证保证金。细想一下，骗子的手段并不高明，甚至可以说漏洞百出。从2022年2月初网上磋商开始，到2月18日所谓代表来到工厂，满打满算也就18天，考虑到国内防疫政策，18天连入境隔离时间都不够，怎么可能是真正的进口商呢？此外，钢结构算是大宗物品，怎么会有买方不讨价还价这么顺畅地就签订买卖合同呢？实际上只要出口商稍加思考，就会发现这种骗局。为了防范此类风险，出口商必须把握一个原则，在己方未收到进口商支付的货款之前，任何要求出口商先行支付所谓的开证押金、介绍费等行为都是欺诈。在长期没有订单，行业整体萧条的时候，面对突然而来的大订单更要提高警惕。

实践操作

1. 试分析和阐述信用证性质。
2. 试分析和阐述信用证结算业务流程。
3. 试分析和阐述信用证修改业务流程。
4. 试分析和阐述买方信用证欺诈原因及风险防范办法。
5. 试分析和阐述不同结算方式特点及适用贸易场景。

第七章　国际贸易结算之跟单信用证

第八章 国际贸易争议及处理办法

不同国家的法律和法规对争议及处理规定会有所不同,本书主要参照《联合国国际货物销售合同公约》及国际贸易实践进行分析和讲解。

第一节 国际贸易争议

一、争议概念及发生原因

(一)争议概念

国际贸易争议(DISPUTES)是指买方或者卖方对另一方是否构成违约以及对违约责任程度判定不同而引起的业务纠纷。

(二)争议发生原因

国际贸易争议发生的主要原因是买方或卖方未能完全按照买卖合同约定履行其责任与义务,且买卖双方都更倾向于按照自己的主观态度(有利于己方的条件)对是否构成违约以及违约责任程度进行判定。

二、卖方常见违约行为

(一)装运期延迟

装运(或交货)期延迟是卖方经常发生的一种违约行为,尤其是在非信用证结算业务中。从国际贸易实践来看,部分国内卖方对合同履行缺少合理的规划、跟进与管理,且可能在合同商订时为了获得合同就承诺了本就无法按时装运的时间,从而导致延迟装运。这一点必须引起外贸从业人员的注意,在合同商订以及履行过程中都需要和自己工厂或者上游供应商,着重强调装运期的重要性,避免因装运期延迟导致违约。

(二)交货品质不符

交货品质不符也是卖方经常发生的一种违约行为。从国际贸易实践来看,部分国内卖方缺少契约精神及品质管理意识,习惯人为地降低大货品质标准来降低产品成本,以此达到增加利润的目的。遇到真正较真的买方才会迫不得已返工或者重新生产。很多时候卖方不是看不到大货品质问题,而是假装看不到,更多的是赌买方不会严格按照买卖合同约定或者已确认样品验货与收货。外贸从业人员同样需要通过在买卖合同中约定大货验货合格后付尾款、口头多次强调质量要求等方式,让自己工厂生产部门或者上游供应商意识到品质的重要性，避免因品质不符导致违约。

三、买方常见违约行为

（一）延迟付款

延迟付款是买方经常发生的一种违约行为。从国际贸易实践来看，很多国外买方都存在不按时支付预付款或者延迟支付尾款的行为，导致卖方无法生产、备货或者无法按时装运。因此，卖方在买卖合同订立以及备货完成后都要将催款作为一项主要工作来做。

（二）错误开证

错误开证（信用证）也是买方经常发生的一种违约行为。从国际贸易实践来看，部分国外买方总是有意或者无意地按照自己的习惯开证，人为地忽略了买卖合同中的开证约定。更为恶劣的是，个别买方不仅错误开证，还拒绝改证。因此，卖方在收到合格信用证之前必须慎重安排生产或者备货，以防买方错误开证且拒绝开证可能给己方带来的经济损失。

四、违约责任认定及违约救济

（一）违约责任认定

一方当事人未能按照合同约定履行责任和义务，就构成违约，应当承担继续履行、支付损害赔偿等违约责任。但是违约程度不同，需要承担的责任不同。若一方当事人（违约方）违约的结果，完全剥夺了另一方当事人（受损方）根据合同规定有权期待的权益，即为根本违约，受损方可以宣告合同无效并要求损害赔偿。如违约方违约未达到根本违约程度，则受损方只能要求损害赔偿而不能宣告合同无效。从国际贸易实践来看，上文提及的买卖双方常见违约行为基本都达不到根本违约程度，多是通过买卖双方协商，违约方支付一定损害赔偿给受损方来解决。

（二）违约救济

1. 实际履行

实际履行是指受损方不用金钱补偿等其他方式，而是通过协商或法院强制要求违约方继续履行合同的做法。如卖方因合同下商品市场价格大幅上涨而拒绝交货，买方可以要求卖方实际履行交货义务。

2. 解除合同

若违约方违约达到根本违约程度，则受损方可以解除合同并要求损害赔偿。不同行业及产品的违约程度判定会有所不同。在普通日用品业务中，卖方交货延迟则继续履行交货责任就好，买方无权解除合同。但是在特定日期活动用品业务中，卖方延迟交货以至于错过活动日期，则构成根本违约，买方有权解除合同并要求损害赔偿。

3. 损害赔偿

损害赔偿是处理违约后的主要救济办法，即违约方对因其违约而给受损方造成的损失进行赔偿。但是受损方在违约方违约时所享有的要求损害赔偿的权利，不因行使其他处理方法而丧失。如卖方交货品质存在问题，买方可以要求卖方交付替代货物，同时还可以要求卖方为由此给买方带来的经济损失给予损害赔偿。

4. 保全货物

保全货物是指受损方有权控制全部货物，以达到促使违约方支付损害赔偿的救济目的。如买方已经支付了50%的预付款，但是未如约支付尾款，这时卖方就可以控制全部货物，以达到促使买方支付尾款的目的。

第二节 索赔和理赔

一、索赔和理赔概念

索赔（CLAIM）是指受损方向违约方提出赔偿要求，要求违约方支付损害赔偿以弥补受损方直接或者间接损失的行为。

违约方受理受损方提出的赔偿要求即为理赔（SETTLEMENT）。

二、索赔和理赔注意事项

在国际贸易实践中，索赔和理赔多发生在买卖双方之间。交易当事人角色不同，索赔和理赔时的心态以及注意事项也会有所不同，需要根据具体贸易场景调整好自己的角色。

（一）进口索赔

1. 在规定的有效期内提出索赔

如果买卖合同中明确规定索赔期限，则买方必须在规定期限内提出索赔，超期则卖方不再承担相应责任。

2. 按照规定提供必要的索赔证据

如果买卖合同中规定索赔时需要提供第三方中立检验机构出具的检验或者鉴定证书（或报告），或者其他证实文件，索赔时必须按照要求提供相应证据类文件。否则，尽管也可以进行索赔，但是是否理赔则完全取决于卖方。

3. 根据实际损失合理确定索赔金额

确定索赔金额时既要考虑己方实际损失，也要考虑卖方能够赔偿或者愿意赔偿的上限。索赔金额太低可能无法弥补损失，达不到补偿损失的目的；索赔金额太高可能导致卖方采取极端行为，根本不受理买方的索赔。因此，买方需要根据实际损失合理确定索赔金额，努力做到既能弥补买方损失，又不会使卖方失去理赔的意愿。

4. 发送书面索赔函给卖方

如果确定要对卖方的违约行为进行索赔，则应正式发送书面索赔函。列明索赔原因、索赔金额，并随附相应证据。其目的在于让卖方知道我们索赔的决心，借此引起卖方的注意，减少或者杜绝以后合作中可能发生的违约行为。此外，保留完整的索赔函及索赔证据，也可以在以后时机成熟时一次性算清总账。

（二）出口理赔

1. 认真审查买方索赔要求及证据

收到买方的索赔后，卖方要认真审查其索赔要求是否合理，提供的证据是否与买卖合同要求一致，是否在规定的有效期内提出。同时还要确认买方损失是否由己方造成，如不是则应引导买方向承运人或者保险人等责任人进行索赔。

考虑到当下国际贸易市场多为买方市场的现实，并不是所有的理赔都需要买方提供第三方中立检验机构出具的检验证书（或报告）作为证据。买方提供的视频、照片都可以在一定程度上视为有效证据，特别是对于金额较小、问题较明显的索赔，甚至是索赔金额低于第三方检验及出证金额的情况下。此外，个别买方对轻微质量问题提出小额索赔，只是为了引起卖方对质量问题的注意，或者因为个别买方有习惯占小便宜的心理而已。此时，无须太过纠结索赔证据是否充足的问题，在利润允许范围内做出适当赔偿承诺更有利于长期合作。相反，尽管你据理力争免去了此次赔偿，但是却很可能失去以后的合作，得不偿失。对于金额较大或者有明显讹诈倾向的索赔，则必须要求买方提供足够证据，没有证据可以直接拒绝受理其索赔。实际贸易场景不同，对买方索赔的应对也会有所不同，不能太过拘泥于某种固有方式或方法。

2. 如确实是卖方责任则应积极理赔

如确实是卖方责任则应积极理赔，而不是明知是己方问题，还人为地找各种借口拒绝理赔，给买方留下不负责任甚至是无赖的不良印象。实际上，成熟买方最在意的并不是问题本身，而是出现问题后卖方处理问题的态度。因此，如果确认是卖方责任，不管是由什么原因导致的，卖方都要为此给买方带来的不便表示歉意，并表明己方会积极解决问题、积极理赔的态度，让买方的情绪得以平复，而不至于做出一些极端行为（比如向 B2B 平台、大使馆、海关投诉，甚至诉讼等）。

3. 慎重考虑赔偿金额及赔偿方式

积极理赔并不意味着无条件地满足买方所有索赔要求，而是要慎重考虑

第八章 国际贸易争议及处理办法

赔偿金额及赔偿方式。通常来说，协商赔偿金额应以单笔业务可获得实际利润为上限，只有特别重要的买方可以轻微亏损。同时在赔偿方式上要尽量避免直接的现金赔偿，而是努力争取在以后的合作中补货，或者在以后的合作中扣除应赔偿款项。如果不能就赔偿金额及赔偿方式达成合意，可以暂时搁置此笔业务赔偿及争议问题，或者友好告知买方通过仲裁或者诉讼解决争议。

第三节 不可抗力

一、不可抗力的定义

不可抗力（FORCE MAJEURE）是指人力不可预见、不可控制、无法克服的客观现象。

二、不可抗力后果

不可抗力后果非当事人疏忽或者过失所致，因此是一种免责理由。遭受不可抗力事故的一方当事人可以免除违约责任，另一方当事人无权要求损害赔偿。

三、不可抗力条款的主要内容

（一）不可抗力事故范围

不可抗力事故范围包括两种情况：一是自然原因引起的，如地震、水灾、旱灾、飓风、疫情等；二是社会原因引起的，如战争、暴动、政府禁令等。

（二）不可抗力事故证明

遭遇不可抗力的一方因不可抗力事故免责时，需要向另一方提交不可抗力事故证明。国外证明通常由当地商会或者合法的公证机构出具。我国证明通常由中国国际贸易促进委员会或其设在各口岸的分会出具。

（三）不可抗力事故后果

遭受不可抗力事故的一方当事人的免责期间仅与不可抗力事故持续时间一致。若当事人未在不可抗力事故发生后协商一致解除合同，则合同关系继续存在。一旦不可抗力事故结束，双方当事人仍须继续履行合同义务。因此，当事人应通过协商，在解除合同、变更合同或者延迟履行合同之中选择一种作为不可抗力事故后果的解决方案。但是，不管采用哪种解决方案，都应签订书面补充协议进行确定。

（四）不可抗力事故发生后通知对方的期限

不可抗力事故发生后，遭受不可抗力事故的一方当事人必须在第一可用时间通知另一方当事人，以便另一方当事人及时采取应对措施降低潜在损失。另一方当事人在接到通知后也应及时答复，同时协商解决方案。若因未及时通知而使另一方当事人利益受到损害，则遭受不可抗力事故的一方当事人不能完全免责，且需要承担一定损害赔偿责任。

四、买卖合同中不可抗力条款

（一）不可抗力条款的主要内容

不可抗力条款应该包括不可抗力事故的范围、出具证明文件的机构、不可抗力事故的后果、不可抗力事故发生后通知对方的期限四个方面的内容。

（二）不可抗力条款示例

ANY EVENT OR CIRCUMSTANCE BEYOND CONTROL SHALL BE REGARDED AS FORCE MAJEURE, SUCH AS WARS, REBELLIONS, GOVERNMENT BANS, EARTHQUAKES, FLOODS, EPIDEMICS, AND OTHER UNEXPECTED EXTERNAL CIRCUMSTANCES PREVENT A PARTY TO A CONTRACT FROM MEETING THEIR OBLIGATIONS. IN CASE EITHER PARTY THAT ENCOUNTERS FORCE MAJEURE FAILS TO FULFILL THE OBLIGATION UNDER THE CONTRACT, SHOULD INFORM THE OTHER PARTY AT FIRST AVAILABLE TIME, AND OFFER ACCEPTABLE CERTIFCATE ISSUED BY CHAMBER OF COMMERCE OR OTHER STATE ORGANIZATION. THE OTHER PARTY SHOULD EXTEND THE PERFORMANCE TIME BY PERIOD EQUAL TO THE TIME THAT FORCE MAJEURE WILL LAST. ALSO, THE TWO PARTIES COULD NEGOTIATE OTHER FEASIBLE WAYS TO THE CONTRACT PERFORMANCE. （任何人力不可控的情形均被视为不可抗力，如战争、暴动、政府禁令、地震、洪水、疫情，以及其他外部不可预见的阻止一方履行合同义务的情形。如一方遭遇不可抗力以至于不能履行合同义务，应该在第一可用时间通知另一方，并提供商会或者其他政府机构出具的不可抗力事故证明。另一方应该延迟合同履行时间，延迟时间应与不可抗力时间持续时间一致。此外，双方也可以就合同履行协商其他解决方式。）

五、卖方援引不可抗力条款的注意事项

（一）如实通知并提供相关证明

过去很多外贸从业者都认为不可抗力事故离自己很远，即使是汶川地震也仅仅是发生在局部地区，因此不是很重视不可抗力条款。但是新冠肺炎疫情告诉我们，不可抗力事故实际上随时可能发生在我们身边，所以外贸从业人员需要对不可抗力事故发生后的正确应对有一定了解。

1. 及时通知买方

作为卖方，不管任何原因导致交货期延迟，都应该主动与买方沟通，共同协商解决方式，以便将双方的损失降到最小。尤其是在发生类似新冠肺炎疫情这样的大概率被认定为不可抗力事故时，卖方很可能援引不可抗力条款免除违约责任。但是在合理的时间内通知买方也是免除责任的一个基本要求。买方可以根据卖方通知采取相应措施，降低延迟交货的影响。

2. 如实告知真相

以新冠肺炎疫情为例。当不可抗力事故发展到尽人皆知时，可以肯定会被确认为不可抗力，卖方完全能够以不可抗力为由免除延迟交货责任。不管买方是否主动询问都应该实话告知，而不是为了担心买方取消订单而刻意隐藏某些真相。在信息高度透明的自媒体时代，任何对不可抗力事故的遮掩或者避重就轻都可能引起国外买方的进一步怀疑，当买方所收到的信息与卖方提供的信息不一致时，就会更加怀疑甚至是恐慌。所以，卖方首先要做到诚实告知，按照政府公开信息，结合本地政府管制措施及工厂的实际情况，告知买方延迟交货问题。众所周知，不可抗力的恢复是需要时间的，类似新冠肺炎疫情问题导致整个供应链恢复可能需要较长时间。如果因为某种顾虑而不说实话，最终不能按时交货就会引发其他问题。卖方需要明白，不可抗力条款发生效力是有条件的，而且是有失效条件的，当下因不可抗力问题导致交货延迟可以免除卖方的违约责任，甚至在合同没有明确约定发生不可抗力需要退还预付款或者定金的情况下，还可以在取消合同的同时不退还定金，降低卖方损失。在不可抗力结束时间不可预期的情况下，在复工以及物流运输均不可知的情况下，一次性解决交货期问题才是最合理的办法。但是也要让客户看到希望，根据《中华人民共和国民法典》以及《联合国国际货物销售合同公约》，如果在不可抗力发生时想要免除不能履行合同的责任，必须第一时间通知客户。如果出口企业因不可抗力需要延迟履行合同或者终止履行合同，出口企业在不可抗力发生时必须在第一时间通知另一方，使另一方能够采取相应措施来减少损失，而且应该在合理的时间内向另一方出示不可抗力证明。因为客户可能还有产品使用的安排，或者客户还有下游客户，都需要第一时间知道不可抗力可能对交货期产生的影响，以便据此做出安排，来尽最大可能减少延迟履行合同或者终止合同产生的影响。

3. 与买方保持联络

越是关键时刻越不能选择性失联，因为一旦出现不可抗力，买方最担心的不是延迟交货，而是是否能交货，其供应商能否持续经营下去还是很大可能倒闭，甚至担心供应商直接借此选择消失或有不会退还预付款也不发货的问题发生。与买方保持联络，让买方知道己方工厂或公司没有出现感染情况，可在政府禁令解除后及时恢复生产与发货行为。

（二）确认不可抗力事件并采取相应措施

一方当事人接到不可抗力事故通知和证明后，应及时研究所发生的事故是否属于不可抗力条款包括的范围。如确实是不可抗力,则应采取相应措施,以降低损失。比如,同样以不可抗力为由与下游买方沟通合同变更办法,或者及时从其他地区采购相近产品以供销售。

此时,应该有效区分商业风险和不可抗力事件。比如,暴雨引发的洪水冲垮了大量厂房导致货物损坏或者灭失,可能属于不可抗力事件,但是如果仅仅是因为厂房不够牢固,房顶漏水导致货物损坏或者灭失,则应属于商业风险。简单的理解和判断就是,不可抗力事件应该具有普遍性影响,对多家企业产生影响,而不是单独对某一家企业产生影响。

同时,也应关注货物是否被特定化。特定化就是以刷唛等形式区分这个货物到底是为哪一家生产或者准备的。未被特定化的货物,是不能被认定为某一买方或者某一订单下的货物。比如,某出口商为两个买方准备了3000吨货物,分别是1000吨和2000吨,在货物还没有被特定化之前遭遇不可抗力事件灭失2000吨。这个时候就不能说2000吨是原来2000吨的订单下的货物,不能只通知2000吨的买方,其订购的货物因不可抗力事件全部灭失,把剩下的1000吨货物直接给1000吨的买方,而是应该按照比例处理。

第四节 贸易仲裁

一、争议处理方式

国际贸易争议有协商、调解、仲裁、诉讼4种处理方式。其中,协商是买卖双方最为常用的争议处理方式,多数争议都通过协商解决。调解一般很少采用。仲裁是解决争议的一种正式方式,大额贸易争议多通过仲裁解决。诉讼作为终极的争议解决方式也很少采用。

在国际贸易实践中,买卖双方发生争议,首先考虑通过友好协商解决,解决不了再考虑仲裁。

二、仲裁及仲裁条款

(一)仲裁含义

仲裁是指买卖双方在订立买卖合同时约定或者争议发生后签发补充协议,自愿将争议提交双方所同意的第三方机构进行裁决,以解决争议的一种方式。

(二)仲裁特点

仲裁以买卖双方自愿为前提,程序简单,能够快速解决争议。而且裁决结果是终局性的,对双方当事人均有约束力,败诉方不得上诉。

(三)仲裁作用

买卖双方签订仲裁协议实质上是排除法院对有关案件的管辖权,约束双方当事人只能以仲裁方式解决争议,使仲裁机构获得对争议案件的管辖权。但是,排除法院的管辖权并不绝对,如果一方当事人认为仲裁机构的仲裁程序及裁决结果存在不公平、不正义问题,仍然可以通过诉讼获得公正判决。

(四)仲裁条款

仲裁条款通常包括5个部分,即仲裁地点、仲裁机构、仲裁程序、仲裁裁决效力、仲裁费用负担。由于买卖合同中的仲裁条款多是格式化条款,国际贸易从业人员了解其基本内容、拟订方法即可,无须深入了解具体仲裁程序。在国际贸易实践中力争在中国、通过中国仲裁机构及其仲裁程序进行仲裁。仲裁条款实例如下。

ALL DISPUTES CONNECTED TO THIS CONTRACT SHALL BE SETTLED BY FRIENDLY NEGOTIATION. IN CASE NO SETTLEMENT CAN BE REACHED THROUGH NEGOTIATION. THE CASE SHOULD THEN BE SUBMITTED TO THE FOREIGN TRADE ARBITRATION COMMISSION OF CHINA COUNCIL FOR THE PROMOTION OF INTERNATIONAL TRADE FOR ARBITRATION. WITH ITS PROVISIONAL RULES AND PROCEDURE. THE ARBITRATION SHALL BE CONDUCTED IN LIAONING, AND THE DECISION MADE BY THE SAID COMMISSION SHALL BE FINAL AND BINDING UPON BOTH PARTIES. THE ARBITRATION FEES SHALL BE BORNE BY THE LOSING PARTY.(凡有关本合同所发生的一切争议,应通过友好协商解决,若通过协商达不成协议,则提交中国国际贸易促进委员会对外贸易仲裁委员会仲裁。仲裁在辽宁进行。该委员会的裁决为终局性的,并对双方均有约束力,仲裁费由败诉方负担。)

案例分析一　　未及时理赔被客户有意欺诈案例

某橡胶制品出口商有一合作长达7年、出货近30批次的老客户,结算方式为30%预收、70%尾款凭提单副本付清。7年间客户付款都非常及时,但是每次收货后都会提供检验报告以及索赔函。尽管出口商也知道货物确实存在一定问题,但是由于客户并没有纠结赔偿问题,相反还会继续下单,即客户下单和索赔行为都在继续,出口商逐渐认为客户只是在例行公事,默认客户继续下单,就是接受了现有商品质量。2021年7月,客户又订购了5个40尺集装箱,价值15万美元。但是这次出口商发送给客户全套副本单据后客户却没有如往常一样立即付款,而是发邮件说公司因为新冠肺炎疫情资金周转上出了一点问题,希望出口商能够先行放货给他们,待货物转卖后立即付款给出口商。在其提供的补充协议上要求60天后付款,并愿意为此多支付10%作为出口商的补偿。出口商内部对是否可以先行放货给客户也很困惑,放货存在货款无法收回的风险。不放货又担心失去大客户的合作，7年间的多次会晤以及不间断的网上沟通，彼此已经建立了信任关系。也没有十足的理由拒绝客户的请求。尽管非常纠结，出口商最终还是决定放货给客户。但是约定的付款时间届满，出口商再次要求客户付款时，客户却发来了历次索赔函以及汇总索赔金额17.5万美元，并表示出口商仍然需要赔偿其2.5万美元。

分析此案例，这种结局本质上还是出口商没有正确处理索赔及理赔造成的。对于出口商而言，必须及时处理客户的索赔并积极理赔，而不是对客户的索赔假装看不到。问题在被解决之前不会真正消失，只会延后发作。如果货物质量确实存在问题，为了长期合作，肯定要赔偿。重点在于赔偿金额以及赔偿方式。类似本案例中的情况，出口商本应完善质量缺陷后继续合作，将争议扼杀在萌芽之中。

案例分析二　　对不可抗力事件应对失措案例

2020年，突如其来的新冠肺炎疫情致使很多出口商无法按时发货、进口商无法按时收货。但是国内一些出口商在此次疫情当中，不是想着利用不可抗力条款免责，而是采取隐瞒和欺骗的应对方式，结果自己搬起石头砸自己的脚，不但没能按时出口，还失去了客户的信任。

对于出口商来说，不可抗力事件发生后必须充分衡量后果。若确实影响交货，必须在第一时间通知客户，共同协商应对方式，将损失降到最低。出口商需要明白，进出口双方利益表面上看是零和博弈，但本质上是一致的。进口费用增加、进口需求减少暂时是进口商的问题，最终都会传递到出口商。进口费用增加可能导致进口商压价采购，进口需求减少也会导致进口商采购减少，最终导致出口商出口减少。此外，诚信也是获得客户长期合作的基础。合格的出口商和外贸从业人员任何时候都不应该人为地隐瞒或者欺骗客户。订单不能正常交割只是一个订单的问题，失去的可能只是一个订单以及对应的利润。隐瞒或欺骗则是企业诚信问题，失去的可能是一个甚至多个客户。

实践操作

1. 试分析和阐述买卖双方发生争议的原因及解决办法。
2. 试分析和阐述出口理赔的正确做法及注意事项。

第八章　国际贸易争议及处理办法

第九章 出口商品价格核算及作价与报价技巧

第一节 出口商品价格核算

本章关于出口商品价格核算需要做两点说明。一是用销售角度代替财务角度，以生产型企业的含增值税出厂价为基数核算出口商品价格，即不考虑价格不同可能带来的增值税、所得税、印花税、城市建设及教育附加税的不同，上述税费默认包含在利润当中。二是仅从国际贸易实践需要讲解出口商品价格组成与公式，即不深入讲解非必要的专有名词背景与相关法律文件，相关从业人员记住价格组成与公式并能据此核算价格即可。

一、贸易型企业出口商品价格核算

（一）出口商品常用贸易术语价格组成

1. FOB、CFR、CIF 贸易术语价格组成

出口通常报 FOB、CFR、CIF 价格，国际贸易实践中多数是基于这 3 种贸易术语核算价格。FCA、CPT、CIP 价格核算过程与 FOB、CFR、CIF 价格核算过程基本一致，而且价格也基本相同。具体价格组成公式如下：

FOB 价 = 实际成本 + 预期利润 + 国内费用 + 佣金

CFR 价 = 实际成本 + 预期利润 + 国内费用 + 佣金 + 国外运费

CIF 价 = 实际成本 + 预期利润 + 国内费用 + 佣金 + 国外运费 + 保险费

2. 价格组成部分释义

（1）实际成本

实际成本 = 含税进货成本 − 出口退税

其中：

含税进货成本是指贸易型企业从生产型企业购进出口货物时所支付的含增值税专用发票税额的进货价格。

出口退税是指国家对出口报关离境的货物退还其在国内生产和流通环节实际缴纳的增值税和消费税。因为征收消费税的货物很少，所以出口退税多数时候是指退还的增值税。其计算公式为：出口退税 = ［含税进货成本/（1+增值税率）］×出口退税率。含税进货成本/（1+增值税率）说明进货成本中

的税是不能退税，即要以进项增值税发票上的不含税金额作为出口退税计算基数。增值税率在一定时期内是固定值，目前主要有9%和13%两种。货物类产品除粮食等农产品、食用植物油、食用盐、自来水、暖气、冷气、热水、煤气、石油液化气、天然气、二甲醚、沼气、居民用煤炭制品、图书、报纸、杂志、音像制品、电子出版物、饲料、化肥、农药、农机、农膜黑体几类产品为9%外，其他都为13%。出口退税率在一定时期内也是固定值，且多数产品为足额退税，即征多少退多少，具体退税率可以在国家税务总局官网"纳税服务"栏目下"出口退税率查询"栏目进行查询。

在核算出口商品价格时，用含税进货成本减去出口退税后的实际成本作为基数，实际上是为了增加价格竞争力，在已经合理计算预期利润的前提下，将出口退税收入优惠给了买方。笔者强烈建议，在核算出口商品价格时将出口退税收入全部优惠给买方，通过调整预期利润来调整最终的价格。

（2）预期利润

预期利润＝报价×预期利润率

其中：

报价是指正在核算的出口商品的最终单价，对应不同贸易术语下的单位产品价格，是一个待求的未知数，暂时列在这里即可。从价格组成公式来看，最终是解含有报价的一元一次方程。

预期利润率由卖方根据其所在行业及产品市场自行决定。

（3）国内费用

国内费用＝（货运代理费用＋出口商品包装及仓储费用＋银行垫款利息＋银行手续费＋其他费用）／数量

其中：

货运代理费用由内陆运输费、报关费、订舱费、装运港码头操作费、提箱费、场站费、船公司文件费、舱单录入费、集装箱称重费、集装箱发送费、电子数据传输（Electronic Data Interchange，EDI）费、安保费、设备管理费、装运港货运代理操作费等直接或者间接支付给货运代理的费用组成，可以从货运代理那边获得详细费用清单。

出口商品包装及仓储费用是指贸易型出口企业对从生产型企业购进的商品进行二次包装以及在己方仓库的短暂存储所产生的费用。在国际贸易实践中，仅有个别大型贸易型出口企业拥有自己仓库并在仓库内对商品进行二次包装。多数贸易型出口企业会委托生产型企业直接完成出口商品的特定包装，包装费用也计算在含税进货价格中，无须单独计算。此外，待出口货物多数

第九章 出口商品价格核算及作价与报价技巧

时候也是直接从生产型企业仓库直接运送到货运代理仓库或者港区堆场，仓储费用也无须单独计算。

银行垫款利息＝含税进货成本×年利率×预垫时间/12。贸易型企业从生产型企业购进产品到收回全部货款会有 1~3 个月甚至更长的时间差。这期间，购进货物垫付的款项如果存在银行就会产生利息，所以精准核算价格时需要以含税进货成本为基数计算银行垫款利息。需要说明的是，很多贸易型企业在进行出口商品价格核算时并不单独计算这部分垫款利息，而是通过较高的利润率要求弥补垫款利息。

银行手续费＝报价×手续费费率。报价依然是待求的未知数，暂时列在这里即可。手续费费率通常是指托收业务中托收或者信用证业务中打包贷款、贴现时的手续费费率，具体费率可从银行获得；电汇业务中手续费费用一般为 30 美元左右的绝对数，按照绝对数计算银行手续费费率即可。

其他费用是指上述四种费用以外的费用。

数量是指出口货物的总数量。由于货运代理费用、出口商品包装及仓储费用、银行垫款利息、银行手续费、其他费用多数时候都是按照一个集装箱货物或者一批货物获得的总费用，所以需要除以数量获得单位产品国内费用。

（4）客户佣金

①佣金概念。客户佣金简称佣金（COMMISSION），是指卖方为了获得交易机会支付给中间商或贸易中介的报酬，或者买方为了获得短缺货物支付给中间商或贸易中介的报酬。

②佣金分类。佣金分明佣和暗佣两种。明佣一般支付给买方，会在合同价格条款中明确注明佣金率及支付方式，可以在报价中体现出来，本质上是一种价格优惠。暗佣一般支付给中间商或贸易中介，不会在合同价格条款中体现任何佣金字样，而是在交易达成后另行支付，不能体现在报价中。

③佣金表示方法。第一，以详细文字及相对数佣金率表示。例如，USD 4.65 PER PCS CIF BANGKOK PORT, THAILAND, INCLUDING 2% COMMISSION（每件 4.65 美元，运费、保险付至泰国曼谷港，含 2%佣金）。第二，贸易术语后加 C 和相对数佣金率表示。例如，USD4.65 PER PCS CIFC2% BANGKOK PORT, THAILAND（每件 4.65 美元，运费、运费保险付至泰国曼谷港，包括 2%佣金）。其中 C 是佣金（COMMSSION）的缩写，国际贸易实践中通常省略佣金率后的百分号，将 CIFC2%直接写成 CIFC2。第三，以详细文字及绝对数佣金额表示。例如，USD4.65 PER PCS CIF BANGKOK PORT, THAILAND, INCLUDING USD0.05 PER PCE AS COMMISSION（每件 4.65 美元，运费、保险付至泰国曼谷港，含每件 0.05 美元佣金）。

④佣金计算方法。佣金=含佣价×佣金率。

其中,含佣价是指佣金计算在内的待求的报价,依然是未知数,暂时列在这里即可。需要说明的是,包括佣金在内的所有需要以报价为计算基数的数据中,报价都是对应贸易术语下的价格。核算 FOB 价,报价就是最终待求的 FOB 价;核算 CFR 价,报价就是最终待求的 CFR 价;核算 CIF 价,报价是最终待求的 CIF 价。

根据佣金计算公式,可以推导:净价=含佣价-佣金=含佣价×(1-佣金率);含佣价=净价/(1-佣金率)。

佣金率由支付佣金方与收取佣金方协商确定。

⑤佣金报关。明佣买方通常会在付款时直接扣除,报关时按照扣除佣金后的金额申报。暗佣买方通常会先行支付全款后,再由卖方返还给买方指定人。报关用商业发票、买卖合同上均需显示暗佣金额,同时在报关单上杂费栏显示佣金额,备注栏注明杂费为客户暗佣佣金。如未做上述处理和说明,卖方将不能以公司名义对外支付佣金。

(5) 国外运费

国外运费=国外美元运费×美元汇率/数量

其中:

国外美元运费可从货运代理处获得。CFR 价或 CIF 价核算价格时需要计算海运费。

美元汇率是指核算价格当日美元兑人民币的现汇买入价。更准确地说,应以货运代理要求的换算汇率为准。因为多数时候货运代理要求的换算汇率都会高于银行公布的汇率。假定银行公布汇率为 1 美元=6.35 元,如果最终发货人用人民币代替美元支付,货运代理则可能要求按照 1 美元=6.40 元的汇率进行换算。在国际贸易实践中,货运代理对海运费的报价都是指美元运价。因为其他数据都是以人民币进行计算,所以计算国外运费时需要通过汇率将美元换算成人民币,以保证计算过程中币制统一。货运代理对空运费的报价则是人民币报价,计算国外运费时无须换算,直接以报价进行计算即可。本书中为了计算方便,统一按照核算价格当日美元兑人民币的现汇买入价计算。

数量是指出口货物的总数量。因为国外运费多数时候也是按照一个集装箱货物或者一批货物获得的总费用,所以除以数量是为了获得单位产品国外运费。

(6) 保险费

保险费 = CIF 价 × (1 + 保险加成率) × 保险费费率

其中：

CIF 价是指保险费计算在内的待求的报价。

保险加成率如买方没有要求，默认为一成，即 10%。如买方有要求则按照买方要求，但是需要与保险人确认是否能够按照买方要求加成。

保险费费率视出口货物及投保金额不同而不同，通常在万分之三到千分之一之间。具体费率可与保险公司直接确认或者通过货运代理与保险公司确认。

(二) 价格核算实例分析与讲解

1. 案例

2022 年 2 月 15 日，收到买方询盘，要求报 FOB、CFR 及 CIF 价格：

PLEASE QUOTE ME THE POLO SHITRS ATTACHED WITH THE PACKAGE OF SELF-SEAL BAG ON FOB, CFR& CIF BASIS FOR QUANTITY OF 20'GP. DETAILS REQUEST AS ATTACHED LIST. AS USUAL, PLEASE KEEP 3% COMMISSION FOR ME. (请报附件中 POLO 衫的 FOB、CFR 及 CIF 价格。数量为 20 尺集装箱，每件为自封袋包装。详细要求见随附清单。和以前一样，保留 3%佣金给我。)

2. 已知信息

已知信息可能来源于上游供货商、相关服务商报价以及历史的经验性数据，实际工作价格核算只能说是力争准确，但是无法做到 100%准确，些许的误差通常在利润中进行调整。上述案例中获得的已知资料如下。

——产品信息：POLO 衫 (商品编码：61051000)，含税出厂价为 25 元/件,含客户刺绣标。

——包装资料：每件入自封袋，50 件/箱；外箱尺寸：55 厘米×45 厘米×30 厘米；毛净重：15.5/14 千克。

——验货费用：1500 元。

——浙江温州到宁波 20 尺集装箱拖车费用：1800 元。

——货运代理给出 20 尺集装箱出口货物的本地所有费用：3500 元。

——其他费用：1000 元。

——客户要求暗佣：成交价的 3%。

——20 尺集装箱有效容积：27 立方米。

——预期利润率：10%。

——银行电汇手续费：30 美元×2 次。

——外汇汇率：1.00 美元=6.3533 元。

——中国宁波港到泰国曼谷港海运费：2800 美元/20 尺集装箱（新冠肺炎疫情期间海运费，加价保舱位）。

——CIF 保险：加一成投保一切险，保险费费率为 0.5‰。

——出口退税率：13%。

3. 确定报价数量

很多时候国外询盘并没有给出准确的需求数量，而是要求基于 20 尺或者 40 尺集装箱能够装载的数量进行报价，此时则需要自行核算报价数量。

（1）常见干货集装箱数据

国际贸易实践中常用的集装箱为干货集装箱，相关数据见表 9.1。

表 9.1 常用干货集装箱数据

箱型	内长（米）	内宽（米）	内高（米）	门高（米）	门宽（米）	计算容积（立方米）	有效容积（立方米）	载货毛重（吨）
20尺集装箱	5.898	2.352	2.385	2.280	2.343	33	27	18
40尺集装箱	12.032	2.352	2.385	2.280	2.343	67	55	28
40尺高箱	12.032	2.352	2.690	2.585	2.343	76	65	28
45尺高箱	13.556	2.352	2.690	2.585	2.343	86	81	28

表 9.1 中的有效容积已经考虑了装箱时可能产生的空间浪费，对于多数件杂货而言，装箱时都无须进一步考虑排载问题，即只要货物实际体积不超过表 9.1 中数据，正常都能装下。特殊情况特殊分析。实际上，集装箱载货有效容积与单件货物包装尺寸与集装箱尺寸的匹配度有关，匹配度越高，浪费的空间就越少，有效容积也就越大。

选择箱型时要同时考虑集装箱有效容积和载货毛重。例如，一批货物体积为 55 立方米，毛重为 30 吨，则只能选择 2 个 20 尺集装箱（20'GP），而不是 1 个 40 尺集装箱（40'GP）。尽管 1 个 40'GP 的有效容积为 55 立方米，能够容纳 55 立方米的货物，但是毛重 30 吨超过了 40'GP 的载货毛重 28 吨的限制，不符合船公司的接货要求。实际上，船公司接货时都是轻货优先。以 20 尺集装箱为例，尽管其载货毛重为 18 吨，但是在运输旺季，船公司基本只接毛重 10 吨以内的货物，几乎不会给毛重 18 吨的货物放 20'GP 舱位。毛重 18 吨的货物可能不得不采用 40'GP 并据此支付运费才有机会获得舱位。

（2）计算 20'GP 载货数量

27/（55×45×30/1000000）= 363.64 箱。为了确保实际体积不超过有效容积，笔者建议计算包装件数时取整到十位。如本案例中取整为 360 箱。此时毛重为 360×15.5＝5580 千克，在 20'GP 载货毛重范围之内（如超重则需要减少包装件数，直到毛重不超过 18 吨）。因此，载货数量＝360×50＝18000 件，即确认报价数量为 18000 件。

4. 价格核算

（1）FOBC3 价

FOBC3＝实际成本+预期利润+国内费用+佣金，将已知数据依次代入相应计算公式。

FOBC3＝［27.50－27.50/（1+13%）×13%］+FOBC3×10%+［（1500+3500+1800+30×6.3533×2+1000）/18000］+FOBC3×3%

等式两边同时含有 FOBC3，是关于未知数 FOBC3 的一元一次方程，解方程可得：FOBC3＝28.495 元，换算成美元为 28.495/6.3533＝4.485 美元[①]。

（2）CFRC3 价

CFRC3＝实际成本+预期利润+国内费用+佣金+国外运费，将已知数据依次代入相应计算公式。

CFRC3＝［27.50－27.50/（1+13%）×13%］+CFRC3×10%+［（1500+3500+1800+30×6.3533×2+1000）/18000］+CFRC3×3%+2800×6.3533/18000

等式两边同时含有 CFRC3，是关于未知数 CFRC3 的一元一次方程，解方程可得：CFRC3＝29.631 元，换算成美元为 29.631/6.3533＝4.664 美元。

（3）CIFC3 价

CIFC3＝实际成本+预期利润+国内费用+佣金+国外运费+保险费，将已知数据依次代入相应计算公式。

CIFC3＝［27.50－27.50/（1+13%）×13%］+CIFC3×10%+［（1500+3500+1800+30×6.3533×2+1000）/18000］+CIFC3×3%+2800×6.3533/18000+CIFC3×（1+10%）×0.5‰

等式两边同时含有 CIFC3，是关于未知数 CIFC3 的一元一次方程，解方程可得：CIFC3＝29.650 元，换算成美元为 29.650/6.3533＝4.667 美元。

5. 对外报价及注意事项

（1）对外报价

笔者建议价格核算过程中保留 3~4 位小数，对外报价时保留 2~3 位小数。价格较低产品或者为了区分 CFR 与 CIF 价格，也可以根据实际情况保留多位小数。本案例对外报价如下。

FOB 价：USD4.485 PER PCE FOB NINGBO PORT, CHINA。

[①] 此处例子中四舍五入保留 3 位小数，下同。

CFR 价：USD4.664 PER PCE CFR BANGKOK PORT, THAILAND。
CIF 价：USD4.667 PER PCE CIF BANGKOK PORT, THAILAND。

（2）注意事项

第一，本案例中佣金保留给个人贸易中介，为暗佣，所以最终报价时不能体现任何佣金字样。计算过程中带 C3，是为了提醒报价人核算价格时需要考虑佣金。第二，预期利润、佣金计算基数随着核算价格的不同而不同。对外支付佣金时也是以对应成交价格为计算基数。第三，此处对外报价仅是计算出来的对外报价，并不一定就是最终给客户的报价。

6. 其他贸易术语价格核算

常用贸易术语中，FCA 与 FOB，CPT 与 CFR，CIP 与 CIF 价格组成及核算方法几乎完全相同。EXW 同 FOB 相比减去国内费用即可。DAP 如果在边境口岸交货与 FOB 价格组成相近，在进口国内指定地点交货与 CIF 价格组成相近，但是因为卖方承担的风险加大，要求的利润率可能有所提高。DDP 同 CIF 相比要加上进口国国内运输、清关费用以及进口关税，但是因为卖方承担的风险加大，要求的利润率可能有所提高。

二、生产型企业出口商品价格核算

（一）出口商品价格组成说明

在同等贸易背景、相同贸易术语下，同贸易型企业出口商品价格组成相比，生产型企业出口商品价格组成上少了预期利润，出口退税计算基数上也有所不同。其他方面与贸易型企业出口商品价格组成相同。

1. 预期利润问题

在同等贸易背景下，生产型企业可以直接给贸易型企业的含增值税价格出口，无须额外加预期利润。因为其给贸易型企业的价格已经包含预期利润。

2. 出口退税问题

生产型企业直接出口，其出口退税计算基数为统计美元价（不含运费、保险费、佣金等费用的 FOB 净价）对应的人民币金额（统计美元价×汇率）。而贸易型企业出口退税计算基数为进项增值税发票上的不含税金额。

即生产型企业出口退税＝统计美元价对应的人民币金额×汇率×出口退税率。

（二）价格核算实例分析与讲解

仍然以上文案例及已知数据为例，生产型企业出口商品价格核算如下：

1. 计算过程

(1) FOBC3 价

FOBC3=实际成本+国内费用+佣金，将已知数据依次代入相应计算公式。

FOBC3 = [27.5-（FOBC3-FOBC3×3%）×13%] + [（1500+3500+1800+30×6.3533×2+1000）/18000] +FOBC3×3%

其中，FOBC3-FOBC3×3% 为去掉佣金后统计美元价对应的人民币金额。等式两边同时含有 FOBC3，是关于未知数 FOBC3 的一元一次方程，解方程可得：FOBC3 = 25.504 元，换算成美元为 25.504/6.3533 = 4.014 美元。

(2) CFRC3 价

CFRC3=实际成本+国内费用+佣金+国外运费，将已知数据及已经求得的 FOBC3 依次代入相应计算公式。

CFRC3 = [27.5-（CFRC3-CFRC3×3%-2800×6.3533/18000）×13%] + [（1500+3500+1800+30×6.3533×2+1000）/18000] +CFRC3×3%+2800×6.3533/1800

其中，CFRC3-CFRC3×3%-2800×6.3533/18000 为去掉佣金及国外运费后统计美元价对应的人民币金额。等式两边同时含有 CFRC3，是关于未知数 CFRC3 的一元一次方程，解方程可得：CFRC3 = 26.523 元，换算成美元为 26.523/6.3533 = 4.175 美元。

(3) CIFC3 价

CIFC3=实际成本+国内费用+佣金+国外运费+保险费，将已知数据及已经求得的 FOBC3 代入相应计算公式。

CIFC3 = {27.5-[CIFC3-CIFC3×3%-2800×6.3533/18000-CIFC3×(1+10%)×0.5‰]×13%} + [（1500+3500+1800+30×6.3533×2+1000）/18000] +CIFC3×3%+2800×6.3533/18000+CIFC3×(1+10%)×0.5‰

其中，CIFC3-CIFC3×3%-2800×6.3533/18000-CIFC3×(1+10%)×0.5‰为去掉佣金、国外运费及保险费后统计美元价对应的人民币金额。等式两边同时含有 CIFC3，是关于未知数 CIFC3 的一元一次方程，解方程可得：CIFC3 = 26.536 元，换算成美元为 26.536/6.3533 = 4.177 美元。

2. 对外报价及注意事项

(1) 对外报价

本案对外报价如下。

FOB 价：USD4.014 PER PCE FOB NINGBO PORT, CHINA。

CFR 价：USD4.175 PER PCE CFR BANGKOK PORT, THAILAND。

CIF 价：USD4.177 PER PCE CIF BANGKOK PORT, THAILAND。

（2）注意事项

第一，贸易型企业对外报价的注意事项同样适用于生产型企业对外报价。第二，生产型出口企业直接出口商品价格核算办法并不唯一，本书中的方法仅供参考。

3. 贸易型企业与生产型企业出口商品价格比较

在同等贸易背景、相同贸易术语下，生产型企业直接出口商品价格要低于贸易型企业出口商品价格，见表9.2。主要影响因素有两点：一是生产型企业无须再加额外利润；二是生产型企业出口退税基数大于贸易型企业出口退税基数。此外，以报价为计算基数的佣金及保险费也有些许影响。

表 9.2　贸易型企业与生产型企业出口商品价格比较

贸易术语	贸易型企业出口价格	生产型企业出口价格	价格差额
FOB	4.485 美元	4.014 美元	0.471 美元
CFR	4.664 美元	4.175 美元	0.489 美元
CIF	4.667 美元	4.177 美元	0.490 美元

第二节　出口商品正确作价办法

在国际贸易实践工作中，核算出来的价格可能仅仅是参考报价，而不是最终对外报价。在正式对外报价之前，还需要正确作价。作价过低会失去合理利润，作价过高则会失去潜在市场。因此需要在价格与市场之间找到平衡点合理作价，以提高报价后的成交概率。本节将对影响出口商品作价的主要因素进行分析，并探讨对应的作价办法。

当下影响出口商品作价的关键因素是终端销售价格、产品成本及市场竞争状况。对应的作价办法也有终端价格反推作价法、成本加成作价法及市场竞争对手博弈作价法3种。出口企业在作价时需要将不同作价方法获得的价格互相印证，结合特定的行业与产品状况以及在国际市场上的竞争地位进行正确作价。

一、终端价格反推作价法

（一）终端价格反推作价法说明

终端价格是指目标市场上终端消费者为了购买某种产品愿意且能够支付的价格。由于产品不具有唯一性，同质化产品竞争激烈，大部分国内企业在多数出口交易中都是价格被动接受者，而非价格制定者，很多时候进口商直接给了出口商目标价格，如果出口商未能达到其目标价格，进口商就会转向出口商的竞争对手，所以终端价格就是作价时首先要考虑的因素。了解到终端价格后，根据整个供应链参与者正常应该要求的利润率以及供应链中可能产生的费用反推成交价格并据此作价。

（二）成交价格及最高生产总成本或采购价格核算

利用终端价格反推作价法进行作价时，出口商要考虑的关键因素是终端消费者或者用户愿意以其本地货币支付的价格。然后根据整个供应链参与人应该获得（需要或者想要的）的正常利润以及进出口过程中发生的费用，反推出口商品价格，如国外终端销售商利润、进口中间商利润、国外关税增值税、国外运输及清关费用、国际运输费用、国内运输及清关费用、国内关税及增值税、国内贸易商利润等。据此计算可能的成交价格、生产型企业最高生产总成本或贸易型企业最高采购价格。

二、成本加成作价法

（一）成本加成作价法释义

成本加成作价法是当下国内出口企业普遍采用的一种作价方法。其以生产型企业给贸易型企业的含税出厂价作为成本价格（EXW 价格），根据不同贸易术语加上相应的费用以及利润，获得对应的价格，即以成本价格加上国内费用获得 FOB 或 FCA 价格，加上主运费获得 CFR 或 CPT 价格，加上保险费获得 CIF 或 CIP 价格。

为了获得价格上的竞争力，生产型企业需要通过技术与设备升级、管理与流程优化等措施降低成本；贸易型企业需要不断寻找质量可靠，同时价格更低的生产型企业作为供货商。

（二）成本加成作价法存在的问题

尽管成本加成作价法便于操作，但是却有可能与终端销售价格及竞争对手价格存在较大差异。第一，价格可能过低，使进口商尤其是中间商享有巨额利润，但是出口商却没有办法分享任何利润。第二，价格可能过高，导致没有客户需要己方产品而无法进入目标市场。所以，笔者建议实际工作中将成本加成作价法计算出来的价格作为终端价格反推作价法算出来的价格的一个验证，同时根据竞争对手的价格水平，确定最终的销售价格。

三、市场竞争对手博弈作价法

竞争对手是指与己方企业规模相近，目标市场及客户群体相同的同类企业。比自己企业规模过大或者过小的企业，本质上都不是真正的竞争对手，因为面临的客户群体会有所不同。竞争对手的价格水平在一定程度上影响己方的出口商品作价。因此，作为价格执行者的国内企业，在出口商品作价时除要考虑终端价格以及成本价格外，还必须考虑竞争对手的价格。

（一）根据竞争对手调整对外作价方案

当下国际贸易市场同质化产品竞争激烈，1%的价格差就可能决定订单的最终归属。正确作价不仅要考虑成本，还要考虑竞争对手价格。实际上，由于企业规模不同，企业对某种产品的专业度以及供应链掌控的不同，会导致生产成本有所不同，也就是己方的最低价格未必是市场的最低价格。因此，出口企业在报价之前或平时工作中，必须有针对性地了解竞争对手的价格，并据此作价。根据竞争对手价格调整己方产品作价，能够解决成本加成作价法带来的价格偏差。在成本加成作价法核算出来的价格低于终端价格反推作价法核算出来的价格时，参考竞争对手的价格有助于企业正确作价，避免作价过低，将利润全部让给进口中间商，在赢得客户的同时却失去了利润。根据竞争对手价格适当提高己方产品价格，不仅可以增加企业利润，还可以避免因价格过低导致客户对产品质量产生怀疑的问题发生。

（二）根据竞争对手价格调整国际市场开发计划

如果成本加成作价法核算出来的价格高于终端价格反推作价法核算出来的价格，同时也高于竞争对手的价格，若不是在产品质量标准及水平理解上有偏差，这意味着出口企业进入国际市场的机会较小，需要对价格进行调整。这个时候，出口企业就必须重新复查是自己要求的利润率过高还是成本、费用过高。如果是利润率过高，可以直接降低利润率，使价格与竞争对手持平或略低于竞争对手。如果是费用过高，则需要优化供应链，降低费用。如果是成本过高，则要想办法降低成本或者暂时放弃该市场，等到未来生产规模扩大或者有新的技术与设备能使成本降下来后再重新考虑进入目标市场。

四、出口商品作价注意事项

出口商品作价时需注意两点。一是价格必须足够"低"，使目标市场的买方有能力且愿意从己方购买；二是价格必须足够"高"，在覆盖所有成本及费用的同时使己方获得合理利润。

（一）价格必须足够"低"

根据终端价格反推作价法，出口商品作价时每种贸易术语下价格都应该低于或等于根据终端价格反推出的成交价格，保证终端销售价格能够被消费者所接受，使其有能力购买。同时要尽量低于竞争对手价格，使买方愿意从己方采买。

1. 价格需要与终端消费能力匹配

出口企业必须根据目标市场的经济发展水平及终端消费能力提供不同质量的产品，并在此基础上作价。作价时需要在产品质量和价格上找到平衡点，

在保证质量的同时要保证终端价格低到被目标市场消费者接受。有些出口商品微利（甚至零利）作价时都无法成交，很大可能就是质量所决定的价格超出了目标市场终端消费者的承受能力，未能做到价格与目标市场消费能力匹配，所以也就无法进入目标市场。此时，如果出口企业还想进入目标市场，就必须根据终端价格及中间商给出的目标价格调整产品质量并降低成本，使终端价格降到目标市场消费者能够接受的范围内。

需要提醒的是，经济欠发达地区的买方，即使现场或邮件询价，咨询的都是高端产品，甚至兴趣主要在高端产品上，对低端产品表现得非常不在意，也大概率是幌子，误导卖方。卖方以为他们需要的是高端产品，对买方貌似不经意间对低端产品的询价报了较低的价格，以此来衬托己方的价格水平较低。实际上，买方最终购买的却是低端产品，卖家因为报了低价无法反悔，只能设法从其他地方找补回来。反之亦然，经济发达地区的买方，大概率不会真正需要低端产品，询问低端产品价格可能只是他们对某些低端产品的价格水平有所掌握，以此来判断出口方的价格水平而已，并不代表他们真的需要低端产品。因此对常规产品，也就是市场上能够轻松获得相同或者类似替代品的产品，作价要相对较低。因为买方可能通过此类产品价格对出口企业整体的价格水平进行判定。如果对常规产品作价过高，则可能使买方误认为出口企业整体价格水平过高而放弃合作。

2. 价格要适当低于竞争对手价格

当下我国大部分出口商品都处于同质化竞争激烈的买方市场，价格在很大程度上决定国外买方对国内供应商的选择。其他供应链上所有的附加服务只是加分项，而非决定项。所以，出口企业为了快速进入新的目标市场，产品作价应该适当低于竞争对手，使买方愿意从己方采买。在产品质量相同的情况下，根据行业及产品的利润情况以低于竞争对手价格3%左右的价格作价，通过牺牲一定利润让中间商、终端销售商以及消费者认可己方产品的性价比，达到快速进入目标市场的目的。略低于就是通过前面所讲对竞争对手价格的调查和比较，设置一个能成功引起买方兴趣的价格，使己方有机会进入买方供应链系统。但是价格也不能太低，以免引起买方对己方及产品质量可靠性的怀疑。不管是高端还是低端市场，对于进口中间商及终端销售商而言，产品质量的稳定性和可靠性都非常重要。即使是低端市场，产品质量也有一定的标准。出口企业作价时需要在价格及市场之间找到平衡点，通过低价获得更多的市场份额，通过更多的市场份额形成规模经济，降低成本，弥补因竞争而降价带来的损失，而不是以无下限降低产品质量来降低价格。

3. 价格需要让渡中间商的合理利润

大多数时候，终端销售的价格是固定的，中间商买方的利润取决于从国内供应商处的采买价格，因此给中间商留有合理的利润就成为企业在海外市场获得成功的关键。国外商超及使用单位都很少直接从中国采购，而是通过其国内的中间商进行采购。因为中间商能够为其提供包括融资在内的"一揽子"解决方案。所以，对于出口企业而言，如果合作伙伴是中间商买方，则需要在一定程度上从己方的利润中让渡一部分给中间商。只有让其获得合理的利润，他们才更愿意从己方采买产品并向其本地市场推广己方产品，帮助出口企业快速进入和占有目标市场。

（二）价格必须足够"高"

根据成本加成作价法，企业作价时必须高于成本价格，使企业能够获得一定的利润，至少不能产生亏损，这是生意能够正常持续进行的模式。尽管有些时候企业出于某种目的，会以一部分比例亏损的形式占有市场，但是这种模式并不能持续下去。

1. 价格需要留有一定富裕空间

出口商品作价时需要留有一定的价格富裕空间，以应对买方的讨价还价。实际贸易中大部分买方都会对出口企业的首次报价进行还价，而且还价可能不止一个回合，采购代表还价后，采购经理或者总监还可能再次还价。还价的原因可能是数量增加，也可能是最终买方给出的目标价格较低，还可能是中间商单纯为了增加他的利润。如果作价时没有预留一定富裕空间，接受买方还价，己方利润则没有保证；拒绝买方还价有可能彻底失去客户。即使价格真的低，也可能促使买方向其他竞争对手询价。一旦买方继续向其他竞争对手询价，就有很大机会转投其他供应商，因为其他供应商为了竞争到新买方，通常都会人为地降低利润率，微利或者零利作价，先将买方吸引过来，然后伺机提高成交价格。

2. 时机成熟可适当提高价格

当产品已经得到目标市场的认可并有了一定的占有率，面向新买方作价时可以适当提高价格，但还是尽量低于竞争对手价格或者与竞争对手的价格持平。对于新买方而言，作价适当高些可以获得更好的利润，也可以对老买方形成一定的保护。必要的时候也可以提高老买方新订单的报价，但是必须慎重。因为无法确定终端买方是否愿意接受更高的价格，以及终端买方接受了高价是否会导致购买量的减少。所以，对老买方新订单以相对较高的价格作价时，通常是外部因素导致，如原材料上涨、汇率变动、退税减少等，而且要给出充分的证据，使老买方认为这种涨价的理由是正当的、能接受的，否则，他们很有可能转而寻找其他供应商及替代品，并最终放弃继续从己方采买产品。

3. 利润并非唯一的作价依据

尽管要求价格足够高来保证利润，但是当下利润并非作价的唯一依据。针对不同买方要求的利润应有所不同。大买方可以使企业长期稳定运营，提升企业知名度，可以以较低的利润率成交，作价可以适当偏低。零散小买方可以拓展企业市场客源，但是需要利润有保证，作价则要偏高。同时，还需要考虑买方以及目标市场的成长性。成长性好的买方即使当下利润率较低，但是随着企业持续成长，企业对产品加工工艺的熟练，以及订单数量的增加，边际成本有所降低，并最终使单位产品价格降低。原本零利或者微利的业务就可能有了合理利润。所以卖方在作价时，要同时考虑当下利润和长远利润。有成长的市场及买方当下可以微利甚至零利作价，无成长的市场及买方则应以高价获得当下利润为主。

第三节　出口商品正确报价技巧

一、报价前准备工作

（一）对自我进行准确定位

准确的自我定位，可以使出口企业清楚自己在行业内处于一个什么样的地位，进而清楚潜在客户是谁、潜在竞争对手是谁。国际贸易中，任何一家企业都不可能做到市场上所有的生意，对自己有一个准确的定位，可以知道哪些客户是要努力争取过来的，哪些客户是可以放弃的。还能知道平时或者报价时要盯着哪些竞争对手，进而进行精准有效的报价。比如，你是一家作坊式小工厂，那么国际市场上知名的大客户就不是你的目标客户，即使你勉强去联系并跟进沟通，最后也很难有结果。因为这些客户要求的一些关于供应商的硬件一定是你达不到的，去跟进自己不能满足的客户只能浪费时间。相反，如果你是一家大公司，也没有必要去跟进一些小买方，一是它不一定能承受你的价格；二是购买量较小导致可能一条生产线都开不起来，会造成人员的浪费。供应商有大有小，国外客户同样有大有小，每家供应商在一定时期内只要抓住自己那部分客户就好。不管你是生产型企业还是贸易型企业，都不能单纯地按照己方核算出来的价格报价，还需参照市场的合理价格以及竞争对手的价格。

（二）报价前必备的知识技能

1. 充分了解自己的主营产品

每一个国际贸易从业人员都应该充分了解自己公司的主营产品或者自己负责销售的产品，充分了解产品的构造、材质、工艺、加工设备、替代品等情况。所谓充分了解，就是看到产品的图片就知道产品的大体情况，比如材质、工艺、主要产区及供应商等，即能够根据有限的信息以及自己的经验做出有效的判断和推断，而不是一味地询问客户。

2. 熟悉出口的全流程操作

作为一名国际贸易从业人员必须熟悉并精通出口的全流程操作，清楚贸易实践中的每一个环节甚至每一个点的具体操作方法。这样才能在贸易沟通中处于有利地位，并能通过解决其他竞争对手无法解决的问题赢得客户信任。比如与智利客户沟通，主动告诉他们可以提供中国—智利自由贸易区优惠原产地证（FORM F），以使客户获得进口关税上的优惠。一方面说明己方对贸易的专业，另一方面说明己方有出口智利的经验，有能力保证交易的顺利进行，成为赢得客户的加分项。

3. 分析判断客户的真实需求

卖方在回复或者报价收到的每一个询盘之前，都应该视情况去了解客户，分析判断客户的真实需求，进而决定如何报价，决定是提供高质高价、平质平价还是低质低价的产品，决定时效性第一还是内容完整性第一。

二、如何正确对外报价

（一）及时报价

从国外买方的采购人员角度来分析，合适的价格且在其预算之内，是愿意继续沟通的前提。尤其是对于竞争激烈的行业及产品而言，买方一封询价邮件就可能收到若干报价。竞争对手已经回复了完整报价，你还在做没有任何价值的沟通并刻意回避价格就可能直接失去与买方继续沟通的机会。作为卖方，不要担心竞争，不要担心买方收到报价后是否回复，而是要充分了解产品、行业及市场，提升己方报价的竞争力。如果买方询价已经足够明确，就直接回复详细报价。如果买方询价内容欠缺，也无法根据经验推定，则一次性告知买方报价所需资料，并在收到买方的回复后第一时间报价。

（二）完整报价

报价应该是提供价格在内的，包括详细交易条件的一份解决方案，而不仅仅是告诉买方询价产品的价格。一份完整的报价应该包括品名、数量、价格、详细的包装资料、交货期。买方询价中提及的要一一答复，没有提及的但是必要的也要进行专业补充。总之，报价应详细到让买方知道他所有想知道的、该知道的有关商品及交易细节，能够据此做出采买与否的决定，能够不依赖其他资料直接起草买卖合同。

（三）准确报价

报价中的产品价格、参数、件重尺等信息应力求准确。因为买方需要根据卖方的报价资料核算到岸价格。如果卖方报价资料不准，就会导致买方到岸价格核算错误，从而影响买方的采购决策。

三、通用报价单制作

（一）通用报价单制作要求

1. 报价内容完整

报价并不是单纯提供商品价格。一份完整的报价单应包括货物描述、数量、价格、结算条件、交货时间、包装及件重尺信息、样品政策等内容。同时还应包括对询价人问题或者疑问的针对性解答或者回复。基本要求是买方能够根据报价单起草买卖合同。

2. 联系方式齐全

即使报价邮件签名栏已经有报价人的联系方式，也必须在报价单上列明所有可用的联系方式，让询价人想要联系报价人时能够以任何他喜欢的、他方便的方式联系到报价人。因为询价人可能同时收到很多报价邮件，一旦下载了报价单，他就无法将报价单与报价邮件一一对应。所以，同时在报价单上显示联系方式非常必要。

3. 方便事后跟进

报价单应注明报价编号、报价日期、有效期，以及买方名称、采购负责人、已知所有的联系方式，方便存档及事后跟进。这样即使当时报价人因为某种原因离职，接任国际贸易人员也可以继续跟进。

（二）通用单款商品报价单样本

通用单款商品报价单见图9.1，可以根据实际行业及产品调整报价单结构及格式。

恒某贸易(沈阳)有限公司
Heng×× Enterprise Limited

Tel/Fax:

Quotation Sheet

No.	HS-TH1001
Date:	2021/12/10
Valid Untill:	2021/12/20

Seller

Tel/Fax:
Prepared by:

Customer

Attn:
KB Co., Ltd

Phone:/Fax:

Commodity & Description								
Reference Photos		Summaries for Product						
		Name	Polo Shirts						
		Material	CVC(60% cotton, 40% polyester), thickness of 200gsm						
		Measurements	S,M, L for Men, XS, S M for Women						
		Logo	On both left chest and back						
		Logo Processing	Embroidery						
		Inner Packing	Opp Bags						
		Outer Packing	Carton						
Price									
Quantity(Unit)		18000pcs/20'GP						
CIF Bangkok Port Price		US$4.65						
Sea Freight for 20'GP		Bangkok Port, Thailand						
		US$2,800.00						
Payment Terms									
T/T	30% TT as advance payment within 3 working days after the S/C was signed and comfirmed, 70% balance against B/L Copy within 3 working days.							
L/C	Sight Payment L/C to be issued within 3 working days after the S/C was signed and confirmed.							
Delivery Time									
Within 25 Working days after the receipt of relevant advance payment and sample approval(if any)									
Packing Details									
Kind of Package	Units/Package	Measurements(cm)			Package Weight(kgs)		Quantity/20'GP		Quantity/40'GP	
		L	W	H	N.W.	G.W.	Units	Packges	Units	Packges
Cartons ☑	50	Carton	55	45	30	14.0	15.5	18000	360	37000	740
Pallet ☐								
Wooden Case ☐								
Packing Photos			[Photo03]	[Photo04]	[Photo05]				
Samples Policy									
	Available(Yes/No)	Charges(US$)	Courier Freight(US$)	Lead Time(calendar days)	Remarks
Regular Samples	Yes	0	50	3	
Customized Samples	Yes	50	50	5	

Terms & Conditions
1, This quotation is firm and binding for both parties once it was accepted.
2, Please fax or mail the signed quotation to the address above for acceptance.
Customer Acceptance (sign below):

Remarks
1, We will offer preshipment inspection report issued by third inspection institute.
2, Any further qustions about this quotation, please contact [Name][E-mail][Mobile No.][WhatsApp/Wechat/Skype]

图 9.1　通用单款商品报价单

第九章　出口商品价格核算及作价与报价技巧

案例分析　深入了解产品及行业案例

某杯壶出口商要求所有新入职外贸人员做完下列事情以后才能正式开始外贸业务开发工作。第一，深入车间，了解生产设备及生产流程，并形成中英文对照说明。第二，深入样品间，实测每个产品多维度尺寸、容量以及重量，并形成记录单。第三，深入市场调查，了解市场上主要竞争对手，并获得竞争对手的详细报价。

分析此案例，笔者非常赞成这家出口商的做法。外贸从业人员必须深入了解产品及行业后，使自己成为专家，才能在报价及磋商谈判中进行有效沟通。否则，自己对产品及行业都一知半解，很难完成报价及磋商谈判工作。

实践操作

1. 试分析和阐述出口商品正确作价办法。

2. 根据已知条件反推不同贸易术语对应价格。假定某种商品在澳大利亚悉尼市场的终端销售价格为 16.50 美元/件，采购数量 10000 件，20 尺集装箱运输。进口国资料如下：终端销售商要求利润率为 25%、中间商要求利润率为 10%、增值税税率为 10%、关税税率为 25%、清关及运输费用为 1.00 美元/件、海运费为 0.25 美元/件、保险费为 0.01 美元/件。出口国资料如下：增值税税率为 13%、出口退税率为 13%、清关及内陆运输费用为 1 元/件、汇率为 1 美元=6.3533 元、出口商要求利润率为 10%。据此反推出口商品各贸易术语对应价格、最高生产总成本或采购价格。

第十章　交易磋商及买卖合同商订

第一节　交易磋商

一、交易磋商常识

（一）交易磋商概念

交易磋商是指买卖双方就某项商品及交易条件进行沟通谈判，并最终达成合意、缔结买卖合同的过程。

（二）交易磋商形式

交易磋商有口头和书面两种形式。口头是指现场面对面、电话、即时通信工具等沟通形式。书面是指电子邮件、传真等沟通形式。

二、交易磋商环节

交易磋商包括4个环节：询盘、发盘、还盘、接受，其中发盘和接受是必需的两个环节。

（一）询盘

询盘（INQUIRY）又称询价，通常是指买方向潜在卖方询问交易条件或可能性的业务行为。个别时候也可由卖方发给买方，称为"询盘邀请"。询盘不具有法律上的约束力，收到询盘的一方没有必然回复的义务。

1. 询盘内容

询盘通常包括商品名称、描述、参数等基本商品信息，同时要求回复价格、结算条件、交货时间、样品制作等交易信息。另外，还包括其他任何询价人想要了解的信息。

2. 询盘分类

（1）按询盘内容不同

按询盘内容不同，可以分为模糊询盘和明确询盘。模糊询盘通常没有具体商品需求，仅要求商品供给者提供商品、价目表作为参考，其目的是寻找储备供应商，成交可能性较小。明确询盘通常包括具体商品需求，会要求商品供给者反馈报价，其目的在于缔结合同，成交可能性较大。

（2）按询盘传递载体不同

按询盘传递载体不同，可以分为口头询盘和书面询盘。口头询盘是指当

面交流、电话、即时通信工具发出的询盘。书面询盘是指通过电子邮件或者传真发出的询盘。外贸人员收到口头询盘并回复后，要及时向对方索要包括邮箱在内的详细联系方式，并告知把口头沟通的内容整理后以书面形式发给对方确认，以便后期有多种途径联系到对方并实施业务跟进工作。

（二）发盘

发盘（OFFER）又称报价、报盘，在法律上称为"要约"，通常是指卖方收到买方询盘后，向买方提出一定交易条件，并愿意按照这些条件达成交易的一种肯定表示。个别时候也可由卖方主动发盘买方，寻求达成交易的可能性，称为"递盘"。

1. 构成发盘条件

根据《联合国国际货物销售合同公约》相关规定，构成发盘需满足4个条件。

（1）发盘内容必须十分确定

发盘内容至少应该包括商品名称，明示或默示地规定商品的数量或规定数量的方法，明示或默示地规定商品的价格或规定确定价格的方法。

（2）表明经受盘人接受发盘人即受约束的意思

无保留条件，并表明愿意按照发盘条件达成交易、缔结合同的肯定表示。与询盘不具有法律约束力不同，发盘具有法律约束力，一经对方接受，就需要按照发盘条件缔结合同。有保留条件的内容不构成发盘，如"此价格仅供参考，订货时须经我司最后确认"字样，即使其内容十分确定也不构成发盘。

（3）向一个或一个以上特定的人提出

发盘要发给特定的人，特定人可以是一个或者多个，但是不能是随机的人。例如，商家在街边发送的宣传册，即使带有价格，也不能算发盘，因为不是向特定的人发出的。

（4）传达到受盘人

发盘要传达受盘人处，使受盘人看到。

2. 发盘有效期

采用口头发盘时，一般受盘人只能当场表示接受，方为有效。采用书面形式发盘时，发盘人一般都应明确规定发盘的有效期，即规定最迟接受的期限或规定一段有效期，比如"此发盘有效期10天""此发盘5月底之前有效"等字样。

3. 发盘生效的时间

口头发盘的法律效力自对方了解发盘内容时生效。对书面发盘，英美法系采用投邮生效原则——发盘发出即生效；大陆法系采用到达生效原则——

发盘传达到受盘人才生效;《联合国国际货物销售合同公约》及我国法规都采用到达生效原则,即传达到受盘人生效。

明确发盘生效时间,关系到受盘人能否表示接受及发盘人何时可以撤回发盘或修改其内容。

4. 发盘撤回与撤销

(1) 发盘撤回

发盘撤回(WITHDRAWAL)是指在发盘送达受盘人之前将其取消,以阻止其生效。英美法系采用投邮生效原则——发盘发出即生效,不能撤回;大陆法系及《联合国国际货物销售合同公约》采用到达生效原则——可用比发盘时更快捷的方式撤回询盘,以阻止其生效。例如,邮件发盘后发现错误,可以立即打电话给发盘人将发盘撤回。

(2) 发盘撤销

发盘撤销(REVOCATION)是指发盘已送达受盘人,即发盘生效之后将发盘取消,以阻止其继续生效。英美法系受盘人表示接受之前,即使发盘中规定了有效期,发盘人也可以随时予以撤销。大陆法系发盘人原则上应受发盘约束,不得随意撤销发盘。《联合国国际货物销售合同公约》采用折中处理方式,发盘生效之后受盘人表示接受之前,发盘人可以将撤销通知送达受盘人,将发盘撤销。但是受盘人一经发出接受通知,则发盘人无权撤销发盘。国际贸易实践中多采用《联合国国际货物销售合同公约》做法。

5. 发盘效力终止

满足以下条件时发盘效力终止:一是发盘未在规定有效期或合理时间内被接受;二是发盘被发盘人依法撤销;三是发盘被受盘人还盘或者拒绝;四是发盘人发盘后发生了不可抗力事件;五是发盘人或受盘人在发盘被接受前丧失行为能力。

(三) 还盘和再还盘

1. 还盘和再还盘概念

还盘和再还盘是指受盘人对发盘内容不完全同意或者有条件地接受,并提出了修改意见,建议原发盘人考虑的答复。在法律上称为"反要约"。一笔交易通常是经过多次还盘和再还盘完成的。

2. 关于还盘实质性变更的有关规定

《联合国国际货物销售合同公约》规定,受盘人对货物价格、付款方式、品质、数量、交货时间与地点、一方当事人对另一方当事人的赔偿责任范围或解决争端的办法等条件提出添加或更改,均作为实质性变更发盘条件。英国法律认为除上述各项条件外,对包装的修改也属于实质性变更发盘条件。

还盘内容满足发盘条件，就构成新的发盘，还盘人需要受其约束。还盘内容不满足发盘条件，视为"邀请发盘"，收到还盘的一方可以重新发盘。

（四）接受

1. 接受概念

接受（ACCEPTANCE）是交易的一方完全同意对方发盘中全部交易内容的肯定表示。在法律上称为承诺，是指受盘人在发盘规定的时限内，以声明或行为表示同意发盘提出的各项条件。发盘和接受是达成交易的两个不可缺少的环节。

从理论上说，一方发盘被另一方接受，交易即告达成，合同亦即成立，双方均应受其约束。但是国际贸易实践中，如果一方违约，另一方想要维护己方的利益，还要通过艰难的仲裁或者诉讼完成。

2. 构成接受条件

根据《联合国国际货物销售合同公约》相关规定及国际贸易市场习惯，构成接受需满足以下 4 个条件。

（1）由特定受盘人做出

接受只能由收到发盘的特定收盘人做出，而不能由其他第三人做出。例如，A 发给 B 的询盘，不能由 C 做出接受行为。

（2）无条件接受发盘内容

必须无条件、无保留地接受发盘的全部内容，有条件的接受属于还盘。例如，"交货期提前到 15 天就可以接受"只是还盘而不是接受。

（3）在规定时间内做出并传达发盘人

接受必须在发盘规定时间内做出并传达到发盘人。逾期接受只能视为新的发盘，原发盘人不再受原发盘约束，但是新发盘人要受新发盘约束。

（4）用声明或行动表示出来

接受必须用声明或者行动表示出来。声明就是邮件或者传真回复"接受你方报价，请据此起草合同"类似字样。实际行动可以是买方直接付款或者卖方直接安排备货、装运等。国际贸易实践中接受通常是用声明表示出来的。

3. 接受生效时间

英美法系采用投邮生效原则——接受通知一经发出立即生效；大陆法系及采用到达生效原则——接受通知传达到发盘人时即生效。

4. 接受撤回或修改

接受只有撤回，无撤销说法。大陆法系及《联合国国际货物销售合同公约》采用到达生效原则，如果撤回通知于原接受生效之前或同时送达发盘人，可以撤回原接受。如原接受已送达发盘人，就不得撤回接受或修改其内容。

因为原接受一经生效，合同就宣告成立，允许撤回本质上是随意撤销或者修改合同。

第二节　国际货物买卖合同

一、合同成立概念及判定标准

（一）合同成立概念

买卖双方交易磋商过程中，一方发盘被另一方接受，合同就宣告成立。实际工作中通常会采用书面形式对买卖双方的权利和义务进行规定。

（二）合同成立判定标准

从理论上说，一方发盘被另一方接受时合同就已经成立。在国际贸易实践中，买卖双方缔结书面合同，并由双方签字、盖章后合同才正式成立。个别情况可能还会在书面买卖合同中约定某一交易条件满足后合同才真正成立，即签字、盖章也不意味着合同必然成立。

二、国际货物买卖合同概念及形式

（一）国际货物买卖合同概念

根据我国海关、外汇管理局及国家税务总局相关监管条件对报关、收汇及退税的规定，国际货物买卖合同（以下简称买卖合同）是指营业地位于不同关境的当事人之间就有关货物买卖的权利义务关系而达成的协议，即国际货物买卖合同的国际性应以当事人的营业地位于不同关境为准，本质上强调的是合同下货物需要进行跨越关境的运输。

（二）国际货物买卖合同形式

国际货物买卖合同在形式上可以分为全式合同和简式合同。全式合同一般包含检验、索赔、不可抗力及仲裁条款，简式合同则少了上述条款。

名称上可以采用合同（CONTRACT）、确认书（CONFIRMATION）、协议（AGREEMENT）、订单（ORDER）等各种字样。前加销售（SALES）字样意味着由卖方起草或出具，前加购买（PURCHASE）、采购（PROCUREMENT）字样意味着由买方起草或出具。不同名称的买卖合同到底是全式合同还是简式合同应该从内容上区分，而不是从名称上区分。

三、买卖双方的基本义务

买卖合同主要用来规定买卖双方的义务，其基本义务如下。

（一）卖方义务

1. 交付货物

交付货物是卖方的基本义务。在实质性交货下，卖方要负责在约定时间

与地点将实际货物交付买方或其指定人处置完成交货义务。在象征性交货下，卖方负责在约定的时间与地点装运货物，并在货物装运后将代表货物所有权的提单等相关装运单据最终转移给买方完成交货义务。

2. 质量担保

(1) 具备该类货物的通常用途

即使买卖合同中没有对货物质量做出明确约定，卖方所交付货物也要具备该类货物的通常用途。例如，装水泥或者粮食的袋子，不管是否有约定都必须做到防水。再如，各种粮食和食品，不管是否有约定都必须保证食用安全。

(2) 适用于约定的特殊目的

同一类产品的不同用途可能对质量的具体要求会有所不同。例如，大豆用于榨油可能对出油率有特殊约定，用于做蛋白质粉则可能对蛋白质含量有特殊约定。卖方所交付货物必须满足特殊约定目的。

(3) 与确认的样品质量相符

如果是凭样品成交，卖方所交付货物质量就必须与样品一致，或者不低于样品质量标准。

(4) 用该类货物的通用包装

包装必须能够有效保护其内部产品，保证货物到达买方处仍是完好的。例如，易碎货物包装必须有足够的隔垫，易吸水、易生锈货物的包装必须防水等。

3. 权利担保

(1) 物权担保

卖方必须保证对所交付货物拥有所有权，即不能交付所有权存在争议的货物，如被各级行政或者司法部门查扣的货物。

(2) 知识产权担保

卖方必须保证所交付货物没有侵犯任何第三方知识产权，即不能交付未经授权含有第三方知识产权的货物。

4. 转移单据及物权

国际货物贸易多是单据买卖，因此卖方需要在买方支付货款后将单据及单据所代表的物权转移给买方。

(二) 买方义务

1. 支付货款

支付货款是买方的基本义务。买方应该按照约定，在电汇下及时支付预付款及尾款，在信用证下及时开立合格信用证，在托收下及时付款赎单。

2. 接收货物

买方采取一切理应采取的行动以期卖方能提交货物以及自己接收货物。

即使卖方所交货物存在质量问题，也应该先行接收货物，然后根据买卖合同约定向卖方索赔，避免货物被目的港港务及海关等部门拍卖处理。

四、国际货物买卖合同组成

国际货物买卖合同通常由约首、本文、约尾三部分组成。

（一）约首

约首（PREAMBLE）是合同的序言部分。列明买卖合同名称，买卖双方名称、地址、税号、联系方式、负责人姓名。通常还会列明双方订立合同的意愿和执行合同的保证。

约首多为格式化条款及内容，几乎不受行业及产品影响。

（二）本文

本文（BODY）是合同的主体部分。具体列明成交货物品名、品质条款、数量条款、包装条款、价格条款、运输条款、保险条款、结算条款、单据条款、检验条款、索赔条款、不可抗力条款、仲裁条款、法律适用条款等内容，用以明确买卖双方的权利和义务。具体来说，就是将本书中第三章到第九章的内容综合起来，将相应条款按照一定顺序列在本文当中。

本文条款及内容富有变化，不同行业及产品会有很大差别。因此，需要根据企业所在行业及产品的实际情况，确定本文结构以及适合的格式化文本，为具体业务的买卖合同起草工作打下基础。

（三）约尾

约尾（END）是合同的结尾部分。列明买卖合同份数、是否为正本、使用文字及效力、生效时间。同时预留买卖双方以及第三方（如有）签字、盖章位置。

约尾同样多为格式化条款及内容，也不受行业及产品影响。

五、国际货物买卖合同制作

（一）制作的注意事项

买卖合同实际上是对本书第三章到第九章讲授内容以及条款的有机综合与调整。每一家出口企业都应该根据自己所处行业及产品的实际情况，提前制作好适用的格式化合同。这样能够充分且谨慎地思考每一条款，保证最终签订的买卖合同没有对己方不利的解释。具体操作时需要注意以下几点。

1. 买卖合同所用文字

买卖合同可以由全英文、中英文、中文加买方所在国文字、英文加买方所在国文字组成。由两种文字组成时，应规定两种文字具有同种效力或者发生内部矛盾时以哪一种文字为准。

2. 买卖合同编号应唯一

买卖合同编号应唯一（不能重复）且有一定规则。后续基于此笔合同的所有单据都将援引这一编号，以便确认同一笔合同下不同单据之间的关联。笔者建议编号规则为：卖方名称英文缩写+买方名称英文缩写+顺序号，如 HS-TH2101 代表英文缩写为 HS 和 TH 两家公司 2021 年 1 号合同，或特定字母，如 SC（销售合同或者销售确认书英文缩写）+年份+月份+顺序号，如 SC20211205，则代表 2021 年 12 月第 5 号销售合同。

买卖合同商订阶段可能用到的形式发票编号也应遵循上述编号规则。

3. 签订地址力争为卖方所在地

买卖合同中的签订地址关系到发生争议时的法律适用问题。按照惯例，如买卖合同中无特殊约定，发生争议时如果需要仲裁或者诉讼时适用买卖合同签订地址所在国家的法律法规。因此要力争买卖合同签订地址为卖方所在地。其他需要显示地址的单据也要力争为卖方所在地。

4. 适当利用表格功能

买卖合同中涉及分析、对比、统计等数据性较强的内容时，应适当利用表格功能，以求让相关人员一目了然地看到相应数据。

5. 商品品名应该统分适当

买卖合同中涉及多个商品品名，应对商品进行适当分类，在分项品名之上加上统称品名，而且分项品名要比照统称品名向后缩进两格，以显示层级关系。这样既能保证显示清晰，也有利于将来的制单工作。

6. 商品参数或者组成项目可利用附录显示

买卖合同中涉及商品详细参数时，可以利用附录形式单独显示，以保证正文的清晰性与可读性。如果成套设备由多个部分组成，同样可以在正本中只列明成套设备名称，具体组成部分利用附录显示。

7. 贸易术语显示在单价及总价处

笔者建议买卖合同中的贸易术语应显示在单价及总价处，以体现贸易术语和价格之间的关系，使买卖合同阅读或者审核人员看到价格时就能同步看到贸易术语。

8. 必要时可以列明卖方收款资料信息

买卖合同中必要时可以列明卖方收款资料信息，即列明收款人名称、地址、账号及收款行编码（BIC CODE 或 SWIFT CODE）。收外币时，电汇和信用证收款路径会有所不同，可咨询开户行获得准确资料。收跨境人民币需提前开通跨境人民币功能且用人民币账号收汇，同样可咨询开户行获得准确资料。如买卖合同签订之前已经出具过形式发票，且形式发票上列明了收款资料，则买卖合同上无再次显示收款资料的必要。

9. 买卖合同应出具在带有卖方标识的抬头纸上

买卖合同应出具在带有公司标识的抬头纸上是很多国外买方的一种要求。同时设计得当的彩色标识就像书画作品上的印章一样，能为买卖合同增色不少。

10. 买卖合同页脚处应显示当前页码和总页数

买卖合同页脚处显示当前页码和总页数既有利于打印后的排序，还能有效防止遗漏。特别是在买卖合同有多页的情况下，显示当前页码和总页数非常重要。

（二）通用买卖合同样本

通用买卖合同样本见图 10.1。此份样本更多适用于件杂货，机械、电气、仪表相对复杂产品需要适当增加内容。

图 10.1　通用买卖合同样本

恒某贸易(沈阳)有限公司
Heng×× Enterprise Limited

Tel/Fax:

5.2 买方所开信用证不得增加和变更未经卖方事先同意的条款。若信用证与合同条款不符，买方有责任修改，并保证此修改在合同规定的装运月份前至少15天送达卖方。

In the buyer's letter of Credit, no terms and conditions should be added or altered witout prior to the Seller's consent.

The Buyers must amend the letter of credit, if it is inconsistent with the stipulation of this contract, and the amendment must reach the Sellers at least 15 days before the month of shipment stipulated in this contract.

5.3 若买方未在上述规定的时间内开出信用证，卖方保留取消合同的权利。同时有权对由此带来的损失（如果有）要求损害赔偿。

The seller keep the right to cancel this contract if the buyer failed to open the L/C before or on the above-stipulated time. And the seller also have the right to file a claim for the losses caused accordingly, if any.

5.4 卖方仅提交商业发票、装箱单、提单、保险单（CIF贸易术语）、产地证（如果适用）。

The Sellers only present Commercial Invoice, Packing List, Bill of Lading, Insurance Policy(For Incoterms CIF), Certificate of Origin(if applicable).

6. 保险(Insurance)

由卖方按照发票金额的110%投保一切险。如果买方需要额外增加保险金额，增加的额外保费由买方自行承担，且额外保费应于装运日或装运期间届满前3个工作日到达卖方。

To be coverd by the Seller for 110% of the Invoice Value with All Risks.

If insurance for additional amount is required by buyer, the extra Insurance Premium shall be for the buyer's account, and the extra premium shall reach to the seller 3 working days before the latest shipment date or shipment period.

7. 品质/数量异议 (Quality/Quantity Discrepancy)

如买方提出索赔，凡属品质异议须于货到目的口岸之日起30天内提出，凡属数量异议须于货到目的口岸之日起15天内提出，对所装货物所提任何异议于保险公司、轮船公司、其他有关运输机构或邮递机构所负责者，卖方不负任何责任。同时，买方索赔时须提供经卖方同意的公证机构出具的检验报告。

In case of quality discrepancy, claim should be filed by the Buyer within 30 days after the arrival of the goods at port of destination, while for quantity discrepancy, claim should be filed by the Buyer within 15 days after the arrival of the goods at port of destination.

It is understood that the Seller shall not be liable for any discrepancy of the goods shipped due to causes for which the Insurance Company, Shipping Company, other Transportation Organization /or Post Office are liable. And the claim should be suported by a survey report issued by a surveyor approved by the seller.

8. 唛头(Shipping Marks)

买方应在合同装运期前30日内，将唛头的详细说明以明确的形式通知卖方，否则由卖方决定。

The detail shipping instructions about the shipping marks shall be sent in a definite form and reach the sellers 30 days before the time of shipment aforesaid. Otherwise, it will be at the seller's optiotion.

9.装船通知（Shippping Advice）

不管以何种贸易术语成交，卖方都须在装船后48小时内将合同号、品名、数量、毛重、净重、发票金额、提单号、船名及装船日期等信息以电邮形式通知买方。邮箱：xxx@bp.com。

所有通知用英文写成。

Whatever the Incoterms is, the Sellers shall, within 48 hours upon the completion of the loading of the goods, advise by e-mail the buyers of the contract number,commodity, quantity,gross weight and net weight, invoice value, bill of lading number, name of vessel and sailing date etc.

E-mail:xxx@bp.com.

All notices shall be written in English.

10. 不可抗力（Force Majeure)

由于发生人力不可抗拒的原因，致使本合约不能履行，部分或全部商品延误交货，卖方概不负责。

本合同所指的不可抗力系指不可干预、不能避免且不能克服的客观情况。

The Seller shall not be held responsible for failure or delay in delivery of the entire lot or a portion of the goods under this Sales Contract in consequence of any Force Majeure incidents which might occur. Force Majeure as referred to in this contract means unforeseeable, unavoidable and insurmountable objective conditions.

图 10.1 通用买卖合同样本（续）

恒某贸易(沈阳)有限公司
Heng×× Enterprise Limited

Tel/Fax:

11. 仲裁（Arbitration）
因凡本合同引起的或与本合同有关的任何争议，如果协商不能解决，应提交中国国际经济贸易仲裁委员会辽宁分会。按照申请仲裁时该会当时施行的仲裁规则进行仲裁。仲裁裁决是终局的，对双方均有约束力。
Any dispute arising from or in connection with the Sales Contract shall be settled through friendly negotiation. In case no settlement can be reached, the dispute shall then be submitted to China International Economic and Trade Arbitration Commission (CIETAC), Liaoning Commission for arbitration in accordance with its rules in effect at the time of applying for arbitration. The arbitral award is final and binding upon both parties.

12. 备注（Remarks）
12.1 本合同为中英文两种文本，两种文本具有同等效力。本合同一式贰份。自双方签字（盖章）之日起生效。
This Contract is executed in two counterparts each in Chinese and English, each of which shall be deemed equally authentic. This Contract is in 02 copies effective since being signed/sealed by both parties.
12.2 除非另有规定，"FOB"、"CFR"和"CIF"均应依照国际商会制定的《2020年国际贸易术语解释通则》(INCOTERMS 2020)办理。
The terms FOB,CFR,or CIF shall be subject to the International Rules for theInterpretation of Trade Terms (INCOTERMS 2020) provided by International Chamber of Commerce (ICC) unless otherwise stipulated herein.

买方(Buyer): KB Co., Ltd.   卖方(Seller):

Appendix 01-Polo Shirt Deatails

NO.	COMMODITY&DESCRIPTION		QUANTITY (PCE)	UNIT PRICE (USD)	TOTAL AMOUNT (USD)
					CIF BANGKOK
1	Polo Shirts Material, CVC(60% cotton, 40% polyester), thickness of 200gsm, with embroidery logo on both left chest and back, men's with 3 buttons and women's with 3 buttons				
	Men's polo shirts				
	Chest(cm)	Length(cm)			
	Size S 45.7	66.0	3,000	4.65	13,950.00
	Size M 48.3	68.6	3,000	4.65	13,950.00
	Size L 50.8	71.1	3,000	4.65	13,950.00
	Each size mixed by 5 colors, red, black, white, beige, blue, 600pcs/color				
Sub-toal:			9,000		41,850.00
2	Women's polo shirts				
	Chest(cm)	Length(cm)			
	Size SS 38.1	55.9	3,000	4.65	13,950.00
	Size S 40.6	58.4	3,000	4.65	13,950.00
	Size M 43.2	61.0	3,000	4.65	13,950.00
	Each size mixed by 5 colors, pink, white, red, purple, black,600pcs/color				
Sub-total:			9,000		41,850.00
TOTAL			18,000	4.65	83,700.00

图 10.1 通用买卖合同样本（续）

六、形式发票制作

（一）形式发票的概念

形式发票（PROFORMA INVOICE，PI）也称估价发票，是指由卖方出具的列明拟成交商品品名、单价、参数以及必要交易条件的一份参考性文件。其目的在于通过一份相对正式的文件让买方提前知道相关交易细节。形式发票在某些国家也可以供买方作为申请进口许可证或申请外汇额度的证件。

（二）形式发票的应用

形式发票在国际贸易实践中可以作为估价单、报价单或者简式贸易合同使用。形式发票作为估价单使用时，应在尾部注明"以上价格仅供参考，订货时须经我司最后确认（THE PRICE ABOVE IS ONLY FOR REFERENCE, IT IS SUBJECT TO OUR FINAL CONFIRMATION WHEN YOU PLACE ORDER）"字样，意味着卖方不愿意受其条款约束。形式发票作为报价单使用时，应在尾部注明"该报价为实盘，有效期10天（THIS OFFER IS FIRM AND VALID FOR 10 DAYS）"类似字样，意味着卖方愿意受其条款约束。形式发票作为简式贸易合同使用时，多用于3万美元以下的小额贸易。此时应比照买卖合同加列运输、结算、保险等条款。同时预留买方签字、盖章位置，买方签字、盖章后就从形式上满足了买卖合同需要双方签字、盖章的基本要求。

（三）形式发票的样本

形式发票样本见图10.2，在结构和样式上与买卖合同会略有不同。因为形式发票本质上是一份卖方单方出具、签字、盖章的文件。因此出具在带有卖方标识抬头纸上的形式发票，只需在"TO"后面显示买方名称、地址、税号、联系方式、负责人姓名即可，无须再次显示卖方信息。形式发票在具体内容上要比买卖合同简单很多，比照买卖合同视情况列明必要条款即可。

恒某贸易(沈阳)有限公司
Heng×× Enterprise Limited

Tel/Fax:

PROFORMA INVOICE

To:	KB Co., Ltd			PI No.:	HS-TH1001
				Dated:	15-Dec-21
	Phone:/Fax:			Sign At:	Shenyang, Liaoning
Invoice of purchase by from	Polo Shirts KB Co., Ltd.			purchased or agreed to as per order accepted on	
to be shipped per: from	Dalian Port, China	to	sailing on/ about Bangkok Port, Thailand	via	by the undersigned.

NO.	MARKS&NO.	COMMODITY&DESCRIPTION		QUANTITY (PCE)	UNIT PRICE (USD)	TOTAL AMOUNT (USD)
						CIF BANGKOK
1	As per shipping marks below	Polo Shirts Material, CVC(60% cotton, 40% polyester), thickness of 200gsm, with embroidery logo on both left chest and back, men's with 3 buttons and women's with 3 buttons				
		Men's polo shirts				
		Chest(cm)	Length(cm)			
		Size S 45.7	66.0	3,000	4.65	13,950.00
		Size M 48.3	68.6	3,000	4.65	13,950.00
		Size L 50.8	71.1	3,000	4.65	13,950.00
		Each size mixed by 5 colors, red, black, white, beige, blue, 600pcs/color				
Sub-toal:				9,000		41,850.00
2		Women's polo shirts				
		Chest(cm)	Length(cm)			
		Size SS 38.1	55.9	3,000	4.65	13,950.00
		Size S 40.6	58.4	3,000	4.65	13,950.00
		Size M	61.0	3,000	4.65	13,950.00
		Each size mixed by 5 colors, pink, white, red, purple, black, 600pcs/color				
Sub-total:				9,000		41,850.00
TOTAL				18,000	4.65	83,700.00

Packing:	50pcs/carton, mixed packing, each carton contain 1 size and 5 colors in equal quantity, men's and women's packed separately.
Shipment:	Within 20 working days after the receipt of down payment and sample approval.
Payment Terms:	Sight payment L/C.
Insurance:	To be coverd by the Seller for 110% of the Invoice Value with All Risks. If insurance for additional amount is required by buyer, the extra Insurance Permium shall be for the buyer's account, and the extra premium shall reach to the seller 3 working days before the shipment date or shipment period.
Complain & Claim:	For quantity discrepancy, claim should be filed by the Buyer within 10 days after the arrival of the goods at the port of destination; For quality discrepancy, claim should be filed by the Buyer within 15 days after the arrival of the goods at the port of destination.It's understood that the seller shall not be liable for any discrepancy of the goods shipped due to causes for which the Insuerance Company and other transportation organization or Post Office.
Shipping Mark:	HS-ACE Polo Shirts
Remarks:	Beneficiary's bank information will send separately.

Issued by:

Confirmed by:

图 10.2　形式发票样本

七、签订国际货物买卖合同的注意事项

（一）确认回签合同与草拟合同或交易磋商内容相同

一般来说，卖方发给客户的确认合同应该是 PDF 格式，而不是 WORD、EXCEL 等可以随意更改的形式，避免客户随意更改而没有明确标记。如果买方要求更改，可以告知卖方第几条第几款要怎么改，由卖方改好后发给买方确认。如果买方能自行对合同更改，卖方必须认真确认更改后的合同是否增加或者更改了己方不能接受的条款。如果合同由买方起草，买方若需要更改合同，笔者建议在原条款下以红色文字注明更改后的条款，而不是直接更改原条款，以便卖方清楚知道买方更改了哪些条款。

（二）争取由卖方起草合同，而不是确认买方起草合同

卖方自行起草合同一定是最大限度地考虑己方的利益。有些合同条款下的问题发生概率可能很小，但是真要发生时却可能有对己方有利的解释。这些看上去关系不大的条款，很多时候只要起草的一方稍微坚持一下，确认的一方都可能不会实际修改。不管是由谁起草的合同，确认的一方基本都是相同的心态。所以卖方要争取起草合同，而不是确认买方起草的合同。因为买方起草合同时就会最大限度地考虑自己的利益，有些关系不大的条款卖方提出来，买方不愿修改，卖方也不好太坚持。但是这些条款最后很有可能成为问题的关键。

（三）合同须经书面确认方为生效，甚至在收到定金或信用证时才真正生效

尽管从理论上说，发盘被有效接受合同就已经生效，但是在国际贸易实践中，通常需要买卖双方在书面合同上签字、盖章后方为生效。对于卖方来说，书面合同经买卖双方签字、盖章后都能算是真正生效。从严格意义上说，收到了合同中约定的预付款或合格信用证才算是真正生效，才能据此安排备货及装运。否则，卖方按照签字、盖章的合同安排备货及装运，买方却没有及时支付预付款或开立合格信用证，将会使卖方陷入被动状态。

案例分析　是否为有效接受争议案例

某出口商 2021 年 12 月 10 日给一泰国客户报盘：POLO 衫，18000 件，CIF 曼谷单价 4.65 美元/件，即期付款信用证结算，有效期至 12 月 25 日。12 月 12 日，客户回邮："你方报盘收到，单价降至 4.50 美元/件即可接受。"出口商回复："按照当下原材料价格，我方报价已经是低价，无法降价。"直到 12 月 26 日，客户来邮："经过综合考虑和比较，我方接受你方 12 月 10 日报盘。"出口商回复："由于中国春节即将来临，原材料及海运费大涨。原报盘

有效期已过，现在价格为 5.00 美元/件，其他条件不变。此次报盘有效期至 12 月 31 日。望你方尽快确认。"客户回复："接受邮件本在 12 月 25 日发出，只是因为某些未知原因被退回，12 月 26 日再发一次。你方应受 12 月 10 日报盘约束。"双方就此陷入争议。

分析此案例，客户的要求是不合理的。出口商报盘为注明有效期的实盘，客户 12 月 12 日回复是有条件的接受，是还盘而不是真正接受。客户 12 月 26 日接受已经超过报盘中注明的有效期，是逾期接受，本质上相当于一个新的发盘，是否接受取决于出口商。客户称接受邮件本在出口商发盘有效期内的 12 月 25 日，因为某些未知原因被退回，但是这对卖方没有约束力，因为接受必须传达到发盘人才生效。本案例中的接受并没有在 12 月 25 日传达到发盘人，所以客户抗辩理由并不成立，要求出口商受 12 月 10 日报盘约束并不合理。考虑到邮件确实有可能因为某些原因发送失败而被退回，这里也提醒发盘人和受盘人在以邮件形式发盘或者接受时需要及时检查邮件是否发送成功。必要时可以在发送邮件时要求"已读回执"用于证明发盘或接受已经传达到另一方。此外，笔者建议通过邮件以外的其他方式进行双重确认，比如电话、即时通信工具等提醒另一方查收发盘或接受，并给予肯定回复。

实践操作

试分析和阐述买卖合同起草及制作中的注意事项。

第十一章 国际贸易单证实务

第一节 国际贸易单证基本常识

一、国际贸易单证概念及分类

国际贸易单证是指国际贸易实践中用来办理货物清关、运输、结算、交付、退税的相关单据、文件及证书。

根据国际贸易流程及环节,可分为托运单据、清关单据、结汇单据、善后单据4类。其中以信用证下的结汇单据制作最为重要。

二、国际贸易单证制作要求

国际贸易单证制作要求以信用证下结汇单据制作要求为最高要求,向下完全覆盖其他单据制作要求。

(一)基本要求

基本要求有5点:正确、完整、及时、简洁、清晰。

1. 正确

正确是制单工作要求中最重要的一条。不管是信用证还是电汇、托收结算方式,买方都有权对卖方提交的错误单据进行拒付。在信用证结算方式下,正确意味着单据与信用证相符(单证相符)、单据与单据相符(单单相符)、单据与《UCP 600》及《ISBP 745》相关规定相符、单据与货物相符(单货相符)。对于开证行来说,单据满足单证相符、单单相符、单证与《UCP 600》及《ISBP 745》相关规定相符即可。对于卖方来说,还需满足"单货相符",避免因错发、错运遭到海关查扣或者买方索赔。在非信用证结算方式下,正确则意味着单据与买卖合同规定或者买方要求相符。

2. 完整

完整是指卖方提交单据的种类齐全、每一种单据正副本份数没有短缺、每一种单据上的内容或者数据显示没有遗漏三个方面。第一,不同种类单证作用不同,相互之间不能完全替代,所以要求提交单据种类齐全。第二,每一种单据正本份数都是为了满足特定要求而定,份数短少则可能无法满足特定要求;副本份数是为了满足存档要求而定,份数短少可能需要相关人员自行拷贝,增加其工作量,这也是个别国外来证中明确说明没有提交副本或者副本份数不足需要扣去20美元作为其自行拷贝费的原因。因此，每一种单据正副本份数应没有短缺。第三，每一种单据的作用都是通过其本身特定格式、内容或者数据予以体现的，如有遗漏则无法发挥其作用。如提单、保险单背书时忘记签字、盖章就无法完成单据转让工作。

3. 及时

及时体现在三个方面。第一，托运及清关单据应按照要求及时提供给货运代理，且应及时确认货运代理要求反馈确认的单据，以便货运代理安排订舱、提箱、报关、查验等工作。第二，不同结汇单据出具时间应有先后顺序。大体如下：买卖合同→信用证→商业发票、装箱单→检验单据→保险单据→运输单据→原产地证，即所有单据的出具时间都不应该早于买卖合同签订或者信用证开立时间，两个时间同时存在不能早于较晚时间，同时除原产地证外的其他单据出具时间也不能晚于运输单据签发时间。第三，结汇单据应该在规定时间内取得和提交，即检验单据和保险单据取得时间不能晚于运输单据签发时间，否则会有漏检及/或漏保问题。运输单据签发时间不能迟于买卖合同或者信用证中规定的装运期或者最迟装运期，二者同时存在则以信用证中的规定为准。在信用证结算方式下，单据提交的时间应在交单期、运输单据签发日后21个日历日、有效期中最短的时间之内。

4. 简洁

简洁是指每一种单据上的显示内容或者数据都是必要的。这样不仅能减少制单工作量，更能提高单证质量、减少单据差错。需要强调的是，简洁要求是以保证正确为前提的。如果无法保证正确或必要，则应全选择全面显示。因为银行审单时对于多的内容不予理会，对应显示未显示的内容则会提出不符。

5. 清晰

清晰是指单据结构和格式的设计、制作应标准化和规范化，即单据内容排列行次整齐、层级分明，重点项目或者字段通过加粗、斜体或者不同字体突出显示。同时具有良好的易读性，能够使单据审核人一眼看到他想审核的内容。

（二）一致性要求

一致并不要求完全相同，而是强调单据与信用证、单据与单据、单据与合同之间在表面及逻辑上没有冲突。不同单据在对同一条款或者内容的描述上可以有顺序及位置上的不同。一致性要求有4点：单证一致、单单一致、单同（单据与合同）一致、严格一致。

1. 单证一致

单证一致是指在信用证结算方式下提交的单据与信用证规定相符，即名称相符、种类相符、份数相符、内容相符、交单时间相符。单证一致是单证工作的最高要求，即使为了满足单证一致而无法满足单同一致，也必须先行保证单证一致。

2. 单单一致

单单一致是指不同单据之间如果有关联，关联字段在内容、数据、逻辑上保持一致。例如，商业发票上的数量与装箱单、产地证等单据上的数量一致。再如，商业发票上贸易术语为 FOB 则运输单据上应显示运费到付，报关单上不能显示运费及保费。

3. 单同一致

单同一致是指以商业发票为主的单据与买卖合同规定一致，严格按照买卖合同约定装运货物。同时，保证单据与装运的货物一致（单货一致），没有瞒报、错报、漏报、逃检、骗款、骗税等行为。既不违规出货，也不违规收款。

4. 严格一致

严格一致是指能和买卖合同和信用证中描述做到相同的就要做到相同。尤其是信用证结算方式下，结汇用单据的缮制必须尽最大努力满足严格一致要求。即使按照《UCP 600》《ISBP 745》等贸易惯例解释以及已经公开的相应判例结果可以不同或者不矛盾即可，但是笔者还是强烈建议慎重利用理论上允许的宽泛或者容错空间。如信用证上装运港显示为 DALIAN PORT, CHINA，提运单上就不要显示为 DALIAN PORT 或者 DALIAN, CHINA。尽管有无 CHINA 或者 PORT 本质上都不能算错，但是遇到的缺少经验或者要求严格的银行审单人员却可能借此提出不符点，甚至拒付。即使最后能够抗辩成功，也增加了风险和货款收回时间。因此，对于能够做到严格一致的内容要坚决避免因为懒惰或者习惯等原因引起不必要的麻烦。

三、国际贸易单证制作依据及提交流程

（一）国际贸易单证制作依据

1. 信用证要求

国际贸易单证制作应以信用证中对各种单据的具体要求为主要依据。如没有信用证，则应参照买卖合同要求、客户要求及国际贸易习惯做法。习惯做法是指无论是否有明确要求都应该遵从的依据。如 CIF 或 CIP 贸易术语下应提供商业发票、装箱单、提运单之外的保险单，出口到与中国有关税互惠协定或者对原产于中国货物给予关税优惠的国家还应该提供原产地证，出口到俄罗斯、哈萨克斯坦等国家则需要提供出口报关单等。

2. 原始货物与件重尺数据

来自卖方内部生产部门或者上游供应商的原始货物与件重尺数据也是国

际贸易单证制作的重要依据。原始货物数据是指出口报关时申报要素中列明的数据要求，是确定检验检疫条件以及制作商业发票及报关草单等单据的主要依据。件重尺数据是指出口货物的件数、重量及尺码数据，是缮制装箱单、订舱委托书、提运单等单据的主要依据。

单证制作人员需要对其他部门或者单位提供的原始货物与件重尺数据抱有怀疑精神，所有数据都需要二次确认，必要时甚至需要亲自确认过才能用作单证制作依据。

3. 商业发票与装箱单

商业发票与装箱单是制作其他单据的重要依据。制单时应该先行完成商业发票和装箱单，并满足单证一致要求。其他单据应该以商业发票和装箱单为准，以确保满足单单一致的要求。

（二）国际贸易单证制作提交流程

国际贸易单证制作提交流程如下：制作→审核→复审→一次交单→交单行审核→修改→三审→二次交单→交单行再次审核→寄开证行。

制作及审核由单证员自行完成。复审应该由单证部经理或者贸易部经理完成，因为单证员很可能在审核时无法发现自己的错误。复审无误后则可以送往交单行审核，但是需要明确交单行审单是一种附加服务，并不对其审单结果负责。通常来说，交单行审核出的点一定是问题，其未审核出的点不一定就没有问题。交单行审核发现的问题要及时修改和更正，修改并由企业自行完成三审后进行二次交单。交单行再次审核并确认无误后，就会将单据寄往开证行。如果一次交单时交单行没有发现问题，则会直接将单据寄往开证行。

四、国际贸易单证使用语言

若信用证中规定了提交单据所使用的语言，则相应单据在显示信用证中规定的内容或数据时必须使用规定的语言，银行将不负责审核以规定语言之外的语言显示的内容或数据。但是实体名称、个人名字、印章等仍然可以使用信用证规定之外的语言。若某些单据以中英文对照形式显示，则只要英文显示的内容满足信用证规定即可。银行不会也无须审核中文内容。

五、国际贸易单证灵活性处理办法

国际贸易单证通常需要提交给海关、国税、银行、买方4个方向。其中，海关与国税完全关联，提交给两个方向的单据必须为同一套单据。海关与银行、国税与银行、银行与买方、海关与买方部分关联，提交给每两个方向的单据的关联内容及数据须保持一致。国税与买方、海关与买方（部分需要出口报关单办理进口清关以及与中国海关进行数据交换的国家除外）几乎没有

第十一章 国际贸易单证实务

任何关联，所以在贸易背景真实、不涉及逃检也不涉及骗税的前提下，提交给每两个方向的单据可以适当进行灵活处理。通常提交给海关和国税的单据相比提交给买方的单据可以适当简化。以鞋帽类产品为例，提交给买方的商业发票及装箱单都可能需要显示分款、分码、分色等详细信息，而提交给海关和国税的单据则无须显示分款、分码、分色等详细信息，简单显示其汇总信息，保持总数量与总金额不变即可。关于国际贸易单证的灵活处理办法，读者可以对比下文中出口清关单据与结汇单据的具体制作办法进一步理解。

第二节　出口托运单据缮制

本书中缮制及审核将尽量依据本书第七章第三节的 SWIFT 信用证及样本、第十章第二节的国际贸易买卖合同进行讲解。部分单据可能并非上述信用证或者买卖合同中对应贸易场景所需单据，仅供讲解和展示需要，请读者不要强行对应。

出口托运单据涉及出口货物订舱委托书、国际货物运输代理合同、AMS/ACI/ENS 清单、进仓通知单、集装箱装箱单 5 种。

一、出口货物订舱委托书

（一）概念及作用

出口货物订舱委托书简称托书（BOOKING NOTE），是发货人（托运人）向承运人或其代理人订舱时提供的记载收发货人及货物等详细信息的书面文件。

托书主要有两个方面的作用。第一，托书是承运人或其代理人缮制提运单的重要依据，即托书上的部分内容最终将转化为提运单上的内容。因此，托书内容要力求准确。第二，托书记载了一笔交易的全貌，是交易的总说明。因此，需要在单据存档时将订舱时的未知信息补充完整。

（二）样本及缮制说明

1. 样本

出口货物订舱委托书样本见图 11.1，并没有固定样式，只要显示的字段齐全，能够使货运代理据此订舱并安排运输或者比照提运单样式缮制托书即可。

出口货物订舱委托书
BOOKING NOTE

委托编号： HS-TH1001

To: [货代公司名称]　　Attn: [货代负责人]　　Tel/Fax: [货代联系方式]
Fm: 恒某贸易(沈阳)有限公司　　Cont: 张经理　　Tel/Fax: 155-5555-5555

出口许可证号：　　　　　　　　　合同号：
付款方式：　信用证　L/C号码：　　开证日期：　　收到日期：
　　　　　　电汇　　P/I号码：　　订金日期：　　尾款日期：
船名航次：　　　　　　　　　　　提单号码：　　预计开航日期：

发货人 (Shipper) Heng×× Enterprise Limited ... Tel/Fax:	装运口岸 Loading Port	Dalian Port, China	单证	份数
			1.随附单证	
	目的港 Destination Port	Bangkok Port, Thailand	报关单	1正
			报关委托书	1正
	装运日期 Time of Shipment	2021/1/20	合同	1正
			发票	1正
收货人 (Consignee) To order of KASIKORN BANK	可否分批 Partial shipment	Yes　No ☑	装箱单	1正
			重量单	
	可否转运 Transshipment	Yes ☑　Via　No	商检凭条	
			出口许可证	
	海/空运运费 Sea/Air Freight	PREPAID ☑ COLLECT	其他	
			2.货代提供或办理单证	
通知人 (NOTIFY) ... Phone./Fax:	货物储运地		提单	3正3副
	货物产地		保险单	3正1副
	装箱地点		船公司证明	
			对账单	
	装箱日期		费用发票	
			场站收据	

品名及规格 Commodity and Description	单价 Unit Price	数量 Quantity	总金额 Total Amount	净重 N.W.	毛重 G.W.
Polo Shirts Polo衫	US$4.65	18000 (PCE)	US$83,700.00	5040 KG	5580 KG

唛头 Marks and No.	体积 Measurments	贸易方式	贸易☑ 来补 退运 其他		
HS-ACE Polo Shirts	26.73 m³	价格条件	FOB　CFR　CIF ☑ 其他		
	包装和件数 Packages and Ctns	保险	险别	一切险加战争险	
	360		金额	US$92,070.00	
	每件尺码 Size of ctns 55*45*30CM	发票抬头			
		寄单地址			
		备注	费用需加列明细，寄单时请注明具体收件人以及联系方式。		
有关提单的特殊要求	说明： 1. 请提前确认出口清关所需资料及运杂费 2. 货物将于1月10日完成，请据此安排订舱				

图11.1　出口货物订舱委托书样本

2. 缮制说明

以样本为例，按照大版块的从上至下、从左至右的顺序说明如下。

①单据名称：中文为出口货物订舱委托书或者订舱委托书，英文为BOOKING NOTE。如果是进口，改为进口货物订舱委托书即可，在具体内容和格式上没有区别。

②委托编号：与合同号、订单号、形式发票号保持一致。笔者建议一笔交易下所有自行出具的单据都援引或使用同一编号，用以确认表面内容不同的单据之间的关联性。

③TO：后面是货运代理信息，包括公司名称、负责人姓名及联系方式。因为国际贸易实践中船公司、航空公司等实际承运人并不接受发货人的直接订舱，所以托书通常是发给货运代理，通过货运代理间接订舱。载明货运代理的详细信息非常重要，这样即使订舱负责人因某种原因不在，其他人也能够联系到货运代理确认订舱及运输事宜。

④FM：FROM 的缩写，后面是发货人信息，包括公司名称、联系人姓名及联系方式。载明发货人的详细信息可以使货运代理对待运输事宜有疑问时及时联系到发货人。

⑤出口许可证号：有就如实填写，没有则空着。

⑥合同号：订舱时无须填写，待生意结束后进行单据存档时如实填写。

⑦付款方式：订舱时无须填写，待生意结束后进行单据存档时如实填写。

⑧船名航次、提单号码、预计开航日期：订舱时无须填写，同样是待生意结束后进行单据存档时填写。

待生意结束将合同号、付款方式、船名航次、提单号码、开航日期补充完整，是为了通过托书就能了解一笔生意的全貌。因为托书多为存档单据的第一页。

⑨发货人（SHIPPER）：一般为买卖合同的卖方或者信用证中的受益人，名称、地址及联系方式应与"对外贸易经营者备案登记表"及收款资料中的公司名称、地址及联系方式全部或者部分一致。个别中间商买方可能要求以其自身作为发货人，在贸易背景真实且能够保证货款安全的前提下可以接受。

⑩收货人（CONSIGNEE）：使用记名提单时一般为买卖合同的买方，使用指示提单时一般为凭指示（TO ORDER）、凭发货人指示（TO ORDER OF SHIPPER）、凭×××银行指示（TO ORDER OF ××× BANK）。电汇及托收结算方式下需要与买方确认收货人名称、地址、联系方式、税号等信息。信用证结算方式下则按照信用证中提单要求填写。

⑪通知人（NOTIFY）：一般为买卖合同的买方或者信用证中的申请人。

个别时候可能是买方指定的目的港清关代理及提货人。电汇及托收方式结算方式下需要与买方确认通知人名称、地址、联系方式、税号等信息。信用证结算方式下则按照信用证中提单要求填写。需要强调的是，收货人可以没有联系方式，但是通知人必须有联系方式，而且越全越好，否则承运人或其代理人在货物到达后将无法发送到货通知。

⑫装运口岸：海运时填写买卖合同或者信用证中约定的装运港英文名称。信用证结算方式下严格按照信用证中规定填写，即信用证中为 DALIAN PORT, CHINA，就不要填写 DALIAN, CHINA 或者 DALIAN PORT，反之亦然。其他运输方式下填写装运地或起运地。

⑬目的港：海运时填写买卖合同或者信用证中约定的目的港英文名称。信用证结算方式下严格按照信用证中规定填写，即信用证中为 BANGKOK PORT, THAILAND，就不要填写 BANGKOK, THAILAND 或者 BANGKOK PORT，反之亦然。其他运输方式下填写卸货地或目的地。

货运代理需要根据装运港和目的港订舱和安排船期，所以托书中必须填写装运港和目的港名称。

⑭装运日期：填写能够满足买卖合同或者信用证规定的装运期。

⑮可否分批：按照买卖合同或者信用证规定在相应的选框内打钩。

⑯可否转运：按照买卖合同或者信用证规定在相应的选框内打钩。

在托书上注明装运日期、可否分批、可否转运等信息有助于货运代理寻找合适舱位订舱。

⑰海/空运运费：按照买卖合同或者信用证规定在对应的选框内打钩。FOB、FCA 下选到付，CFR、CIF、CPT、CIP 下选预付。

⑱货物储运地：填写待运货物的具体存放地点。货运代理可以据此核算上门提货（如果需要）费用。

⑲货物产地：生产型出口企业填写工厂所在地名称，贸易型出口企业填写上游增值税发票开具企业所在地名称。

⑳装箱地点：一般就是货物储运地。特殊情况下，如实际储运地不方便集卡车辆进出，可能需要约定一个其他的适合地点进行装箱。

㉑装箱日期：特指整箱运输时集卡车辆上门装货日期。此日期需要准确无误，避免集卡车辆已经到达，却因货物未完成无法装箱的问题发生。否则，即使集卡车辆未装货空车返回，相应费用还是要由发货人承担。

货物储运地、货物产地、装箱地点、装箱日期如果订舱时还未完全确定可以留空，待确定后另行通知货运代理。

㉒单证及份数：随附单证说明发货人提供的单证种类及对应份数，方便

货运代理或者报关行查收。货运代理提供或办理单证说明应由货运代理提供或者代办的单证,方便货运代理确认并反馈结果。

㉓品名及规格:按照买卖合同或者信用证规定填写货物中英文统称。必要时可以同步填写货物海关编码及申报要素等内容,以便货运代理确认监管条件及适用集装箱类型。

㉔单价、数量、总金额:按照买卖合同或者信用证规定填写。如果将多个货物品名灵活处理后合并成一个适当的统称,数量应为总数量、单价应为按照总金额算出来的平均单价。

㉕净重:待出运货物总净重。

㉖毛重:待出运货物总毛重。

㉗唛头:按照买卖合同或者信用证约定的正唛填写。如唛头内容过多,此处填写见××附件,并在附件中列明唛头具体内容。一般来说,整箱运输出口货物唛头可有可无,拼箱运输出口货物必须有唛头,以便于货运代理及其仓库进行货物核对及分拨。

㉘体积:待出运货物总体积。总毛重和总体积是货运代理确认适用集装箱类型及运费率的重要因素之一,所以需要在托书中列明。

㉙包装和件数:待出运货物总外包装件数。比如10个纸箱打在1个托盘上,算1件,而不是10件。

㉚每件尺码:每个外包装的尺码,如尺码不同需要分别显示。每件尺码信息对于海运拼箱及空运意义重大,可凭此与仓库的进仓数据进行核对。

㉛贸易方式:按照实际在选框内打钩或者补充即可。多数时候都是贸易。

㉜保险:CIF 或 CIP 贸易术语如委托货运代理代为购买保险,在此处列明保险险别、保险金额及赔偿地点。

㉝发票抬头:填写发货人开票信息。此处列明名称即可,详细信息可另行提供。

㉞寄单地址:填写货运代理寄送提单、保险单等的详细地址、收件人名称及联系方式。

㉟备注:填写对货运代理开票及单据寄送的特殊要求。

㊱有关提单的特殊要求:填写买卖合同或者信用证中对提单的特殊要求。

㊲说明:填写发货人对货运代理及运输工作的特别说明。如货物完工日期、货物怕压需要置顶、需要货运代理代买保险等内容。

二、国际货物运输代理合同

(一) 概念及作用

国际货物运输代理合同是发货人(卖方)与货运代理之间签订的用来明

确双方权利和义务的书面文件。

国际货物运输代理合同主要作用在于能够对货运代理订舱、签发或申请运输单据、放货等行为做出约定，进而保障发货人的合法权益。尤其是在以 FOB 或 FCA 贸易术语成交、由买方（收货人）指定货运代理安排运输时，能够有效防止指定货运代理不按照要求签发运输单据、高收费、无单放货等风险发生。至少能够使指定货运代理知道发货人对国际货物运输及代理过程中存在的风险是有所了解和防范的，降低指定货运代理利用知识或者信息不对称欺诈发货人的可能性。

（二）商订

发货人自找货运代理通常都会按照发货人要求或者样本合同直接签订国际货物运输代理合同。由于发货人自找货运代理原则上都会尽力维护发货人的利益，因此不是必然要签订国际货物运输代理合同，也无须太过纠结相应条款。多数买方指定货运代理也会按照发货人要求或者样本合同签订国际货物运输代理合同，但是可能为其自身利益考虑，不能完全接受发货人样本合同中的所有条款，需要双方协商一致后签订。如果指定货运代理不愿意签订国际货物运输代理合同，在无法保证货款安全的情况下，则应慎重甚至拒绝由此指定货运代理安排运输。必要时可与买方协商，要求买方更换指定货运代理。

（三）样本及缮制说明

国际货物运输代理合同样本见图 11.2，多为格式化条款，出具方不同，具体内容及利益保障倾向会有所不同。

对于发货人来说，只要与样本中第 7 条款、第 8 条款做出相同或者类似规定即可，无须太过纠结其他条款。如果由买方指定货运代理安排运输，发货人必须努力争取到第 7 条款、第 8 条款，并在合同签订后才能开始办理货物运输事宜。

国际货物运输代理合同

合同编号：_____

甲　方：[发货人名称]　　　　　　　　乙　方：[货代名称]
　　法定代表：XXX　　　　　　　　　　　法定代表：XXX
　　地址：　　　　　　　　　　　　　　　地址：
　　经办人：　　　　　　　　　　　　　　经办人：
　　电话：　　　　　　　　　　　　　　　电话：

甲乙双方经过友好协商，就办理甲方国际货物运输事宜达成如下合同：
1. 乙方同意接受甲方的委托，代理甲方办理有关货物的海运出口订舱事宜(具体货物品名装卸港等以甲方提交的订舱单为准)。
2. 乙方应及时向甲方提供船期预报以及船公司截止接单日期。上述船期预报不构成双方对船舶驶离装货港和抵达卸货港具体的时间约定，仅作为甲乙双方办理海运订舱事宜的参考。
3. 甲方应根据船期预报，在船公司截止接单日之前将订舱单送达乙方。对于超过截止接单日甲方要求加载的货物，乙方应积极配合甲方的要求，但是对于确实无法加载的货物，乙方不承担任何责任。
4. 甲方的货物包装应适合海洋运输或者货物的特殊属性，包装外面应注明搬运、储存、防护等标识。甲方如果对货物的储存、防护或者出口运输有特殊要求，应在订舱单上注明。在甲方货物包装明显不适应海洋运输或者货物特殊属性时，乙方对于货物在运输过程中的灭失或损坏不负责任。
5. 乙方在接到甲方的订舱单后，应立即前往船公司办理配载等手续。如果货物未能如期配载或出现异常情况，乙方应及时将有关情况通知甲方。
6. 乙方接到甲方的订舱单后，甲方要求变更订舱单所列事项的，应在货物装船三天前向乙方出具书面更改单，注明日期并加盖甲方印章。因变更订舱事项所引起的各项费用，由甲方全部承担。
7. 乙方要按照甲方的要求签发提单并提供其他甲方要求的单据，并承诺将全套的正本提单在货物装船后三天内快递给甲方。乙方签发正式提单前，必须传真提单确认件给甲方确认，确认后可发签发正式提单。如确认后发生改单情况，乙方必须积极配合，但是相关费用由甲方承担。如果乙方不能按照甲方的要求签发提单或提供甲方要求的单据，应该在收到甲方的订舱单的第一时间内通知甲方。同时，记名提单下，乙方不能将提单的相关信息私自通知或透露给收货人并且承担无单放货的全部责任。如果签发的是货代提单，如出现买方凭船公司提单提货，拒绝买单的情况，乙方必须承担全部责任。
8. 货物一经被乙方指定的仓库签收，即视为货物处于乙方处置，乙方需对货物的损坏以及灭失等情况承担责任。
9. 对于乙方的代理费用及港杂费等其他费用，甲方应在收到乙方开来的发票或发票传真件及费用明细单后五个工作日之内支付乙方指定的账户。
10. 乙方在代理甲方货物出口运输的过程中应尽心尽责，并对因乙方的过失而导致甲方遭受的直接损失和发生的费用承担责任，以上损失不包括货物因延迟等原因造成的经济损失。乙方的赔偿责任应与甲方报关发票上的声明价值相符。
11. 本合同项下发生的任何纠纷或者争议，应提交中国海事仲裁委员会、根据该会的仲裁规则进行仲裁。仲裁裁决是终局性的，对双方都有约束力。
12. 本合同的订立、效力、解释、履行、争议的解决均适用中华人民共和国法律。
13. 本合同从甲乙双方签字盖章之日起生效，合同有效期为 60 天，合同期满之日前，甲乙双方可以协商将合同延长。合同期满后，如果双方中任何一方欲终止合同，需以书面的形式通知另一方。
14. 本合同经双方协商一致可以进行修改和补充，修改及补充的内容经双方签字盖章后，视为本合同不可分割的一部分。本合同正本一式____份。传真件或是扫描件有效。

甲方：　　　　　　　　　　　　　　　　乙方：
签字盖章：　　　　　　　　　　　　　　签字盖章：

图 11.2　国际货物运输代理合同样本

三、AMS/ACI/ENS 清单

（一）释义

AMS 是 AUTOMATED MANIFEST SYSTEM（自动舱单系统）的缩写，即美国反恐舱单系统简称。按照美国海关规定，所有运至美国货物或经美国中转至第三国货物都必须在装船前 24 小时向美国海关申报。

ACI 是 ADVANCE COMMERCIAL INFORMATION（预申报商业信息）的缩写，即加拿大反恐舱单系统简称。按照加拿大海关规定，所有运至加拿大货物或经加拿大中转至第三国货物都必须在装船前 24 小时向加拿大海关申报。

ENS 是 ENTRY NOTIFICATION OF SUMMARY（入境摘要报关单）的缩写，即欧盟海关提前舱单规则简称。按照欧盟海关规定，所有前往或途经欧盟港口货物执行"舱单提前申报"的规则，必须在装船前 24 小时向欧盟海关申报。

（二）发送人

从发货人角度来说，申报 AMS/ACI/ENS 清单通常由货运代理负责发送，但是发货人需要将应该由其提供的信息提供给货运代理。因此，本节提及的 AMS/ACI/ENS 清单特指应该由发货人提供内容的清单。

（三）样本及缮制说明

AMS/ACI/ENS 清单在格式及主要内容上几乎完全相同，样本见图 11.3。

AMS资料清单

TO:　　[货代公司名称]　　　　　　FM:　　恒某贸易(沈阳)有限公司

船名/航次：　　　　　　　　　　　提单号：

因未在规定时间内提供给贵司而由此引起的责任以及一切更改费用均由我司承担。

我司确认以下实际发货人/收货人/通知人的资料属实,并承担由于以下资料不符或没有名称/地址/电话/传真/邮编不符而在美国造成的一切后果。

真实发货人（名称、地址、电话、传真）　　　　**真实收货人（名称、地址、电话、传真）**
HengSun Enterprise Limited　　　　　　　　　　[美国公司名称]
52A Beiyixi Road, Tiexi District, Shenyang City,　　[美国公司地址1]
Liaoning Province, China 110026　　　　　　　　[美国公司地址2]
Tel/Fax: 0086-24-3123-3123　　　　　　　　　　[美国公司联系方式]

详细品名和海关编码　　　　　　　　　　　　　**准确报关数据**

中文品名：　　POLO衫　　　　　　　　　　　　数量：　　　18000 PCS
英文品名：　　Polo Shirts　　　　　　　　　　　件数：　　　360 CTNS
海关编码：　　610510　　　　　　　　　　　　毛重：　　　5580 KGS
　　　　　　　　　　　　　　　　　　　　　　　体积：　　　26.73 CBM
唛头：　　　　HS-ACE
　　　　　　　Polo Shirts

备注：
1. 收货人不能为TO ORDER,包装单位不能为托盘；内容须全英文显示,品名需具体。
2. 若一票货物有多个品名,我司所提供的是分别每个品名的件数、重量、尺码等。
3. 若一票上有两个或两个以上的集装箱,请分别列出每个集装箱所装的件数、重量、尺码等。
4. 本清单传真件或扫描件形式与正本具有相同的法律效力。
5. 本清单须英文填写,手写无效。

我司保证以上提供的申报内容正确无误,并对因未遵循相应申报规则（包括：申报内容不真实、不详细、有出入等）所产生的一系列后果,承担全部责任和罚金。

图 11.3　AMS 资料清单样本

　　对于发货人来说,只要清楚知道出口货物到美国、加拿大、欧盟需要提供对应清单,并参照上文托书及下文报关单据逐项填写即可。不确定或不知道如何填写的项目可以暂时留空,或者要求货运代理提供帮助,甚至可以要求货运代理代为缮制。

　　由于 AMS/ACI/ENS 清单属于声明类文件,所以通常需要加盖发货人公章。

四、进仓通知单

（一）概念

进仓通知单简称进仓单，又称配载通知单，是货运代理成功订舱后回传给发货人的用以说明发货人送货的仓库地址及清关单据寄送地址的文件。通常用于体积较小的拼箱或者航空运输货物中，个别时候体积满足整箱运输但是在货运代理仓库装箱时也会用到进仓单。

（二）样本及使用说明

进仓单由货运代理提供，发货人无须自行缮制，样本见图 11.4。不同货运代理提供的进仓单在样式及内容上会有轻微差别。第一页会列明进仓编号、仓库地址、仓库电话、待出运货物信息、仓库位置等常规内容。第二页会列明进仓时的相关注意事项。

进仓通知单

联系人：王某 0411-00000000　小于 0411-00000000-00

****货物 VGM 重量必须按实际申报，[VGM=货物毛重（含所有包装\托盘）].****
如不按实际情况申报，由此产生的一切费用由委托方承担

纯木制包装必须熏蒸且带有 IPPC 标识，否则一经海关查验扣货罚款换包装
进仓号：KAH1593（此提单号仅供送货时用，报关时请以返箱号的为准）
目的港：BANGKOK

船名航次	EVER CREATE/016A
开航日	2021 年 11 月 20 日
货物信息	POLO 衫/18000PCS/360CTNS/1860 KGS/26.74 CBM（数据有误请修改）
送货时间	前一周周四 16 点前送货 （接货时间：周一到周五 8：00 至 16：00）
送货场地	运力场地（大连市大窑湾） （地址信息） （地址信息） （地址信息）
场地师傅	（联系人信息）
截单时间	EDI:前一周周四 10:00 点前提供准确的件数+毛重+体积+英文品名 B/L: 前一周周五 15:00 点前，并回传 OK 件
截关时间	前一周周五 16:00 点前完关，并提供报关单号

进仓费用送货司机现场缴纳，如需我司垫付，请于送货前与我司联系
自 2020.11.20 起，对出口拼箱业务收取燃油附加费 30/RT
（不足一立方米按一立方米计算，单票最低收费标准 30 元）
自 2020.11.20 起，对出口拼箱收取 VGM 费用 60/BL
自 2020.11.20 起，对出口拼箱作业加收入仓服务（拖车附加费）RMB50/BL

1/2

图 11.4　进仓单样本

船公司以后不核对黄联,如果数量更改立即通知,所有清洁舱单都以提单为准。报关单中文品名与舱单英文品名的翻译内容须保持一致,不得以货物的大类别一致为标准制作舱单及签发海运提单。如报关品名为"栎木三层复合地板",预配舱单及清洁舱单的品名不得以"WOODEN PRODUCTS"或"WOOD FLOORING"发送。

备注:***香港海关从 2006 年 6 月 16 日起实行电子舱单,要求提单显示内容必须和实际一致,不能用假品名。军品、纺织品、药品、化工品、食品、酒精等要在船到 5 天前办理进口许可证,并提供附件给我司。
1.货物件、重、体更改请立即通知我司,以防场地不能及时接货。
2.场地接货时间为:早 8:00—晚 4:00,双休日及接货时间以外送货,请提前联系以便确认场地能否接货,请送货司机自备船名、提单号,如与以上内容不相符,场地将拒收货物,敬请各位客户做好安排。
3.海关要求 3 月 1 日起必须以准确品名录舱单,不能更改!
***4. 如为转关货提前告知,并在送货时和向场地索要"转关货物收货记录"。
***5.如有验货请尽早通知我司,否则产生的扒箱费等一系列费用由贵司承担。
6. 自7.1 日起离港的船舶不再使用场站收据(黄联)复核海关清洁及提单,取消场站收据(黄联)换领提单的功能。
7. 按 6.9 日通知,7 月仍然沿用品名依据预配舱单,件重尺依据入港清单为准发送海关清洁。
   2.1 海关预配舱单发送后不接受原提单号下品名更改。
   2.2 件重尺更改时间截止点为:周一至周五离港船舶,以入港截止时间之前收到邮件通知为最终截单时间。
*******近期海关对进出口船单英文品名加大了核查力度,对于英文品名中含有缩写、非英文描述、专业性很强的术语、大类描述,海关均提出异议。对无法准确体现现货物品名的舱单,海关不予确认、影响客户报关,要求舱单传输人修改船单。

再次强调,舱单品名需要用英文表述,描述应该通俗易通,买卖双方合同要求、信用证要求之描述,可以放在舱单品名后半部分体现。主要就是品名要详细,不要打的很笼统。

举例 1:
舱单品名: FOC BLACK
海关要求: CRUST, FOC BLACK(皮革原料、纹理是 FOC、颜色是黑色)

举例 2:
订舱委托: WOODEN PRODUCTS
海关要求: WOODEN CHOPSTICKS

举例 3:
订舱委托: IKEA FURNITURE
海关要求: IKIA FURNITURE (WOODEN TABLE, CHAIR, CABIN)

另外,以下这些品名等也是海关不允许的
1.WOODEN FLOORING (海关要求标注什么木头的 越详细越好)
2.DECORATION ITEM./ARTIFICIAL DECO./ART DECO. (具体是什么工艺品 越详细越好)
3.PERSONAL GOODS. (经常出现在私人物品中 需要列出到底是什么东西 有好多公司这个就是这么填的,现在开始请提供具体货物品名
4. GARMENTS(必须详细写出衣服,裤子)
***大连商检规定,2005 年 3 月 1 日起,所有木制包装货物都需熏蒸。每周三场地统一安排熏蒸,所以,所有熏蒸的货都要在周三中午之前到货。

图 11.4　进仓单样本(续)

发货人自行或者委托第三方物流送货进仓时需要将进仓单打印出来交由送货司机,以便司机送货进仓。

五、集装箱装箱单

(一) 概念

集装箱装箱单(CONTAINER LOAD PLAN)是指记载每一个集装箱内所装货物名称、数量、尺码、重量、标志和箱内货物积载以及载货船舶信息等

情况的单证。

（二）样本及使用说明

集装箱装箱单样本见图 11.5。通常由货运代理缮制，交给集卡车辆司机带到发货人处进行核对后装箱。集装箱装箱单目前只有在部分南方港口出运时会流转到发货人处，北方港口装运时一般不会流转到发货人处。在流转到发货人处时，发货人核对表面载明的相应信息，对错误信息进行更正，并加盖更正章即可。

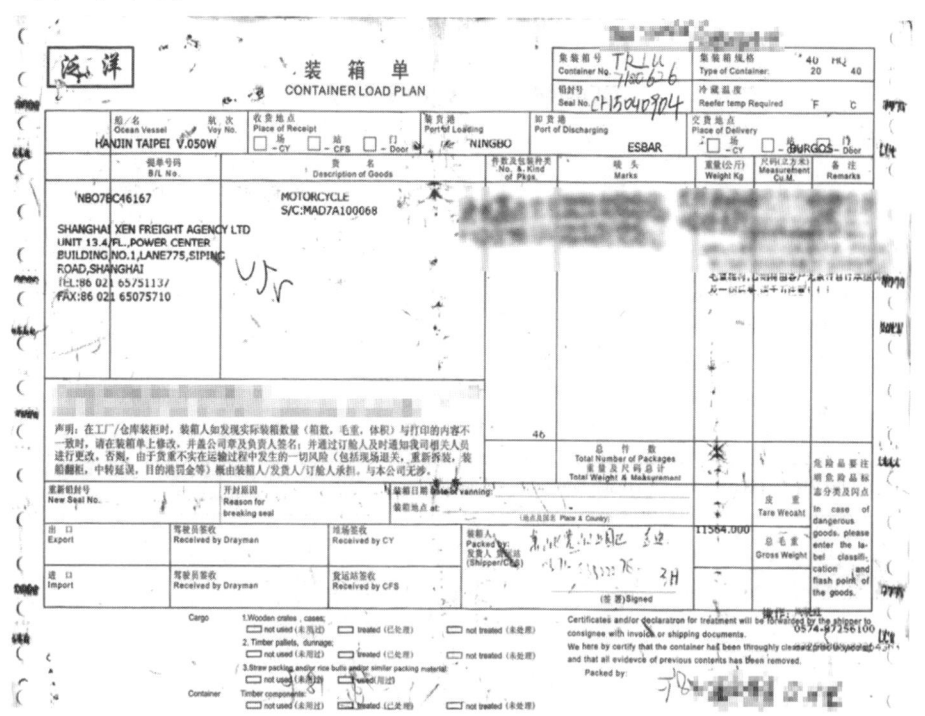

图 11.5　集装箱装箱单样本

第三节　出口清关单据缮制

出口清关单据涉及报关用商业发票、报关用装箱单、报关用买卖合同、报关单草单、代理报关委托书 5 种。

一、报关用商业发票

（一）概念及作用

报关用商业发票是卖方出具的载有货物名称、数量、价格等内容的清单式文件。其作用表现在两个方面：一是便于海关统计和查验出口货物；二是作为出口方缴税、记账及退税的重要依据。

（二）样本及缮制说明

1. 样本

报关用商业发票并没有固定样式，只要显示的字段齐全，能够使货运代理或者报关行用于向海关申报即可，见图11.6。

图 11.6　报关用商业发票样本

需要说明的是，尽管报关用商业发票无须像后文中的结汇用商业发票一样，严格按照信用证要求缮制，但是报关用商业发票上载明的货物及金额也需要与买卖合同或者信用证一致。

2. 缮制说明

以样本为例，按照从上往下、从左至右说明如下。

①ISSUER：出票人。与买卖合同中的卖方信息一致。如果商业发票出在卖方的抬头纸上，则不用额外加打出票人名称、地址。

②COMMERCIAL INVOICE：单据名称。笔者建议用商业发票（COMMERCIAL INVOICE）代替发票（INVOICE）。

③TO：与买卖合同中的买方信息一致。报关用发票可以只打名称，省略地址及联系方式。

④INV. NO.：商业发票号码。与已经存在的买卖合同号码、订单号码或者形式发票号码保持一致。

⑤DATED：出具日期。晚于买卖合同出具日期，早于或等于货物离场日期。

⑥S/C NO.：合同号。填写报关用买卖合同号。

⑦INVOICE OF：关于某某产品的发票。填写买卖合同或者信用证中约定的货物统称。如无统称，则填写金额降序排列时前三位货物的名称。

⑧PURCHASE BY：由某某购买。后面加买方名称。

⑨FROM：从某某处购买。后面加卖方名称。

⑩TO BE SHIPPED PER：由某某船运输。后面加船名、航次。报关用商业发票此处可以留空。

⑪SAILING ON/ABOUT：开航或大约开航日期。后面加预计离开日期（ESTIMATED TIME OF DEPATURE，ETD）。报关用商业发票此处可以留空。

⑫FROM：从哪里装运。后面加装运港或者起运地名称。

⑬TO：运到哪里。后面加目的港、目的地或者卸货地。

⑭VIA：通过哪里中转。后面加中转港或中转地。

⑮NO.：序号。商业发票上有多个品名或者一个统称品名下有多项货物时，需要依次向下编号，以便明确知道到底有多少项货物。

⑯SHIPPING MARKS：唛头，即主唛。笔者建议固定填写 AS PER SHIPPING MARKS BELOW（按照如下唛头）。然后将具体唛头打在商业发票中下部适当位置。因为此处可用空间较小，多数时候无法打下全部唛头。

⑰COMMODITY AND DESCRIPTION：货物描述。填写货物品名及主要参数（如果必要），无须详细描述。即使买卖合同或者信用证中有详细货物描

述，报关商业发票中也无须照抄照打。在贸易背景真实的前提下，可以人为对海关编码、出口退税率、监管条件相同的货物适当进行分类、合并，以使报关发票整体上更为简洁，便于报关行申报及海关审核。以男式 POLO 衫为例，结汇用商业发票可能需要列明每个尺码对应的数量以及金额，报关用商业发票则列明总的数量及金额即可，即可以将不同尺码的 POLO 衫进行合并申报。

⑱QUANTITY：数量。填写每个品名对应的数量。需要根据实际产品调整计量单位。

⑲UNIT PRICE：单价。填写每个品名对应的单价。如品名上有分类、合并操作，则填写平均单价。

⑳TOTAL AMOUNT：总价。总价=数量×单价，进行横向汇总。笔者建议用 EXCEL 公式功能实现自动计算。

㉑CIF BANGKOK：贸易术语。根据实际填写。

㉒TOTAL：总计。对商业发票上的数量、金额等信息进行纵向汇总，以便审单人员轻松且清楚地知道商业发票上列明货物的总数量及总金额等信息。

㉓PACKING：包装。此处固定填写 EXPORT STANDARD PACKING（出口标准包装），以防每次更改发生错误。

㉔SHIPMENT：装运日期。也可以写作 SHIPMENT TIME，与上面⑪的 ETD 一致。

㉕PAYMENT TERMS：付款条件。简单写 TT（电汇）、LC（信用证）、DP（跟单托收）即可。

㉖INSURANCE：保险。以 CIF、CIP 贸易术语成交时，简单填写 TO BE COVERED BY THE SELLERS（由卖方购买）。以 FOB、FCA 贸易术语成交时，简单填写 TO BE COVERED BY THE BUYERS（由买方购买）或者直接去掉保险相关内容。

㉗SHIPPING MARKS：唛头。填写外包装上的正唛内容。上面⑯处说的如下唛头就是指此处的唛头。如果唛头内容过多，此处空间仍然不够，可以直接打印 AS PER APPENDIX ×××（按照×××号附件），并将附件随附在商业发票后面。此时需要将商业发票与唛头附件之间加盖骑缝章，以显示两者不可分割的关系。

㉘ISSUED BY, SIGNATURE：出具人及签章。此处可以加盖蓝色油墨的中英文条形章，或者红色油墨的椭圆形中英文印章。如果印章本身不带有法人或者负责人姓名，可以单独加盖名章或者手签姓名。

二、报关用装箱单

（一）概念及作用

报关用装箱单是卖方出具的载有货物品名、数量、件数、重量、尺码等内容的清单式文件。其作用是作为商业发票的补充，进一步方便海关统计和查验工作（如果需要）。

（二）样本及缮制说明

1. 样本

报关用装箱单也没有固定样式，只要件数、重量、尺码等信息齐全即可，见图 11.7。

恒某贸易(沈阳)有限公司
Heng×× Enterprise Limited

Tel/Fax:

PACKING LIST

| | | | | Inv. No.: | HS-TH1001 |
| | | | | Dated: | 15-Jan-22 |

Packing list of purchase by: Polo Shirts / KB Co., Ltd
from:
to be shippd per:
from: Dalian Port, China to Bangkok Port, Thailad via

purchased or agreed to
as per order accepted.
sailing on/or about
by the undersigned.

NO.	Carton Number	COMMODITY AND DESCRIPTION	PACKAGES (CTNS)	QUANTITY (PCS)	N.W. (KG)	G.W. (KG)	MEASUREMENT (CBM)
		Polo Shirts					
1	1-180	Men's polo shirts	180	9000	2520	2790	13.365
2	181-360	Women's polo shirts	180	9000	2520	2790	13.365
TOTAL			360	18000	5040	5580	26.73

Shipping Marks: As per Invoice No. HS-TH1001

图 11.7　报关用装箱单样本

2. 缮制说明

同一家企业的装箱单在结构及样式上通常与商业发票相同,只是商业发票侧重显示价格及金额信息,装箱单则侧重显示件数、重量、尺码信息。因此,笔者此处仅对装箱单与商业发票的不同之处加以说明。

①PACKING LIST:单据名称。笔者建议用 PACKING LIST 代替其他任何与装箱单意义相近的单据名称。

②INV. NO.:发票号码。装箱单一般无单独号码,直接显示商业发票号码即可。

③CARTON NUMBER:外箱流水号或者是外箱序号,非箱式包装时可以用 PACKAGE NO.。如果外箱唛头及尺寸相同,但是箱内货物有所不同,则需要通过装箱单以及外箱上的流水号区分箱内货物。如果唛头或者外箱尺寸不同,或者仅有一种货物,则装箱单和外箱上的流水号可有可无。

④PACKAGES:包装件数,填写每个品名对应的外包装件数。需要根据实际包装改变单位。

⑤N. W.:净重,NET WEIGHT 的缩写,填写每个品名对应的总净重。需要根据实际货物改变单位。

⑥G. W.:毛重,GROSS WEIGHT 的缩写,填写每个品名对应的总毛重。需要根据实际货物改变单位。

⑦MEASUREMENT:尺码或者体积,也可以用 VOLUME,填写每个品名对应的总体积。CBM 是 CUBIC METER(立方米)的缩写。

⑧TOTAL:对件数、数量、毛净重及尺码信息进行汇总。

⑨SHIPPING MARKS:唛头,无须填写具体唛头,直接说明按照××号发票(AS PER INVOICE NO. ××)即可。

三、报关用买卖合同

报关用买卖合同一般为简式合同,比照前文全式买卖合同格式以及报关用商业发票内容缮制即可(见图 11.8)。通常仅显示买卖双方名称即可,无须显示地址及联系方式,以防交易信息泄露。合同末尾卖方处加盖与商业发票相同的中英文印章,买方处加盖买方电子签名或者印章。

恒某贸易(沈阳)有限公司
Heng×× Enterprise Limited

Tel/Fax:

SALES CONFIRMATION

S/C No.	HS-TH1001
Dated:	15-Dec-21
Sign At:	Sheyang, China

Buyers:
KB Co., Ltd

Sellers:
HengSun Enterprise Limited

The buyer agrees to buy and the seller agrees to sell the following goods on terms and conditions set forth below.

NO.	COMMODITY AND DESCRIPTION	QUANTITY (PCS)	UNIT PRICE (USD)	TOTAL AMOUNT (USD)
				CIF BANGKOK
	Polo Shirts			
1	Men's polo shirts	9000	4.65	41850
2	Women's polo shirts	9000	4.65	41850
	TOTAL	18000	4.65	83700

Price Terms:	CIF BANGKOK
Packing:	Export standard Packing
Shipment:	To be made by sea on or about 20-Jan-22
Port of loading:	Dalian Port, China Port of destination: Bangkok Port, Thailand
Payment Terms:	L/C
Insurance:	To be covered by the sellers.
Shipping Mark:	At buyers' option
Claim:	For quantity,discrepancy claim should be filed by the Buyer within 10 days after the arrival of the goods at the port of destination;For quality,discrepancy claim should be filed by the Buyer within 15 days after the arrival of the goods at the port of destination.It's understood that the seller shall not be liable for any discrepancy of the goods shipped due to causes for which the Insuerance Company and other transportation organization or Post Office.

Buyers:
KB Co., Ltd

图 11.8　报关用买卖合同样本

需要强调的是,报关用买卖合同所载明的出口货物与金额必须与实际买卖合同一致,不能出于任何目的做阴阳合同。当海关需要时必须提供实际买卖合同,并能够就差异内容给出合理解释。之所以使用报关用买卖合同,有3种原因。一是有些时候实际买卖合同是一份大的框架合同,且分若干批次出运,每次出运时需要提供具体买卖合同来办理出口清关。二是有些时候实际买卖合同可能以买方所在国文字制成,出运时需要提供英文买卖合同来办理出口清关。三是有些时候实际买卖合同条款复杂且可能包含若干附件，报关时做一定简化能够方便报关行正确申报及海关审核。除上述原因以外的情况，应直接以实际买卖合同作为报关用买卖合同使用。

四、报关单草单

（一）报关单草单说明

报关单是指进出口货物收发货人或其代理人，按照海关规定的格式对进出口货物的实际情况做出书面申明，以此要求海关对其货物按适用的海关制度办理通关手续的法律文书。

报关单草单则是由进出口收发货人比照报关单要求填写的草稿，供货运代理或者报关行的报关员正式报关时参考，并不是正式的报关单。笔者考虑到本书为国际贸易实务书籍（非报关书籍），所以仅从企业端单证人员角度讲授报关单草单填写，而不是从报关员角度讲授报关单填写。

（二）样单及填写办法

报关单草单样单见图 11.9，需要按照海关要求的格式填写。企业端填写的报关单草单内容整体上要与商业发票及装箱单信息一致。个别栏目不知道或者不确定如何填写，可以留空，或者向报关员咨询。未填或者填写错误栏目，报关员会与发货人确认后进行补充或者修改。

中华人民共和国海关出口货物报关单

预录入编号：　　海关编号：　　页码/页数：1/1

境内发货人 [illegible]	出境关别		出口日期		申报日期	备案号	
境外收货人 [illegible]	运输方式 水路运输		运输工具名称及航次号		提运单号		
生产销售单位 [illegible]	监管方式 一般贸易		征免性质 一般征税		许可证号		
合同协议号 [illegible]	贸易国（地区） 泰国		运抵国（地区） 泰国		指运港 曼谷	离境口岸	
包装种类 纸质或是纤维板制盒/箱	件数 360	毛重（千克） 5580	净重（千克） 5040	成交方式 CIF	运费 US$2,800.00	保费 US$30.00	杂费
随附单证及编号							
标记唛码及备注 HS-ACE Polo Shirts							

项号	商品编号	商品名称及规格型号	数量及单位	单价/总价/币制	原产国（地区）	最终目的国（地区）	境内货源地	征免
1	6105100090	POLO衫	9000 件	4.650 41850.00 美元	中国	泰国	沈阳其他	照章征税
	POLP衫|3-境外品牌| 1-出口货物在最终目的国（地区）享受优惠关税|针织|男式|65%棉35%涤纶|AECS|货号无							
1	6105100090	POLO衫	9000 件	4.650 41850.00 美元	中国	泰国	沈阳其他	照章征税
	POLP衫|3-境外品牌| 1-出口货物在最终目的国（地区）享受优惠关税|针织|女式|65%棉35%涤纶|AECS|货号无							

公章

特殊关系确认：否　　价格影响确认：否　　支付特许权使用费：否　　自报自缴：否

报关人员	报关人员证号	电话	兹声明以上申报内容承担如实申报，依法纳税之法律责任	海关批注及签章
申报单位			申报单位（签章）	

图 11.9　报关单草单样单

本书将以一般贸易的出口报关单草单为例，按照从上往下、从左至右顺序具体说明填写办法。报关单草单上有列明，但是填写说明中没有提及的意味着企业端单证人员填写报关单草单时无须填写。

①境内发货人：填写在海关备案的对外签订并执行买卖合同的中国境内法人、其他组织名称及18位社会统一信用代码。笔者建议同时可填写10位海关注册登记号。

②境外收货人：填写签订并执行买卖合同中的买方或其指定收货人名称，或者买卖合同中约定的实际付款人名称。

③运输方式：填写水上运输、航空运输、铁路运输、公路运输中的一种。特殊情况下注明所采用运输方式，由报关员自行选择准确的运输方式填写。

④生产销售单位：填写出口货物在境内的生产或销售单位名称。多数货物生产销售单位都与境内发货人相同。特殊货物，比如2020新冠肺炎疫情以来防疫物资类别下产品，如境内发货人为贸易型企业，则生产销售单位应填写实际生产企业名称，且应该是贸易型企业国内采购合同上的卖方名称。笔者建议特殊货物申报之前携带实际货物或者照片、视频等资料与出境海关提前确认填写方式。

⑤监管方式：填写一般贸易。因为本书以一般贸易为例，加工贸易可实际咨询报关员。

⑥征免性质：填写一般征税。因为本书以一般贸易为例，加工贸易可实际咨询报关员。

⑦许可证号：填写出口货物许可证号，非许可证出口货物则无须填写。

⑧合同协议号：填写报关用买卖合同号码。

⑨贸易国（地区）：填写买卖合同中买方所在国家或地区名称，或者买卖合同中约定的实际付款人所在国家或地区名称。

⑩运抵国（地区）：填写实际收货人所在的国家和地区（名称）。

⑪指运港：填写出口货物运往境外的最终目的港。最终目的港不可预知的，按尽可能预知的目的港填报或者直接填写运抵国名称。

⑫包装种类：填写出口货物的最大运输包装（外包装）种类，即与提运单、装箱单所列货物件数单位对应的包装种类。例如，20个纸箱放在一个托盘上，包装种类就是托盘，而不是纸箱。

⑬件数：填写最大运输包装对应件数。

⑭毛重（千克）：填写出口货物及其包装材料的重量之和，计量单位为千克，不足1千克的填报为"1"。

⑮净重（千克）：填写出口货物毛重减去外包装材料后的重量，即货物本

身的实际重量，计量单位为千克，不足 1 千克的填报为"1"。

⑯成交方式：填写报关用商业发票及买卖合同上显示的贸易术语。

⑰运费：填写实际运费金额。仅在成交方式为运费预付的贸易术语成交时填写。

⑱保费：填写实际保费金额。仅在成交方式为 CIF、CIP 贸易术语成交时填写。

⑲杂费：填写成交价格以外的从完税价格中扣除的费用。比如，佣金、船公司及货运代理费用等。

⑳标记唛码及备注：填写提运单或者商业发票上除图形以外的唛头内容。

㉑项号：填写申报商品顺序编号。

㉒商品编号：填写出口货物的 10 位海关编码。海关编码前 8 位为《中华人民共和国进出口税则》确定的编码；9、10 位为监管附加编号，11~13 位为检验检疫附加编号。企业端单证人员一般填到 8 位或 10 位即可，其他由报关员根据出口货物实际情况进行补充。商品编号涉及商品归类，进而决定监管条件、退税率以及申报要素。一般来说，可以在搜索引擎中输入"品名海关编码""品名商品编码（号）""品名 HS CODE"进行查询确认归类及商品编号。如果无法自行确认，可以寻求报关行帮助。对于特殊产品，可自行或者委托报关行到直属海关申请对拟装运货物进行预归类，以防错报给企业带来不良影响。

㉓商品名称及规格型号：分两行填写，第一行填写进出口货物规范的中文商品名称，第二行填写规格型号。如境内发货人为贸易型企业，中文商品名称及规格型号要与已经取得或者将要取得进项增值税专用发票上的品名及规格型号一致，否则会影响出口退税。

㉔数量及单位：生产型出口企业填写退税时开具的增值税普通发票上的数量及单位，贸易型出口企业填写已经取得或者将要取得进项增值税专用发票上的数量及单位。

㉕单价：填写同一项号下出口货物实际成交的商品单位价格。

㉖总价：填写同一项号下出口货物实际成交的商品总价格。

㉗币制：填写实际成交货币名称。单价、总价、币制均要与报关用商业发票及买卖合同上对应内容一致。

㉘原产国（地区）：一般填中国。

㉙最终目的国（地区）：填写已知的进出口货物的最终实际消费、使用或进一步加工制造国家（地区），通常与运抵国一致。

㉚境内货源地：生产型出口企业填写其注册地，贸易型出口企业填写已

经取得或者将要取得进项增值税专用发票上开票人的注册地。贸易型出口企业必须保证境内货源地的正确性，否则会影响出口退税。

㉛征免：填写照章征税，与监管方式及征免性质对应。

㉜申报要素：每一项申报商品都需要提供申报要素，企业端单证员可以根据商品编码在相应网站上查询申报要素，见图11.10，并填写在报关单草单商品名称下。部分产品申报要素可能涉及一些专业内容，需要与相关生产及技术人员确认好再填写。

图11.10 申报要素查询结果

㉝盖章：报关单草单应该加盖报关专用章或者公章。

（三）报关预录单确认

报关预录单是指报关员按照企业提供的报关单草单，按照正式报关单要求录入所有信息，在正式申报之前打印出来的报关单确认文件。企业确认预录单无误后，报关员才会在货物到港或者入仓后进行正式申报。

报关预录单与报关单草单格式及栏目完全相同，但是会补充或者完善报关单草单中没有填写或者不完全正确的栏目。补充内容通常有出境关别、提运单号、离境口岸、随附单证及编号4栏，出口日期、申报日期、运输工具名称及航次号3栏仍然要等正式申报时才会填报。完善内容通常是对报关单草单中只填文字没有填代码的栏目进行补充完善，如监管方式，报关单草单中可以只填写"一般贸易"，报关预录单中则会完善为"一般贸易（0110）"。对于企业来说，只要确保文字正确即可。因为在报关系统中文字与代码是一一对应的，文字正确则代码一定正确。

五、代理报关委托书

（一）样本及填写说明

代理报关委托书是指记载出口货物概况，明确委托方（出口企业）与被委托方（报关行或者货运代理）责任的书面文件。代理报关委托书样本见图11.11，正面为代理报关委托书，背面为委托报关协议通用条款。

代理报关委托书

编号：

我单位现(A.逐票 B.长期)委托贵公司代理　　等通关事宜。〔A. 填单申报 B. 申请、联系和配合实施检验检疫 C. 辅助查验 D. 代缴税款 E. 设立手册（账册）F. 核销手册（账册）G. 领取海关相关单证 H. 其他〕详见《委托报关协议》。

我单位保证遵守海关有关法律、法规、规章，保证所提供的情况真实、完整、单货相符，无侵犯他人知识产权的行为。否则，愿承担相关法律责任。

本委托书有效期自签字之日起至　　年　　月　　日止。

委托方（盖章）

法定代表人或其授权签署《代理报关委托书》的人的(签字)

公章　　　法人章

年　月　日

委托报关协议

为明确委托报关具体事项和各自责任，双方经平等协商签订协议如下：

委托方	恒某贸易(沈阳)有限公司	被委托方	
主要货物名称	POLO衫	*报关单编码	No.
HS编码	6105100090	收到单证日期	年　月　日
进/出口日期	2022年1月20日	收到单证情况	合同 □　发票 □ 装箱单 □　提（运）单 □ 加工贸易手册 □　许可证件 □
提（运）单号			
贸易方式	一般贸易		
数（重）量	5580千克	其他:	
包装情况	360箱		
原产地/货源地	中国	报关收费	人民币　　　元
其他要求:		承诺说明:	
背面所列通用条款是本协议不可分割的一部分，对本协议的签署构成了对背面条款的同意。		背面所列通用条款是本协议不可分割的一部分，对本协议的签署构成了对背面条款的同意。	
委托方业务签章: 公章 经办人签章: 联系电话:		被委托方业务签章: 经办报关员签章: 联系电话:	

中国报关协会监制

图 11.11　代理报关委托书样本

委托报关协议通用条款

委托方责任

委托方应及时提供报关所需的全部单证,并对单证的真实性、准确性和完整性负责,并保证没有侵犯他人知识产权的行为。

委托方负责在报关企业办结海关手续后,及时、履约支付代理报关费用,支付垫支费用,以及因委托方责任产生的滞报金、滞纳金和海关等执法单位依法处以的各种罚款。

负责按照海关要求将货物运抵指定场所。

负责与被委托方报关人员一同协助海关进行查验,回答海关的询问,配合相关调查,并承担产生的相关费用。

在被委托方无法做到报关前提取货样的情况下,承担单货相符的责任。

被委托方责任

负责解答委托方有关向海关申报的疑问。

负责对委托方提供的货物情况和单证的真实性、完整性进行"合理审查",审查内容包括:(一)证明进出口货物实际情况的资料,包括进出口货物的品名、规格、数(重)量、包装情况、用途、产地、贸易方式等;(二)有关进出口货物的合同、发票、运输单据、装箱单等商业单据;(三)进出口所需的许可证件及随附单证;(四)海关要求的加工贸易(纸质或电子数据)及其他进出口单证。

因确定货物的品名、归类等原因,经海关批准,可以看货或提取货样。

在接到委托方交付齐备的随附单证后,负责依据委托方提供的单证,按照《中华人民共和国海关进出口报关单填制规范》认真填制报关单,承担"单单相符"的责任,在海关规定和本委托报关协议中约定的时间内报关,办理海关手续。

负责及时通知委托方共同协助海关进行查验,并配合海关开展相关调查。

负责支付因报关企业的责任给委托方造成的直接经济损失,所产生的滞报金、滞纳金和海关等执法单位依法处以的各种罚款。

负责在本委托书约定的时间内将办结海关手续的有关委托内容的单证、文件交还委托方或其指定的人员(详见《委托报关协议》"其他要求"栏),并如实告知委托方有关货物的后续检验检疫及监管要求。

赔偿原则 被委托方不承担因不可抗力给委托方造成损失的责任。因其他过失造成的损失,由双方自行约定或按国家有关法律、法规、规章的规定办理。由此造成的风险,委托方可以投保方式自行规避。

不承担的责任 签约双方各自不承担因另外一方原因造成的直接经济损失,以及滞报金、滞纳金和相关罚款。

法律强制 本《委托报关协议》的任一条款与海关有关法律、法规、规章不一致时,应以法律、法规、规章为准。但不影响《委托报关协议》其他条款的有效。

协商解决事项 变更、中止本协议或双方发生争议时,按照《中华人民共和国合同法》有关规定及程序处理。因签约双方以外的原因产生的问题或报关业务需要修改协议条款,应协商订立补充协议。双方可以在法律、法规、规章准许的范围内另行签署补充条款,但补充条款不得与本协议的内容相抵触。

图 11.11 代理报关委托书样本(续)

对于企业端单证人员来说，仅有3处需要填写。第一，右上位置委托方（盖章）及法定代表人或其授权签署"代理报关委托书"的人的（签字）处分别加盖公章和法人章。第二，左中上位置委托方、主要货物名称、HS编码、进/出口日期、贸易方式、数（重）量与包装情况、原产地/货源地比照报关单填写即可。其中进/出口日期可以填写预计日期或者留空，原产地/货源地可以按照报关单上的境内货运地填写，也可以直接填中国。第三，左下位置委托方业务签章处加盖公章。其他需要委托方填写内容可以留空，由报关员在需要时自行补充完善。

（二）电子代理报关委托

当下出口业务中多是做电子委托，纸质委托更多是一种备用性质。电子代理报关委托具体流程如下。

电脑USB接口插入电子口岸操作员卡，进入中国电子口岸网站，选择"报关代理委托"栏目，在跳转页面输入登录密码，进入电子代理报关委托界面。依次点击"委托关系管理"——"发起委托申请"，在跳出界面输入从货运代理或者报关行处提前取得的报关企业海关编码（或报关企业名称、统一社会信用代码）后点击查询，会出现查询到的报关企业名称，见图11.12。本书为了不泄露真实报关企业信息，对报关企业海关编码及名称等信息进行了隐藏。

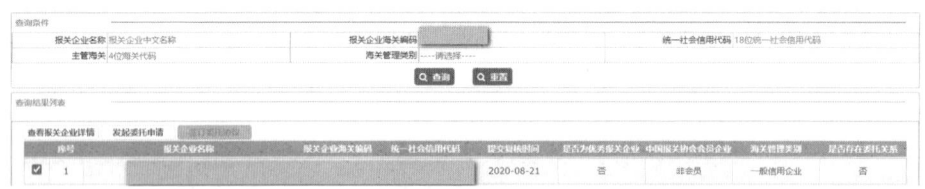

图11.12　电子代理报关委托企业选择页面

选择查询到的报关企业，点击其上方"发起委托申请"，在跳出页面"自动确认"栏打钩，"委托方式"栏逐票或者长期前选择一个打钩，委托内容根据实际需要进行打钩，笔者建议除默认的A除外，B、C、D前同时打钩，见图11.13。选择完成后点击右上方"发起"按钮即可完成电子代理报关委托工作。本书为了不泄露真实报关企业信息，对系统自动带出的委托方与被委托方信息进行了隐藏。

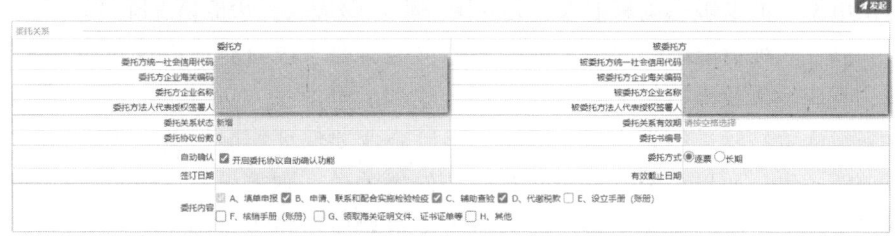

图 11.13　电子代理报关委托填写及发起页面

六、缮制出口清关单据注意事项

（一）出口清关单据关联进口清关单据

很多出口企业认为，出口清关单据和进口清关单据是相互独立的、提交给不同方向的单据，因此提交给两个方向的单据无须做到单单一致。但是随着中巴（中国与巴基斯坦）海关电子数据交换系统的启用，以及以俄罗斯、哈萨克斯坦为代表的越来越多国家的海关要求进口商办理进口清关时，提供出口报关单用以对进口货物核价及征税，进出口清关单据中关联单据的单单一致要求也必须引起出口企业的足够重视。出口货物到巴基斯坦、俄罗斯、哈萨克斯坦等国，在同一笔交易下，出口清关和进口清关时相互关联的单据有商业发票、运输单据（提单或者运单）、装箱单、出口报关单，因此上述单据中的相同字段需要一致，而且都要与买卖合同中的相关约定一致。

（二）出口清关单据关联出口退税单据

出口退税单据涉及采购合同（贸易型出口企业）、进项增值税专用发票（贸易型出口企业）、商业发票、买卖合同（外销）、运输单据、装箱单、报关单。以贸易型出口企业为例，由于当下国内大部分地区出口退税都是远程无纸化申报，申报出口退税时系统仅比对出口报关单与进项增值税发票的数据，因此出口报关单（退税联）与进项增值税专用发票必须满足单单一致要求。也就是说，要么根据进项增值税专用发票填写报关单，要么根据报关单开具进项增值税专用发票。其他出口退税所需单据尽管申报时国税部门不对其进行比对，但是仍然需要存档备查，原则上也要满足逻辑一致、实质一致的单单一致要求。实务中只要出口企业如实申报，进项增值税专用发票、报关单以外的出口退税备案单据就会满足单单一致要求，即使有轻微的不一致，也可以通过提交情况说明及证实文件使国税部门接受不一致瑕疵。如果因某种原因导致备案单证无法满足单单一致要求，要设法修改相关单据或者准备好合理的情况说明。

（三）出口清关单据关联出口收汇单据

在非信用证结算业务中，银行为出口企业办理国外汇款入账时通常无须提供单据，但是敏感国家汇入美元和国外汇入跨境人民币的情况除外。

以上两种情况下的收汇入账，银行可能会要求出口企业提供对应买卖合同、商业发票及出口报关单，并与银行收到的电汇报文进行一致性比对，以此来确认贸易背景的真实性。因此，出口企业要保证实际报关金额与实际收汇金额一致。如果多份电汇报文对应一份报关单，则多份报文收汇总金额要与报关单上记载的金额一致；如多份报关单对应一份电汇报文，则多份报关单金额总额应与电汇报文上记载的金额一致。一致意味着总收汇金额可以略微少对应报关金额，但是不能多于报关金额。少于时可能是因为银行手续费或者买方扣款所致，符合贸易常理；多时则很难找到符合贸易常理的有效解释。此外，商业发票上的抬头人、买卖合同上的买方、报关单上的境外收货人应与报文上的境外汇款人一致，若不一致，银行可以拒绝为出口企业办理款项入账。需要在出口企业变更买卖合同或者提交补充协议后才能办理入账。

第四节 结汇用单据缮制及审核

本节重点讲授信用证结算方式下结汇用单据的缮制及审核办法。因为信用证下结汇用单据缮制要求最高，能够向下兼容其他结算方式下单据缮制要求。在信用证结算方式下，所有结汇用单据缮制都以满足信用证要求为最高准则，然后才是满足买卖合同约定或者买方要求。在非信用证结算方式下，结汇用单据缮制以满足买卖合同约定或者买方要求为准。

本书将以缮制难度最高的服装出口单证为例，具体讲授包括商业发票、装箱单在内的各类常用结汇单据缮制及审核办法。

一、结汇用商业发票

（一）概念及作用

1. 概念

出口结汇用商业发票（COMMERCIAL INVOICE）是出口方针对已装运货物开列的价目清单及发货凭证。

2. 作用

（1）便于进口方核对和查验出口方所交货物是否符合买卖合同或者信用证规定

商业发票中记载品名、品质、数量、单价、金额等在内的详细货物信息，进口方可以据此核对和查验货物。

（2）作为进口方在货物入境时清关、缴税的重要依据

商业发票是进口货物入境清关时必须提交的一份单据，进口方海关多数

时候也会将商业发票上载明的价值作为计征关税的首要依据。

（3）作为进口方记账的原始凭证

商业发票和形式发票作为两种常用发票，尽管在格式及内容上相近，但是前者能够作为记账凭证，后者仅能作为申请进口及付汇许可的参考文件，而不能作为记账凭证。

（4）作为进出口双方结算及付款依据

在不用汇票的情况下，商业发票可以代替汇票作为付款依据，要求进口方或者开证行付款。

（5）作为其他结汇用单据缮制的依据

商业发票是所有结汇用单据的核心，其他单据都要参照商业发票进行缮制，以满足单单一致要求。

（二）样本及缮制说明

结汇用商业发票样本见图11.14，在格式上与报关用商业发票相同，但是却不能像报关用商业发票一样可以人为进行分类、合并等简化操作。缮制结汇用商业发票时，必须严格按照买卖合同或者信用证规定，将买卖合同或者信用证中的必要的货物与交易条款及内容对应地转移到商业发票中来。本书中将以样本所示商业发票为例，按照从上往下、从左至右顺序具体说明缮制办法。

①ISSUER：出票人。非信用证结算方式下出票人应为买卖合同中的卖方。信用证结算方式下出票人应为信用证中的受益人，且应该与买卖合同或者信用证中的规定一致。买卖合同中的卖方或者信用证中的受益人信息存在拼写错误，若影响款项入账则必须修改，若不影响款项入账则不是必然要修改①，但是在制作包括结汇用商业发票在内的所有单据时必须将错就错，以确保单证一致。如果商业发票出在受益人的抬头纸上，则抬头纸上的受益人信息可以视为出票人信息，不用再额外加打出票人信息。但是需要确保抬头纸上的信息与买卖合同中的卖方或者信用证中的受益人信息一致，若不一致需要修改为一致。出票人标志建议使用，因为整个单据都是黑白的，加上彩色标志以及后面的彩色印章会使单据看上去更加美观。

---

① 不是必然要修改：尽量修改，但是若买方不能或者不愿修改，则可以不修改。

恒某贸易(沈阳)有限公司
Heng×× Enterprise Limited

Tel/Fax:

COMMERCIAL INVOICE

To:

INV. No.:	HS-TH1001
Dated:	15-Jan-22
L/C No.:	LC220168
S/C No.:	HS-TH1001

Invoice of purchase by: Polo Shirts / KB Co., Ltd — purchased or agreed to
from: _____ as per order accepted.
to be shipped per: _____ sailing on/ about 20-Jan-22
from: Dalian Port, China to Bangkok Port, Thailand via _____ by the undersigned.

NO.	SHIPPING MARKS	COMMODITY AND DESCRIPTION	QUANTITY (PCE)	UNIT PRICE (USD)	TOTAL AMOUNT (USD)
					CIF BANGKOK PORT, THAILAND
1	As per shipping marks below	Polo Shirts Material, CVC(60% cotton, 40% polyester), thickness of 200gsm, with embroidery logo on both left chest and back, men's with 3 buttons and women's with 3 buttons			
		Men's polo shirts			
		Size S	3000	4.65	13950
		Size M	3000	4.65	13950
		Size L	3000	4.65	13950
		Each size mixed by 5 colors, red, black, white, beige, blue, 600pcs/color			
	Subtotal for men's polo shirts		9000		41850
2		Women's polo shirts			
		Size S	3000	4.65	13950
		Size M	3000	4.65	13950
		Size L	3000	4.65	13950
		Each size mixed by 5 colors, red, black, white, beige, blue, 600pcs/color			
	Subtotal for women's polo shirts		9000		41850
	TOTAL		18000		83700

Packing: 50pcs/carton, mixed color packing, each carton contain 1 size and 5 colors in equal quantity, men's and women's packed separately.
Shipment: To be made on or about 20-Jan-22
Payment Terms: By sight payment L/C.
Insurance: To be coverd by the Seller for 110% of the full invoice value, covering all risks and war risks.
Shipping Marks: HS-ACE
Polo Shirts
Country of Origin: China

We hereby declare that the goods mentioned above are of China Orgin and no solid wood packaging.

Issued by:

Signature:

图 11.14 结汇用商业发票样本

②COMMERCIAL INVOICE：单据名称。默认为 COMMERCIAL INVOICE，缮制时应与信用证中的要求严格一致。信用证中要求 COMMERCIAL INVOICE，就用 COMMERCIAL INOVICE，信用证中要求 INVOICE，就用 INVOICE。慎重用 CUSTOMS INVOICE（海关发票）、CONSULAR INVOICE（领

事发票）等代替商业发票，更不能用 PROFORMA INVOICE（形式发票）代替商业发票。

③TO：抬头人或受票人。也可以写作 ISSUED TO，即接受商业发票的人。非信用证结算方式下抬头人应为买卖合同上的买方或者买卖合同中约定的第三方实际付款人。信用证结算方式下抬头人默认为申请人，但是另有规定的除外。如信用证中约定 COMMERCIAL INVOICE ISSUED/MADE OUT IN THE NAME OF ×××（商业发票以×××为抬头人），则应以×××代替申请人作为抬头人。

④INV. NO.：商业发票号码。与已经存在的买卖合同号码、订单号码或者形式发票号码保持一致。

⑤DATED：出具日期。应晚于买卖合同签订日期或者信用证开立日期，但不应迟于提运单的签发日期。

有些信用证可能要求商业发票上援引信用证号码、开证日期、开证行名称，在出具日期下面依次列明即可。

⑥INVOICE OF：关于某某产品的发票。填写买卖合同或者信用证中约定的货物统称。如无统称，则填写金额降序排列时前三位货物的名称。

⑦PURCHASE BY：由某某购买。与抬头人名称保持一致。

⑧FROM：从某某处购买。与出票人名称一致。

⑨TO BE SHIPPED PER：由某某船运输。后面加船名、航次，按照提运单上的船名、航次填写。

⑩SAILING ON / ABOUT：开航或大约开航日期。按照提运单上的装船日期或者装运日期填写。

⑪FROM：从哪里装运。后面加装运港或者起运地名称，按照提运单上的装运港、起运地、接管地填写。港至港提单填写提单上的装运港，多式联运提单或者空运单填写起运地、接管地。

⑫TO：运到哪里。后面加目的港、目的地或者卸货地，按照提单上的卸货港、目的港、目的地、卸货地填写。港至港提单填写提单上的目的港或者卸货港，多式联运提单或者空运单填写目的地或者卸货地。

⑬VIA：通过哪里中转。后面加中转港或中转地，按照提运单上的中转港或者中转地填写。

注意：⑨~⑬五项需要严格按照提运单填写，以确保单单一致。提运单上对应信息则需与信用证中描述严格一致，通过单单一致实现单证一致。

⑭NO.：序号。商业发票上有多个品名或者一个统称品名下有多项货物时，需要依次向下编号，以便明确知道到底有多少项货物。

第十一章 国际贸易单证实务

⑮SHIPPING MARKS：唛头，即主唛，也称为正唛或者前唛。笔者建议固定填写 AS PER SHIPPING MARKS BELOW（按照如下唛头）。然后将具体唛头打在商业发票中下部适当位置。因为此处可用空间较小，多数时候无法打下全部唛头。

⑯COMMODITY AND DESCRIPTION：货物描述。与报关用商业发票上的货物描述有很大不同。结汇用商业发票上的货物描述不能人为进行分类、合并等简化工作，而是应该与买卖合同或者信用证中的描述严格一致。在缮制时需要将买卖合同或者信用证中货物描述的相关内容对应地转移到商业发票中来，笔者建议转移时严格照抄照打，除了必要的转化要力争完全相同。信用证中的货物描述可以在发票上的不同位置显示，与信用证中的描述一致即可。同时，要注意不同层级内容的向右缩进，显示各层级内容的隶属关系。如有男士 POLO 衫和女式 POLO 衫比照 POLO 衫向右缩进表明 POLO 衫下有男士 POLO 衫和女式 POLO 衫两种。SIZE S、SIZE M、SIZE L 比照男式 POLO 衫向右缩进表明男式 POLO 衫下面有 S、M、L 三个尺码。通过分层和缩进清楚地表明了产品以及尺码之间的关系，审单人员可以一目了然地知道有几种货物、每种货物有几个尺码、每个尺码有多少数量。

⑰QUANTITY：数量。填写每个品名对应的数量。需要根据实际产品调整计量单位。

⑱UNIT PRICE：单价。填写每个品名对应的单价。如品名上有分类、合并操作，则填写平均单价。

⑲TOTAL AMOUNT：总价。总价＝数量×单价，进行横向汇总。笔者建议用 EXCEL 公式功能实现自动计算。

⑳CIF BANGKOK：贸易术语。根据信用证规定填写。当信用证中注明贸易术语适用通则版本时，商业发票上必须做相同显示。如信用证规定贸易术语为"CIF BANGKOK INCOTERMS 2020"，商业发票上也必须显示"CIF BANGKOK INCOTERMS 2020"，而不能只显示为"CIF BANGKOK"或"CIF BANGKOK INCOTERMS 2010"。如信用证中仅规定贸易术语为"CIF BANG-KOK"，商业发票上可以显示"CIF BANGKOK"，也可以显示"CIF BANGKOK INCOTERMS 2020"，但是笔者不建议显示其他版本。因为国际贸易实践中某项约定适用某种惯例，但却没有提及惯例版本时，通常默认为最新版本。

㉑SUBTOTAL FOR MEN'S POLO SHIRTS：男式 POLO 衫小计，即对不同尺码男式 POLO 衫总数量、总金额进行纵向汇总。小计是针对下面对男式、女式 POLO 衫总计而言的。笔者建议商业发票上有多种货物，且每种货物下

又有若干分类标准时，使用小计功能。小计的目的是使审单人员一目了然地知道每种货物的总数量及总金额等信息。

㉒TOTAL：总计。对商业发票上所有货物的数量、金额等信息进行纵向汇总，以便审单人员轻松且清楚地知道所有货物的总数量及总金额等信息。

㉓PACKING：包装。按照买卖合同或者信用证上的包装描述进行填写。如无要求可以同报关用商业发票一样直接填写 EXPORT STANDARD PACKING（出口标准包装）。

㉔SHIPMENT：装运日期，也可以写作 SHIPMENT TIME。按照提运单上的装船日期或者装运日期填写。

㉕PAYMENT TERMS：付款条件。根据具体结算方式填写。非信用证结算方式下简单写 TT（电汇）、DP（跟单托收）即可。信用证结算方式下填写信用证类别名称，如 SIGHT PAYMENT LC（即期付款信用证）、NEGOTIATION LC（议付信用证）、ACCEPTANCE LC（承兑信用证）、DEFERRED PAYMENT LC（延期付款信用证）。

㉖INSURANCE：保险。CIF、CIP 贸易术语成交时需要列明。非信用证结算方式下按照买卖合同规定或者简单填写 TO BE COVERED BY THE SELLERS（由卖方购买）即可。信用证结算方式下按照对应的保险条款填写。FOB、FCA、CFR、CPT 贸易术语成交，简单填写 TO BE COVERED BY BUYERS（由买方购买）或者直接去掉保险相关内容。

㉗SHIPPING MARKS：唛头。填写外包装上的正唛内容。上面⑮ SHIPPING MARKS 处说明的如下唛头就是指此处的唛头。如果唛头内容过多，此处空间仍然不够，可以直接打印 AS PER APPENDIX ×××（按照×××号附件），并将附件随附在商业发票后面。此时需要将商业发票与唛头附件之间加盖骑缝章，以显示两者不可分割的关系。

㉘COUNTRY OF ORIGIN：原产国（地区）。通常就填写 CHINA（中国）。

㉙DECLARATION SENTENCES：声明文句。此处是货物原产于中国和无木质包装声明。声明或者证明类文句需要以"THIS IS TO DECLARE THAT"或"WE HEREBY DECLARE THAT"开头，与 DECLARE 声明类似的词还有 CERTIFIY、EVIDENCE、STATE 等具有证实、证明、声明类含义的词汇。同时，要将信用证中原文句的将来时态改为一般现在时或者现在完成时。

㉚ISSUED BY, SIGNATURE：出票人及签章。此处可以加盖蓝色油墨的中英文条形章，或者红色油墨的椭圆形中英文印章。如果印章本身不带有法人或者负责人姓名，可以单独加盖名章或者手签姓名。如信用证中要求 MANU-ALLY SIGNED（手签），则法人或者负责人姓名必须手签。关于商业发票是否

需要签章，《UCP 600》和《ISBP 745》都有说明，出具在出票人抬头纸上的商业发票理论上无须签署。但如果买卖合同或者信用证特别提及 SIGNED COMMERCIAL INVOICE（签署的商业发票），则正本商业发票应该签章。如没有强调 MANUALLY SIGNED（手签），可以用印章、摹样签字（如预先印就或扫描的签字）、穿孔签字、印戳、符号（如公章）或任何机械或电子的证实方式。笔者认为，不管买卖合同或者信用证中是否有签章要求，正本商业发票都应该签章。因为签章肯定没有问题，不签章却可能被买方或者银行拒绝。

（三）注意事项

1. 金额扣减

《ISBP 745》C6 段："D. 发票应该显示信用证要求的折扣或扣减。"C7 段："发票可以显示信用证未规定的预付款、折扣等的扣减。"因此，信用证如果有相应折扣或者扣减规定，如 3% TO BE DEDUCTED FROM THE INVOICE VALUE AS COMMISSION（商业发票扣减3%作佣金），应该在商业发票中予以体现，见图 11.15，在总金额下面打上扣减比例、金额及净值（NET VALUE）即可。但是需要注意时态的变化，TO BE DEDUCTED 变成 WAS DEDUCTED，因为缮制商业发票时佣金扣减已经是现实，不再是开证时的将来时，所以用一般过去时、一般现在时或者现在完成时更为准确。

TOTAL	18000	83700
	3% WAS DEDUCTED FROM THE INVOICE VALUE AS COMMISSION	-2511
	Net value	81189

图 11.15　金额扣减

2. 机构认证

有些买卖合同或者信用证要求商业发票须经中国国际贸易促进委员会或者使领馆认证，单证人员要充分考虑认证所需时间，并在商业发票缮制完成后第一时间送去认证。必要时可以委托专门的代理进行认证，以节省认证时间和费用。

3. 发票证实

有些买卖合同或者信用证要求对商业发票上的内容进行证实，要求出票人证实商业发票载明内容真实无误。此时在商业发票尾部加打 "WE HEREBY CERTIFY THAT THIS COMMERCIAL INVOICE IS TRUE AND CORRECT IN ALL PARTICULARS INCLUDING VALUE AND COUNTRY OF ORIGIN［我们证明此份商业发票包括金额及原产国（地区）在内的所有细节真实且正确］" 字样即可。由于是证实类单据，因此需要签章，且一旦出具后就不能再做任何修改。

4. 金额挂零

在信用证结算方式下,任何时候商业发票金额都不能超过信用证允许支取的最大金额。分批或者分期装运条件下,如果最后一批货物金额超出信用证剩余金额,超出金额必须挂零处理,即使只超出 1 美分。金额较小时可直接以损失形式注销,金额较大时注明先行注销,注销金额另行处理,见图 11.16,在总金额下面打上注销金额(WRITTED OFF AMOUNT)及净值即可。

TOTAL		18000	83700
	Written off USD100.00(to be settled separately)		-100
		Net value	83600

图 11.16 金额挂零

二、结汇用装箱单

(一)概念及作用

1. 概念

结汇用装箱单(PACKING LIST)是记录商品包装件数、重量、尺码(体积)、装箱产品类别等内容的清单类文件。

2. 作用

结汇用装箱单是对商业发票内容的有效补充,通过对商品的包装件数、重量、尺码以及装箱情况的说明,便于买方、进口国海关、公证或检验机构对商品进行清点及查验,并最终确认卖方所交货物是否符合买卖合同或者信用证规定。同时,装箱单上的数据也是缮制和审核其他结汇用单据的基础资料。

(二)样本及缮制说明

结汇用装箱单样本见图 11.17,在结构上与商业发票类似。但是结汇用装箱单更侧重于商品价格及金额以外的件数、毛重、尺码、具体包装方法等内容。如买卖合同或者信用证要求提供一般装箱单,则将货物的包装情况做简要说明即可。如买卖合同或者信用证中明确要求提供详细装箱单,则必须对货物的包装情况进行详细说明,能够通过详细装箱单清楚地知道每一个包装内的货物品名、规格、尺码、颜色、款式、数量、毛净重等具体信息。此外,鞋服类产品即使信用证中没有明确要求提供详细装箱单,笔者也建议在信用证之外提供详细装箱单给买方,以便买方清点和售卖货物。

本书中将以样本所示详细装箱单为例,按照从上往下、从左至右顺序具体说明缮制办法。

恒某贸易(沈阳)有限公司
Heng×× Enterprise Limited
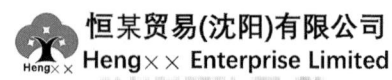
Tel/Fax:

DETAILED PACKING LIST

INV. No.: HS-TH1001
Dated: 15-Jan-22

Packing list of purchase by	Polo Shirts		purchased or agreed to	
from	KB Co., Ltd		as per order accepted.	
to be shipped per:	RIO GRANDE EXPRESS. V0830E	sailing on/or about	20-Jan-22	
from	Shanghai Port, China to	Bangkok Port, Thailand	via	by the undersigned.

NO.	CARTON NUMBERS	COMMODITY AND DESCRIPTION	PACKAGES (CTN)	QUANTITY (PCE)	N.W. (KG)	G.W. (KG)	MEASUREMENT (CBM)
1		Polo Shirts Material, CVC(60% cotton, 40% polyester), thickness of 200gsm, with embroidery logo on both left chest and back, men's with 3 buttons and women's with 3 buttons Men's and women's packed separately.					
		Men's polo shirts	180	9000	2520	2790	13.365
		50pcs/carton, mixed color packing, each carton contain 1 size and 5 colors, details as follows.					

Packages(ctns) \ Color/Size	Color	Red	Black	White	Beige	Blue	Q'ty/Ctn	Quantity of each size(pcs)
1-60	60	Size S	10	10	10	10	10	50	3000
61-120	60	Size M	10	10	10	10	10	50	3000
121-180	60	Size L	10	10	10	10	10	50	3000
Quantity of each color(pcs)			1800	1800	1800	1800	1800		

NO.	CARTON NUMBERS	COMMODITY AND DESCRIPTION	PACKAGES	QUANTITY	N.W.	G.W.	MEASUREMENT
2		Women's polo shirts	180	9000	2520	2790	13.365
		50pcs/carton, mixed color packing, each carton contain 1 size and 5 colors, details as follows.					

Packages(ctns) \ Color/Size	Color	Pink	White	Red	Purple	Black	Q'ty/Ctn	Quantity of each size(pcs)
181-240	60	Size SS	10	10	10	10	10	50	3000
241-300	60	Size S	10	10	10	10	10	50	3000
301-360	60	Size M	10	10	10	10	10	50	3000
Quantity of each color(pcs)			1800	1800	1800	1800	1800		

| TOTAL | | | 360 | 18000 | 5040 | 5580 | 26.73 |

Shipping Marks: As per Inv. No. HS-TH1001

We hereby declare that the goods mentioned above are of China Orgin and no solid wood packaging.

Issued by:
Signature:

图 11.17 结汇用装箱单样本

①ISSUER：出单人。通常与商业发票出票人一致。当信用证未明确规定出单人名称时，理论上装箱单出单人可以是任何人，但是笔者仍然建议与商业发票出票人一致。

②DETAILED PACKING LIST：单据名称。应与信用证中的要求严格一致。国外来证中可能要求提供名称为 PACKING LIST（装箱单）、DETAILED PACKING LIST（详细装箱单）、WEIGHT LIST（重量单）、MEASUREMENT LIST（尺码单）、PACKING SPECIFICATION（包装明细单）、PACKING SUMMARY（包装提要）、WEIGHT MEMO（磅码单）、SPECIFICATION LIST（规格单）、ASSORTMENT LIST（花色搭配单）等包装单据。尽管不同包装单据在结构和格式上相近，但是名称不同，显示内容的侧重点会有所不同。如尺码单可能侧重显示每一包装内的货物尺码，重量单或者磅码单则侧重显示每一包装内的重量。因此单据不能替代使用，包装单据名称必须与信用证中要求的一致。

③TO：受单人，也可以写作 ISSUED TO，即接受装箱单的人。买卖合同或者信用证中没有明确规定时，作为商业发票伴生单据的装箱单通常无须显示受单人。当然也可以与商业发票受票人保持一致。

④INV. NO.：商业发票号码。装箱单一般无单独号码，直接显示商业发票号码即可。

⑤DATED：出具日期。与商业发票出具日期相同。

⑥PACKING LIST OF：关于某某产品的装箱单。填写内容与商业发票保持一致。

⑦PURCHASE BY：由某某购买。填写内容与商业发票保持一致。此处信息实际上也可以理解为受单人。

⑧FROM：从某某处购买。填写内容与出票人名称保持一致。

⑨TO BE SHIPPED PER：由某某船运输。填写内容与商业发票保持一致。

⑩SAILING ON / ABOUT：开航或大约开航日期。填写内容与商业发票保持一致。

⑪FROM：从哪里装运。填写内容与商业发票保持一致。

⑫TO：运到哪里。填写内容与商业发票保持一致。

⑬VIA：通过哪里中转。填写内容与商业发票保持一致。

⑥~⑨及⑪~⑬这七项并非装箱单必需内容，可以根据实际情况选择保留或者删除。

⑭NO.：序号。填写内容与商业发票保持一致。

⑮CARTON NUMBERS：箱号或者外箱流水号，也可以写作 CASE NUMBERS（NOS.）。一般印刷在外包装的侧唛上。以样本装箱单对应案例为例，男式 POLO 衫和女式 POLO 衫，外包装正唛相同，尺寸相同，毛重、净重等信息也相同。多数供应商为了省去外箱印刷的制版费和换版时间，尤其是外箱

数量相对较少时，都不会对男式 POLO 衫和女式 POLO 衫分别订购外箱，此时需要箱号区分男式还是女式。同时，男式 POLO 衫和女式 POLO 衫自身也要分码分色，同样需要箱号区分号码和颜色。如样本所示，1~60 箱为男式 S 码 POLO 衫、61~120 箱为男式 M 码 POLO 衫等。任何人都可以凭装箱单及外箱上的箱号有效区分箱内货物。如不用箱号，要想对箱内货物进行有效区分，就只能分款、分码、分色分别定制外箱。需要强调的是，外包装印刷时只印刷 CARTON NUMBERS 字样，而不会印刷具体的箱号，具体的箱号需要在装箱时手动填写，并进行流水记录。如所有产品完全相同，则装箱单及外包装上的箱号可有可无。

⑯COMMODITY AND DESCRIPTION：货物描述。整体上与商业发票保持一致。在国际贸易实践中，装箱单上不是必然要显示有关货物自身（如材质、参数、做法等）的描述，即仅与商业发票保持品名一致即可。但是装箱单需要显示买卖合同或者信用证中规定的有关包装的描述。

⑰PACKAGES：包装件数。填写每个品名对应的外包装件数。需要根据实际包装改变单位。

⑱N.W.：净重。NET WEIGHT 的缩写，填写每个品名对应的总净重。需要根据实际货物改变单位。

⑲G.W.：毛重。GROSS WEIGHT 的缩写，填写每个品名对应的总毛重。需要根据实际货物改变单位。

⑳MEASUREMENT：尺码或者体积。也可以用 VOLUME，填写每个品名对应的总体积，CBM 是 CUBIC METER（立方米）的缩写。

㉑TOTAL：对件数、数量、毛净重及尺码信息进行汇总。

㉒SHIPPING MARKS：唛头。无须填写具体唛头，直接说明按照××号发票（AS PER INVOICE NO. ××）即可。当然也可以根据实际需要打上与商业发票一致的唛头。

㉓DECLARATION SENTENCES：声明文句。与商业发票做法相同。

㉔ISSUED BY, SIGNATURE：出单人及签章。与商业发票签章相同。

㉕DETAILED PACKING INSTRUCTIONS：详细装箱说明。本质上是对每一种外包装内货物情况的详细说明，是详细装箱单缮制的重点和难点。样本装箱单对应案例中要求男式和女式分开包装，每箱 1 个尺码、5 个颜色，即分色是重点。以男式 POLO 衫为例，通过表格对每一个尺码每一箱内的颜色及每种颜色装箱数量进行了详细说明，即表格中灰色背景部分内容。同时，表格左侧对每个尺码对应的总件数做了统计，下部对每种颜色对应的总数量进行了统计，右侧对每个尺码对应的总数量进行了统计。通过多维度显示以及

统计,清楚显示了男式 POLO 衫的装箱信息,以及每一箱的尺码、颜色、数量等具体情况。详细装箱说明没有固定格式和做法,在满足信用证规定的前提下,可以通过表格显示,也可以通过文字说明,能够使相关人凭装箱单与唛头清楚判断其内货物的具体情况即可。

(三)注意事项

1. 勿显示价格

装箱单上一般不能显示价格相关信息。因为有些中间商买方可能把货物直接发给最终买方,中间商并不担心最终买方知道真正供应商是谁,但是不想最终买方知道其成交价格,此时可以只换发票,而不换装箱单。如果装箱单上显示价格相关信息,则会与中间商最初目的相悖。

2. 中性装箱单

中性装箱单是指不显示出单人和受单人,也无须签章的装箱单。如果中间商买方计划把货物直接发给最终买方,但是不想最终买方知道真正供应商是谁,此时就会要求出具中性装箱单。

3. 普通装箱单

如果信用证中没有明确要求详细装箱单,则无须在装箱单上显示货物描述及详细装箱说明等内容,提供普通装箱单即可。结汇用普通装箱单与报关用装箱单一致。

4. 随货装箱单

有些买卖合同或者来证中可能规定装箱单要随货一起,即整箱运输将装箱单贴在集装箱箱门上,拼箱运输贴在外包装表面。有此要求时则照办并留下照片或者视频等证明文件,同时在装箱单上加打"WE HEREBY DECLARE THAT ONE COPY OF PACK LIST HAS BEEN PASTED ON THE INSIDE OF CONTAINER DOOR/SURFACE OF THE OUTER PACKING(我们这里声明一份装箱单副本已经被贴在了集装箱箱门内侧或者外包装表面)"即可。

三、结汇用装船通知

(一)概念及作用

1. 概念

装船通知(SHIPPING ADVICE/ADVICE OF SHIPMENT)是指出口方在货物装船后发送给进口方有关货物装运细节的通知。在信用证结算方式下,以 FOB、CFR、FCA、CPT 贸易术语成交时,装船通知副本通常作为向银行交单议付的单据之一;以 CIF、CIP 贸易术语成交一般不要求提供装船通知。

非海运情况下应称为装运通知,但是由于非海运情况下不会产生具备物权凭证性质、能够控制物权的提单,原则上不适合信用证结算,实际工作中

也很少采用。因此本书中统一称为装船通知，读者需要根据实际运输方式判定是装船通知还是装运通知。

2. 作用

装船通知有两个方面的作用。一是通知进口商做好付款和接货的准备。二是以 FOB、CFR、FCA、CPT 贸易术语成交时通知进口方办理货物投保手续。因此，不管以任何贸易术语成交，出口方在货物装运后都应该及时发出装船通知。

（二）样本及缮制说明

结汇用装船通知样本见图 11.18，并没有固定格式及显示项目，实际缮制时应以买卖合同或者信用证中规定为准。

恒某贸易(沈阳)有限公司
Heng×× Enterprise Limited

Tel/Fax:

SHIPPING ADVICE

To: KB Co., Ltd

Dear Sirs/Madams,

In compliance with your requirement for insurance purpose as set forth in the said S/C (or L/C or P/I), we wish to advise you the capationed shipment details as follows.

Basic Information
SHIPMENT OF:	Polo Shirts
INV. NO.:	HS-TH1001
QUANTITY:	18000PCS
PACKAGES:	360CTNS
TOTAL AMOUNT:	US$83,700.00

Referenced NOS.
S/C NO.:	HS-TH1001
P/O NO.:	
L/C NO.:	LC220168
INSURANCE POLICY NO.:	
COVER NOTE NO.:	

Shipment Details
Port of loading:	Dalian Port, China
Via	
Port of destination:	Bangkok Port, Thailand
Vessel and Voyage:	
B/L No.:	
ETD:	20-Jan-22
ETA:	2-Feb-22
Shipping Marks:	HS-ACE Polo Shirts

Consignee: To order of KASIKORN BANK

Special Conditions:

Issued by:
Signature:

图 11.18　结汇用装船通知样本

本书中将以样本所示装船通知为例,按照从上往下、从左至右顺序具体说明缮制办法。

①ISSURE:出单人。与商业发票保持一致。

②SHIPPING ADVICE:单据名称。应与信用证中的要求严格一致。国外来证中还可能要求提供的是ADVICE OF SHIPMENT、SHIPPING STATEMENT、SHIPPING DECLARATION等,不管称呼如何,单据内容几乎相同,缮制装船通知时与信用证中的单据名称保持一致即可。

③TO:收单人。与买卖合同或者信用证规定一致。非信用证结算方式下一般为买卖合同中的买方或者买方指定人(保险公司或者提单上的通知人)。信用证结算方式下一般为开证申请人或者规定的保险公司。

④FORMATED SENTENCES:格式化文句。例如,"IN COMPLIANCE WITH YOUR REQUIREMENT FOR INSURANCE PURPOSE AS SET FORTH IN THE SAID S/C (OR L/C OR P/I), WE WISH TO ADVISE YOU THE CAPTIONED SHIPMENT DETAILS AS FOLLOWS.[按照你方在信用证(买卖合同或者订单)中的要求,我们希望通知你方详细装运情况如下]。"

⑤BASIC INFORMATION:基础信息。与商业发票或者装箱单信息保持一致。

⑥REFERENCED NOS.:参考或者引用号码。按照实际引用的单据号码填写。信用证结算方式下,一般要求所有单据引用信用证号码,个别时候可能要求引用合同号、订单号、保险单或者暂保单号。非信用证结算方式下可以引用形式发票、买卖合同或者订单号。

⑦SHIPMENT DETAILS:装运细节。与提单信息保持一致。其中ETD(ESTIMATED TIME OF DEPATURE,预计离港时间)、ETA(ESTIMATED TIME OF ARRIVAL,预计到达时间)都含有预计字样,因此并不要求100%准确。SPECIAL CONDITIONS(特殊条款)有则填,没有则空。

⑧ISSUED BY,SIGNATURE:出单人及签章。与商业发票签章相同。

(三)注意事项

1. 装船通知应按规定时间发出

信用证结算方式下,通常要求在装船后24小时或48小时或72小时内发出装船通知,出口方必须在规定时间内发出装船通知并提供相应证据。证据可以是传真报告、已发送电子邮件、电子邮件阅读回执等。有些信用证会要求相应证据作为交单议付单据之一,因此需要及时打印相应证据并放入结汇用单据中。非信用证结算方式下也应该参照信用证结算方式的时间及时发出装船通知。不管信用证或者买卖合同中如何规定时间,出口方都应该尽早发

出装船通知。尤其是在以 FOB、FCA、CFR、CPT 贸易术语成交时，越早越好，以便进口方及时购买保险，防止出现保险真空期间。若因卖方未能及时发出装船通知导致进口方未能及时购买保险来转移风险，则风险转移不能以装运港船上或者货交第一承运人为界，而是由出口方一直承担风险。即使以 CIF、CIP 贸易术语成交，出口方也应该发送装船通知给进口方，以便进口方做好付款及接货准备工作，只是时效要求相对 FOB、FCA、CFR、CPT 贸易术语要低一些。

2. 装船通知按规定内容、方式发出

如果买卖合同或者信用证对装船通知内容、发送方式有明确规定，则应按照规定内容及方式发送。如果没有明确约定，笔者建议按照样本以邮件方式发出，且发出时应要求阅读回执。必要的时候可以通过即时通信工具或者电话通知进口方查收装船通知并邮件回复"确认收到"。

（四）有效区分装船通知和装运指示

装船通知是在货物装船后由出口方发给进口方的有关货物装运细节的通知。装运指示（SHIPPING INSTRUCTIONS）是以 FOB、FCA 贸易术语成交时在货物装船前由进口方发给出口方的有关货物运输的指示。整船运输会告知船名、航次、装运港、到港时间、靠泊时间等信息，以便出口方做好集港工作。集装箱运输时会告知船公司名称、委托书号码或者订舱代理人信息，以便出口方订舱出运。同时都会告知收货人、通知人、目的港等信息。

四、运输单据审核

（一）说明

常用运输单据有海运提单、海运单、空运单、铁路运单、公路运单 5 种。后 4 种运单由于不具备海运提单的物权凭证性质，也不能流通转让，各方当事人都不能凭之控制货物，所以很少用于信用证结算。

运输单据无须发货人自行缮制，而是由船公司或者货运代理缮制草单后交给发货人审核，发货人审核无误后才会出具正本。因此，笔者将以信用证结算方式下的海运提单为例，具体讲授运输单据审核要点。

（二）样本及审核要点

海运提单样本见图 11.19，不同船公司或者无船承运人签发的提单在格式上会有所不同，但是提单表面显示内容却大体相同。提单上关键栏目内容都是依照出口货物订舱委托书而来的，如果之前缮制出口货物订舱委托书时已经确定与信用证中提单要求相符，则可以依据出口货物订舱委托书审核提单。

XXX SHIPPING LINE LIMITED		ORIGINAL	
		PAGE: 1 OF 1	
		PORT TO PORT OR COMBINED TRANSPORT BILL OF LADING	
1. Shipper Insert Name Address and Phone/Fax Tel/Fax:		Booking No. 7234671280	Bill of Lading No. SNKOGX02A0806009-H
		Export Reference CSO/AGREEMENT NUMBER 00032425	
2. Consignee Insert Name Address and Phone/Fax To order of KASIKORN BANK		Forwarding Agent and Reference FMC/CHB No.	
		Point and Country of Origin	
3. Notify Party Insert Name Address and Phone/Fax KB Co., Ltd 266/118 Soi Phuttabucha 36 ,Phuttabucha Rd., Bangmod,Thungkru. Bangkok, Thailand 10140 Phone:/Fax: 0065-02-0651851		Also Notify Party-routing and Insutructions	
4. Combined Transport* Pre-carriage by	5. Combined Transport* Place of Receipt		
6. Ocean Vessel Voy. No. RIO GRANDE EXPRESS. V0830E	7. Port of Loading DALIAN PORT, CHINA	Service Contract No.	Doc. Form No.
8. Port of discharge BANGKOK PORT, THAILAND	9. Combined Transport* Place of Delivery	Type fo Movement FCL / FCL	CY-CY
Marks and Nos. Container/Seal No.	No. of Container or Packages	Description of Goods(Dangers goods, see Clause 20)	Gross Weight	Measurement

Marks and Nos. Container/Seal No.	No. of Container or Packages	Description of Goods(Dangers goods, see Clause 20)	Gross Weight	Measurement
HS-ACE Polo Shirts	360 CARTONS	POLO SHIRTS	5580KGS	26.73CBM
SHIPPER'S LOAD STOW ON CY-CY TERM COUNT AND SEAL				
TEMU3251221/ S500173 / 360 CARTONS /FCL/FCL /20GP/				
Declared Cargo Value US$		Description of Contens for Shipper's Use Only(Not part of This B/L Contract)		
10. Total Number of Containers and/or Packages(in words) Subject to Clause 7 Limitation		SAY THREE HUNDRED AND SIXTY CARTONS ONLY.		

11. Freight and Charges	Revenue Tons	Rate	Per	Amount	Prepaid	Collect	Freight and Charges Payable at/by
					FREIGHT PREPAID		

Received in external apparent good order and condition except as otherwise noted. The total number of the packages or units stuffed in the container, the description of the goods and the weights shown in this Bill of Lading are furnished by the merchants, and which the carrier has no reasonable means of checking and is not a part of this Bills of Lading contract. The carrier has issued 3 original Bills of Lading, all of this tenor and date, one of the original Bills of Lading must be surrendered and endorsed or signed against the delivery of the shipment and whereupon any other original Bills of Lading shall be void. The merchants agree to be bound by the terms and conditions of this Bill of Lading as if each had personally signed this Bill of Lading.
*Applicable Only When Document Used as a Combined Transport Bill of Lading.
Demurrage and Detention shall be charged according to the tariff published on the Home page of http://lines.coscoshipping.com. If any ambiguity or query, please search by Demurrage & Detention Tariff Enquiry.
The complete TERMS AND CONDITIONS appearing on the reverse side of this Bill of Lading are available at http://lines.coscoshipping.com, which also provides other services and more detailed information.

Date Laden on Board 20-Jan-22
Signed by:
大连某海运集装箱运输有限公司
×××CONTAINER LINE(DALIAN) CO.,LTD

As Agent

Date of Issue: 20 JAN 2022 Place of Issue: Dalian Signed for the Carrier, xxx Shipping Line Limited.

图 11.19 海运提单样本

本书将以海运提单样本为例，从发货人角度，说明运输单据重点审核栏目。

1. 带序号栏目审核

①SHIPPER：发货人或者托运人。应与信用证中的受益人严格一致。包括但不仅限于名称、地址及联系方式的拼写，都需要与信用证中的描述严格一致。

②CONSIGNEE：收货人。应与信用证中提单条款中要求的收货人严格一致。信用证提单要求中的 MADE OUT 或者 ISSUED 后面说的就是收货人。MADE OUT TO ORDER，收货人栏应填写 TO ORDER 或者 TO ORDER OF SHIPPER，然后由发货人做背书给收货人或银行。MADE OUT TO OUR ORDER，提单收货人栏应该填写 TO ORDER OF ISSUING BANK（实际操作时 ISSUNG BANK 需要换成具体开证行名称，下同），信用证中第一人称为开证行。MADE OUT OR ENDORSED TO OUR ORDER，若收货人栏可填写 TO OR-DER 或者 TO ORDER OF SHIPPER，然后由发货人做背书给开证行（即在提单背面打上 DELIVERY TO ORDER OF ISSUING BANK 并由发货人签章）；若收货人栏填写 TO ORDER OF ISSUING BANK，则无须背书。

使用记名提单时一般为买卖合同的买方，使用指示提单时一般为 TO OR-DER（凭指示）、TO ORDER OF SHIPPER（凭发货人指示）、TO ORDER OF ISSUING BANK（凭开证行指示）。电汇及托收结算方式下需要与买方确认收货人名称、地址、联系方式、税号等信息。信用证结算方式下按照信用证中提单要求填写。

③NOTIFY PARTY：通知人。应与信用证提单要求中的通知人严格一致。信用证提单要求中 NOTIFY 或者 NOTIFYING 后面说的就是通知人。NOTITY APPLICANT（通知申请人），通知人栏填写申请人的具体名称、地址及联系方式等信息，而不能填写 APPLICANT。NOTIFY APPLICANT AND A，通知人填写申请人以及给定的 A 的名称、地址及联系方式等信息。如通知人栏只能填写一家公司信息，保留申请人信息，将通知人 A 打在样本提单通知人右边 ALSO NOTIFY PARTY-ROUTING & INSTRUCTIONS 栏，若没有这一栏也可以打在提单表面上的其他位置。

④COMBINED TRANSPORT * PRE-CARRIAGE BY：联合运输下的前段运输。填写前段运输信息，如运输方式、运输工具名称等。

⑤COMBINED TRANSPORT * PLACE OF RECEIPT：联合运输下的收货地。填写收货地名称。

⑥OCEAN VESSEL VOY. NO.：船名、航次，此栏只要有信息即可，无须进行内容审核。

⑦PORT OF LOADING：装运港。应与信用证中的装运港严格一致。信用证上装运港显示 DALIAN PORT, CHINA，提运单上就不要显示为 DALIAN PORT 或者 DALIAN, CHINA，反之亦然。

⑧PORT OF DISCHARGE：卸货港。应与信用证中的卸货港或者目的港严格一致。具体要求与装运港相同。

⑨COMBINED TRANSPORT * PLACE OF DELIVERY：联合运输下的交货地。填写交货地名称。

⑩TOTAL NUMBER OF CONTAINERS AND/OR PACKAGES（IN WORDS）：集装箱或者包装总数大写。应为上面的"NO. OF CONTAINER OR PACKAGES"小写数值对应的大写。

⑪FREIGHT AND CHARGES：运费及收费。填写运费及其他收费。信用证没有明确要求的情况下，这一行仅需打上 FREIGHT PREPAID（运费预付，以运费预付贸易术语成交）或者 FREIGHT COLLECT（运费到付，以运费到付贸易术语成交）即可。信用证有明确规定时，则需要在订舱委托书中说明，并告知货运代理按照具体规定缮打此行内容。

2. 其他栏目审核

按照从上往下、从左至右顺序具体说明审核办法。未说明栏目为无须审核栏目，具体含义可以网络搜索或者向货运代理咨询。

①MARKS AND NOS.：唛头。应与结汇用商业发票上的唛头保持一致。

②CONTAINER / SEAL NO.：集装箱号及铅封号。确认与实际集装箱号及铅封号一致即可。样本中 TEMU3251221 为集装箱号，S500173 为铅封号。集装箱号及铅封号主要用于确认货物中途是否有掉装，银行审单时通常不会审核此栏具体内容。

③NO. OF CONTAINER OR PACKAGES：集装箱或者包装数量。应与结汇用装箱单上的包装件数一致。

④DESCRIPTION OF GOODS：货物描述。应与结汇用商业发票上的货物统称一致。即使结汇用商业发票无合适统称，提单上也可以采用与结汇用商业发票上货物名称不矛盾的货物统称。当结汇用商业发票上的货物名称不超过 5 个时，笔者建议全部缮打在提单上。至于具体货物描述，如果内容较少可以一同缮打，如果内容较多，不缮打通常也不会构成不符。

⑤GROSS WEIGHT：总毛重。应与结汇用装箱单上总毛重一致。如果货

运代理按照货物进港实际重量缮打提单上的总毛重,并与早期缮制的出口货物订舱委托书及装箱单上的数据不一致,应该根据提单上的数据更改装箱单数据。

⑥MEASUREMENT:总体积。应与结汇用装箱单上的总体积一致。若不一致,同样需要根据提单上的数据更改装箱单数据。

⑦NUMBER OF ORIGINALS:正本提单份数。应与信用证中提单份数要求一致。样本中在左下角有很多文字的一栏中有说明承运人签发 3 份正本。但是多数提单上都会有单独的一栏显示正本提单份数。若信用证中仅规定提交全套正本提单,但却未明确规定正本份数,可以是一份或者多份正本。即使是一份正本也算做一套。但是笔者建议按照惯例提供 3 份正本。

⑧DATE LADEN ON BOARD:装船日期。不能迟于信用证中规定的装运期间或者最迟装运期。此栏是提单审核重点,若与信用证规定不符或者没有显示装船日期,开证行可直接拒付。

⑨SIGNED BY:提单签章。应符合《UCP 600》相应规定。第一,签章必须表明承运人,即承运人名称必须显示在提单签章处或者其他适当位置。通常提单表面都会预先印就承运人名称以及标志,如样本提单左上角和右下角都预先印就承运人名称。第二,签章必须表明签单人以及签单人身份,即签章处必须有签单人名称,且需要表明签单人是承运人本人、承运人的具名代表或代理、船长及其具名代表或者代理的具体身份。如样本提单所示,签单人为大连某海运集装箱有限公司,签章下方有 AS AGENT(作为代理)字样,同时下方预先印就的 SIGNED FOR THE CARRIER, ××× SHIPPING LINE LIMITED,表明作为承运人 ××× SHIPPING LINE LIMITED 的代理签单。若此处没有显示承运人名称,而是说 SIGNED FOR THE ABOVE CARRIER,尽管做法并不十分规范,但是在提单左上方已经显示承运人名称的前提下,也满足要求。此种情况下,签单人与预先印就的承运人名称不同。若签单人与预先印就的承运人名称相同且签章下方注明 AS CARRIER,表明签单人是以承运人身份签单。

(三)注意事项

1. 海运提单判定

海运提单(OCEAN BILL OF LADING)是指港至港提单,不管提单表面名称如何,只要提单表面上显示运输是装运港至目的港就满足海运提单要求。样本提单中带有序号的 COMBINED TRANSPORT * PRE-CARRIAGE BY、COMBINED TRANSPORT * PLACE OF RECEIPT、COMBINED TRANSPORT *

PLACE OF DELIVERY 三栏应为空，即不能在提单表面显示联合运输下的前段运输、收货地、交货地信息。

2. 提单类型判定

提单类型判定主要涉及的是船公司提单还是货运代理提单（无船承运人提单）。一般可以从提单上预先印上的名称进行判定，船公司名称中通常含有 SHIPPING LINE、CONTAINER LINE 字样，而货运代理公司名称中通常含有 FREIGHT FORWARDER、SHIPPING AGENT、LOGISTICS 字样。此外，船公司多是知名公司，在网上可以搜索到其官网，能通过提单号或者集装箱号查到集装箱及货物运输轨迹。

五、保险单据审核

（一）样本

保险单样本见图 11.20，不同保险公司的保险单在样式上会略有区别。对于出口企业而言，并不需要自行缮制保险单。在委托货运代理投保的情况下，甚至投保单也无须自行缮制。

PICC 中国人民财产保险股份有限公司
PICC PROPERTY AND CASUALTY COMPANY LIMITED

总公司设于北京 Head Office Beijing	一九四九年创立 Established in 1949	保险单号(POLICY NO.)：

货物运输保险 保险单 CARGO TRANSPORTATION INSURANCE POLICY

发票号(INVOICE NO.)：
提单号(B/L NO.)：
合同号(CONTRACT NO.)：
信用证号(L/C NO.)：
被保险人(THE INSURED)：

中国人民财产保险股份有限公司(以下简称本公司)根据被保险人要求,以被保险人向本公司缴付约定的保险费为对价,按照本保险单列明条款承保下述货物运输保险,特订立本保险单。

THIS POLICY OF INSURANCE WITNESSES THAT PICC PROPERTY AND CASUALTY COMPANY LIMITED (HEREINAFTER CALLED "THE COMPANY") AT THE REQUEST OF THE INSURED AND IN CONSIDERATION OF THE AGREED PREMIUM PAID TO THE COMPANY BY THE INSURED, UNDERTAKES TO INSURE THE UNDERMENTIONED GOODS IN TRANSPORTATION SUBJECT TO THE CONDITIONS OF THIS POLICY AS PER THE CLAUSES PRINTED OVERLEAF.

标记(MARKS & NOS.)	包装及数量(PACKAGE & QUANTITY)	保险货物项目(GOODS)	保险金额(AMOUNT INSURED)
HS-ACE POLO SHIRTS	360 CARTONS	POLO SHIRTS	USD 92,070.00

总保险金额(TOTAL AMOUNT INSURED)： USD NINETY-TWO THOUSAND, SEVENTY ONLY

保费(PREMIUM)： AS ARRANGED   启运日期(DATE OF COMMENCEMENT)： JAN 20, 2022
装载运输工具(PER CONVEYANCE)： RIO GRANDE EXPRESS. V0830E
自(FROM)： DALIAN PORT, CHINA
经(VIA)：
至(TO)： BANGKOK PORT, THAILAND
承保险别(CONDITIONS)：
COVERING ALL RISKS AND WAR RISKS AS PER OCEAN MARINE CARGO CLAUSES (2018) OF THE PICC PROPERTY AND CASUALTY COMPANY LIMITED.

所保货物如发生保险单项下可能引起索赔的损失,应立即通知本公司或下述代理人查勘。
IN THE EVENT OF LOSS OR DAMAGE WHICH MAY RESULT IN A CLAIM UNDER THIS POLICY IMMEDIATE NOTICE MUST BE GIVEN TO THE COMPANY OR AGENT AS MENTIONED.

保险服务请联系：
CONTACT INFORMATION OF INSURANCE SERVICE:
中国人民财产保险股份有限公司江苏分公司PICC Property and Casualty Company Limited N ANJING Branch
电话(TEL)：
传真(FAX)：
EMAIL：
地址(ADD)： 江苏省南京市长江路69号保险大厦17层17/F, INSURANCE EDIFICE, NO.6 9, CHANGJIANG RD, NANJING, JIANGSU, CHINA
保险人：
UNDERWRITTER

赔款偿付地点(CLAIM PAYABLE AT) BANGKOK IN USD
签单日期(ISSUING DATE) 2022-1-29

图 11.20 保险单样本

（二）审核说明

本书将以保险单样本为例，从发货人角度，按照从上往下、从左至右的顺序说明保险单据重点审核栏目。未说明栏目为无须审核栏目。

①INSURANCE POLICY：单据名称。应与信用证中的规定保持一致。保险单据主要有保险单和保险凭证（INSURANCE CERTIFICATE）两种。信用证中一般要求保险单，保险凭证则鲜有应用。按照信用证约定向保险公司说明即可。

②INVOICE NO.：发票号。与结汇用商业发票上载明的号码保持一致。

③B/L NO.：提单号。与提单上载明的号码保持一致。

④CONTRACT NO.：合同号。与买卖合同上载明的号码保持一致。

⑤L/C NO.：信用证号。与信用证上载明的号码保持一致。

⑥THE INSURED：被保险人。只填写名称即可，应与信用证中的规定一致。信用证保险单条款中的 IN FAVOR OF、MADE OUT TO、ISSUED TO 字样说的就是保险单的被保险人。若信用证中没有明确约定或者非信用证结算，笔者建议以信用证中的受益人或者买卖合同的卖方为保险人，然后按照要求背书给开证行、申请人或者买方，以便更好地执行"仓至仓"条款。

⑦MARKS & NOS.：唛头或者标记。应与商业发票、提单上的唛头一致。也可以简单填写 AS INVOICE（按照发票）或者 AS B/L（按照提单）。

⑧PACKAGE & QUANTITY：包装及数量。应与装箱单、提单上的包装及数量保持一致。

⑨GOODS：保险货物项目。应与商业发票上的货物统称或者具体货物名称保持一致。

⑩AMOUNT INSURED：保险金额。应与信用证中的规定保险金额（包括币种及加成比例）一致。若信用证没有明确规定，需要至少是结汇用商业发票上显示的 CIF 或者 CIP 金额的 110%（加 1 成）投保。保险金额不要求保留两位以上小数，但是不管第三位小数是几都应向前进位，否则就意味着保险金额不足。例如，100.451 和 100.459 都应写为 100.46。

⑪TOTAL AMOUNT INSURED：总保险金额大写。应与上方小写金额（之和）一致。

⑫PREMIUM：保费。应为实际保险金额或者 AS ARRANGED（按照安排）。若信用证中要求注明 PREMIUM PREPAID（保费预付），应该在保险单上有相应批注。

⑬DATE OF COMMENCEMENT：启运日期。应与提运单上的装船（运）日期一致。

⑭PER CONVEYANCE：装载运输工具。应与提运单上的运输工具名称及航次、班次号一致。

⑮FROM：自。应与提运单上的装运港或者收货地保持一致。

⑯VIA：经。应与提运单上的中转港或者中转地保持一致。

⑰TO：至。应与提运单上的目的港或者交货地保持一致。

⑱CONDITIONS：承保险别。应与信用证中规定的险别及适用条款一致。若信用证中没有明确规定，则应依据《2020通则》解释。CIF贸易术语下可以投保最低险别，即中国人民保险公司保险条款平安险，或者协会货物保险条款的ICC（C）险，当然也可以投保最高险别。CIP贸易术语下则只能投保最高险别，即中国人民保险公司保险条款一切险，或者协会货物保险条款的ICC（A）险。此栏是保险单核心内容以及审核重点，应该与信用证中的要求严格一致，包括主险和附加险以及适用条款。

⑲CLAIM PAYABLE AT：赔款偿付地点。应与信用证中规定的偿付地点及偿付币种一致。若信用证中要求CLAIM PAYABLE AT DESTINTION（在目的地赔付），以CIF贸易术语成交且提单表面未显示交货地（目的地），笔者建议此栏用DESTINATION代替卸货港所在地名称。因为卸货港所在地并不一定是货物运输的最终目的地。比如，进口货物海运到天津港，但是最终目的地却可能是北京，在"仓至仓"条款下，被保险人自然希望在最终目的地北京赔付，而不是在卸货港所在地天津赔付。以CIP贸易术语成交且提单表面显示了交货地，则此栏可以用DESTINATION或者交货地所在地名称，因为二者是一致的。

⑳ISSUING DATE：签单时间。应不晚于提单上的装船日期，否则有漏保嫌疑，开证行可以正当拒付。尽管实务中保险单签发日期多是在货物装船的同一日，以防预载船只滞港引起的保险修改。但是考虑到CIF、CIP贸易术语保险能够实现真正的"仓至仓"条款，投保人应该在成功订舱以后、货物离场之前进行投保，以保证卖方仓库到装运港运输期间也能享受保险的保障。

㉑UNDERWRITTER：保险人或者承包人。正本保险单需要有保险公司签章。

六、原产地证明书

（一）概念及作用

1. 概念

原产地证明书（CERTIFICATE OF ORIGIN）简称原产地证，是指证明有关出口货物原产地、制造地，由海关或者中国国际贸易促进委员会签发的官方证明文件。

2. 作用

原产地证主要证明货物原产地或者制造地，以便进口国（地区）海关采用不同的关税及配额制度。进口货物可以据此享受优惠关税税率。

（二）种类

根据中国国际贸易单一窗口显示，常用海关原产地证有27种，见图11.21，其中第一种一般原产地证C也可以由中国国际贸易促进委员会签发。

图11.21 常用海关原产地证

出口货物发往国家或者地区不同，需要申请的原产地证会有所不同。

（三）样本及缮制说明

原产地证需要通过中国国际贸易单一窗口申请。不同种类的原产地证在格式及内容上会略有区别，但是大体要求输入的内容及做法相同。以中国—东盟自贸区原产地证为例，具体申请路径为中国国际贸易单一窗口官网—使用操作员卡或法人卡登录—标准版应用—原产地—海关原产地证书申请—新建证书—选择证书类型—申请填报界面［中国—东盟自贸区原产地证（FORM E），见图11.22］。

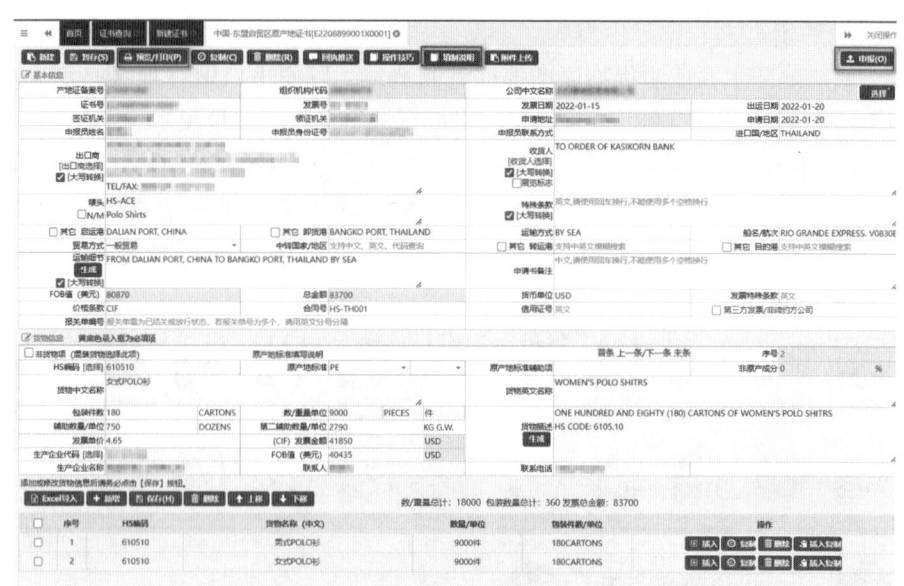

图 11.22　中国—东盟自贸区原产地证填报界面

按照结汇用商业发票、提单及出口报关单（含确认无误的报关预录单）信息，根据页面提示逐项填写。如不知或者不确定如何填写，点击页面上方"填制说明"按钮查看具体填写方法。由于系统中的填制说明讲解得非常详细，本书不做展开。全部填写完成后点击上方"预览/打印（P）"按钮，在跳转页面选择打印格式为标准模式、打印类型为证书后，再点击"下载打印"按钮，下载原产地证草单（见图 11.23）。然后可将草单与商业发票及提单进行一致性比对，确保草单上的信息与商业发票及提单上对应的信息一致。非信用证结算方式下可以发给客户进行确认。确认无误后点击"申报"按钮进行正式申报。审核通过后，能够自助打印的可以在线打印，不能自助打印的需要到海关部门去打印。

1.Products consigned from(Exporter's business name,address, country) TEL/FAX:			Reference No. E2208899001X0001 **ASEAN-CHINA FREE TRADE AREA** **PREFERENTIAL TARIFF** **CERTIFICATE OF ORIGIN** (Combined Declaration and Certificate) **FORM E** 非有效证书 Issued in THE PEOPLE'S REPUBLIC OF CHINA (Country) See Overleaf Notes		
2.Products consigned to (Consignee's name,address,country) TO ORDER OF KASIKORN BANK					
3.Means of transport and route (as far as known) Departure date JAN. 20, 2022 Vessel's name/Aircraft etc. RIO GRANDE EXPRESS. V0830E Port of Discharge BANGKOK PORT, THAILAND FROM DALIAN PORT, CHINA TO BANGKOK PORT, THAILAND BY SEA			4.For Original use Verification:origin.customs.gov.cn ☐ Preferential Treatment Given ☐ Preferential Treatment Not Given(Please state reason/s) Signature of Authorised Signatory of the Importing Party		
5.item number	6.Marks and numbers on packages	7.Number and type of packages, description of products (including quantity where appropriate and HS number in six digit code)	8.Origin criteria (see Overleaf Notes)	9.Gross weight or net weight or other quantity, and value (FOB) only when RVC criterion is applied	10.Number, date of Invoices
1	HS-ACE Polo Shirts	ONE HUNDRED AND EIGHTY (180) CARTONS OF MEN'S POLO SHIRTS HS CODE: 6105.10	"PE"	9000PIECES 750DOZENS 2790KG G. W.	HS-TH001 JAN. 15,2022
2		ONE HUNDRED AND EIGHTY (180) CARTONS OF WOMEN'S POLO SHITRS HS CODE: 6105.10 *** *** *** *** ***	"PE"	9000PIECES 750DOZENS 2790KG G. W.	
11.Declaration by the exporter The undersigned hereby declares that the above details and Statement are correct,that all the products were produced in CHINA (Country) and that they comply with the origin requirements specified for these products in the Rules of Origin for the ACFTA for the products exported to THAILAND (Importing Country) Place and date, signature of authorised signatory			12.Certification it is hereby certified on the basis of control carried out,that the declaration by the exporter is correct Place and date,signature and stamp of certifying authority		
13. ☐ Issued Retroactively ☐ Exhibition ☐ Movement Certificate ☐ Third Party Invoicing					

图 11.23 原产地证草单

七、受益人证明缮制

(一) 概念及作用

1. 概念

受益人证明（BENEFICIARY'S CERTIFICATE）也称出口商证明（EXPORTER'S CERTIFICATE），是指受益人按照买卖合同或者信用证有关规定，对外出具的说明已经履行了某项义务、完成了某项工作或者其行为符合进口商或者进口国的要求而出具的各类证明性文件。受益人证明种类繁多，可能是寄单证明、寄样证明、检验证明、产地证明、包装证明、环保证明、人权证明等。信用证申请人可以对任何他关注或者在意的点要求受益人提供相应的证明。

2. 作用

受益人证明的根本作用是提醒受益人确认自己确实按照信用证或者买卖合同要求履行了某项义务、完成了某项工作或者其行为符合进口商或者进口国的要求，并愿意为声明中的内容承担法律责任。

(二) 样本及缮制说明

受益人证明样本见图 11.24。不同种类受益人证明主要区别在于具体内容，单据名称及格式上完全相同。样本中一并列出了常用受益人证明文句，实际制单时需要根据信用证具体要求分别出具。

受益人证明单据名称为 BENEFICIARY'S CERTIFICATE（受益人证明），适用各类证明。而且因属于证明类文件，应有与结汇用商业发票上一致的签章。

受益人证明应出具在受益人抬头纸上，且以 "WE HEARBY TO CERTIFY THAT" 或者 "THIS IS TO CERTIFY THAT" 开头，然后照抄信用证中要求的内容。但是需要注意时态变化，在开立信用证时，需要证明的事项还没有发生，所以信用证中的描述多为一般将来时。但是当缮制收益证明时，需要证明的事项必须已经完成或本就是事实，因此需要用一般过去时或者现在完成时或者阐述事实的一般现在时。

有些国外来证可能不要求单独出具受益人证明，而要求在结汇用商业发票或者结汇用装箱单上加打相应证明类文句，其做法及具体行文与受益人证明相同，只是省去了单独出具的步骤。

恒某贸易(沈阳)有限公司
Heng×× Enterprise Limited
Tel/Fax:

Beneficiary's Certificate

Date: 20-JAN-2022

寄单证明文句
We hereby to certify that one set of the non-negotiable documents request under the L/C No. ABC567001 **have been dispatced** to applicant directly by courier within 2 days after the shipment date.
（出具证明时，单据已经寄出，用现在完成时）

寄样证明文句
We hereby to certify that one set of shipment samples request under the L/C No. ABC567001 **have been dispatced** to applicant directly by courier within 2 days after the shipment date.
（出具证明时，样品已经寄出，用现在完成时）

无木质包装证明文句
We hereby to certify that the goods under the L/C No. ABC567001 **do not contain** any wood packing materials.
（包装中不含有木质材料是一种事实，用一般现在时）

原产地证明文句
We hereby to certify that the goods under the L/C No. ABC567001 **are** of China Origin.
（货物原产于中国是一种事实，用一般现在时）

用工证明文句
We hereby to certify that the goods under the L/C No. ABC567001 **are not manufacutured or processed** with Convict, Child or Forced Labors.
（货物不是由罪犯、儿童或是强制劳工制造是一种事实，用一般现在时）

图 11.24　受益人证明样本

八、ISF"10+2"表格缮制

（一）ISF 介绍

ISF 即进口安全申报（IMPORTER SECURITY FILING）和运送人附加要求，要求美国进口商（10 项申报内容）和船公司（两项申报内容）必须在货物装船前 24 小时，通过 AMS 或 ABI（AUTOMATED BROKER INTERFACE，货运代理自动申报界面）系统将电子申报数据送入美国海关。

ISF 申报与 AMS 有一定区别：AMS 由发货人提供信息，由装运港货运代理进行申报；ISF 由装运港货运代理提供部分信息，发货人补充后将全部信息发给进口商，由进口商或者其委托的目的港货运代理进行申报。

在国际贸易实践中，信用证中可能要求受益人提供已经发送 ISF 证明（受益人证明），并要求提供 ISF 副本。受益人应该在提供 AMS 给货运代理时同步发送 ISF 给进口商。必要时打印发送 ISF 的传真报告、已发送邮件等作为及时发送证明。

(二) 样本及缮制说明

ISF 表格样本见图 11.25，"10+2"中的"2"由船公司进行申报，即船运装载位置计划资料（VESSEL STOW PLAN）与装载货柜的状况信息（CONTAINER STATUS MESSAGE）。发货人需要提供的是其中的"10"相关信息。同时为了方便进口商申报，ISF 中通常需要补充货物及装运信息。

Importer Security Filing(ISF) Form

Commodity Information
- INV. No.:
- Commodity Name:
- Quantity:
- Number and Package:

Shipment Information
- Vessel Name & Voyage No.:
- Loading Port:
- Destination Port: New York, USA
- Estimated Time of Departure: 15-Nov-21
- Estimated Time of Arrival: 05-Dec-21
- Loose Freight/Full Container: Loose Freight
- AMS No.:
- HB/L No.:
- HB/L SCAC Code: AMIG
- MB/L No.:
- MB/L SCAC Code: KKLU
- Container No.:

Note: Any information that will connect ISF to actual Import Shipment

1. Seller Name and Address
[Company Name]
[Street Address]
[City, State, ZIP]
[000-000-0000]/[000-000-0000]

2. Manufacturer(Supplier) Name and Address
[Company Name]
[Street Address]
[City, State, ZIP]
[000-000-0000]/[000-000-0000]

3. Buyer Name and Address
[Company Name]
[Street Address]
[City, State, ZIP]
[000-000-0000]/[000-000-0000]

4. Ship To Party Name and Address
[Company Name]
[Street Address]
[City, State, ZIP]
[000-000-0000]/[000-000-0000]

5. Container Stuffing Name & Location
BLUE DRAGON LOGISTICS CO.,LTD
No.8 NORTH JINGANG ROAD BEILUN,NINGBO,P.R.C
PC: 315800
TEL:86 574 86877718
FAX:86 574 86823821

6. Consolidator Name and Address
AMASS FREIGHT INTERNATIONAL (NINGBO) CO.,LTD.
ROOM 701+702+703 GUTING BUILDING,
004 BUILDING NINGBO HEFENG CREATIVE PLAZA,
No. 495 JIANGDONG NORTH ROAD, NINGBO, CHINA

7. Importer of Record Number:

8. Consignee Tax ID Number

9. Country of Origin of the Goods
China

10. Commodity Harmonized Tariff Schedule Number
HS CODE:　　610510

Importer Name
E-Mail

Signatue
Date

图 11.25　ISF 表格样本

①COMMODITY INFORMATION：商品信息。INV. NO.（商业发票号码）、COMMODITY NAME（商品名称）、QUANTITY（数量）、NUMBER AND PACKAGE（包装件数）按照结汇用商业发票、结汇用装箱单及提单上的信息填写。

②SHIPMENT INFORMATION：装运信息。VESSEL NAME & VOYAGE NO.（船名航次）、LOADING PORT（装运港）、DESTINATION PORT（目的港）、ESTIMATED TIME OF DEPARTURE（预计离港时间）、ESTIMATED TIME OF ARRIVAL（预计到达时间）、LOOSE FREIGHT/FULL CONTAINER（拼箱还是散货），按照提单上的信息填写。AMS NO.（AMS 号码）、HB/L NO.［分提单（货运代理提单）号码］、HB/L SCAC CODE［分提单签发人（货运代理）标准数字编码，其中 SCAC 为 SIANDARD CARRIER ALPHA CODE（标准数字编码）的缩写］、MB/L NO.［主提单（船公司提单号）］、MB/L SCAC CODE：［主提单签发人（船公司）标准数字编码］、CONTAINER NO.（集装箱号码），按照货运代理提供信息填写。

③SELLER NAME AND ADDRESS：卖方名称及地址。应与买卖合同中卖方的信息保持一致。

④MANUFACTURER（SUPPLIER）NAME AND ADDRESS：制造商（供应商）名称及地址。应与出口报关单上的生产销售单位一致，多数时候与卖方名称及地址相同。

⑤BUYER NAME AND ADDRESS：买方名称及地址。应与买卖合同中买方的信息一致。

⑥SHIP TO PARTY NAME AND ADDRESS：最终收货人名称及地址。应与买卖合同中约定的最终收货人或者买方指定的收货人信息一致，多数时候与买方名称及地址相同。

⑦CONTAINER STUFFING NAME & LOCATION：集装箱装箱人名称及地点。整箱运输一般填写发货人名称及地址（多数时与卖方信息一致），拼箱运输或者在货运代理指定仓库装箱一般填写仓库经营者名称及地址（具体信息由货运代理提供）。

⑧CONSOLIDATOR NAME AND ADDRESS：集中托运人（拼箱公司）名称及地址。具体信息由货运代理提供。

⑨IMPORTER OF RECORD NUMBER：进口商登记号。留空，由进口商自行补充填写。

⑩CONSIGNEE TAX ID NUMBER：收货人税号。留空，由进口商自行补充填写。

⑪COUNTRY OF ORIGIN OF THE GOODS：货物原产国（地区）。通常填 CHINA（中国），个别时候个别货物原产于其他国家可以特别注明。

⑫COMMODITY HARMONIZED TARIFF SCHEDULE NUMBER：美国海关货物 HTS 编码。发货人填写中国海关编码的前 6 位即可，由进口商自行完成编码转换。

九、检验证书审核

（一）概念、作用及种类

1. 概念

检验证书是指由第三方公正的检验机构对拟装运出口货物进行感官、物理或者化学检验后出具的证明货物品质、数量等符合信用证（或买卖合同，下同）规定的证明文件。

2. 作用

在信用证结算方式下，检验证书用于证明拟装运出口货物品质、数量等符合信用证规定，以供受益人先行交单结汇。

3. 种类

在信用证结算方式下，要求的检验证书通常为合格的装运前检验证书，有品质检验证书和数量（重量）检验证书两种。受益人必须提交约定检验机构签发的合格检验证书才能用于交单结汇。

（二）审核要点

不同行业、不同产品、不同检验机构出具的检验证书会有很大不同，所以本节只讲授通用审核要点。

1. 引用号码审核

检验证书需要引用结汇用商业发票号码、信用证号码或者买卖合同号码中的一个或者多个，审核时需要确认与引用的单据上的号码一致。

2. 检验机构审核

如果信用证中规定了检验机构，审核时需要确认检验证书表面预先印就的检验机构名称及签章一致，且符合信用证规定。

3. 检验标准与项目审核

如果信用证中规定了检验标准与项目，审核时需要确认检验证书表面显示了对应标准名称及具体检验项目。

4. 出证日期审核

检验证书的出证日期必须早于提单上的装船日期，否则就有漏检或者欺诈的嫌疑，开证行有权直接拒付。受益人需要根据实际检验所需时间合理安排检验，尤其是需要经实验室检验才能出证的情况下。

5. 检验结果审核

检验结果是审核的重中之重，因为只有特定标准下的所有要求检验的项目都显示为合格，检验证书结果才能被认为是合格。任一检验项目结果被判定为不合格都意味着最终的检验结果不合格，受益人就无法凭之交单结汇。即使是在非信用证结算方式下，也需要与买方进一步确认后才能发货，否则也面临着无法全额收回货款的风险。

(三) 检验结果不合格的合理应对

检验结果被判定为不合格通常有两种原因。一是拟装运货物品质、数量（重量）确实存在问题，二是检验机构为了回避其责任刻意为之。

第一种原因首先应考虑及时返工整改后进行二次检验获得合格检验证书。如果因为某些原因确实无法返工整改达到合格标准，则应考虑与检验机构协商，凭保函①要求检验机构出具合格检验证书，以便及时交单结汇。然后在信用证之外与买方协商不合格问题的解决方案。

第二种原因则必须据理力争，直至获得合格检验证书，必要时直接向检验机构总部投诉其检验人员的不良行为。有些检验机构为了回避其责任会刻意将某些无关紧要的项目判定为不合格，这样最终检验结果就是不合格，既挣了检验费用，又无须承担任何责任。但是其有心之错，却导致受益人难以安全结汇，所以必须据理力争，如不签发合格检验证书就一直向检验机构总部投诉。

第五节 信用证下单据交单前审核

一、单据审核的必要性

单据审核是指对已经缮制完成或者取得的所有信用证中要求的单据，依据《UCP 600》与《ISBP 745》，比照信用证的具体要求进行检查、核对，发现并更正错误（如有）的过程。

单据审核是保证单证一致、单单一致，受益人能够及时安全收汇的重要环节。因此，受益人在正式交单之前必须对单据进行审核，审核无误后才能送到指定银行交单。

---

① 保函：质量担保保函，保函中承诺因检验机构将不合格检验证书改为合格检验证书可能引起的一切责任和损失都将由受益人承担，与检验机构无关。

二、单据审核方法

(一) 纵横审单法

纵横审单法包括纵向审单和横向审单。

1. 纵向审单

纵向审单是指将包括结汇用商业发票在内的所有结汇单据比照信用证要求,进行自上而下、逐行、逐句、逐字检查与核对的过程。其目的在于保证所有结汇用单据的"单证相符"。在实际审单过程中,通常是按信用证46A场单据条款中要求单据的先后顺序进行审核。条款中提及哪种单据,就将这种单据找出并进行审核,审核无误后将这种单据放在固定且便于翻阅的位置。审核时要确保单据中载明的内容与信用证条款规定相符。如有不符或者不能确认是否相符,应及时记录在工作单上,并将问题单据单独存放,供后期复审及确认。

2. 横向审单

横向审单是指在纵向审单的基础上,对照已经审核无误(假定已经审核无误)的结汇用商业发票,对其他单据中与商业发票中相同或者关联的内容与字段进行审核的过程。其目的在于保证所有单据中相同或者相关联内容与字段一致,从而保证所有结汇单据的"单单相符"。横向审单结束之后,要将包括纵向审单时发现的所有不符或者不能确认是否相符的单据单独存放,同单证部经理或者其他外贸负责人再次确认并落实解决办法。简单地说,能修改的要及时修改,不能修改的要参照《UCP 600》、《ISBP 745》、过往判例等寻找合理的解释和抗辩理由。必要时可寻求交单行审单人员或者外部专业人员的帮助。

(二) 提前审单法

提前审单是指在获得正本提单签发之前,对不依赖于提单的其他结汇用单据完成缮制、申请以及预审工作,及时发现并修改差错的过程。提前审单能使受益人拿到正本提单后就前往指定银行交单,指定银行发现不符后还有充足时间进行修改,降低不符交单的概率。

三、单据审核要点

(一) 综合审核要点

1. 一致审核

一致审核是指对单据与信用证之间的"单证一致"、不同单据之间的"单单一致"进行审核。一致审核是单据综合审核首先要进行的工作。

2. 名类审核

名类审核是指对单据的名称和类别进行审核,以确保单据名称和类别符合信用证要求。单据名称和类别不同,用途也会有所不同,不能随意替代使用。因此,所有信用证中要求的单据都必须按照要求的名称和类别进行审核。特别需要注意的是,既有单证模板中名称和类别与信用证要求不同时要及时修改。

3. 认证审核

认证审核是指对信用证中要求由商会、使领馆等特定机构认证的单据是否已经完成认证进行审核。若未完成认证,需要第一时间安排认证。常见的就是结汇用商业发票的商会或者使领馆认证。若信用证中有此要求,需要提前做好安排。因为很多城市可能没有对应的商会或者使领馆,需要送到外地或者委托相应代理申请办理认证。所以要预留认证所需时间,以防因认证时间过长影响交单。

4. 齐整审核

齐整审核是指对单据的齐全性和完整性进行审核,以确保单据正副本份数齐全、内容完整。单据正副本份数需要按照要求提供,不能短交或者错交。如信用证中要求三正三副,就不能交两正两副,也不能交两正四副。通常来说,正本短交开证行可以合理拒付,副本短交有些信用证中会规定收取20美元复印费用另加不符点费用。但是若开证行以副本短交为由坚持拒付,受益人也很难抗辩成功,因为副本短交同样是不符点。此外,单证上载明的内容必须完整,否则无法满足其特定用途。如信用证中要求结汇用商业发票中加注证明文句,受益人没有加注或者加注了没有签章,就不能满足要求。因此,单据上必须充分显示信用证中所要求显示的内容。在无法确定多显示还是少显示的时候,笔者建议选择多显示,但是要确保多显示的内容不会与已经确定需要显示的内容相矛盾。因为显示不完整一定是不符点,多显示了信用证中没有要求显示的内容,开证行却可以不作理会。

5. 日期审核

日期审核是指对各种单据出具日期的合理性进行审核。通常来说,所有结汇单据的出具日期都不能早于信用证开立日期,也不能晚于提单签发日期或者提单上的装船日期。比较特别的是原产地证,开船前后都可以申请办理。但是由于原产地证表面需要显示运输工具名称、航次、启运日期,且近几年以来,船舶延期开航成为一种常态。实务中为了确保对应信息准确多是在正本提单签发后申请签发原产地证。多数原产地证在提单日后3日内签发都算正常证书而不算后发证书〔后发证书表面会有"ISSUED RETROSPECTIVEY(追溯或者补发)"字样〕,但是后发证书并不影响进口商清关使用。因此,在信用证没有相反规定的情况下,原产地证签发日期晚于提单日期并不算不符点，但是要尽量争取提单日当天或者第二天签发原产地证。若信用证明确规定所有单据签发日期都不能晚于提单日期，则应在初步确认运输工具名称、航次、启运日期后就录入原产地证信息，预计离港日期前一天没有延期信息就转为正式申报，以便提单日当天就能签发原产地证。需要强调的是，日本不接受签发日期晚于提单日期的原产地证，因此出口货物到日本需要申请的普惠制原产地证明书格式A（FORM A）产地证签发日期不能迟于提单日期。

（二）分类审核要点

1. 商业发票

第一，除非信用证另有规定，商业发票的签发人或者出票人必须是信用证受益人，抬头人或者受票人必须是信用证申请人。第二，商业发票上的货物描述，包括但不仅限于品名、品质、数量、包装、单价、金额、价格条款等的描述必须与信用证规定一致。第三，商业发票金额不能超出信用证允许支取的最高金额。若信用证中规定数量可以增减，而金额没有允许增减，实际装运时数量只能少装不能多装。因为多装会导致商业发票上的金额超过信用证金额。只有数量和金额规定了同步增减，多装才不会导致商业发票金额超过信用证金额。此外，如果数量或金额前都有"约""大约"字样，数量和金额可以在10%的增减幅度内适当增减。第四，信用证中关于商业发票的特殊要求必须照打，比如原产地声明、无木质包装声明等。第五，商业发票的正副本份数也必须符合信用证的要求，原则上正副本不能相互替代。如果以正本代替副本，则需要在商业发票上注明"以正做副"。

2. 提单

第一，提单的类型必须与信用证中规定的类型一致。若信用证要求海运提单，必须提交港至港提单，即运输单据表面的前程运输、收货地、交货地必须为空。第二，提单上的发货人、收货人、通知人必须与信用证中的规定一致。第三，提单表面记载的品名、件数、数量（重量）、尺码、唛头、运费支付等信息需要与商业发票及装箱单等单据一致。第四，提单上的装船日期不能晚于信用证上规定的装运期间或者最迟装运期，且必须有明确的装船日期批注。第五，提单表面不能有任何类似"包装破损、一件短少"等不良批注。第六，提单上必须要有签章，且签章要符合《UCP 600》《ISBP 745》的相关规定和解释。第七，收货人栏凭发货人指示的提单，必须由发货人按照信用证要求进行背书转让。

3. 包装单据

第一，包装单据名称及类别必须与信用证中的规定一致。不能因为功能和作用类似，就将不同名称的单据替代使用。第二，能够满足单据名称所决定的功能和作用。如重量单应该重点体现重量，尺码单应该重点体现尺码。第三，根据提单调整包装单据上的数据。若包装单据上的数据与提单上的相同或者关联数据有轻微矛盾，笔者建议根据提单上的数据修改包装单据上的数据。因为提单是由第三方签发的外部单据，修改起来会比较困难。而包装单据则属于自行缮制的内部单据，修改起来相对比较容易。这种思想同样适合处理其他自行缮制单据与其他第三方签发单据之间的矛盾。

4. 保险单据

第一，保险单据名称与类别必须与信用证中规定的一致，保险单和保险凭证不能替代使用。第二，被保险人、保险险别、保险金额、保险条款、所用币种、赔付地点等必须与信用证中规定的一致。第三，保险单据签发日期不能晚于提单签发日期。第四，保险单据表面记载的信用证号、发票号、提单号、唛头、运输工具名称、运输路径等内容必须与信用证中规定及其他单据上的相同或者关联数据一致。第五，若被保险人不是信用证中要求的开证行、保兑行或者申请人，被保险人需要按照要求对保险单据进行背书转让。

5. 其他单据

其他单据，如原产地证、受益人证明等，需要首先比照信用证进行纵向审核，然后比照商业发票进行横向审核，确保"单证一致""单单一致"。

四、单据常见差错

（一）名类错误

名类错误是指单据名称或者类别错误。多是对信用证单据条款阅读不够仔细，或者未能在既有单证模板上做针对性的修改所致。如包装单据，多数信用证都要求 PACKING LIST，但是个别信用证可能要求 WEIGHT LIST，尽管两份单据可能在具体内容上完全相同，但是如果缮制单据时未能将既有单证模板上的"PACKING LIST"改为"WEIGHT LIST"，则可能因为单据名称不符而被开证行拒付。为了避免单据名称或类别错误，单证人员一定要仔细阅读单据条款，同时避免用过去不完整、不完全正确或者不完全通用的经验开展单据工作。

（二）名址错误

名址错误是指信用证业务各方当事人的名称与地址错误。多是在单据缮制过程中手误造成的拼写错误，或者某一方当事人名称、地址发生改变未能在既有单证模板上对应修改所致。如受益人更换了地址，但是抬头纸上的固有抬头信息未能及时修改，出在固有抬头纸上的单据则会出现地址错误。为了避免名址错误，单证人员在各方当事人名称、地址发生更改时，必须对涉及名称、地址的所有单据进行同步修改。

(三) 描述错误

描述错误是指单据上有关货物、运输描述错误，或者漏掉某些必要的描述。多是对信用证单据条款阅读不仔细，或者未能真正掌握描述转换方法所致。如以运费到付的贸易术语成交，未在商业发票上注明信用证中使用的通则版本，或者未在提单表面加注"FREIGHT PREPAID"字样等。为了避免描述错误，单证人员必须明确将信用证中的相关描述对应转换到特定单据上，且不得与信用证中的描述相矛盾。

(四) 数量错误

数量错误是指单据上产品数量或者包装数量错误。多是在整箱运输时对货物体积估算错误导致不得不少装，或者分批装运时最后一批不得不多装。如出口货物总体积估算为28立方米，实际体积却为31立方米，无法全部装入预订的20尺集装箱，若按照实际装入集装箱数量制单，在没有溢短装或者超出溢短装规定的情况下，就会出现数量错误。为了避免数量错误，单证人员需要准确估算拟装运货物体积及重量，且合理规划每一批装运数量（分批装运），据此预订适合的集装箱箱型。

(五) 金额错误

金额错误是指商业发票显示的金额错误，或者未按照信用证中的要求显示金额在某些特定的单据上。多是因为数量错误或者未切实理解信用证中的规定所致。例如，以CIF贸易术语成交时，信用证要求分别显示FOB金额、海运费及保险费，单据上仅显示CIF金额就会发生金额错误。再如，有些信用证可能要求将海运费显示在提单上，若没有按照要求显示，或者与上述商业发票上分项显示海运费不符，同样属于金额错误。为了避免金额错误，单证人员需要仔细阅读信用证中有关特定单据上的金额规定，且需要牢记，任何时候商业发票上的金额都不能超过信用证中允许的最大支取金额。

(六) 签章错误

签章错误是指该签章的单据没有签章或者签章错误。多是对信用证单据条款阅读不仔细，或者对单据的特定用途缺少了解所致。如信用证要求手签却用了盖章形式，证实类、证明类单据没有签章，提单、保险单未签章背书等。为了避免签章错误，单证人员在审单时首先要审核所有结汇单据是否都按照信用证约定及惯例进行签章，然后审核签章方式及位置是否正确。

(七) 日期错误

日期错误是指单据出具日期错误或者交单延迟。多是单据工作或者审证能力差导致。单据工作能力差导致未能如期缮制完成和取得单据，审证能力差导致接受了不合理的交单期。如交单期与最迟装运期过短（少于7天），又未能提前缮制和审核单据，最终导致未能在交单期内交单。为了避免日期错误，单证人员需要明确各类单据的出具时间要求，并提前预制、预审相应单据。同时，严格审核信用证交单期和有效期的合理性，若无法做到则应坚决要求改证。

第六节　开证行严格审单要求及拒付应对

一、开证行审单原则

（一）单证相符、单单相符、表面相符

单证相符、单单相符、表面相符是开证行（包括保兑行和付款行，下同）审单的基本原则。单证相符是指受益人提交的单据要与信用证中的规定相符。单单相符是指受益人提交的不同单据之间相同或者关联数据相符。表面相符是指开证行仅对也仅能对单据表面载明的内容进行审核，而不负责也不能审核单据所代表的货物或者行为是否符合要求。

（二）不管货物、不管当事人、不负责真伪鉴定

开证行承付的唯一依据是受益人提交的单据，不管也不能管货物，更不能受当事人（尤其是申请人）意见影响。同时，不负责单据真伪鉴定，只要单据表面记载内容与信用证规定相符，就需要对受益人相符交单进行承付，即开证行审单必须具有独立性，不能参与基础交易。

（三）合理谨慎地提出不符点并对外拒付

开证行具体审单人员必须合理谨慎地提出不符点，且对不符点的判断合理、事实清晰，并据此对外拒付。任何时候对不符点的判定以及对外拒付都需依赖不符事实且符合相关贸易惯例规定，不能带有审单人员的个人主观意愿。

二、开证行审单严格相符的应对

（一）源头上严格审核信用证，量入为出

在国际实践工作中，很多单据不符问题都是信用证本身的不合理规定导致的。因为有些信用证条款本身就存在矛盾或者陷阱，无论受益人如何做都无法达到相符交单。因此，受益人应该在源头上严格审核信用证，量入为出。不能为了获得订单盲目接受信用证中的矛盾或者陷阱条款，为后期的单据缮制、申请、审单及交单工作埋下隐患。

（二）提高制单、审单能力，争取零差错

从理论上说，开证行有权按照严格相符要求审单，甚至要求字字相符。受益人无法改变开证行审单原则，但是可以提高制单、审单能力，执行比开

证行更为严格的制单、审单制度,从而达到整套单据零差错、不给开证行任何提出不符或者拒付机会的目的。

(三) 开证行拒付后积极应对并有效抗辩

并不是所有开证行提出的不符和拒付都成立。因此,受益人收到开证行提出的不符及拒付通知后,要认真确认其拒付的合理性。如开证行拒付存在问题,则应积极、有效抗辩,不能被开证行的任何言辞所误导,将银行信用转为商业信用。

(四) 与交单行签订审单协议,转移风险

受益人可与指定交单行协商,签订审单协议,由交单行负责审单,或者做无追索权的议付,从而将单据问题截止到交单行,转移开证行拒付风险。因为交单行及其背后的总行比受益人具备更强的审单能力,且交单行多在受益人所在地,审单时发现问题还有充足的时间进行改正。

三、单证不符的原因

(一) 受益人问题

受益人问题表现在可能对信用证条款了解存在偏差,或者对指导审证、制单、审单的《UCP 600》《ISBP 745》等国际贸易惯例缺少了解,或者审证、制单、审单能力差,或者单证人员工作疏忽。以上原因都可能导致单证不符。

(二) 申请人问题

申请人问题是指申请人可能利用受益人对信用证业务不熟悉或者不擅长,刻意在信用证中设置了一些前后矛盾的陷阱条款。如以 FOB 贸易术语成交时,要求提单上加注"FREIGHT PREPAID(运费预付)"字样,受益人无论如何都不能满足这种自身矛盾的要求。申请人问题本质上是受益人审证不仔细,或者对信用证业务缺乏了解所致。

(三) 开证行问题

有些开证行信誉较差,为了解除其付款责任,会刻意挑剔。不管不符是否成立,都先提出来并据此拒付。如果受益人积极抗辩并取得成功,他们就继续付款;如果受益人消极处理,他们就成功地解除了原有的付款责任。

四、单证不符的处理

(一) 改正单据中的不符点

如果单据确实存在不符点,且还在信用证中规定的交单期和有效期之内,要设法改正单据中的不符点,然后进行二次交单。

(二) 电提不符点

电提不符点是指在信用证结算业务中,受益人交单存在不符点,但是由于某些特殊原因无法改正,要求指定银行(交单行或者议付行)通过 SWIFT

向开证行通知并请求接受不符点的行为。如果开证行回复接受不符点，同意见单承付，则开证行不能再对已经确认的不符点提出拒付，这意味着受益人该笔交单下收汇有了保证，指定银行可以向开证行寄单索汇。

受益人在要求指定银行电提不符点的同时，也应该联系申请人，说服申请人接受不符点。因为是否接受不符点本质上取决于申请人。开证行在确认接受不符点还是拒付之前也必然要参考开证申请人意见，提前说服申请人接受不符点更有利于业务进展。

需要强调的是，接受不符点的确认通知必须由开证行发给指定银行。由申请人直接发给受益人的接受不符点的确认通知对开证行没有约束力，对受益人收款也没有任何实际保障。

（三）表提不符点

表提不符点是指在信用证结算业务中，受益人交单存在不符点且无法改正，指定银行在寄单面函上列明不符点，希望开证行接受不符点并付款的行为。

有人认为，表提适合相对次要的不符点，指定银行对开证行付款有一定信心，因此可以直接寄单。电提适合相对重要的不符点，指定银行对开证行接受不符并付款没有信心，因此需要先行电提，得到开证行回复后再决定是否寄单。但是从信用证业务本身来看，不符点并没有所谓次要与重要之分，只要受益人提交的单据存在不符，开证行就可以直接拒付。同时，不管是电提还是表提，是否接受不符点的决定权都在申请人，而不是开证行。如果已装运产品市场行情看涨，申请人自然会授权开证行接受不符点，以便及早拿到单据，在货物到港第一时间提货并转卖。如果已装运产品市场行情看跌，申请人一定会通知开证行拒付，甚至会想尽一切办法找到不符点，以达到拒付的目的。

笔者更倾向于电提不符点，因为能够尽快得知结果，以便受益人尽早采取其他保全货款措施，合理做出资金安排。

（四）通过其他措施保全货款

1. 凭保议付

通常来说，议付行只能对相符交单办理议付。如果受益人交单存在不符点且无法改正，议付行就不会为受益人办理议付。如果此时受益人急需用钱，可以出具保函给议付行。声明若因单据瑕疵导致开证行拒付，受益人将偿还议付行所垫付款项，以及由此产生的利息及费用。议付行可以考虑凭保函先行垫付款项给受益人。

凭保议付适合受益人对申请人有绝对信心的情况，确保申请人会授权开证行接受不符点，并进行承付。

2. 有证托收或者电汇

如果受益人交单存在不符点且无法改正，又无法说服开证申请人授权开证行接受不符点，则只能考虑有证托收或者电汇。实际上是将信用证结算方式下的银行信用改为托收或者电汇结算方式下的商业信用。在托收和电汇之间，要努力说服申请人以电汇形式付款，省去托收的银行费用和时间。必要时甚至可以给予申请人一定比例的折扣争取以电汇代替托收，争取落袋为安，以防进口国市场变化促使申请人做出拒绝付款、拒绝收货的决定。

五、开证行拒付正确应对办法

（一）认真审核开证行拒付通知并积极抗辩

1. 审核开证行拒付通知是否合规

第一，按照《UCP 600》规定，开证行拒付通知不得迟于收到单据翌日起第 5 个银行工作日终了时间发出。但是这种要求并不绝对，有些明显的不符点，国际商会仲裁院仲裁时可能认为 3 个工作日才是合理时间。第二，开证行拒付通知中也必须一次性提出所有不符点。受益人对第一次拒付通知中的不符点抗辩成功后，开证后再发出的任何拒付通知都是无效的。第三，开证行拒付通知中必须说明单据处理方式，是代为保管听候处理或者直接退单，或者可以不通知受益人在申请人接受单据时直接放单。

如果开证行拒付通知未能满足上述要求，则可以认为其拒付通知无效。

2. 寻找拒付通知中关于不符点描述的瑕疵

若开证行拒付通知合规，受益人则应进一步会同有关单证专家寻找拒付通知中关于不符点描述的瑕疵，以便进行抗辩。笔者建议结合《UCP 600》《ISBP 745》《国际商会银行委员会意见汇编》等惯例和资料，认真研究拒付通知中关于不符点的描述，寻找瑕疵或者表述不清的点，并形成反驳意见。反驳时必须有理有据，努力让开证行辩无可辩，迫使其继续履行付款责任。

同时，指定银行也必须积极履行责任，用专业机构的态度和能力尽全力帮助受益人进行抗辩，而不是将所有责任都推到受益人身上。毕竟多数指定银行都是受益人业务往来银行，没有任何理由因不尽力而辜负受益人。

（二）积极说服申请人接受不符点并授权开证行承付

若受益人交单存在不符点，从本质上说开证行有直接拒付的权力。但是多数开证行还是会咨询申请人的意见，以防申请人急需货物。只要申请人同意接受不符点并授权开证行承付，开证行就会配合申请人要求，扣除不符点费用后对受益人的不符交单进行承付。受益人收到开证行拒付通知，且确定拒付没有任何瑕疵时，应回顾与申请人之间的关系，以及申请人对此批货物的需求情况，据此制订沟通方案，争取说服申请人接受不符点并授权开证行承付。一般来说，只要客户信誉良好，货物质量过关，进口国市场价格稳定，申请人对货物需求依然存在，都有机会说服申请人接受不符单据。必要的时候可以签订补偿协议，承诺在收到货款后，在信用证之外给予申请人一定补偿。

（三）密切关注货物，以防被欺诈而钱货两空

若开证行未在信用证或者拒付通知中明确说明"开证行发出拒付通知后，申请人又同意接受不符单据并授权开证行承付，开证行有权在不通知申请人及指定银行的前提下直接放单给申请人，并对不符单据进行承付"，而是说明"单据代为保管，听候指定银行及受益人指示"，未经受益人同意，开证行在发出拒付通知后就不能再擅自将提单在内的全套正本装运单据转移给申请人。不管申请人以何种方式从开证行取得提单在内的全套正本单据并提货，开证行的拒付都不再成立，必须对受益人交单进行无条件承付。此时密切关注货物，可以防止申请人与开证行勾结，一边拒付，另一边却提走了货物。

此外，申请人还可能与承运人或者货运代理勾结不用正本提单非法提货，特别是以 FOB、FCA 贸易术语，由申请人自行安排运输、签发货运代理提单的情况下。此时密切关注货物，并提醒装运港代理通知其目的港代理不要非法无单放货，能够预防申请人与目的港代理的共谋欺诈，防止钱货两空。

实际上对于还未收回全部货款的卖方而言，当货款出现问题时，必须同时关注货款和货物，而不是将全部精力集中在货款上，忽视对货物的关注以及物权控制。

（四）必要时安排转卖或者退单、退运

若是申请人由于自身原因不愿或不能接受不符单据并付款提货，但是进口国市场需求依然存在，则应联系进口国或者邻近国其他买方，尝试转卖。若是进口国市场需求不再存在或者货物价格大幅下降，则只能考虑退单、退货。但是需要综合衡量退单、退运费用。若货值较高，应及时安排退单、退运，避免在目的港产生用箱、仓储等额外费用，甚至被当地港务及海关拍卖的问题发生。若货值较低，可以委托代理就地销毁。受益人需要综合衡量各种处理方式的费用之和，并据此做出正确决定。

第七节 出口贸易盈亏核算表编制

一、盈亏核算及盈亏核算表

（一）盈亏核算

出口合同盈亏核算是指对出口合同总收入、总支出、利润以及利润率等

关键数据以及上述数据相关联数据的核算。

（二）盈亏核算表

盈亏核算表是指列明出口收入、支出、利润以及利润率的表格。通过盈亏核算过程以及盈亏核算表编制，能使企业销售及管理人员直观了解到特定出口合同的盈亏状况，找到实际盈亏数据与预期盈亏数据之间的差异及产生原因，并在后续出口合同商订工作中进行预防。

二、样本及编制说明

（一）样本

盈亏核算表样本见表11.1。因为是企业内部文件，所以应以中文编制。

表 11.1　恒某贸易（沈阳）有限公司盈亏核算表样本

业务员:			日期:	2022年2月10日
合同号	HS-TH1001	数量		18000件
客户	KB Co., Ltd.	收购值（含税成本）		¥495000
品名	POLO衫	出口退税		(¥56946.90)
国别	泰国	出口关税		¥0.00
装运港	大连	运杂费		¥21450
目的港	曼谷	保险费		¥200
贸易术语	CIF	港杂费		¥0.00
付款方式	信用证	客户佣金/折扣		¥15953.14
装船日期	2022/1/20	包装/仓储费		¥0.00
成交金额	US$83700	银行利息		¥0.00
预计结汇金额	¥531771.21	汇兑损失		¥578.79
实际收汇金额01	US$0.00	公司综合管理费		¥0.00
实际结汇金额01	¥0.00	成交时汇率		6.3533
实际收汇金额02	US$84500	平均结汇汇率		6.3000
实际结汇金额02	¥532350	当下汇率		6.3670
实际总收汇金额	US$84500	总支出		476235.02
实际总结汇金额	¥532350	总利润		56114.98
客户补偿金额	¥0.00	利润率		10.55%
补偿客户金额	¥0.00	销售签字		
总收入	¥532350	财务签字		

（二）编制说明

1. 用 EXCEL 编制

盈亏核算表应以 EXCEL 进行编制，以便充分利用 EXCEL 的自动计算功能，降低计算错误概率。

2. 基本信息齐全

盈亏核算表应该包括基本交易信息，即样本中左上半部分，从合同号向下到成交金额等信息。

3. 列明收汇金额

盈亏核算表应列明实际收汇金额，如有多次收汇，应列明每次收汇金额及对应的结汇金额。

4. 列明总收入

盈亏核算表应列明总收入。总收入是总结汇金额加上因某种原因从客户处获得的补偿金额（如海运费大幅上涨时客户补偿的海运费金额），或者减去因某种原因需要支付给客户的补偿金额（如交货延迟补偿给客户的损失）。

5. 列明支出金额

盈亏核算表应列明支出金额，支出包括采购成本、各种费用、各种损失，即样本中右上部分，从数量向下到公司综合管理费等信息。

6. 列明汇率情况

盈亏核算表应列明各种汇率。成交时汇率和当下汇率是对应时间的央行公布人民币与美元之间的汇率，平均结汇汇率是实际结汇总金额除以实际收汇总金额后得到的结果。列明汇率能够清楚地知道汇率的变动，以及实际结汇汇率与公布汇率之间的差额，可以据此调整出口商品价格核算时的适用汇率，即以平均结汇汇率代替价格核算当天的公布汇率进行出口商品价格核算。

7. 列明总支出

盈亏核算表应列明总支出。总支出是各项支出的汇总。需要说明的是，总支出应该是考虑并扣除出口退税后的净支出。其中汇兑损失是预计结汇金额（成交金额×成交时汇率）与实际总结汇金额之间的差额，包括汇率损失以及银行费用。

8. 列明总利润

盈亏核算表应列明总利润。总利润是总收入与总支出的差额。

9. 列明利润率

盈亏核算表应列明利润率。利润率是总利润除以成交金额对应的预计结汇金额所获得的百分数。本质上是按照理想销售收入计算的销售利润率。

10. 总结说明

总收入、总支出、利润率是盈亏核算表中3个最重要的指标。本书中更多是从销售的角度来进行盈亏核算，所以只显示上述3个指标。实际工作中还可以从财务角度增加其他的核算指标。

案例分析一　　指定货运代理不按发货人指示运输及清关案例

国内 9 家出口商为同一个法国进口商的国内供应商，都已经通过对公账户正常收汇。买卖合同都是以 FOB 成交，由法国进口商指定货运代理安排运输。9 家出口商都通过指定货运代理订舱，并提供了己方的出口清关单据。但是指定货运代理并没有以 9 家出口商各自的名义办理出口清关手续，更没有为 9 家出口商签发运输单据，导致正常对公收汇的 9 家出口商无法办理出口退税。联系指定货运代理时，对方拒绝进行任何回复。

分析此案例，往轻了说指定货运代理未按照出口商指示清关并签发运输单据问题，往重了说指定货运代理可能涉嫌违规买单报关[①]，甚至是走私。出口商可以通过向海关投诉维护自己的合法权益。此外，出口商应在货物发送之前就与指定货运代理确认好出口清关及运输单据事宜，和指定货运代理确认清楚，已经通过对公账户收汇，必须以自己名义办理出口清关手续，得到指定货运代理的肯定回复后再行发货和提供清关单据。同时，要确认指定货运代理是否为在中国合法有效注册企业。若非中国合法有效注册企业，则应要求进口商更换货运代理。因为多数时候未按照出口商要求清关和签发运输单据的是境外货运代理的办事处。若出现违规操作，出口商都找不到投诉对象。

案例分析二　　部分单据不符被开证行拒付案例

某出口商交单后被开证行提出不符及拒付：一是"ON BOARD" NOTATION IS MISSING（已装船批注缺失），二是 CARRIER NOT INDENTIFIED（承运人未标明身份）。

分析此案例，关于已装船批注缺失，出口商提交的提单（见图 11.26）表面有签发日期和地点，但是提单表面并没有 ON BOARD 字样，所以签发日期不能被视为装船日期，不符点成立。关于承运人为表明身份，提单签章上表明"AS AGENT FOR THE ABOVED NAMED CARRIER"（作为上述具名承运人的代理），且预先印就的"SIGNED FOR THE CARRIER"，说明以承运人代理身份签单。同时在提单右上部印就承运人名称及标识，见图 11.27，承运人身份已经表明，不符点不成立。对于作为受益人的出口商来说，只要其中一

---

① 买单报关是指不具备自营进出口权企业，直接或者间接购买具备自营进出口权企业的报关单证违规进行进出口报关的一种方式。

个不符点成立，开证行就可以拒付。应该及时联系作为申请人的进口商授权开证行接受不符点并承付，同时关注货物情况。

图 11.26　提单签章

图 11.27　提单抬头

案例分析三　申请人提货后开证行拒付案例

某出口商向指定银行交单，交单行发现单据瑕疵，但是受益人与申请人协商一致接受不符单据，遂要求交单行带不符点寄单。交单行照做并在寄单后向偿付行索汇，偿付行付款，交单行向受益人解付。交单行收到开证行电文，申请人不同意接受不符点，要求对不符单据退单并退还全部款项。但是受益人了解到申请人已经提货并转卖。

分析此案例，有两种情况。第一，若申请人实际通过向开证行借单完成提货及转卖工作，即使受益人交单存在不符，开证行也必须付款。开证行借单给申请人默认申请人已经接受不符单据，开证行不能一边借单给申请人，一边拒付。开证行要求退单并退款并不合理。所以作为受益人的出口商应该通过交单行要求开证行立即退单，以确认单据是否依然在开证行手里。若开证行不能真正退单，则可以拒绝退款。第二，若受益人交单依然在开证行，申请人通过其他途径完成提货及转卖工作，比如通过与承运人或其代理人勾结，或者通过银行保函先行提货，则开证行要求退单并退款就是合理的。因为偿付行不负责审单，即使已经先行偿付，开证行审单发现不符也可以要求退款。综上所述，此案的关键在于确认申请人是如何提货的，以及受益人提交的全套正本单据是否依然在开证行后才能进行有针对性的应对。

案例分析四　　漏打非关键词被开证行拒付案例

某出口商交单后被开证行提出不符及拒付：一是信用证要求提单上收货人为"TO ORDER OF THE KASIKORN BANK"，提单实际显示为"TO ORDER OF KASIKORN BANK"，漏打"THE"；二是信用证要求发票显示贸易术语为CIF BANGKOK PORT, THAILAD，发票实际显示CIF BANGKOK, THAILAND，漏打"PORT"。

分析此案例，涉及开证行的审单原则问题，是表面相符还是字字相符。笔者认为，银行名称前是否带"THE"都是指"KASIKORN BANK"这家银行，不会造成任何理解上的歧义，所以，漏打"THE"并不构成不符。此外，按照《2020通则》规定，CIF后面只能加指定目的港，不管是否加"PORT"，指代的都是BANGKOK港，并不能因为漏打"PORT"就指代其他地点。所以漏打"PORT"同样不构成不符。综上，开证行拒付并不合理，作为受益人的出口商需要积极抗辩。

案例分析五　　运费到付与运费在目的港支付争议案例

某出口商向指定银行交单，信用证提单条款中要求提单注明"FREIGHT COLLECT（运费到付）"，受益人交单提单上显示"FREIGHT PAYABLE AT DESTINATION（运费在目的地支付）"。指定银行建议受益人修改提单。但是受益人以船公司不配合为由，要求指定银行直接寄单。后开证行并未因此拒付，但是扣除了约定的100美元不符点费用。

分析此案例，在国际货物运输实践中，运费到付说的就是在目的地支付，二者表达的是同一个意思。但是从字面来看，运费到付也可以理解为是货物到达目的地后支付，但是除了由收货人在目的地支付，也有可能收货人与发货人约定，由发货人在装运港支付，二者还是有一定的不同。开证行扣除不符点后付款说明还是认为提单上的约定存在不符,可能是申请人急需货物授权开证行付款。为了防范此类问题引起的拒付风险,作为受益人的出口商,首先要力争规避此类问题,因为此类问题在审核提单草稿时应该被发现,而且也容易更改。所有单据能够做到完全相同的,要努力做到完全相同,避免引起不必要的麻烦。其次,当指定银行指出不符时,通常不要强行寄单,而是要正确修改后寄单。对于指定银行来说,他们说相符的单据未必真的完全相符,但是他们指出的不符基本都会成立。在本案中,若遇进口国市场价格下跌则可能就是另外一种结果:申请人或开证行可能会刻意去寻找出不符,何况已经存在不符呢。

案例分析六　商业发票未注明贸易术语适用惯例版本争议案例

某国外来证,货物描述部分贸易术语为"CIF BANGKOK PORT, THAILAND (INCOTERMS 2020)"。受益人提交的商业发票上显示贸易术语为"CIF BANGKOK PORT, THAILAND",被开证行以漏打"INCOTERMS 2020"为由拒付。

分析此案例,开证行拒付并不合理。根据惯例,当某种单据内容涉及某一惯例,但是未注明惯例版本时,默认应以最新版本为准,而有关贸易术语惯例中的最新版本就是《2020通则》,与信用证规定并不矛盾,所以开证行拒付并不合理。受益人可以积极抗辩驳回开证行的拒付。但是若信用证中是《2010通则》,则开证行的拒付成立。

实践操作

1. 试分析和阐述单证制作中的一致性要求。
2. 试分析和阐述综合审单和分类审单的正确做法。
3. 试分析和阐述主要结汇单据常见差错及审核要点。
4. 试分析和阐述开证行严格审单的应对办法。
5. 试分析和阐述电提不符点与表提不符点的异同。
6. 试分析和阐述开证行拒付的正确应对办法。

第十二章　进口贸易操作

在国际贸易实践中，多数行业及产品都是买方市场，甲方进口商品总是要比乙方出口商品更为简单，也拥有更多话语权。从出口转为进口，仅需换位思考即可。

第一节　进口贸易准备工作

一、进口商品市场调研

（一）国内需求调研

1. 转销商品国内需求及合理价格调查

如果商品进口后需要转销，在进口之前应该对国内市场需求以及合理价格进行调查。通过调查了解国内消费者或者使用者对进口商品的质量以及数量需求，以及国内现有供应与需求之间的差额。同时，还应了解相关进口商品在国内市场上的合理价格，以此来决定进口商品的采购成本以及到岸成本，进而决定进口商品国别来源以及质量水平。

2. 自用商品具体质量标准及成本预算

如果商品进口后自用，则应与需要部门确认具体质量标准或者供应商以及品牌范围。同时，也应该做好成本预算。然后据此进行进口商品国内来源以及质量水平测定。

（二）国外供应商调研

1. 进口商品主要供应商所在国家或地区调研

不同进口商品主要供应商所在国家或地区不同，进口方可以通过搜索引擎或者海关数据等资料查询主要供应商所在国家或地区。因为有些商品只有从主要供应商所在国家或地区进口才能有好的质量和价格。同时，还要对供应商的身份进行辨别，也就是辨别供应商到底是直接厂商，还是中间贸易商。对于国内进口商而言，不是必然要从直接厂商进口。一是直接厂商可能因没有出口经验导致服务并不理想；二是知名品牌厂商可能都有独家代理协议或者在国内有自己的贸易公司或者经销商，并因此拒绝直接供货给国内进口商。

2. 潜在供应商供货能力及资信状况核实

对于国内进口商来说，核实潜在供应商供货能力及资信状况是非常重要的一件事情。特别是国外供应商是贸易商身份时，中小额订单要通过网络初步核实，并要求对方提供工商注册以及税务资料。笔者建议大额订单（500万元以上）通过信用调查机构调查其资信状况，必要时还需亲自上门核查，甚至派人在出口商所在国家或者地区盯着备货以及发货。

二、选择合适的贸易代理及货运代理

（一）选择合适的贸易代理

如果只是偶尔进口，笔者建议委托专业的贸易代理代为进口，免去自行进口繁杂手续及因业务不熟练带来的潜在风险。

1. 以本地贸易代理为主，方便上门沟通

本地贸易代理能够上门沟通，也就更容易确认其资信状况，避免贸易代理利用信息和知识不对称进行欺诈，甚至与国外出口商共谋欺诈。

2. 专业至上，操作人员的能力重于企业规模

对于贸易代理来说，因为只提供服务，企业规模并不是最重要的，重要的是其操作人员对进口贸易操作的专业程度。其专业程度越高，经验越丰富，进口贸易环节中可能遭遇的风险也就越低。

（二）选择合适的货运代理

1. 以本地货运代理为主，方便上门沟通

如果是以 EXW、FCA 或 FOB 贸易术语成交，则进口方需要自行安排货运代理安排运输。在选择货运代理时，也尽可能以本地的货运代理为主，方便上门沟通，精准确认国际货物运输方案。若委托贸易代理代为进口，笔者建议优先选用贸易代理经常合作的货运代理。因为贸易代理对其经常合作的货运代理会有一定的了解，可以有效降低国际货物运输风险。

2. 安全可靠为主，费用计较为辅

在选择货运代理时应以安全可靠、报价合理为主，而不是一味计较费用高低。尤其是在运力相对紧张的情况下，表面看起来较低的费用却蕴藏着潜在风险，如提不到集装箱、船期无限期延迟等。货运代理作为逐利企业，必然优先安排费用高、利润好的货物运输。

三、确认进口商品的相关信息

（一）确认进口商品品名

确认进口商品品名时要努力保证通俗易懂，通过其名称就能让海关相关人员大概了解是什么商品，具备哪些用途。而不是单纯的行业内品名，一看品名就让人一头雾水，无法判断到底是什么商品。

（二）确认进口商品海关编码

确认进口商品海关编码，要与商品品名以及用途相匹配，避免海关审单

时要求提供清关说明或者认为进口商品归类错误，影响进口通关。

(三) 确认进口商品关税税率

根据确认的海关编码查询进口商品关税税率。同时，也需要确认进口商品是否需要增收消费税，如增收消费税，需要同步查询消费税税率。

(四) 确认进口商品监管条件

根据确认的海关编码确认进口商品监管条件。如需要法定检验，告知货运代理提前做好检验安排。

(五) 确认进口商品件重尺信息

确认进口商品件重尺信息，也就是件数、重量、尺码信息，要尽可能准确，以便确认具体运输方式及费用。

第二节　进口商品到岸成本及经济效益核算

一、进口商品到岸成本核算

进口商品到岸成本核算是进口商品经济效益核算的依据。本书将以进口方责任最大的 EXW 贸易术语为例，讲授进口商品到岸成本核算，其他贸易术语成交对应减去相应费用即可。

(一) 核算公式

进口商品到岸成本＝成交价格＋出口国费用＋主运费＋保险费＋进口国费用＋进口关税＋进口增值税

进口关税＝关税完税价格×适用关税税率

关税完税价格＝CIF 价格＝成交价格＋出口国费用＋主运费＋保险费＋卖方佣金

进口增值税＝（关税完税价格＋进口关税）×增值税税率

(二) 到岸成本组成说明

1. 成交价格

成交价格以进出口双方协商一致的 EXW 价格为基数。因为西方发达国家小型设备供应商多倾向于以 EXW 价格成交，且其垄断性导致很难议价或者以其他贸易术语成交，而小型设备又是我国进口相对较多的商品，因此，以 EXW 价格为基数计算进口商品到岸成本。

2. 出口国费用

出口国费用包括从出口国供应商仓库到港口、机场或车站的内陆运输费用、装运费用、办理出口清关手续所需费用，以及出口关税（如果需要）。出口国费用可以通过货运代理获得。如以 FOB 或者 FCA 贸易术语成交，且装运港或装运地为出口国港口、机场或车站时，则无须计算出口国费用。

3. 主运费

主运费是指从出口国港口、机场、车站到进口国港口、机场、车站的国际货物运输费用。主运费可以通过货运代理获得。如以 CFR 或者 CPT 贸易术语成交，则无须计算主运费。

4. 保险费

保险费是指投保国际运输货物保险所产生的保费。保险费可以通过货运代理或者保险公司获得。如以 CIF、CIP、DAP、DDP 贸易术语成交，则无须计算保险费。

5. 进口国费用

进口国费用包括进口清关费用、商品检验费用、卸货分拨费用、内陆转运费用、银行垫款利息及手续费、贸易代理费等。如以 CPT、CIP、DAP、DDP 贸易术语成交，且最终交货地为进口商需用地点时，则无须计算内陆转运费用。进口国费用可以通过货运代理公司及相关服务商获得。

6. 进口关税

进口关税是以关税完税价格为计征基数，按照进口商品适用关税税率征收的税种。是否征收关税以及关税税率都可以通过海关编码查询确认。

7. 关税完税价格

关税完税价格是指 CIF 价格，由成交价格、出口国费用、主运费、保险费、卖方佣金（如果需要）之和构成。

8. 进口增值税

进口增值税属于价外税，计税基数为关税完税价格与进口关税之和。

9. 进口消费税

进口烟酒、奢侈品、化妆品、护肤品、汽车、汽油制品等，进口清关时会被征收消费税。

消费税属于价内税，税金包含在价格之中，是价格的组成部分，所以进口消费税计算公式如下：

进口消费税 ＝ [（关税完税价格+关税）／（1－消费税税率）] ×消费税税率

10. 其他费用

其他费用是指未在公式中列明，但是因为某些特殊情况导致的额外费用。

(三) 核算说明

进口商品到岸成本核算最终结果应该是人民币，所以需要将计算公式中以外币计价的通过汇率转换成人民币，转换后将各组成部分汇总即可获得进口商品到岸成本。

二、进口商品经济效益核算

(一) 进口商品经济效益核算时间点

1. 进口合同签订前进行估算

也就是在进口合同正式签订之前，根据出口方产品报价、相关服务商的费用报价以及历史费用记录，对进口产品经济效益进行估算或者测算。

2. 进口合同完成后进行核算

在进口合同履行完成后，需要根据实际发生费用进行核算，以确认最终实际经济效益和预估经济效益的差异。同时，找出产生差异的原因，在以后的进口工作中加以调整。

(二) 进口商品经济效益核算类别

1. 自用进口商品经济效益核算

直接经济效益 = 实际进口商品成本 − 估算进口商品成本

2. 转售进口商品经济效益核算

实际经济效益 = 转售商品销售收入 − 实际进口商品成本

第三节　进口贸易操作流程

一、交易磋商阶段

(一) 寻找合适的供应商

进口方在寻找供应商的时候，可以采用搜索引擎、电商平台、社交平台等不同方式和渠道进行，彼此之间互相印证。通常在不同方式和渠道都能搜索到的供应商可以优先考虑，特别是供应商在不同方式和渠道发布的信息都非常详细和准确的情况下。因为多渠道推广且都有详细信息，至少说明他们在用心推广自己的产品。当然，首先要排除是职业骗子的可能，因为有些职业骗子比真正的供应商看上去更善于伪装。所以，除看推广方式和渠道以外，重点还要看信息发布的专业性和详细程度。骗子可能表面上看着专业，但是在细节层面一定会有漏洞。

(二) 发出询盘给潜在供应商

1. 询盘的主要内容

询盘应该包括产品参数、产品图片、产品包装、样品制作时间及费用、付款方式、交货时间等内容，以上文中提到的方法核算进口产品到岸成本为标准。

2. 询盘发送方式

询盘可以通过电子邮件、在线留言、传真询价等方式发送给潜在的供应商。

(三) 国外供应商报价

1. 报价内容

专业供应商的报价,首先应该针对进口方询价内容进行逐一回复,然后根据经验对产品关键参数以及必要的交易条件进行补充。

2. 报价效力

从报价效力上看,国外供应商报价分为实盘报价和询盘报价。

实盘报价通常会在报价末尾说明,其报价为实盘,并注明有效期,比如,此报价为实盘,有效期10天(THIS OFFER IS FIRM AND VALID FOR 10 DAYS)。

询盘报价通常会在报价末尾说明,其价格仅供参考,订货时须经确认,比如,价格仅供参考,订货时须经我方最终确认(THE PRICE IS ONLY FOR YOUR REFERENCE, IT IS SUBJECT OUR FINAL CONFIRMATION WHEN PLACE ORDER)。

(四) 国外供应商报价评估

国外供应商报价应从完整性、针对性、及时性3个方面进行评估。

1. 完整性

完整性是指供应商能对询价中提出的问题全部进行回复或者说明。对于不能立即答复的也会给出具体的答复时间,甚至是基于其专业经验,对询价中没有提及的问题,但是却有利于交易进行的问题,进行补充和说明。

2. 针对性

针对性是指供应商的所有回复都是针对特定询价以及特定询价中的产品进行的,能够按照进口方的思路回答问题,而不是按照他们的固有思维来报价。

3. 及时性

及时性是指供应商能够对进口方的询价在工作日的第一时间进行回复以及报价。对于交易磋商过程中进口方的其他问题也能及时进行反馈和答复。

综合来说,就是国外供应商能够很好地配合国内进口方完成交易磋商工作,能够用心了解进口方的真正需求,并给予及时、有用的反馈。

(五) 讨价还价

还价主要包括3个方面的内容。

1. 价格

通过对多家供应商的报价分析,确定合理价格,并与中意的供应商进行磋商,争取以合理甚至略微偏低的价格成交。

2. 交货期

根据国内市场销售季节或者需用部门的时间来确定交货期,并据此与供应商进行磋商,争取在销售旺季来临或者需用之前收到货物。

3. 结算条件

从国际贸易实践来看,结算条件是国内进口方与国外供应商比较难讨价还价的一项内容。因为国内主要进口的大中小型设备,很多种类国外供应商都具备绝对竞争优势。中小型供应商多要求电汇结算且发货前付清全部货款。大中型供应商多要求信用证结算。笔者认为,对于进口业务而言,能努力争取到信用证结算就算基本满意。当然要能争取到托收或者赊销最好,但是在现实中比较难。

(六)接受与成交

在接受与成交之前需要再次确认以下事项。

1. 与需用部门再次确认产品细节

正式接受对方报价之前,需要与国内销售部门或者需用部门再次确认进口产品数量、参数、时间与预算,确保将要进口的产品能够满足国内销售或者需用部门的要求。

2. 接受函电中重复确认所有交易条件

在接受函电中需要重复确认价格、数量、质量、交货期以及结算条件等关键交易条件,尤其是经过多次还盘和再还盘后才接受的情况。重复所有已经确认的交易条件,有利于对方快速确认,并据此起草买卖合同。

二、进口合同商订阶段

进口合同商订与出口合同商订过程类似,合同结构与格式上也相近。而且多数时候,作为甲方的买方总是比作为乙方的卖方更容易在合同商订阶段获得更多的话语权,因此进口合同商订要比出口合同商订更容易。但是由于身份不同,对具体条款的思考方式和角度要有所转换,即作为卖方时应该争取的条款,作为买方时都是应该回避的条款,深入理解这一准则即可完成进口合同商订工作。本书对此部分内容不再展开讲解。

三、进口合同付款阶段一

进口合同签订之后,进口方应该根据合同中的约定付款条款安排付款。电汇下按照约定的时间和比例支付预付款,信用证下按照约定的时间申请开立信用证。

（一）电汇下支付预付款

1. 预付款比例

预付款比例通常惯例为30%，进口贸易实践工作中可以视具体情况增加或减少。一般来说，出口商以及出口商品竞争力越强，要求的预付款比例就越高；反之，预付款比例就越低。

2. 预付款费用

预付款电汇费用通常是进口方承担本国费用，也就是进口国费用；国外费用由供应商承担出口国费用。当然，也可以由进口方承担所有费用，根据具体磋商条件而定。如果没有约定，按照之前讲授的办理，进出口方分别承担各自国内所产生的银行费用。

3. 预付款支付时间

预付款支付应该在进口合同签订后3个工作日或者进口合同约定时间内，以便国外供应商及时备货出运。

（二）信用证下开立信用证

如果进口合同约定以信用证方式结算，则应在进口合同签订后3个工作日或者进口合同约定时间内，申请开立信用证。具体流程参照第七章第二节。

四、国外供应商履行合同阶段

国外供应商履行合同阶段需要做好生产进度跟进及大货品质检验两项工作。

（一）生产进度跟进

1. 制订跟进计划

在订单确认后，进口方可以要求国外供应商提供生产或者备货计划，并据此制订跟进计划。跟进计划中的主要时点是：供应商收到预付款或合格信用证、供应商原材料及配件进场、供应商开始上线生产、供应商出大货样、供应商生产完成、供应商检验完成、供应商发货完成或集港完成。

2. 供应商报告跟进

在生产开始以后，进口方可以要求供应商提供进度报告，按照进度报告进行跟进。

3. 照片或视频跟进

在跟进计划的关键时点，要求供应商提供照片或视频确认需要跟进的事项是否按照计划完成。

4. 现场实地核查

如果发现供应商的进度存在问题，就需要安排第三方检验机构或者亲自上门实地核查，以防被个别供应商刻意欺诈。尤其是金额超过500万元的订

单，笔者建议必要的时候亲自上门核查。

(二) 大货品质检验

1. 供应商自检报告

由供应商自行安排检验，并提供自检报告。

2. 在线视频检验

由供应商提供检验视频或者通过微信等视频通话形式进行实时视频检验。

3. 第三方检验报告

由专业的第三方验货公司进行现场检验，并提供检验报告。笔者比较推荐这种方式，委托知名第三方验货公司进行现场检验，能够比较全面地获得货物的质量以及数量信息。而且由于是第三方中立机构按照一定标准实施检验，检验结果相对客观，通常不会发生质量和数量问题争议。

4. 技术员上门检验

对于一些专业性比较强的设备进口，可以在供应商备货完成后，安排技术员上门检验。安排己方技术员上门检验，一方面可以确认进口产品质量是否符合约定的质量标准；另一方面也可以实地查看备货情况，甚至可以实施监装，避免供应商和当地的第三方检验机构勾结，将本不合格的产品判定为合格，或者将数量不够的产品判定为足量。这一点对于金额较大的订单尤为重要。因为相对于被欺骗的巨大经济损失，安排上门检验的费用在一定程度上可以忽略不计。

笔者再次强调，对于金额较大的订单，不管以何种结算方式成交，都建议安排技术人员上门进行检验并监装。因为上门检验并监装可以最大限度地避免多方共谋的欺诈。

五、进口货物出口国出运阶段

(一) 安排上门提货

安排上门提货，仅在 EXW 贸易术语下由进口方负责。需要提前与出口方确认好货物信息（也就是件数、重量、体积）、提货地址、提货时间以及负责人联系方式。确认好后将上述信息给进口国货运代理，由进口国货运代理联系出口国货运代理，安排上门提货以及费用确认事宜。

(二) 出口清关手续办理

出口清关手续办理，仍然是仅在 EXW 贸易术语下由进口方负责。尽管由进口方负责，但是多数时候仍然需要以出口方名义进行，由出口方提供清关资料，包括但不仅限于商业发票、装箱单等资料，具体资料出口国货运代理会与出口方进行确认。

（三）安排货物装运

买卖合同以 EXW、FCA、FOB 贸易术语成交时，需要进口方自行订立国际货物运输合同，安排货物装运工作。实际工作中可以通过进口国货运代理在出口国分公司或者合作伙伴完成。进口方只需将货物件重尺信息以及尽可能准确的装运时间，另加出口方的详细联系信息给进口国货运代理即可。进口国货运代理会委托其在出口国的分公司或者合作伙伴，联系出口方完成货物装运工作。

（四）购买国际运输货物保险

1. 国际运输货物保险仅在 EXW、FOB、FCA、CFR、CPT 贸易术语下由进口方负责

如果买卖合同以上述贸易术语成交，进口方可以委托货运代理安排运输的同时代为购买国际货物运输保险，也可以在收到出口方的装运通知后在国内向经常合作的保险公司投保。

2. 投保可以采用逐笔投保或者预约投保方式

逐笔投保适合偶尔有进出口贸易的情况。预约投保适合经常有进出口贸易的情况。在预约投保方式下，保险公司对所有需要投保的进出口业务自动承保，可以有效防止漏保。只要投保人在货物装运后及时通知保险公司即可。

（五）装运单据审查

在货物装运后，进口方需要谨慎审核出口方转交的相应单据，如果需要正本，应该先行审核电子版单据。主要审核提单、商业发票、装箱单、保险单（如果需要）、产地证（如果需要）、检验单据等是否符合进口合同、信用证要求以及进口清关需要。

六、进口合同付款阶段二

根据进口合同中的约定，当进口货物生产完成并经检验合格或者装运完成后，就进入付款的第二阶段，即电汇付款条件下需要支付尾款，信用证付款条件下审单付款。

（一）电汇下支付尾款

1. 尾款支付时间

尾款支付时间按照买卖合同约定，可以是大货生产完成并检验合格后或者装运完成并见提单副本后。

2. 尾款支付比例

一般情况下，尾款需要全额支付。机械、电气、仪表等需要售后服务的产品，可以留取 10%~20% 的质保金待质保期过后支付。也可以要求出口方开立质量担保函后，全额支付尾款。实际操作过程中要根据买卖合同约定

第十二章 进口贸易操作

行事。

(二) 信用证下审单付款

1. 开证行审单

开证行审单合格，就可以直接对外承付，但是开证行一般会等到申请人也确认单证相符后才会对外承付。开证行审单不合格，可以直接拒付，但是一般都会联系申请人确认是否接受不符单据。申请人同意接受不符单据，开证行可直接对外承付。申请人拒绝接受不符单据，开证行则对外履行拒付手续。

2. 进口方审单付款

进口方审单合格，就可以直接向开证行付款赎单，凭装运单据向承运人提货。进口方审单不合格，就要结合市场情况，通知开证行拒付或者接受不符单据。具体审单方法可以参照本书第十一章第五节，出口审单方法同样适用于进口审单。

七、进口货物进口国提货阶段

(一) 办理进口清关手续

进口清关手续包括报关、缴税、放行 3 个环节。进口企业按照要求提供商业发票、装箱单、提单等单据，直接委托货运代理全权代为办理即可。

(二) 办理进口提货手续

海关放行后即可到海关监管场所提取货物。实际上多数时候同样可以委托货运代理代为办理。拼箱运输货运代理可以代为到海关监管场所提货后送到进口方指定仓库。整箱运输可以安排车辆到港区提货并转运至进口方指定仓库后拆箱卸货，空箱返回堆场。

(三) 进口货物检验

1. 法定检验

法定检验进口产品通常是在申报时填写检验目的地，在目的地实施检验。也就是说，法定检验进口产品在正常申报且海关放行后可以先行转运至填写的目的地。法定检验进口产品必须在海关放行 20 日内申请检验。未经商品检验机构检验合格，即使已经到达进口方仓库，也不能投入使用或者转卖。

2. 约定检验

约定检验可以在货物到港或到达最终目的地后进行，根据买卖合同约定确定检验时间与检验地点。检验结果合格，就可以直接投入使用或者转卖。检验结果不合格，就可以凭检验机构的检验报告，根据买卖合同约定向出口方或者相关责任人索赔。

八、进口货物争议解决及索赔阶段

（一）争议

1. 争议原因

争议原因主要是出口方所交产品存在质量、数量问题或出口方交期延迟问题，或者进口方没能按时付款、开立信用证问题。

2. 争议解决

争议通常可以通过违约方对利益受损方的经济赔偿进行解决。

（二）索赔

进口方索赔时需要确认好索赔对象是出口方、运输方还是保险公司。然后依据检验机构出具的检验报告，在相关合同（买卖合同、运输合同、保险合同）约定的索赔期限内进行索赔。

如果索赔对象为出口方，要注意合理确认索赔金额，不能过高或者过低。过低可能无法弥补损失，过高可能导致出口方拒绝赔偿，不得不走向仲裁或者诉讼阶段，费时费力。对于进口方来说，发生争议及损失时，在索赔金额能够覆盖损失的情况下，尽可能通过友好协商解决。

九、进口合同善后及产品售后阶段

一笔进口业务完成后，可以单独发函给国外供应商。告知供应商已经收到货物并确认了货物的质量，对供应商的出色配合表示感谢。同时，如有近期采购计划可以一并告知。

此外，对于需要售后服务的机械、电气、仪表产品，可以在出现质量问题时要求出口方提供售后服务。售后服务的事项可以通过前面讲授的质保金或质量履约保函实现。

案例分析　正本提单在手无法提货案例

某国内进口商 I 委托贸易商 T 从德国贸易商 G 处进口一批货物，金额为 2000 万美元，使用即期付款信用证结算。货物由某知名承运人承运，并签发了海运提单。开证行为国内某知名银行，议付行为德国某知名银行。议付行收到 G 交单审核无误后办理了议付，开证行收到议付行寄交的单据审核无误对外进行付款，I 审单无误后付款赎单。但是，当 I 持全套正本提单向承运人提货时却被告知该提单号下的货物已经被提走，I 所持提单系伪造。同时，承运人还拒绝透露实际提货人信息。此时 I 尝试联系 G，但是 G 已失联。

分析此案例，持全套正本提单却无法提货很容易想到是国外出口商伪造提单欺诈。但是这起真实发生的案例，远没有表面看来这么简单。德国议付行、国内开证行均是知名银行，国外出口商以伪造提单骗过两家专业银行实际上是一个小概率事件。尽管信用证结算业务中银行原则上不负责鉴定单据的真伪，但是多数银行本着为申请人负责也为降低己方风险的心态，实际上都会在不同程度上去鉴定提单。如果开证行（包括付款行）未发现提单问题直接对外付款，而申请人发现问题，那么损失就将由开证行自行承担。以国内银行为例，单据处理都是由总行的审单中心负责，审单中心有足够数据来支撑提单鉴定工作。至少可以将提单与系统内已经存在的合格提单进行比对。因为知名承运人或者船公司较固定，其提单格式都长时间不会发生改变。开证行审单时完全可以比照验印方法来鉴定提单。更有一些商业银行会付费向船公司查询提单。所以，从当下的实际银行审单及付款流程来看，国外出口商以伪造提单骗过两家专业银行并不容易。比较可能的真相，一是正本提单从国外承运人到国外出口商期间信息泄露，给予国外骗子伪造提单的机会，并将伪造提单转移到国内，伙同国内骗子用伪造提单将货提走。因为承运人收回正本提单时没有银行审核那么严格。二是正本提单从开证行到国内进口商期间信息泄露，给予国内骗子伪造提单的机会，并凭伪造提单将货物提走。在这期间，一定有国外出口商的某个人、国内进口商的某个人、国内或者国外的某个承运人共同参与。真相需要经侦调查并公布。为了防范此类风险的发生，进口商可以实际考察出口商的资质，并在货物装运时现场查验和监装。此类欺诈的金额基本都为上千万美元。相比于此，实际考察、监装等费用都是微不足道的。

实践操作

1. 试分析和阐述进口贸易流程及注意事项。

2. 试计算某种进口商品的到岸价格和国内销售价格。假定某种商品国外出口商报价 EXW NEW YORK 为 2 万美元，商品编码为 84302000。单台包装后重量为 1.2 吨，体积为 5.5 立方米。货物需要运到北京，进口商要求 20% 的毛利。试自行咨询相关费用，并核算该商品的到岸价格以及国内销售价格。